£2-50
gen

23/18

HISTORIA DE LA EDUCACION EN LA ARGENTINA
V

Adriana Puiggrós (Dirección)
Jorge Luis Bernetti y
Adriana Puiggrós

Peronismo:
Cultura política y
Educación
(1945-1955)

Editorial Galerna

Puiggrós, Adriana
    Historia de la educación argentina Tomo 5 : Peronismo: cultura,
política y educación (1945-1955) - 1a ed. 3a reimp. - Buenos Aires :
Galerna, 2006.
    v. 5, 368 p. ; 20x14 cm. (Historia de la educación en la Argentina;
5 dirigida por Adriana Puiggrós)

    ISBN-10: 950-556-317-5

    1. Historia de la Educación Argentina. I. Título
    CDD 370.982

    ISBN-13: 978-950-556-317-3

Tercera reimpresión: julio 2006
Tirada de esta reimpresión 500 ejemplares

Diseño de Tapa: Pablo Barragán

© 2006 Galerna S.R.L.
Lambaré 893, Buenos Aires, Argentina

Hecho el depósito que dispone la ley 11.723
Impreso en Argentina

Este libro se terminó de imprimir en el mes de julio del año 2006 en los
Talleres Gráficos DEL S.R.L. E. Fernández 271/75, Piñeyro, Avellaneda.
Tel: 4222-2121 • 4222-5467

Presentación

Este libro es el Tomo V de la Historia de la Educación en la Argentina, que está produciendo el proyecto *Alternativas pedagógicas y prospectiva educativa en América Latina (APPEAL)*, en el Instituto de Ciencias de la Educación (ICE) y la cátedra de Historia de la Educación Argentina y Latinoamericana de la Facultad de Filosofía y Letras de la Universidad de Buenos Aires (UBA). Forma parte del convenio de trabajo establecido entre la mencionada Facultad y la Facultad de Filosofía y Letras de la Universidad Nacional Autónoma de México.

Para el desarrollo del proyecto mencionado, se cuenta con el apoyo del Consejo Nacional de Investigaciones Científicas y Técnicas y de la Secretaria de Ciencia y Técnica de la UBA. La participación de Adriana Puiggrós es parte de su trabajo para la beca que le fue otorgada por la *Fundación John Simon Guggenheim* en 1991, cuyos productos están distribuídos entre el Tomo III de esta serie, el presente trabajo y la dirección del tomo VII, que está en proceso de elaboración.

En la serie *Historia de la Educación en la Argentina,* están dedicados al tema "Peronismo y educación (1945—1955)" los tomos V (que actualmente presentamos), VI (que está en elaboración por parte del equipo APPEAL) y parte de las investigaciones sobre la *Historia de la Educación en las Provincias y Territorios Nacionales (1945—1992)- Tomo VII-,* que están llevado adelante diez equipos provinciales con la coordinación de la Facultad de Ciencias de la Educación de la Universidad Nacional de Entre Ríos. En el tomo VI se abordan líneas específicas, tales como el concepto de infancia; la educación de adultos; los adolescentes; la educación de la mujer; los conceptos históricos en la enseñanza; la izquierda, el peronismo y la educación; el problema educación/trabajo, entre 1945 y 1955. El período 1973-1976 constituye también una de las líneas de investigación que se están desarrollando en APPEAL.

Queremos agradecer el apoyo que están prestando para la prosecución de este proyecto, las autoridades de la Facultad de Filosofía y Letras de la UBA, el Decano Dr. Luis Yanes, el H. Consejo Directivo, el Secretario de Investigación y Postgrado, Dr. Félix G. Schuster y el director del Instituto de Ciencias de la Educación, Dr. Ovide Menim.

En el caso del tomo que hoy presentamos, han colaborado en la recopilación de información la Lic. Marta Amuchástegui y las alumnas de la carrera de Ciencias de la Educación María de los Angeles Colodro, Andrea Fernández y Mariana Moragues; los trabajos de secretaría estuvieron a cargo de Lucas Krotsch. y en la asistencia de producción Margarita Clok, de Galerna. Nos ayudó especialmente la Lic. Mirta Seca, bibliotecaria del ICE, el personal del Centro de Información del Ministerio de Educación y de la British Library. Finalmente queremos agradecer la lectura y comentarios sobre este texto, realizadas por los miembros del equipo APPEAL y por Nicolás Casullo

J.L.B. y A.P.

Introducción

Este libro no tiene como finalidad el dar respuestas definitivas a la compleja relación entre cultura política, educación y peronismo. Pretender tal cosa sería considerar que existen explicaciones esenciales para los problemas sociales en lugar de entender a la historia como una permanente relación entre la contingencia y la necesidad.

El buscar explicaciones completas desembocaría en la construcción de un programa político, lo cual no es el objetivo de este trabajo. La imprescindible construcción de una propuesta política democrático-popular es un objetivo pendiente y necesario del cual no renunciamos a participar. Pero nuestro camino personal incluye tratar de comprender.

Comprender es difícil para nuestra generación, la del '73, que protagonizó, desde distintos ángulos, los años de la Resistencia Peronista, el Regreso de Perón, la construcción y el fracaso de un proyecto de transformación, la dictadura,- en nuestro caso, desde el exilio— el regreso al país, la cancelación de la perspectiva revolucionaria del peronismo, los avatares de la lucha por alcanzar un orden democrático.

Cuando en 1985 comprendimos que la tentativa de reformulación emprendida por la renovación peronista, constituía otro envase para las mismas terribles encrucijadas a las que nos habíamos enfrentado en las luchas internas peronistas de los años '70, y carecían de respuestas profundas para un mundo que insinuaba ya los signos de una decisiva transformación, renunciamos a nuestra pertenencia al movimiento peronista y a nuestra afiliación al partido justicialista.[1]

---

(1) Documento "¿Por qué nos vamos?", 19 de agosto de 1985 (mimeo).

Romper con la identidad política que había signado nuestras vidas significó un pasaje doloroso, una travesía del desierto que no ha concluido aún, porque eludimos, a partir de nuestra convicción, la alternativa de cambiar la declinación peronista por el rejuvenecimiento de la política que supuestamente contenía en su seno el radicalismo aggiornado. Va de suyo que la restauración neo-liberal planteada por el presente gobierno justicialista condensó los sentidos mas conservadores convocados por la renovación peronista y el radicalismo modernizado. Sus planteos, su ejecución, sus objetivos, convocan a la edificación de un mundo al que rechazamos. Creemos, firmemente, que otra sociedad mejor que ésta que nos quieren imponer, puede ser construida. Y la condición para ejecutar tal tarea es empezar a dibujar un nuevo imaginario democrático.

Por otra parte, la izquierda —más allá de intentos formales y tardíos por acompañar un tren que ya había partido y desacarrilado— no asumió en la Argentina, la reconstitución de una identidad progresista que en la escena internacional —y es bueno consignarlo— en América Latina, diversas fuerzas políticas, intelectuales y sociales han emprendido.

Desde ya que distamos de suponer que nada ha cambiado en la Argentina o que en el complejo país que habitamos ,no existen fuerzas sociales, sectores políticos, tendencias intelectuales, solitarios, que piensen, luchen y construyan —o, con pasión, traten de hacerlo— una perspectiva política superadora de las densas opresiones que el capitalismo triunfante aplica sobre nuestro país, como sobre todo un mundo, hoy unificado por la revolución tecnológica.

Una de las tareas difíciles en este proceso de búsqueda es la complejidad para encontrar los lugares de reflexión, no digamos ya de construcción de los posibles-utópicos, a contrapelo de las intenciones y de las esperanzas de todos los que inexplicable, pero fervorosamente, los rastrean.

En nuestro caso, y por cierto, en el de muchos en nuestra situación, después de los dramáticos cambios acaecidos en el mundo (derrumbe del campo socialista, expansión de las ideas triunfantes del neo-liberalismo, crecimiento del fundamentalismo religioso, explosión de las nacionalidades, multiplicación de la marginación social, imperativo crecimiento de nuevas formas de producción, comunicación y vida cotidiana, que hacen estallar las condiciones sociales de sobrevivencia), pensar al peronismo parecía una tarea, a veces absurda, siempre bordeando lo imposible.

No quisimos, no queremos pensar las mismas cosas, para encontrarnos circularmente con las anteriores decantaciones y consignas. Tampoco buscamos abdicar de una convicción de justicia, participación y libertad creadoras, que abarque tanto lo social como lo individual. Buscamos recoger los pedazos de la historia para asumir los desafíos del presente.

Sobre el peronismo, desde adentro y desde afuera se han formulado decenas de polémicas en las que se debatió el carácter de clase del partido; la existencia misma de la noción de partido o movimiento ; la condición o no de movimiento populista, la pertinencia de dicha denominación; la recurrente perspectiva de su disolución, puntualmente desmentida por los hechos; la promesa —también refutada por esos mismos testarudos eventos— de su conversión tardía en una vía para la revolución social, la persistencia de la adhesión fervorosa o resignada, pero siempre firme de los sectores populares a sus diversos liderazgos.

El pasado del peronismo ha sido siempre mal estudiado por los peronistas. No en vano, fue el Presidente de la República elegido en la hora del Retorno — Héctor Cámpora— quién se preguntaba porqué la historia de la Resistencia Peronista no había sido escrita, quizás porque había faltado tiempo o quiénes la redactaran. Y esa es, todavía hoy, a tantos años de aquel '73 luminoso y agorero, una de las tareas pendientes en la historia del peronismo.

Que decir de la cultura, la hegemonía, ¿se nos permite decir de la educación?. Reabrir un debate, utilizar los materiales provenientes de diversos sectores que cobran nuevos sentidos, formular nuevas y viejas preguntas a los que nunca hablaron, han sido algunos de los objetivos hacia los que apuntó este trabajo: el problema es lo que esconde la memoria.

Una de las dificultades mas angustiantes para todo aquél que, habiendo sido peronista, intenta abordar el pasado del movimiento, es el momento en el cual toma conciencia de la imposibilidad de reproducir la historia. Fotografiarla mediante los testimonios y los documentos es una primera ilusión, que cae desplomada cuando se comprende el carácter arbitrario de la fotografía, el recorte que significa todo documento, cuando las palabras de Benjamin sobre su biblioteca o la descripción de Foucault sobre el Archivo, derrumban toda ilusión empirista.

Nos enfrentamos entonces con una maraña de discursos. Unos
relatan cuanto recuerdan que relataron otros. El peronismo ha
sido contado mil veces y ya van tres generaciones. Pero, lamentablemente, cuando no se escribe y los recuerdos se acumulan
sin registro, van siendo gastados y deshojados. Cuando los
documentos son escondidos para evitar ser carbonizados en el
fuego represivo, como lo fue la mayoría, cuando se aprende a no
pronunciar algunas palabras, los recuerdos se confunden aún
más porque se esconden a si mismos.

Pero, sin embargo, no es ésta la mayor dificultad epistemo-
lógica para el estudio del peronismo. El problema es que el
movimiento peronista, en sus momentos de mayor dinamismo,
como la Resistencia o el periodo 68-74, usó la historia para la
política. Para ello, tuvo que construir versiones ad-hoc y creer
profundamente en ellas. Hacer política a través de los mitos,
impidió escribir la historia. En el discurso político argentino es
frecuente encontrar zonas duras, polémicas cerradas, *explicaciones definitivas* de las mas viejas polémicas, que funcionan
como prohibiciones para impedir que se atraviese la opacidad.
Un síntoma de que este tipo de construcción del discurso político
no cuaja, es la dificultad para que se consolide en la Argentina
un campo político-cultural democrático cuya condición es estar
abierto a *saber*.

El peronismo había sido siempre defensor de la hegemonía
estatal en la enseñanza, el peronismo había defendido la educación gratuita en todos los niveles, el peronismo había sido
revisionista. ¿Hechos reales o mitos?. Probablemente ambas
cosas, en diversos registros discursivos: en el de la historia de
las resoluciones educativas, todo fue distinto; en la historia de
las transformaciones discursivas que produjeron programas
políticos y fueron banderas de lucha, todo ello fue verdad.
Recurrir a las fuentes primarias, es indispensable para la
investigación sobre el peronismo. Muchas disertaciones, conferencias, frases y polémicas, han sido referidas a través de
referencias previas y se ha perdido la riqueza que tenían
originariamente. Existen paquetes temáticos enteros que no
han sido nunca abordados, documentación dispersa que sigue
en las valijas o en viejos cajones. Otra, esta aún oculta donde
alguien la guardó alguna vez, para que no le destruyeran todo
lo que le quedaba de un pedazo de pasado. Pero no debemos
ilusionarnos con encontrar la solución a nuestro problema al

recopilar la información. Mas bien, es ese el momento en el cual empiezan casi todas las dificultades. Al caer en nuestras manos, las fuentes se encuadraban en un orden anterior que las conformaba como parte de su historia; ahora pasaron a formar parte de este orden, el nuestro. Pero el que les ofrecemos no es un cajón vacío, una estructura objetiva, sino un proceso de construcción de sujetos: nosotros mismos en tanto intelectuales, en tanto sobrevivientes, en tanto arqueólogos. En este proceso participan discursos cerrados, teorías ya elaboradas por tantos autores, fines de fiesta frente a las derrotas supuestamente definitivas de unos y otros. Para trabajar con el material que existe, es decir a la vez con las fuentes primarias y con las teorías ya elaboradas, elegimos emprender el camino de la crítica y, en lo posible, abordar nuestro campo problemático desde el concepto de "deconstrucción". Preferimos no adscribir a un modelo teórico en particular, no circunscribirnos a una serie de hipótesis a comprobar o falsear, sino tomar nuestras propias hipótesis previas como pre-juicios y sumergirnos con el bagaje teórico con el cual contamos —poco o suficiente— en una lucha con el entrelazado infernal de un pasado que nos atraviesa, con su lectura desde el presente y con el fantasma de su proyección sobre el futuro. Desde tal posición, nuestro propósito no podía ser otro, que abrir todas las discusiones posibles, volcar información que, alguna de ella insuficientemente elaborada en esta oportunidad, pueda ser retomada por nosotros o por otros investigadores, así como registrar parte de los múltiples trabajos que gente de la generación que nos sigue, está produciendo sobre el tema. Vaya este esfuerzo para motivar nuevas polémicas y nuevas líneas de investigación sobre la cultura política y la educación en la Argentina.

Jorge Luis Bernetti y Adriana Puiggrós
Buenos Aires, 12 de abril de 1993

De la guerra a la pedagogía
(1943-1949)[1]

Guerra, política, pedagogía. Tríptico de relaciones que, en la concepción doctrinaria y en la praxis de toda su vida pública se encuentran estrechamente relacionados en Juan Domingo Perón. El concepto de redundancia, tan importante en los procesos de comunicación, puede aplicarse a una concepción y a una biografía pública, la del fundador y caudillo del peronismo. Contra las acusaciones de sus adversarios políticos quienes, durante sus primeros dos gobiernos (1946-1955) y casi todo su exilio (1955-1872), le endosaron ambigüedad, doblez y ambivalencia, Perón expuso muy tempranamente las normas de su arte político.

Incluso cuando quizás no soñaba con su ingreso en el mundo de la política, pero era ya un hombre del aparato castrense con responsabilidades calificadas, sus *Apuntes de Historia Militar* definían una concepción de la guerra que trasladó luego a la política. Un significativo biógrafo norteamericano de Perón cita oportunamente a un colega británico cuando éste observa que

> "Perón no era ni un militar ni un político, sino más bien un estudiante y luego un profesor (...) cuando llegó al poder continuó enseñando, a su manera a través de sus disertaciones al pueblo".[2]

Para Joseph Page, el investigador yanqui que refiere a su

colega inglés

> "la experiencia docente en la Escuela Superior de Guerra
> significó una etapa crucial en la preparación de Perón
> para su carrera política. Lo hizo sentir a gusto de pie
> frente a los espectadores y le dió coherencia para expresar
> sus ideas; lo hizo además ducho en la improvisación. El
> ámbito militar no concedía mérito especial al estilo de
> retórica elegante y elaborada típica de los políticos
> civiles, muchos de los cuales habían aprendido sus
> técnicas en las polémicas universitarias (...) Pasaría una
> gran parte de su vida dando conferencias, ante audiencias
> grandes o pequeñas, aspecto de su carrera que sería poco
> valorado por algunos observadores".[3]

De aquellos "Apuntes...", el militar avanzó a su posterior
ensayo "Conducción Política", escrito y publicado cuando ejercía la primera magistratura de la Argentina, el que constituye
una reescritura de aquél texto de cátedra adaptado a las
necesidades, ya no del *conductor* militar, sino del político. El
profesor ya no se dirigía con exclusividad a públicos militares,
la prioridad era ahora civil pero, al mismo tiempo, masiva.

Será muy difícil encontrar en los cambios tácticos de Perón
invalidaciones a la doctrina militar (e incipientemente política)
construída a partir de los textos de uso en el Estado Mayor del
ejército argentino en los años '30. Tampoco cuando el veterano
general desalojado del poder y del Ejército emprendía en los
finales de los años '60 el proceso de *Actualización Doctrinaria*
se modificará esta base teórica, flexible y elemental, apta para
que una significativa capacidad de análisis político y conducción
de dirigentes como la suya, pudiera utilizarla con eficacia en un
movimiento popular de estructura vertical y conducción cau-
dillista.

Perón es, ante todo un militar que, a partir de su profesión,
llega a la política por una extensión de aquella. La fuerza
militar sirve, con el control del poder estatal, para asegurar la
Defensa Nacional. Así se justifican los militares del Grupo Obra
de Unificación (GOU), que toman el poder en 1943. Las necesidades militares de un oficial (de Estado Mayor) del Ejército
Argentino en 1932 (cuando publica "Apuntes ... ") forman parte
de las preocupaciones de un universo ideológico y profesional
fundado en la concepción de la "guerra total", forjada en el

estado mayor prusiano en 1883, por el mariscal von der Goltz. Este discípulo de Karl von Clausewitz desarrolla la teoría de su maestro, el general contemporáneo de Napoleón. Y Clausewitz como es sabido, no solamente sedujo a Perón, sino también a planificadores y estrategas militares de todas las escuelas políticas y castrenses.

Significativamente, el universo estratégico del leninismo y el maoísmo, va a brindar una tremenda importancia al generador de una dominante definición: "la guerra es la continuación de la política por otros medios". Once palabras en castellano, originalmente escritas en alemán por Clausewitz, que guiaron y presidieron la concepción peronista de la guerra y la política.

Pero,¿ cómo se arriba desde el estudio fascinador de Clausewitz y von der Goltz[4], de sus perspectivas estratégicas, a construir el basamento de un movimiento nacionalista popular latinoamericano ? Algunas pistas están presentes en una multicitada conferencia pronunciada por Perón en la Universidad Nacional de La Plata (UNLP) ("Significado de la Defensa Nacional desde el punto de vista militar "), el 10 de junio de 1944.[5]

La Década Infame vista de nuevo

¿ De que manera llega el coronel a esa Universidad ?¿ Porque el Ejército ha tomado el poder ? La excepcionalidad argentina que permite la constitución del peronismo se asienta sobre una grave crisis nacional que se revela en el golpe de 1930 con la restauración anti-democrática conservadora. El Estado comienza a acentuar su intervención en la década posterior para salvar la estructura económica argentina. La crisis del '30 pone en jaque al modelo exportador agrario nativo. Las clases dominantes (agroexportadoras) eligen renegociar la situación nacional con el Imperio Británico. Una interpretación conservadora de esa negociación alude a las dos opciones de la Argentina de entonces según aquellos intereses :renegociar la dependencia con Estados Unidos o con Gran Bretaña[6]. Es la segunda tarea la que desarrolla el vicepresidente Julio A. Roca (h) en la famosa misión que concluyera con el tratado firmado con el canciller Runciman.

Como consecuencia, entre otras, del Tratado Roca-Runciman,

el gobierno de Justo tomó una serie de medidas reguladoras y
así se crearon : la Junta Nacional de Granos, la Junta Nacional
de Carnes, la Junta Nacional del Vino, la Corporación de
Transportes de Buenos Aires — que se instauró para eliminar
la ventajosa competencia de los colectivos nafteros a los transportes eléctricos ingleses.

Este intervencionismo estatal en favor de intereses imperiales
ingleses y de las ganaderos invernadores argentinos (recordar
los violentos choques con los sectores de los medianos y pequeños
ganaderos que intentó representar Lisandro de la Torre), se
produjo paralelamente a la renovada preocupación por la integración territorial y el refuerzo de estructuras del Estado
Nacional. Fue notoria esa preocupación en el aparato de seguridad. En 1938 se creó la Gendarmería Nacional como una
moderna policía de fronteras y control interior; durante el
gobierno surgido del golpe de 1943 se fundó la Policía Federal
que sustituyó a la de la Capital Federal y asumió la jurisdicción
nacional. Fue el presidente Castillo, sucesor de Justo y de
Roberto Ortiz —y continuador de su política— el que crea la
Flota Mercante del Estado. El movimiento continuo de avance
de la intervención del Estado se da a favor de ese acuerdo con
la potencia hegemónica a partir del perfil liberal de la República estatuída después de Caseros por los sectores latifundiarios
de las clases propietarias. Los mecanismos mencionados re-
gularon la economía para evitar que se derrumbara en el marco
de la crisis capitalista mundial a la que tanto Roosevelt y Hitler
enfrentaban con las recetas económicas del Estado de Bienestar. Pero el movimiento de época registró otros perfiles de esa
intervención del Estado : una fuerte presencia de éste en la
economía y en la política que tendió a construir una sociedad
integral o total en un mundo extremadamente conflictuado por
la guerra entre naciones y la amenaza de la revolución proletaria. Los militares argentinos lucharon por el crecimiento de
la autonomía y el potenciamiento de su aparato. La lucha por la
elaboración nacional de acero, que culminará en la creación de
Fabricaciones Militares en octubre de 1941 [7], en plena Década
Infame consigna esta preocupación. Fue entonces que el futuro
general del acero, Manuel Savio planteaba insistentemente al
Congreso Nacional la necesidad de que la Argentina produjera
el metal por una necesidad directamente militar, pero integralmente industrial, porque si el país continuara careciendo

de ese entonces elemento eje de la estructura industrial, padecería la ausencia de los elementos básicos para la defensa nacional. Ese Ejército —que es el de Justo, el de su secretario de Guerra, general Manuel Rodríguez— comienza a asumir que se va modificando la concepción de la guerra y quiere modernizarse; ha consignado que en la vecina Guerra del Chaco entre Bolivia y Paraguay se usaron por parte de Asunción tanques provistos por los ingleses. Acero era soberanía, defensa nacional, y esto se vinculaba con la concepción positivista de que no es posible la defensa nacional con una población enferma y analfabeta. Los oficiales como Perón comprobaban que los jóvenes que llegaban a los cuarteles para cumplir con el mandato de la ley Richieri arribaban acarreando pobreza y tuberculosis. Y, con este personal ese Ejército tenía que seguir ocupando el espacio del territorio nacional. Todas estas preocupaciones estarán presentes exacerbadamente en la ideología del Grupo de Oficiales Unidos (GOU), con quienes Perón llegará al poder en 1943.

> "A pesar de las desmentidas del coronel Perón y de otros, el fundador del GOU fue probablemente Perón mismo (...) En los intentos de atraer a los oficiales a la logia se recurría al uso de temas varios, tales como el repudio a un sistema político basado en el fraude; la pérdida de prestigio para el ejército que resultaría de su identificación con el régimen; la necesidad de resistir presiones contra la posición neutralista de la Argentina y el miedo a la toma del gobierno por un *frente popular* dominado por los comunistas que podría resultar de comicios libres. Estos argumentos procuraban atraer las facciones más divergentes —progresistas y reaccionarios, pro-Aliados y pro-Eje, militares profesionales y políticos intervencionistas y unificarlos en nombre de la unidad institucional. Su talento para crear y mantener unidas coaliciones formadas por elementos heterogéneos sería la marca característica de la carrera de Perón".[8]

Un año después que el Ejército acicateado por el GOU toma el poder el cuadro político nacional ha cambiado vertiginosamente. La circunstancia en que Perón pronunció la conferencia en la UNLP —a doce meses del derrocamiento del presidente conservador del *fraude patriótico* Ramón Castillo— la constituyó en un verdadero anticipo del proyecto peronista que

comenzaba a construirse cuando la Segunda Guerra Mundial
ingresaba en su etapa definitoria. A un año de haber tomado el
gobierno por medio de un golpe de Estado, derrocando al
régimen de la Década Infame, el Grupo de Oficiales Unidos
(GOU), bajo la dirección de Perón y otros coroneles y tenientes
coroneles, avanzaba en la consolidación de su poder. Perón
hablaba como ministro de Guerra en la capital de la provincia
de Buenos Aires, en la cronológicamente segunda Universidad
argentina, reconocida por su dedicación a las ciencias duras. Ya
es también Secretario de Trabajo y Previsión y vice-presidente
de la República. Pero le restaba apenas un año y cuatro meses
para desplegar en las masas obreras de la Argentina —su
principal soporte político desde entonces hasta su muerte en
1974— su proyecto de sociedad política. La circunstancia de la
alocución sobre Defensa Nacional es paradójica. El hombre que
se enfrentaría por varias décadas con el establishment liberal
y progresista de la cultura argentina, definía su propuesta
desde una cátedra universitaria. Y este hombre era un destacado militar, lo que permite también cruzar de una manera
distinta, la información ideológicamente muy tamizada, relativa a las relaciones entre las Fuerzas Armadas y la Universidad.
Aunque esta Universidad en la que Perón ocupa una posición
pedagógica (tarea en la que había desarrollado una larga
práctica), estuviera intervenida por su propio gobierno.

   ¿ En que ocasión habla Perón ? Inaugura las lecciones de la
Cátedra de Defensa Nacional que, en el marco del Curso de
Cultura Superior Universitaria, ha establecido la UNLP.

   Sin embargo, la creación de esta Cátedra no ha surgido a
partir de la intervención desempeñada por el doctor Ricardo de
Labougle, presidente (rector) interventor de la UNLP. Labougle
es, por cierto, el hombre que ha redactado el proyecto de
conformación de la cátedra. Pero la consideración y aprobación
de la iniciativa se ha verificado cuando la titularidad del sillón
de Joaquín V. Gónzalez, es desempeñada por quien fuera electo
en 1904 como primer diputado socialista de América, Alfredo
Palacios.

   En el presente capítulo se examina el desarrollo de la
concepción de la Defensa Nacional presente en el texto leído en
la UNLP. Por otra parte, se producirá una operación comparativa
de los elementos centrales de esa doctrina de la D.N. con las
enseñanzas de Perón como profesor de la Escuela Superior de

Guerra [9].

La misma estará dirigida a examinar los posibles cambios y continuidades entre estos dos desarrollos. El objetivo será comprobar si el oficial del Ejército que era el ayudante de campo del general que controlaba el poder castrense detrás del Presidente Agustín P. Justo, sostenía en 1944 las ideas que predicaba una década atrás a sus alumnos de la Escuela Superior de Guerra que aspiraban a convertirse en oficiales superiores. Se tratará de estimar si esta concepción de la Defensa Nacional expuesta por Perón en La Plata era nueva, como sostiene una línea de interpretación de doctrinas militares argentinas o, si en realidad, existe una continuidad con la concepción mayoritaria y oficialmente vigente en el Ejército, que transcurre desde Ricchieri a Rodríguez y se corona con la eclosión del peronismo. Es decir, continuidad más que ruptura, en el pensamiento militar industrialista y de expansión de la Nación. (Esa continuidad, empero es políticamente superada por la incorporación del valor *justicia social* que el movimiento del '45 introdujo como elemento desequilibrante en el sistema político). En cambio, la interpretación rupturista e innovadora en materia de doctrina militar de parte del naciente peronismo, constituye un ingrediente fundamental para alimentar la perspectiva fundacional que habría instaurado el justicialismo; por cierto es, que esta posición, es la interpretación ampliamente mayoritaria en las diversas tendencias peronistas, aunque no la hayan explicitado como quienes han estudiado específicamente el tema.[10]

Hablando ex-cathedra

Tan importantes como las conceptualizaciones efectuadas por Perón en esta conferencia —incorporada a las tradiciones teóricas peronistas— y muchas de sus definiciones popularizadas en obras propagandísticas, lo que hizo superar su condición de texto académico —son las condiciones de producción de la misma. El proyecto de Labougle es presentado en el Consejo Superior el 3 de mayo de 1943, cuando se encontraba todavía en el poder, apenas por un mes más, el presidente conservador Ramón Castillo.

El autor cita al entonces todavía titular de la UNLP para

fundamentar su propuesta. En palabras de Palacios "la especialización creciente de las disciplinas cultivadas en cada Facultad
y el criterio fragmentario de la educación dominante entre
nosotros, puede conducir a una tecnificación profesional satu-
rada de árido y excluyente pragmatismo, cuyos efectos serán
desintegradores de la vida social y de la personalidad del
hombre".

La necesidad de la "educación integral" da paso, en palabras
de Labougle a entender que la guerra ha pasado a ser total",
porque " ha dejado de ser la lucha de ejércitos contra ejércitos,
de escuadras contra escuadras". En esta concepción, las guerras
se pueden ganar o perder en el frente interno. Algunos de los
problemas que detecta, en este plano, Labougle "se refieren a la
organización física del territorio a efectos de saber organizarse
sobre el mismo, de modo de multiplicar los medios o centros de
vida propia; al inteligente aprovechamiento de las fuentes de
energía vitales para la existencia y la forma mejor de su
salvaguardia; a la descentralización de las plantas industriales
y de los servicios públicos en las grandes aglomeraciones
urbanas; a las modalidades que deben observarse en las construcciones; a la disposición de las vías férreas y los caminos".[11]

Esta amplia visión del conflicto bélico plantea una perspectiva
en la que va a embonar plásticamente la concepción de quien
entonces es, para la opinión pública un popular y discutido
oficial superior del Ejército. Es el ministro de Guerra y, al
mismo tiempo, el encauzador de las demandas obreras en un
clima de conmoción política nacional. No cuesta mucho observar en las preocupaciones de Labougle una insistencia en la
perspectiva integradora del territorio nacional, la que da de
suyo base a preocupaciones acusiosas por la industrialización.
Es casi inevitable endosar a este pensamiento un cierto aliento
desarrollista como se dirá años más tarde.

Un fenómeno inevitable

La conferencia en La Plata es pronunciada por Perón en su
carácter de Ministro de Guerra. Es decir, no se trata de una
exposición académica que compromete solo a su autor, sino de
la palabra oficial del Ejército. Perón es titular de Guerra pero,
además desde noviembre del año anterior desempeña la recién

creada cartera de Trabajo. El coronel no mencionará este cargo en su exposición. Pero esa es la circunstancia en la que hablará el ministro del arma que comparte el gobierno con la Armada. Aunque tampoco lo mencione en la conferencia, salvo en una ecuménica distribución de posibilidades entre el eje y los Aliados en la guerra mundial en curso, parece difícil que no tenga presente el contexto internacional. En junio de 1944, la guerra se ha volcado a favor de las Naciones Unidas y contra el nazifascismo. Los rusos atacan desde el este, luego de su aplastante victoria en Stalingrado. Cuatro días antes de la conferencia platense se ha producido la invasión de Normandía por parte del ejército estadounidense y sus aliados. En el Pacífico, los norteamericanos están haciendo retroceder al Japón. Resulta difícil entender la posibilidad de que la victoria pueda estar en manos del Eje. En América del Sur, Vargas todavía gobierna Brasil, un país que pese a la orientación ideológica de su *Estado Novo*, se ha comprometido con los Aliados y envía sus tropas a combatir en Italia. En el Uruguay siguen los colorados —de orientación ideológica predominantemente pro-aliada— en el poder. En Chile, permanece en el gobierno el Frente Popular con el partido Radical en la presidencia. En un marco continental en el que predomina la posición pro-aliada, la Argentina mide fuerzas con Estados Unidos, y con Brasil, a propósito del reordenamiento de la escena internacional que la posguerra implicará. La dictadura de perfil corporativista y de base popular de Vargas es aceptada por los Estados Unidos a la hora de sumar fuerzas en América contra el Eje. Vargas que, a diferencia de Justo había elegido para su país el camino de priorizar la relación con EE.UU. en lugar de Inglaterra o el resto de Europa, ya había tomado distancia de la posición neutralista argentina que el gobierno de Castillo a través de su canciller Ruiz Guiñazú defendió a capa y espada en la Conferencia de Rio de enero de 1942.[12]

Ese neutralismo de la oligarquía es el que continúa el golpe de 1943. En realidad, lo que se discutía era el dominio del sur del continente y la persistente posición argentina de enfrentar al hegemonismo monroísta de los Estados Unidos. En el juego de regateos, políticas pendulares y negociaciones, la Argentina no sacó la mejor parte. Justo, el presidente del pacto Roca-Runciman viajó a Brasil, declarada la guerra por Vargas para aplaudir la actitud de su gobierno. Vargas, el hombre que cayera en 1945 y en 1954, entre otras presiones por la constante adversidad de los Estados Unidos, fue capaz de negociar esa intervención en la guerra por la instalación de la industria pesada.[13] El posicionamiento argentino frente a la nueva escena internacional será mucho mas dificultoso, entre otras muchas razones, por una exageración de las posibilidades argentinas, una inflación de la capacidad nacional de pesar en la escena mundial. Esa mensura exagerada de las propias posibilidades constituye una concepción común al mundo argentino pre-43 y post-43. Quizás allí estén algunas de las raíces de la decisión Malvinas del '82.

En esa circunstancia internacional se despliega la palabra del ascendente líder justicialista. Perón subraya que "nuestra amada Patria vive horas de transformación y de prueba" y contextualiza este proceso en un "mundo (que) ha de estructurarse sobre nuevas formas, con nuevo contenido político, económico y social". Reitera, por otra parte, las influencias que sobre su concepción ha tenido la visión del estallido de un mundo :"He asistido en Europa a la crisis mas extraordinaria que haya presenciado la humanidad, desde 1939 a 1941". Es ese recorrido, desde la convivencia con las tropas de montaña del ejército italiano hasta la observación de los combates de las tropas del Eje en el frente ruso durante la invasión de 1941, el que Perón tiene presente en su exposición. Sin embargo, no habrá referencia explícita a esta experiencia. Para el militar, no se trata en esta ocasión de una "exposición académica", sino de una "mención realista" del problema de la Defensa Nacional.

El pesimismo anti-pacifista de Perón es el punto de partida de su doctrina de Defensa Nacional: "la guerra es un fenómeno social inevitable".[14] Pero no constituye, si se la piensa desde la perspectiva de la Defensa Nacional, un problema reservado a las Fuerzas Armadas, sino una circunstancia extrema que cuando se presenta hace entrar en juego a la totalidad de los habitantes de una Nación y de sus recursos y servicios, desde la producción y la industria, hasta los transportes y los medios de comunicación y que incluye a los intelectuales civiles. De allí que Perón se entusiasme por el hecho de que la Universidad de La Plata habilite este tema como materia de un programa académico que ingresa en las categorías de la extensión universitaria.

Para subrayar la imposibilidad de una paz perpetua y

futura, Perón recuerda el fracaso de la Liga de las Naciones en los conflictos entre China y Japón; que Italia conquistase a Etiopía o que "Paraguay y Bolivia se ensangrentaran en la selva chaqueña".
Finalmente, le endosa su impotencia para frenar el conflicto mundial generalizado.
En la visión peronista, cualquiera de los bandos que venciera en la guerra, podría renovar la disputa mundial esgrimiendo sus intereses encontrados y tendría la posibilidad de establecer un "imperialismo odioso". (No existe ningún matiz de distancia respecto de los gobiernos totalitarios, la medida es igual para los dos bandos).
Para Perón nunca se podrá alcanzar la solución de los problemas sociales, económicos y políticos de la humanidad y por ello no se podrá arribar a "una ininterrumpida paz universal". El "barro" constitutivo de lo humano impediría esta posibilidad y este pesimismo es el que engendra la doctrina del conflicto bélico como posibilidad siempre presente en los enfrentamientos humanos.
Evidentemente, el alumno egresado del Colegio Militar fundado por Domingo Faustino Sarmiento no había leído las catilinarias de Juan Bautista Alberdi [15]. Decía el gran adversario de la Guerra de la Triple Alianza contra el Paraguay que

> "el soldado actual se diferencia del soldado romano en esto : que el soldado romano se hacía vestir, alimentar y alojar por el trabajo del extranjero sometido, mientras que el soldado moderno recibe ese socorro de la gran mayoría del pueblo de su propia nación convertida en tributaria del ejército, es decir, de un puñado privilegiado de sus hijos : el menos digno de serlo, como sucede a menudo con toda aristocracia. Es innegable que la nación trata al ejército mejor que a sí misma, pues le consagra los tres tercios del producto de su contribución nacional. Invoco el presupuesto de todas las naciones civilizadas : el gasto de guerra y marina, es decir del ejército, absorbe las tres cuartas partes; el resto es para el culto, la educación, los trabajos de pública utilidad, el gobierno interior y policía de seguridad, que no son sino un apéndice civil del ejército y de la guerra".[16]

Sin embargo, para Perón la guerra no es exaltada, sino que

"debe ser en lo posible evitada y solo recurrir a ella en casos extremos".

El viejo aforismo latino (si vis pacem para bellum), le hace advertir a Perón sobre la necesidad de mantener una atenta presencia castrense en las preocupaciones de la Nación. Es "la profunda desorganización de Francia" a la que adjudica el expositor la derrota en pocos días frente a Alemania en 1940. Un profundo organicismo alienta el análisis de Perón acerca de la disposición de las naciones frente a la guerra. La *satisfacción* y la *insatisfacción* definen la posición frente al conflicto extremo. Las naciones que se encuentran en el primer estado son pacifistas. Las segundas, "si la política no les procura lo que necesitan o ambicionan, no temerán recurrir a la guerra para lograrlo".[17]

El mundo queda así dividido entre naciones *pacifistas* y naciones *agresoras*. La necesidad es, al parecer, la línea definitoria de separación entre ambas categorías. La Argentina se halla, "es evidente", proclama Perón, entre las primeras. Pero pese a que las características de las naciones agresoras están definidas por la insatisfacción, Perón hace una profunda reserva acerca de la posibilidad de cincelar el carácter de las naciones agresoras.

Ocurre que "no podemos escudriñar el fondo del pensamiento de las demás naciones ".[18]

Para aplicar el principio de *si vis pacem para bellum*, de alerta y vigilancia constante y de presunción permanente de posibilidad de ser víctima de una agresión. Y como el problema de la guerra moderna supera los límites establecidos otrora por las líneas del frente que está ahora en todas partes, surge el concepto de "guerra total" o "nación en armas". Ambos conceptos son equivalentes para Perón. Los enuncia siguiendo la teoría construída por el mariscal prusiano von der Goltz en 1883. En ese momento, el jefe militar prusiano es parte de un aparato militar poderoso y vencedor: en 1870, Prusia y sus aliados germánicos han derrotado a Francia. Sobre esa victoria se ha fundado el estado alemán unificado bajo la forma imperial a partir del proyecto del barón Otto von Bismarck.

Es el ejército prusiano el que se convertirá en el ejército alemán, impregnado de la mentalidad señorial de los junkers. Estos dueños de la tierra, servirán como señores de la guerra profesionales dentro del proceso de "revolución desde arriba"

que va a consolidar el desarrollo capitalista alemán, sin revolución democrática.
La *guerra total* es la guerra en el estadio del capitalismo desarrollado entre naciones-estados. El cambio tecnológico se impone de manera abrumadora para modificar las condiciones de la guerra.

> "Aún en los años 1914-18, detrás de los ejércitos en lucha—observa Perón—las poblaciones entregadas a un constante esfuerzo para mantener la potencia combativa de las Fuerzas Armadas, vivían en una relativa tranquilidad".[19]

¿ Que es lo que ha cambiado ? "La actual contienda, *con el considerable progreso técnico de la aviación,* nos muestra la expresión más acabada del concepto de la `Nación en armas' ", subraya Perón. Y, por ello, "los pueblos de las naciones en lucha no se encuentran ya a cubierto contra las actividades bélicas, dado que poderosas formaciones aéreas siembran la destrucción".
La metáfora bélica sirve al expositor para hacer entender mejor su adhesión al principio de la "guerra total": "Un país en lucha puede representarse por un arco con su correspondiente flecha, tendido al límite que permite la resistencia de su cuerda y la elasticidad de su madera y apuntando hacia un solo objetivo: ganar la guerra".
En ese esfuerzo global de la Nación, también tienen su lugar los intelectuales de la Nación, "cada uno en el aspecto que interesa a sus actividades". [20]
Es decir, un intelectual francamente alejado del modelo *orgánico* que había escriturado intelectualmente el mas famoso prisionero de Mussolini-Antonio Gramsci- y del *comprometido* en que hacía sus primeras armas Jean Paul Sartre por esos mismos años, en Francia ocupada.

Perón define a continuación los objetivos geopolíticos nacionales a partir de una referencia histórica. Carece este juicio del ministro de Guerra y líder del GOU, de toda visión revisionista de la historia nacional. "Nunca, nuestros gobernantes —asegura—sostuvieron principios de reivindicación o conquista territorial; ni pretendimos ejercer una hegemonía política, económica o espiritual en nuestro continente".[21]
Incluso Perón no parece acompañar la crítica que el naciona-

lismo revisionista de inspiración hispanista ha efectuado, y en
ese época con particular virulencia, a los políticos liberales
acusándolos de ceder en los derechos territoriales argentinos
frente a Brasil, Inglaterra, por supuesto Chile y aún Bolivia.
Esta retrospectiva idílica y acrítica de la presencia argentina en
el mundo se corona con una definición a tono con una visión
agro-exportadora :"Solo aspiramos a nuestro natural engrandecimiento mediante la explotación de nuestras riquezas y
colocar el excedente de nuestra producción en los diversos
mercados mundiales, para poder adquirir lo que necesitamos
(...) queremos ser el pueblo más feliz de la tierra, ya que la
naturaleza se ha mostrado tan pródiga con nosotros".[22]

Una gran obra social

La guerra no solamente adquiere una gran importancia
para la política internacional. Para Perón ante el peligro del
estallido de aquella "es necesario establecer una perfecta tregua en todos los problemas y luchas interiores, sean políticos,
económicos, sociales o de cualquier otro orden, para perseguir
únicamente el objetivo que encierra la salvación de la patria:
ganar la guerra".[23]

Esta "perfecta tregua" instalada en el pensamiento estratégico de Perón, se va a trasladar a la acción política, sin
ninguna duda.

Para Perón es una verdad confirmada ("todos hemos visto")
que a partir de la exacerbación de las disputas intestinas en las
que se ha llegado al extremo de llamar en auxilio a *ideologías
extranjeras*, se llega al riesgo de enfrascarse en luchas encar-
nizadas o caer en el mas abyecto vasallaje.

Para rechazar y poner larga distancia con esta temida
posibilidad, Perón aspira al establecimiento de una verdadera
"solidaridad social, política y económica". Para este nivel de la
acción política interior los medios de comunicación social ocu-
pan un espacio destacado :

> "Es necesario organizar una fuerte máquina capaz de
> desarrollar un adecuado plan de propaganda,
> contrapropaganda y *censura*, que ponga a cubierto al
> frente interior, contra los ataques que el enemigo le
> llevará constantemente ".[24]

La obra política interna constituye un aspecto sumamente significativo en la concepción de la guerra de Perón. Antes, durante y después de la contienda aquellos deben trabajar para evitar los efectos del conflicto que amenazan hasta la constitución del Estado. A ellos se deben sumar la familia, la escuela, las fuerzas armadas, los gobernantes, los intelectuales que son mencionados como los elementos que constituyen el eje vertebrador de este trabajo político fundamental. La utilización de esta perspectiva integral de *guerra total* permite advertir, según Perón, "grietas lamentables en el frente interno". En ese marco verifica dos problemas serios: el cosmopolitismo y el nivel de salud de la juventud llamada a cumplir con el servicio militar obligatorio a los 20 años.

Con una perspectiva que coincide con la visión de la oligarquía liberal, destaca la apertura de las fronteras argentinas a individuos de diversas razas, ideologías, culturas, idiomas y religiones. Reconoce que ese curso ha "engrandecido" a la Nación. Pero, advierte, "existe el problema del cosmopolitismo con el agravante de que se mantienen dentro de la Nación, núcleos poco o nada asimilados".[25]

Sin embargo, no identifica a estos pertinaces aislacionistas dentro de la comunidad. Mas gravedad parece conceder a la revelación que, año con año, se reitera con la revisión médica de los conscriptos. La consecuencia de ello es que un "elevado porcentaje" de aspirantes deben ser rechazados por las deficiencias físicas adquiridas en su niñez por falta de abrigo y alimentación suficientes". Y "en los textos de geografía del mundo entero—se lamenta el militar con un amargo sarcasmo—se lee que somos el país de la carne y del trigo, de la lana y el cuero".[26]

La conclusión define por si misma el programa que el doble ministro, enuncia en esta última condición :"es indudable que una gran obra social debe ser realizada en el país (...) tenemos una excelente materia prima pero para bien *moldearla* es indispensable el esfuerzo común de todos los argentinos".[27] Esa "gran obra social" constituirá el programa central del modelo peronista.

Industria, pero pesada

Para Perón el problema del desarrollo industrial es el "punto crítico" de la defensa nacional. El apasionado tono apologético

desplegado por Perón en esta materia no deja dudas acerca de
la acción que en esta área del desarrollo económico desplegará
en sus gobiernos constitucionales posteriores.

El origen de este problema argentino revela un antecedente
histórico profundo: "Durante mucho tiempo, nuestra producción y riqueza han sido de carácter casi exclusivamente agrope-
cuario".

A esa orientación unilateral, va a atribuir Perón las dificultades del desarrollo económico nacional. Esa es la causa de que
"nuestro crecimiento inmigratorio no haya sido todo lo considerable que era de esperar". ¿Cuál es la causa de ello? Pues "el
elevado rendimiento de esta clase de producción con relación a
la mano de obra necesaria".

Es evidente que la producción ganadera extensiva ha demandado históricamente una reducida cantidad de mano de
obra. Es la concentración de la tierra en pocas manos, la
vigencia del latifundio desde fines del siglo pasado (la Conquista
del Desierto precisamente por el Ejército que comandaba Julio
Argentino Roca, artífice de la modernización del aparato bélico), las que se han constituido en el decisivo obstáculo para el
despliegue de esa población en el territorio nacional. Para
Perón, se trata en cambio de un problema técnico (el elevado
rendimiento de la producción agraria frente a la mano de obra)
y no se presenta *aquí* el problema de la tenencia de la tierra. No
existe referencia en el texto al hecho de que los inmigrantes
campesinos buscaran infructuosamente en Argentina, la propiedad de la tierra que perdieran, o no tuvieran, en el Viejo
Continente.

Para Perón, al saturarse los mercados mundiales, se limitó
la producción agraria argentina y, junto a ello, se cerró el
ingreso de nuevos inmigrantes.

No existe aquí una referencia crítica al esquema de propiedad
de la tierra y a los grupos sociales que los sustentaban .

Pero queda radicada una fuerte crítica al "capital argentino"
que "invertido así en forma segura pero poco brillante, se
mostraba reacio a buscar colocación en las actividades industriales ".

Asoma, empero, pese a la falta de radicalidad en el análisis del
problema agrario, una irónica crítica a la consideración de las
actividades industriales en la sociedad argentina de la época.
Ellas estaban "consideradas durante mucho tiempo como

una aventura descabellada y, aunque parezca risible, no propia de *buen señorío*".[28]

¿ Un problema exclusivo de los propietarios de la tierra o también endosable a los industriales dedicados a la elaboración simple de la producción agraria ? ¿ Y los industriales *nacionales* ? Perón hace solo referencias diferenciadoras entre el capital argentino y el extranjero.[29]

La defensa del capital nacional se hace rotunda frente al extranjero al que define como centralmente dedicado a las actividades comerciales (estaríamos en el caso de la actividad compradora o de factoría) "donde todo lucro, por rápido y descomedido que fuese, era siempre permitido y lícito".

Perón traza un cuadro dramático del intercambio desigual y del modelo de dependencia que la sustitución de importaciones contribuirá a modificar. "La economía del país reposaba casi exclusivamente en los productos de la tierra, pero en su estado mas innoble de elaboración, que luego, transformados en el extranjero con evidentes beneficios para sus economías, adquiríamos de nuevo ya manufacturados."[30]

Y desarrollaba a continuación la hipótesis mas tradicional del nacionalismo argentino, en todas sus variantes —tanto de izquierda como de derecha— de caracterización del capital extranjero en su comportamiento en la Argentina y, por extensión, ante los demás países *subdesarrollados*, entonces nombrados como *coloniales*. Esa posición fue también la asumida en esa época histórica por la izquierda nacional frente al pensamiento del partido Socialista, tradicionalmente adversario del proteccionismo, valor presente en esta definición peronista.

"El capital extranjero—advertía Perón— demostró poco interés en establecerse en el país para elaborar nuestras riquezas naturales, lo que significaría beneficiar nuestra economía y desarrollo, en perjuicio de los suyos y entrar en competencia con los productos que se seguirían allí elaborando" [31]

En consonancia con el pensamiento de Perón, un destacado representante de la mencionada izquierda nacional va a caracterizar así la situación de la época :

"La situación especial que ocupa el Ejército en esta tarea (N. de los A.: la creación de la industria pesada) no ha

sido suficientemente valorada aún; la iniciativa privada
no ha podido sustituirlo por varias razones. La primera
es que la burguesía industrial argentina solo ha orientado
sus capitales hacia la industria liviana, de evolución más
rápida y remunerativa, si dejamos a un lado la ausencia
de conciencia nacional de esta clase de negociantes; y la
segunda es que el capital imperialista sólo de manera
muy rara y excepcionalmente tiene interés en financiar
altos hornos en países relativamente desarrollados como
la Argentina. No por elemental será inútil insistir en la
razón de esta actitud: la industria pesada es la única
base serie de soberanía económica y de independencia
política. Por su situación geopolítica la Argentina ha
sido siempre para los Estados Unidos un peligro potencial
de factor aglutinante en el complejo político de América
del Sur. La balcanización política latinoamericana contra
la cual lucharon San Martín y Bolívar ha sido preliminar
de nuestra subordinación neocolonial ante los grandes
imperios ".[32]

Del texto precedente prototípico de las posiciones de la
izquierda nacional, del peronismo de izquierda y—más allá de
las cosmovisiones filosóficas—de muchas posiciones nacionalistas católicas anti-peronistas o nacionalistas católicas peronistas, se puede subrayar una vocación *nacional* claramente
enfrentada a los Estados Unidos como *enemigo principal*. Se
perfila un eje histórico coincidente con el tradicional antiyan-
quismo de la oligarquía pro-británica a la cual ese autor y todas
las corrientes vinculadas a la del expositor adherían con fervor.
Es decir, un anti-yanquismo explícito o soterrado como fundador
no solo de una política exterior, sino como elemento de una
nueva identidad nacional, la Argentina *Grande* o la Gran Patria Latinoamericana, que venían a confundirse en algo similar
en muchos de estos discursos nacionalistas.

Aunque Perón no realiza un pormenorizado recuento histórico
del cuadro de situación que dibuja, la descripción que le pertenece
planteada líneas arriba, pinta la Argentina anterior a la guerra
mundial de 1914-1918, a partir de la cual y frente a las
carencias que el conflicto planteó obligadamente se produjeron
cambios significativos. Aquella carencia "impulsó a los capitales
mas osados a lanzarse a la aventura". De allí se derivó el
establecimiento de gran cantidad de industrias.

Perón adjudica a la espontaneidad ("se realizó por sí sola") esta transformación industrial. Fue la "iniciativa privada de algunos *pioneers*", la que produjo el cambio. Critica la carencia de incitación y de precedencia del Estado. Cuestiona la falta de "ayuda oficial", luego de la Primera Guerra a muchas de esas industrias.

Califica a muchas de las industrias que desaparecieron como "artificiales". Pero destaca que, en ese marco adverso varias de aquellas pudieron pasar la posguerra y enfrentar "la prueba de fuego" de la competencia extranjera, dentro y fuera del país. El tema de la industria sigue siendo pues una cuestión *nacional*.

Después de la Primera Guerra, y este juicio engloba a los gobiernos radicales y a los de la *Década Infame* que el régimen militar surgido del '43 ha venido a enterrar en la historia, el Estado no supo hacer lo que debía en esta materia industrial. Entre las tareas que Perón indica que carecieron de apoyo estatal estuvieron: la utilización racional de la energía; armonizar la búsqueda y extracción de materia prima y orientar la colocación de los productos en los mercados nacionales y extranjeros. Pero ahora la forma de actuar será otra.[33] Existe también un aspecto fundamental en el que Perón subraya la necesidad de intervención estatal: "*la formación de mano de obra y de personal directivo*". Una tarea pedagógica que preanuncia la política de creación de escuelas fábricas y de la Universidad Obrera Nacional. Reconociendo el crecimiento de factores que se incrementan al desarrollarse la contienda bélica (aumento de la calidad de los técnicos, excelencia de la mano de obra, cantidad y calidad de materias primas), Perón señala que debe abandonarse "la teoría que durante mucho tiempo *sostuvimos*" porque "ha quedado demostrada como una utopía". ¿Cuál es — según Perón — esa errónea concepción? : "Si algún día un peligro amenazaba a nuestra patria, encontraríamos en los mercados extranjeros el material de guerra que necesitásemos para completar la dotación inicial de nuestro Ejército".[34]

De ese cuadro surge la conclusión lógica que constituye una verdad fundante para el peronismo : "La defensa nacional exige una poderosa industria propia y no cualquiera, sino una industria pesada".

Se dirige entonces específicamente a su público para recordarle que "las profesiones industriales les ofrecen horizontes tan amplios como el derecho y la medicina o la ingeniería de construcciones". Demanda también que "las escuelas indus-

triales, de oficios y Facultades de Química, industrias, electro-
ctécnicas, etc. deben multiplicarse ".[35]

La acción comercial se revela complementaria de la industrial en esta exposición. Es un comercio para el cual hay que
estudiar el desarrollo de los puertos de entrada y salida de
productos de importación y exportación. Disponer una flota
mercante poderosa y, sobre todo, propia y desarrollar las vías
de comunicación fluvial, ferroviaria y vial.

Las recomendaciones en materia financiera y económica
carecen de especificidad que las haga innovadoras mas allá de
consejos dirigidos a examinar con cuidado las inversiones y
realizar "la administración mas severa y estricta" de, por
ejemplo, las inversiones.

Finalmente, Perón produce de manera explícita sus conclusiones ("Esto es lo que los militares entendemos por defensa
nacional"): 1) Que la guerra es un fenómeno social inevitable; 2)
Que las naciones pacifistas (la Argentina, entre ellas), si quieren
la paz deben prepararse para la guerra. La tercera conclusión
acerca conceptualizaciones más cercanas al universo político
futuro del peronismo : la defensa nacional como problema
integral; obra de largos años de preparación; que constituye un
trabajo común a todos los sectores de la sociedad, el gobierno, los
diversos grupos civiles y no solo de los militares y constituye un
desafío tal, al que concurren las más diversas disciplinas
intelectuales. No es casual, por cierto, que el líder militar y —
sobre todo ya— político, concluya su ponencia estimando que
las exigencias de la Defensa Nacional contribuyen "al engrandecimiento de la Patria y a la felicidad de sus hijos", dos de las
consignas propagandísticas más fatigadas por el justicialismo
que comienza a gestarse a partir de estos precisos momentos.

La contradictoria comprensión del texto de la conferencia de
Perón por parte de los sectores dominantes locales y el gobierno
y militares norteamericanos ilustra acerca de la dificultad para
distinguir entre la conceptualización teórica de un mensaje y
las condiciones de su recepción política.[36]

Según el citado historiador norteamericano Joseph Page,
para los observadores estadounidenses, Perón parecía estar
utilizando el mismo texto de un falso documento fundador del
GOU pero, por sobre todas, las citas textuales "percibían el
discurso como un modelo rector para un estado totalitario"; pero
"mientras Washington optaba por interpretar la conferencia

desde la perspectiva más negativa, los opositores internos de Perón, por su parte, no advertían motivos de alarma. Es más, el diario "La Prensa", un permanente crítico del coronel elogió sus palabras".[37] Y tampoco "La Nación" veía motivos de crítica, sino todo lo contrario y refutaba la interpretación que venía del Norte.[38]

Pero la opinión que recibía el gobierno norteamericano era otra.

Según un informe de la Office of Strategic Services (OSS), un antecedente de la CIA, se atribuía un "significado siniestro", según Page, a un párrafo de la conferencia en el que Perón afirmaba que "en efecto, alguien tendría que demostrar inobjetablemente que Estados Unidos de América, Inglaterra, Rusia y China, en el caso de que las Naciones Unidas ganen la guerra y lo mismo Alemania y Japón en el caso inverso, no tendrán jamás en el futuro intereses encontrados que los lleven a iniciar un nuevo conflicto entre sí, y aún, que los vencedores no pretenderán establecer en el mundo un imperialismo odioso, que obligue a la rebelión de los oprimidos, para recién creer que la palabra guerra queda definitivamente descartada de todos los léxicos". El comentario de Page resulta el adecuado: "El analista de la OSS interpretaba este pronóstico como una muestra de cinismo. El tiempo ha demostrado que las palabras eran misteriosamente proféticas".[39] No se trataba del discurso de un aspirante a Mussolini sudamericano o del estratega que diseñara una utopía autoritaria. El discurso planteaba las reflexiones para poner en funcionamiento a una nación en el cuadro todavía no terminado de una escena de posguerra en pleno trazo.

Como llegar a la Universidad

El profundo conflicto verificado entre el peronismo y la tradición de la Universidad pública, previa al surgimiento de aquél, ha oscurecido las condiciones de producción de este famoso discurso militar de Perón, que es también un discurso universitario, un discurso en la Universidad, sustancialmente dirigido a los jóvenes posgraduados y a los profesores y directivos de aquella.

Como se afirmó más arriba, el proyecto de establecimiento de un Curso de Defensa Nacional es presentado al Consejo Superior de la Universidad platense, el 3 de mayo de 1943. Era todavía presidente de la República el conservador Ramón Castillo. Un mes antes del estallido del golpe que iniciaría el proceso político peronista, en la sede universitaria de las calles 7 y 47 de La Plata, aquel proyecto es presentado a la consideración del máximo cuerpo directivo de la UNLP.

En la propuesta de seis carillas hay solamente dos citas. En una se menciona al propio Presidente (rector) de la UNLP, entonces Alfredo Palacios. Se alude a la resolución que con su firma estableció con carácter permanente y obligatorio cursos de cultura universitaria. La otra es un artículo periodístico de Herbert Hoover, el ex-presidente republicano de los Estados Unidos bajo cuyo mandato se escenificó el viernes negro del crack de 1929. Para Hoover en su nota publicada en *La Prensa* de Buenos Aires "la estrategia en la guerra global no es una cuestión militar(...) Las guerras pueden ganarse o perderse en el frente interno".[40]

En coherencia con esta afirmación para Labougle "la guerra ha pasado a ser total" y atajándose ante posibles críticas advierte que "no inspira mi ánimo la idea de una agresión, menos fomentar el espíritu imperialista y el orgullo extremo de la propia personalidad nacional".[41]

Como la guerra arrastra a toda la Nación "que mejor entonces para ser eficientes, para vivificar esa política de preparación y coordinación de valores que estrechar los lazos entre la Universidad y el Ejército. La acción desintegradora de los pueblos se realiza en la paz. La actividad de la retaguardia es casi tan importante como la actividad en el combate. La incomprensión de las democracias a este respecto ha sido lamentable".[42]

Para Labougle existe un adelantamiento de parte de los militares en su preparación para la comprensión de la globalidad de los fenómenos sociales porque los oficiales de las Escuelas de Altos Estudios del Ejército y de la Marina estudian derecho internacional, economía y finanzas. Y reitera que "la vinculación del Ejército y la Universidad es cada día mas necesaria y así lo aconsejan los intereses superiores del país".[43]

Este proyecto es aceptado por dictamen unánime de las Comisiones de Enseñanza y de Interpretación y Reglamento del Consejo Superior el 28 de agosto de 1943, las que lo aprueban por unanimidad. Forman parte de esos organismos además de Labougle, Félix Aguilar, C.A. Sagastume, J.Frenguelli, Rómulo Lambre, Alfredo D.Calcagno, Luis R.Longhi, Hércules Corti y, nada menos, que Gabriel del Mazo, doctrinario notorio del movimiento de la Reforma Universitaria y uno de los fundadores, aunque ya alejado del núcleo inicial, del agrupamiento F.O.R.J.A. (Fuerza Radical Organizada de la Joven Argentina).[44]

La sanción del proyecto se produce al considerarse el punto 12 del Orden del Día del 9 de septiembre de 1943, cuando aún las Universidades Nacionales no habían sido intervenidas por el gobierno militar encabezado por el general Pedro Pablo Ramírez. "Previo informe verbal del autor es, *sancionado por unanimidad*. Se hallaban presentes el señor Presidente de la Universidad, doctor Alfredo L. Palacios y los señores consejeros ingeniero Félix Aguilar, doctor Max Birabén, doctor Juan E. Cassani, doctor Hércules Corti, doctor Ricardo de Labougle, ingeniero Gabriel del Mazo, doctor Joaquín Frenguelli, doctor Rómulo R. Lambre, doctor Luis R. Longhi, ingeniero agrónomo J. C. Lindquist, doctor Victorio Monteverde, doctor Carlos Sagastume y doctor Juan C. Speroni".[45]

La votación favorable de Alfredo Palacios y de Gabriel del Mazo subraya una coincidencia objetiva con el autor de la iniciativa o, por lo menos, una ausencia de oposición significativa. De tal modo queda indicado que ningún debate *antimilitarista* se plantea en oposición a la iniciativa. Una comunidad tácita de intereses se conjuga en este proyecto. De tal modo que no parece un rayo de sol en un día de verano la discusión en la sede universitaria de las teorías militares e, inclusive, de la que aparece como línea teórica dominante : *la Nación en Armas*.

La supuesta aparición de una *nueva* Doctrina de la Defensa Nacional, original del naciente peronismo — que es celebrada por autores de simpatía justicialista — parece basada en la consideración superlativa de ciertos aspectos que la exposición de Perón subraya enfáticamente.

El autor de la iniciativa procede, en el discurso que pronuncia en la sesión en que la considera y aprueba, a introducir nuevos autores en su repertorio bibliográfico. El primero, con una indudable connotación política y emocional es el "señor mariscal Petain", el jefe del estado títere francés luego de la capitulación de la Tercera República ante la bliztkrieg hitleriana y a quien desconoce la Resistencia encabezada por otro general, Charles de Gaulle. De todas formas, Petain es citado en un discurso pronunciado en 1939, cuando todavía llevaba en sus alforjas el mérito de ser el mayor estratega militar francés en la Primera Guerra Mundial. Petain, como la mayoría de los autores a los que recurría Labougle, identifica a la guerra como un fenómeno que excede los planteamientos exclusivamente castrenses y la hace asumir un lugar compartido por todos los sectores de la sociedad.[46] Luego son convocados al texto el vicealmirante (argentino) Castex, su colega el general de división Jorge Alejandro Giovanelli, el general japonés Keisaku Murakami, el general inglés Sir H. Maurice, y desde la lejana Moscú, el "camarada" Stalin. En su apoyo, para remate de su argumentación es el contralmirante Abelardo Pantín, jefe del Estado Mayor de la Armada argentina. Para este jefe de la anglófila y en consecuencia aliadófila arma naval "proveer a la defensa común es organizar durante la paz todas las actividades de la Nación (..) todas estas medidas fundamentales, aun cuando traten de la defensa nacional, *no incumben en absoluto a las autoridades militares*. La defensa nacional constituye un problema general de gobierno".[47] La concepción de la *guerra integral-total* se impone omnipresente.

Las condiciones de producción

Para apoyar la intención de crear la Cátedra de Defensa Nacional, de Labougle recurre a la opinión de jefes militares y navales. El concurrente respaldo que ellos brindan a la iniciativa, testimoneado en cartas escritas al profesor universitario [48], ilustra acerca de una común preocupación por el problema de la Defensa Nacional. En este punto, los jefes castrenses van revelando similares preocupaciones acerca de la necesidad de perfeccionar el concepto teórico — y su aplicación práctica— de la *guerra integral*. Esta conjunción entre oficiales superiores que, de un modo u otro, subrayan la necesidad del desarrollo industrial y de la integración física ,intelectual y técnica de la Argentina, contribuye a diluir la existencia de una doctrina militar *liberal*, verticalmente opuesta a una doctrina de la *defensa nacional* de cuño *nacional-populista*.

Entre quienes contestan al requerimiento de asesoramiento de Labougle se encuentran: el comandante de la Segunda

Región Militar, general de división Adolfo S. Spindola; el comandante de la Primera Región Militar, general de brigada José María Sarobe (un militar del grupo seguidor del ex-presidente Agustín P. Justo, cercano al coronel Perón); el comandante de la Defensa Antiaérea, coronel Raúl González; el vocal del Consejo Supremo de Guerra y Marina, general de división Nicolás Accame; el comandante de la Cuarta División de Ejército, general de brigada Justo Salazar Collad ; el general de división Carlos D. Márquez; el comandante del Segundo Ejército, general de brigada Jorge Giovanelli; el comandante de caballería del Ejército, general de brigada Arturo Rawson (presidente por un día del golpe de junio); el general de brigada Juan Monferini; el general de brigada Juan Bautista Molina (un nacionalista opuesto a la facción justista de Márquez); el vice-almirante Carlos G. Daireaux ; el jefe de la escuadra de río, contralmirante Gonzalo Bustamante; el Director General de Material de la Armada, vicealmirante Saba H. Sueyro; el almirante León Scasso; el comandante en jefe de la Escuadra de Mar, contralmirante Benito Sueyro; el presidente del Círculo Militar, Basilio Pertiné; el general de división, Luis A. Casinelli; el presidente de la Comisión Permanente de Adquisiciones, general de brigada Julio A. Sarmiento ; el general de brigada Horacio Crespo; el comandante de la Primera División de Ejército, general Juan Carlos Bassi; el director de Institutos Militares, general Juan N.Tonazzi; el jefe del Estado Mayor del Ejército, general Juan Pierrestegui; el comandante de la Segunda División de Caballería, general Estanislao López ; el teniente coronel Agustín Casá; el comandante de la Tercera División de Ejército, general Juan Carlos Sanguinetti; el director del Liceo General San Martín, coronel Ernesto Florit; el comandante de la Cuarta Región Militar, general Manuel M. Calderón; los generales Martín Gras y Guillermo Mohr y el comandante de la Segunda División de Ejército, general Manuel Castrillón.

Resultan, entre otras, significativas las opiniones de dos altos oficiales de la Armada. Para el contralmirante Bustamante "hoy mas que nunca la preparación y conducción de la guerra en sus amplios frentes escapa al militar o al marino, educados principalmente para la aplicación de la fuerza (...) Esa fuerza debe ser preparada y mantenida en base a una moral, a *una industria* y una economía que son resorte del estadista desarrollar". Esta preocupación industrial en un marino, escapa del molde dicotómico tradicional en la izquierda y el nacionalismo de adjudicar a la Armada la representación excluyente de los intereses agropecuarios de la pampa húmeda. Al industrialismo del contralmirante hay que sumar la insólita denuncia — por provenir de los supuestamente liberales y pro-británicos marinos — del almirante Scasso quien se interroga acerca de la causa por la cual, "la enorme mayoría de los medios de información, propaganda, transporte, difusión y de las fuentes de energía tan indispensables a la cultura y el progreso del pueblo como a la independencia y soberanía de la Nación, hayan sido enajenadas al extranjero".

Esta concepción de la defensa nacional debe constituirse en la formación de una "conciencia nacional", según el general Gras. Justistas y uriburistas, liberales y nacionalistas, marinos y militares, domina en ellos la concepción y el síndrome de la *guerra total*. De allí que, unida esta doctrina a la idea de Nación con destino singular (asentada desde el '53 a la generación del '80), la de una potencia dominante en la parte sur de América, fuera prevaleciente en la ideología militar hegemónica en las Fuerzas Armadas de esa época. Perón parece pues la expresión más inteligente de esa convicción ya asentada y difundida, instalada en una situación de emergencia, la de un mundo en guerra en el que la Argentina se encuentra progresivamente aislada. Un mundo en el que la Alemania nazi marcha hacia la derrota junto a Italia y el Japón, pero en el que la nueva escena que asoma preanuncia también la declinación inglesa y, sobre todo, el insolente e indetenible avance norteamericano. ¿Cómo instalar militar, política y económicamente a la Argentina en ese mundo de guerra y posguerra? La doctrina de la nación en armas, de la guerra integral, propone un rumbo inexorable para el país que quiera eludir la derrota estratégica: avanzar hacia un proceso de industrialización. En esa dirección parece inexorable el papel del Estado. Lo han utilizado para salvar sus intereses en peligro los líderes del bloque agro-exportador, los ganaderos invernadores de la pampa húmeda. Con otros fines, los militares que van unificando su posición política detrás de Perón en ese invierno de 1944, en el que el coronel diserta frente a los universitarios platenses (a cuatro días del desembarco aliado en Normandía y a poco más de dos meses de la liberación de París), ven en el naciente peronismo la escenificación mas adecuada de la nación en armas.

Apuntes en la Escuela (de Guerra). El profesor se encuentra aquí.

Pero ese escenario había sido pensado —y enfáticamente transmitido— por el coronel doce años atrás, cuando era el profesor de los "Apuntes...", un mayor que era docente de Historia Militar. En ese curso de 1932, están presentes casi todos los conceptos que se plantean en 1944.

Es por ello que la doctrina del 44 está presente en el Ejército del 32. El curso de historia militar sirve para estudiar leyes y situaciones de guerra. Por ello se estudia la doctrina de guerra que "está entonces destinada a dar la indispensable cohesión moral e intelectual de los comandos armando criterios, voluntades y sentimientos".[49]

Perón puntualiza en su clase que no puede haber una ciencia de la guerra, como tampoco puede haberla de la pintura, la poesía o la música. Sin embargo, el profesor propone una teoría de la guerra. Esa teoría permite pensar un arte. Y Perón definirá este arte con palabras que atribuye a Napoleón: "La guerra es, ante todo, un arte sencillo y todo de ejecución". Apotegma memorable, porque décadas después estos ecos napoleónicos resonarán en la Doctrina Peronista y así *la política* será, a su turno, ese arte sencillo, *todo de ejecución*.

Es un arte, como todos ellos, de difícil enseñanza, porque Perón estima que valores innatos, singulares, inexplicables, miden la diferencia entre un Rafael y un pintor ignoto, del mismo modo que la que rigió entre Moltke, el destacado general prusiano, y cualquier oficial burocrático.

Es Moltke, el viejo, el jefe del Estado Mayor prusiano de Bismarck, quien le brinda alguna ayuda pedagógica. Con aquél repite que el acto de enseñar debe llevar al alumno a hacer valer su propio bagaje intelectual. Hay que aplicar la teoría a casos particulares.

Al comenzar a explicar a los grandes conductores militares de la historia, rol al que adjudica una importancia superlativa, Perón se exalta con la figura de Napoleón cuya estrategia califica como de grandes objetivos: "El se trazó un gran objetivo y a ese subordinó todo lo demás"[50]. Allí puede observarse al propio Perón en camino a su acción política. La autoconfianza dará la razón a la doctrina que enseña el profesor. Porque "así como el artista *nace* y no se *hace*, se afirma comúnmente que el *conductor* está en las mismas condiciones".[51]

De la guerra

El Perón que enseña a ser conductor de ejércitos trabaja con la doctrina de amplia moda en su propio Ejército. Esto es, se provee sobre todo en el arsenal teórico de Karl von Clausewitz, el dominante conceptualizador militar del siglo XIX, cuya influencia se prolonga al XX y que ingresa tanto en la academia militar argentina, tanto como en la densa discusión político-militar planteada por Engels, Mehring y Lenin en el campo socialista.

Es probablemente por una fuerte conceptualización que tantos fervores político-ideológicos de origen diverso son seducidos por el general—teórico prusiano. "La guerra — escribió con fortuna intelectual — es la continuación de la política por otros medios". Y también, de manera complementaria "la guerra es pues, un acto de fuerza para obligar al contrario al cumplimiento de nuestra voluntad". El profesor Perón comienza citando a Clausewitz el capítulo II de sus "Apuntes..." referidos a *La guerra*. Y sigue: "La existencia de una estrecha vinculación entre la conducción de la política y la de la guerra es una consecuencia de la guerra moderna".[52]

Pero esa guerra moderna se deberá librar en las condiciones del segundo apotegma de Clausewitz. Perón señala a sus alumnos que "hoy puede afirmarse que el concepto mundial (de la guerra) se ha establecido", después de idas y venidas histórica. "Nadie piensa de distinto modo — escribe en Buenos Aires en 1932 en el intervalo de las dos Grandes Guerras Mundiales — *El fin de la guerra es el aniquilamiento del enemigo*, cualquiera sean los medios puestos en la balanza de los destinos de los pueblos".[53] Para Perón es Clausewitz quien siguiendo a Federico el Grande, rey de Prusia y a Napoleón, subraya el concepto de *guerra total*. Es a la Revolución Francesa a la que Clausewitz atribuye por su energía para motivar al pueblo esa superación del concepto de un ejército reducido y del combate empeñado en función de las rentas que tuviera disponible en ese momento el Estado. Es "del estudio conciensudo de los combates y de las batallas de Napoleón, consideradas no como actos de barbarie sino como únicos medios de la guerra "[54] que ha nacido el Estado Mayor Prusiano, admirado organismo en la Escuela Superior de Guerra (ESG) del Ejército Argentino.

Para Perón es necesario considerar que "la doctrina del aniquilamiento ha trascendido de la guerra a la batalla y, en fin a las operaciones en general. Hoy—concluye—el objetivo más alto que puede alcanzarse en toda operación de guerra es, sin duda alguna, *el aniquilamiento del enemigo*".[55]

Los conceptos de *guerra total* o *guerra integral,* de *aniquilamiento del enemigo,* de la *batalla como centro imprescindible de la guerra a cualquier precio,* constituyen aspectos centrales de la doctrina militar de Perón. Están presentes en sus clases de 1932 y reaparecen incólumes en su conferencia sobre la Defensa Nacional de 1944. Responden a la mas tradicional interpretación de Clausewitz, construída no solo en el ejército prusiano, sino en su clásico adversario, el francés derrotado en la guerra de 1870.

¿ Cómo se transvasó esta concepción militar a la doctrina política peronista ? ¿ Era esta doctrina militar *moderna* según Perón la única perspectiva, la más moderna que se discutía en la época ?

Otras voces deben oírse, como la quien contemporáneamente a Perón analizaba el mundo de la estrategia militar de Clausewitz en los claustros de Cambridge. El capitán inglés Liddell Hart y su *estrategia de la aproximación indirecta* constituyeron una refutación a ciertos dogmas clausewitzianos. Y si toda doctrina de guerra constituye, siguiendo al *Mahdi* de la estrategia prusiana, un efecto de una diversidad política, la línea argumentativa de Hart proporciona un instrumento confrontativo de indudable riqueza.

Es en estas conferencias pronunciadas entre 1932 y 1933 en las aulas del Trinity College [56] que Hart realiza sus impiadosas observaciones críticas hacia Clausewitz y su inspirador Napoleón.

Es importante estimar que un experto en doctrina militar del E.A. lo califique como "muy probablemente el publicista y pensador militar contemporáneo mas destacado".[57] Sus concepciones influirán en el aprovechamiento del tanque como elemento central de las fuerzas blindadas en el mundo militar posterior a la Gran Guerra. Empero, sus observaciones tuvieron mas aplicación en el ejército alemán de la Segunda Guerra

que en el inglés o notoriamente en el francés, a excepción del general Charles de Gaulle.
Este modernizador de la estrategia militar decía en la misma circunstancia temporal que Perón su discurso crítico hacia el teórico prusiano. "Aunque Clausewitz usaba libremente a Napoleón como ejemplo, y llegó a ser tenido por el mundo como intérprete de Napoleón, en realidad expresaba ideas que se originaban en su propio espíritu. Fue el profeta, no de Napoleón sino de sí mismo (...) Porque fue el origen de la doctrina de *guerra total,* de la teoría acerca de la lucha hasta el fin que, empezando por el argumento de que l*a guerra es la continuación de la política por otros medios,* terminó haciendo de la política la esclava de la estrategia".[58]

Frente a esta observación crítica, se encuentra en el Perón profesor, una definida exaltación del papel de la política como contenedor y orientador de la guerra.

> "La política pone en movimiento todo su mecanismo antes y durante la guerra—observa Perón—para sumar fuerzas materiales o espirituales, buscando aliados activos o pasivos, creando las mejores condiciones para las operaciones, formando movimientos de opinión favorables a la finalidad buscada, anulando los que obstaculicen el logro de ella, neutralizando errores anteriores por sabias medidas del presente, cediendo algunas veces en un lado para obtener mayores beneficios en otros, desarrollando en fin, una acción activa y consecuente con la finalidad militar del momento".[59]

Y mucho más aún, Perón busca las causas de la guerra

> "hoy, como en todos los tiempos, en los problemas políticos, sociales y económicos, profundamente arraigados en los intereses de los estados. Se desarrollan o atenúan a través de los tiempos, pero aparecen bien claros en las grandes crisis políticas. Si se investigan las causas, es necesario comúnmente, buscar en la historia de los pueblos, desde largo tiempo atrás, esos intereses que ocasionan el choque de ellos convertidos en ejércitos. Los pretextos tan comunes en cambio, son causas aparentes que los países buscan para disfrazar sus verdaderos intereses o ambiciones". [60]

Resulta sumamente ilustrativo cotejar este examen poco

compasivo de las concepciones heroicas de la guerra, con la visión marxista de ésta que conceptualiza Franz Mehring siguiendo al mismo Clausewitz que guía intelectualmente a Perón. "La guerra es, según las palabras de Clausewitz, la continuación de la política por medios violentos, la última *ratio*, el fenómeno inseparable que acompaña a la sociedad capitalista, así como también a toda sociedad clasista; ella constituye el estallido de las contradicciones históricas, agudizadas de tal modo que no pueden ser resueltas de ninguna otra manera. Con esto ya está dicho en definitiva que la guerra no tiene en general nada que hacer con el derecho y la moral".[61] Para el politólogo italiano Clemente Ancona, Mehring es el primero en reconocer la tesis de Engels sobre el nexo entre el desarrollo de la producción económica y el desarrollo de la potencia militar como consecuencia de aquella".[62]

Las coincidencias entre la concepción de Perón y la que sustenta Merhing subrayan el aspecto de coincidencia materialista en la base del conflicto armado. Esta es una certeza reiteradamente expresada por Perón. "Las guerras modernas con su carácter nacional han pasado a ser predominantemente económicas. Después de haber sido el medio violento que los pueblos empleaban para crearse un sitio en el mundo en cuanto a naciones, se convierten en el medio que practican para enriquecerse ".[63]

Así, Perón examina diversos conflictos como la guerra de Alsacia y Lorena (para abrir mercados a la industria y comercio alemanes); los japoneses con sus ataques a China penetran en ese mercado y expanden su marina por todo el Asia para lograr la libertad de comerciar en Extremo Oriente; la guerra en Cuba al final del siglo XIX buscó una salida a los productos norteamericanos; la guerra contra los Boers fue decidida por los mercaderes de la City y no por la reina de Inglaterra ; la guerra europea (1914-1918) fue producida por un surgimiento alemán peligroso para la industria y el comercio inglés. Es la materialidad de los conflictos entre las naciones descarnadamente planteados en el nivel de los intereses económicos, la base de la guerra para Perón. Sin embargo, los ejemplos para el desarrollo de la historia militar se refieren siempre a la historia militar antigua y a la europea. No existe mas que una referencia lateral a la Guerra de Secesión en los Estados Unidos. Y en el plano nacional solo la mención a San Martín está presente en la

campaña libertadora en Chile o en las derrotas de Belgrano en
su excursión al Norte. No existe referencia alguna a la Guerra
de la Triple Alianza contra el Paraguay ni tampoco a la posibilidad de tensión entre Bolivia y Paraguay, cercanos al enfrentamiento bélico de la Guerra del Chaco. Tampoco aparece
mencionada la ocupación de las Malvinas. La hipótesis de
guerra argentina está planteada lateralmente por la necesidad
de cruzar obstáculos físicos (río Uruguay y Cordillera de los
Andes), la posibilidad de conflicto con Brasil o Chile, las dos
hipótesis tradicionales de choque bélico. Los teatros de operaciones para el aprendizaje de la guerra son distantes para los
oficiales argentinos. Sus guerras posibles (Chile, Brasil), no son
estudiadas en ese curso. Tampoco existen ejemplos acerca de la
dominación económica referida a la Argentina, aunque las
analogías resultarían fáciles de realizar siguiendo las enseñanzas del profesor. Aplicar el ejemplo de la *Nación en Armas*
no resultaría complejo.

La Nación en Armas

El título del acápite es para el mayor Perón el concepto
"relativamente nuevo" y "en cierto modo, la teoría mas moderna
de la defensa nacional". Reitera que se debe al mariscal von der
Goltz y que data de 1881. Es esta *feliz expresión* la que también
sintetiza el concepto de "guerra integral".

Esa teoría moderna de la defensa nacional va a ser denominada Doctrina de la Defensa Nacional (DDN), como proto-
típica del ejército bajo hegemonía peronista y contrapuesta a la
Doctrina de la Seguridad Nacional (DSN) que se va a construir
a partir de 1955 luego de la caída del peronismo. En realidad,
la exposición en 1932 en los cursos de la ESG indica claramente
el carácter hegemónico de la DDN, previo a la existencia del
peronismo. Las características de la misma alientan expresiones
industrialistas e, incluso, expanionistas que fortalecen al estado
nacional y cuya coronación va a ser, precisamente el Estado
peronista.

Una visión pesimista acerca del desenvolvimiento de la
historia moderna, ilustra el asentamiento de esta doctrina de la
nación en armas en el universo teórico de la guerra por parte del
profesor Perón. Dubitativo frente a la posibilidad del desarme

general, Perón prefiere aferrarse a los "grandes pensadores" como Osvaldo Spengler a quien cita de su libro "La decadencia de Occidente" :

> "El resultado práctico de las teorías reformadoras del mundo es regularmente una masa sin forma y, por lo tanto, sin historia. Todos los reformadores y ciudadanos mundiales sostienen conciente o inconcientemente, ideales de *fellah* (un pueblo antinacional, agricultor de Egipto que desde la conquista del Egipto por los árabes abandonó paulatinamente su lengua, adoptando junto con su religión la lengua del amo: el árabe). Su *éxito significaría la renuncia de las naciones dentro de la historia, no en beneficio de la paz sino en beneficio de las otras".* [64].

Entusiasmado por las reflexiones de este filósofo de la intuición que concibe a las diferentes culturas como organismos biológicos, y asume una interpretación relativista de la cultura, concibiendo al Occidente como ingresado a su momento de decadencia, aunque reserva para Alemania la posibilidad de regir un imperio mundial, Perón extrae conclusiones para sus oficiales.

"He ahí el dilema: prepararse para subsistir o resignarse a sucumbir ante el más poderoso o mas preparado. Esta es la voz de la experiencia histórica — enseña — en esta hora en que los destinos de los pueblos dependen de los propios actos". [65]

Con fervor y convicción Perón sostiene que "si la guerra de 1870 (N. de los A. :se refiere a la franco-prusiana) afirmó el concepto de la preparación integral del estado para la guerra, la mundial de 1914-18 lo ha confirmado plenamente, llevando este concepto a extremos tan grandes como imprevistos".

Y de seguido profetiza, en este caso con decidido acierto que este conflicto *integral*, "es pues la guerra del presente y será a no dudarlo la del porvenir, sin limitaciones en los medios y sin restricciones en la acción. A esa guerra de todas las fuerzas, llevada a cabo por un pueblo contra otro pueblo, *ha de sucederla otra guerra de iguales o aún mayores proporciones y de características aún mas siniestras". (subrayado* de los autores) [66]

Las consecuencias de la Primera Guerra Mundial en la que la potencia militar de Alemania sucumbe frente a la utilización del concurso de todos los medios, como el bloqueo por hambre, conducen a profundizar este concepto de la *nación en armas* y llevarlo "al extremo previsible, utilizar todos los medios y poner en ejecución de ello todas las fuerzas". Con ello se debe evitar la derrota que sufrió Alemania la que buscaba el cerco militar de sus adversarios pero sufrió a su vez "un cerco total, pero de nuevo tipo (...) que estranguló estratégica, política, económica y moralmente no solo al Ejército sino, junto a él, a toda la Nación".[67]

Poner en funcionamiento las energías globales de la Nación frente a la guerra que se avecina; entender este proceso como un combate político, militar, cultural e industrial, así están planteadas para el profesor de la ESG las coordenadas de la doctrina de guerra en las que cree y que enseña. No son evidentemente posiciones, como el mismo calificaría de un *dilettante*, porque en la ESG se plantea lo que la conducción del Ejército quiere que se enseñe. Se trata de la mirada de un Ejército que observa un mundo en profundo cambio, con guerras estalladas o por estallar en Asia (la expansión del Japón), en Africa (el movimiento colonial italiano en Etiopía), en Europa (donde se condensan las presiones que dan nacimiento a la República y a la Guerra Civil en España). De allí se podrá concluir tanto la necesidad de la construcción de una industria pesada, para lograr el acero imprescindible para la guerra moderna, como la creación de una marina mercante propia para el transporte de materias imprescindibles para el combate. Y con la misma intención, estos militares buscaran afirmar el control del Estado sobre la sociedad. Construir la conducción política de una guerra *integral*, librada por todos los medios militares, pero también políticos, económicos, culturales, informativos, y educativos.

Con firme convicción, Perón no solo piensa sino enseña y publica que "a *la nación en armas* corresponde *la movilización y organización integral*. Hoy la preparación para una guerra ha pasado a ser no solo tarea de militares, sino de todos los habitantes, gobernantes y gobernados, militares y paisanos".[68]

Doce años antes de la conferencia en La Plata, Perón ya tiene modelada una idea de la guerra en que la está claramente inscripta la base de una concepción del Estado y despunta la de la conducción política. La guerra y la política concentradas bajo una conducción común integralmente subordinadas a un objetivo nacional. La propaganda y la educación constituyen parte de una estrategia del conflicto y del mando, en una escena nacional e internacional donde se construyen nuevas políticas y nuevos poderes. Lo que Perón enunció en La Plata en 1944 como ministro de Guerra, es lo que ha enseñado en Buenos Aires como profesor de los oficiales de Estado Mayor en 1932. Esta guerra integral no puede quedar subordinada a interpretaciones subjetivas. Ningún incidente puntual, por grave que este sea, estima Perón puede definir el curso de un conflicto: "Ni el asesinato del príncipe heredero austríaco y de su esposa en Sarajevo, era motivo suficiente para que por esa razón millones de hombres tuvieran que morir. En todos estos casos —dice citando a von der Goltz— la situación era tal que lo que aparece como causa no es sino pretexto a que recurre el antagonismo político, producido por razonamientos de muchos años".

Pero también están presentes en los apuntes del profesor los factores económicos, ocupando un lugar significativo en los problemas relativos al origen y causas de la guerra. Por ello afirma que "nada en el sentido económico, puede ser obra de una improvisación de último momento".

También en las preocupaciones de Perón en relación con la concepción de la guerra, está presente que esta se conduzca en "la más absoluta unidad de acción".[69]

El problema de la política y lo militar y su unidad instrínseca es referido por Perón a ejemplos históricos clásicos, en especial, a los que tienen que ver con la política alemana de la Primera Guerra Mundial. "La historia de las guerras anteriores (a la mencionada Primera Guerra) —advierte Perón— *prueban* que la política y la estrategia se penetran hasta el punto de que a veces se confunden".[70]

¿ Que es lo que conduce en las guerras a la victoria? El acuerdo completo entre la política (síntesis de los esfuerzos de la Nación) y la estrategia (síntesis de los esfuerzos de un ejército). El ejemplo elegido por Perón como modélico, es el acuerdo de Bismarck y Moltke.

Por ello, Perón reclama en 1932 la creación de un *consejo de defensa nacional* y de manera adelantada propone "la creación del puesto de Comandante en Jefe del Ejército en tiempo de paz, dejando al ministro de Guerra las funciones político-administrativas y pasando al Comandante en Jefe las militares ".[71]

Y ya observa en un significativo adelanto de cambios que sobrevendrían en 1949, que "nuestra constitución se opone a que el Presidente de la Nación delegue el Comando Supremo en persona alguna, representando ello una traba para esta solución. Pero es necesario pensar que *cuando nuestra Constitución se hizo, la guerra no representaba lo que hoy y que bien puede nuestra constitución estar un poco anticuada en materia de guerra, ya que ésta ha evolucionado totalmente en estos últimos 50 años".* [72]

Esta última observación de Perón subrayaba que, en los límites de la política militar del justismo, no sonaba a herejía pensar en una reforma a la Constitución. Y esa línea indicaba ya la progresiva introducción de la problemática castrense a partir de los temas de la Defensa Nacional, en la política global del país. Esa militarización que no procedía, *por líneas exteriores,* al sistema político sino que actuaba en el seno de su propia estructura y, como se verá, en el conjunto de las instituciones de la sociedad civil, en sus organizaciones educativas, aún las de carácter progresista.

Por ello, Perón piensa que "el comandante en jefe debe sentir en sí algo del estadista, el estadista algo del conductor de ejército".[73]

Se podría fácilmente entender que si ambas funciones se sintetizan en un político de formación militar, el cuadro ideal estará completo. Ese será el modelo peronista.

Y por ello, ese estadista y ese comandante en jefe deben tener claramente asumidas una concepción estratégica. ¿ Cuál es el eje fundamental de ésta ? :"Una verdadera conducción estratégica comienza por transmitir al ejército la idea del comando. El conductor dirá : *Esta es mi concepción. Ella se transforma en hecho.* Desde ese momento la principal tarea del comando consistirá en conseguir *que mi solo pensamiento domine a todo el ejército. Ese pensamiento será el del comandante en jefe".*[74]

Este juicio performativo es el fundamental en la concepción del comando y de la estrategia. Sus efectos no serán, ni podían serlo en Perón, puramente militares. Se trasladarán a la política en el futuro movimiento peronista, marcarán de manera irrevocable a la forma vertical en el método y oscilatoria en la táctica (como en cualquier campaña militar), pero constante en los objetivos con la que operará el conductor político de aquél que tenía claros sus concepciones de acción en 1932. Esa pedagogía de la estrategia se trasladó a toda la ciencia y la praxis de la educación sociales peronistas. Citando a su admirado Moltke, Perón subraya que "la jerarquía militar debe ayudar a que exista la subordinación, *hasta la del pensamiento* ". (subrayado de los A.)[75]

Esta concepción de la Defensa Nacional que Perón tiene diseñada en la Escuela Superior de Guerra y expone como ministro del arma en 1944 en la UNLP, forma parte de una concepción de ejército. Es muy difícil entender como ese profesor de una unidad de altos estudios militares, secretario del ministro de Guerra y luego oficial destacado enviado a Europa a perfeccionarse, pudiera discurrir por caminos contradictorios a los de sus superiores y ascienda por ellos, sin que exista un alineamiento fundamental entre su concepción y la de sus mandos.

Otros oficiales modélicos, pero en este caso por su ejemplar adhesión al proyecto de la industrialización, recorrerán otros caminos en ese ejército de los años '30. Por ejemplo, el futuro general de división Manuel N. Savio, quién luchará durante toda la *Década Infame* por lograr que el país fabricara acero para el Ejército. Este militar nunca enrolado en enfrentamientos, ni golpes, ni chirinadas por esos años, no se alineó con los radicales intransigentes que se alzaron en tierras de la Mesopotamia. En cambio, visita y negocia en el parlamento del fraude los instrumentos legales para la fundación de una industria militar moderna. En 1945 no aparecerá alineado con Perón en los enfrentamientos de las fracciones castrenses y, según Potash, firmará el manifiesto de los 14 generales de división que pedirán el pase a retiro de Perón ese mismo año. Savio quería acero, esa era su prioridad. La justicia social, en cambio, fue el eje y perfil distintivo de la acción política de Perón. La vinculación tantas veces construida como eje fundante entre industrialización y justicia social como temas vitales del Ejército *peronista,* no era tal. Los oficiales querían acero y política expansiva, pero la *justicia social* aparece de la mano de Perón, junto a la acción política, no nacida de la Doctrina de la Defensa Nacional.

La masa del Ejército no simpatizaba en los '30 con el radicalismo. La síntesis de pro-justistas y pro-nacionalistas que ahora Perón arrastra conflictivamente tras de sí a mediados de los '40, se ha mantenido fiel mayoritariamente durante los años de la *Década Infame* a las indicaciones de un comando que ha respaldado los gobiernos nacidos y sostenidos por el fraude electoral, que han firmado el pacto Roca-Runciman, ese

estatuto legal del coloniaje, al decir de los forjistas de Arturo
Jauretche y Raúl Scalabrini Ortiz.

Radicales a las armas

Ese Ejército que ha obedecido a las órdenes del general
Rodríguez, (*bautizado como el hombre del deber*), ministro de
Guerra del presidente Justo, ha derrotado a las varias intentonas
armadas (cívico militares), realizadas contra el gobierno del
fraude electoral y la subordinación al orden económico británico. Tres historiadores que no simpatizan con el peronismo ni con
los gobiernos de la *década infame*, caracterizan así la situación:
"La Concordancia (N. de los A.: alianza de conservadores y
radicales antipersonalistas) lo acepta como candidato presidencial, ya que Justo *cuenta con el grueso del Ejército* a sus
espaldas. El general vence en las elecciones, y desde entonces
—por medio de su ministro de Guerra, Manuel A. Rodríguez—
se dedica a implementar la llamada doctrina castrense de la
"profesionalización", que en los hechos no es otra cosa que el
renovado apoyo de las fuerzas armadas a la política del primer
mandatario, tratando con éxito de eliminar todo tipo de resistencia a ella, fuera abierta o solapada. Además Justo maniobró
ágilmente antes, durante y después de su período, con los
conservadores y radicales antipersonalistas —amén de los
socialistas independientes — y consiguió también que el radicalismo alvearista secundase objetivamente su política (...)
Uriburu, en su mensaje al 'pueblo de la República', esbozaba la
tesis del *destino manifiesto* de las fuerzas armadas como cus-
todio del orden supraconstitucional de los gobiernos consagrados
por elecciones, o el reemplazo de éstos por aquellas si los
militares lo consideraban necesario u oportuno. El general
salteño era un precursor. Tanto Uriburu como su sucesor Justo
(éste en los primeros meses de su período) tuvieron que enfrentar
dentro del ejército sublevaciones de grupos disconformes de
tendencia yrigoyenista, que terminaron en el fracaso. La pro-
pensión al divisionismo y a la fragmentación dentro de nuestras
fuerzas armadas también puede rastrearse, entre otros, en
episodios como las asonadas encabezadas por el general Toranzo
(1931), el teniente coronel Gregorio Pomar (1931), el movimiento
cívico-militar del teniente coronel Atilio Cattáneo (1932), la
patriada de Paso de los Libres al mando del teniente coronel

Roberto Bosch (1933) (...) El 'apoliticismo' del ejército, basado en la citada doctrina de la 'profesionalización' de las fuerzas armadas, encontró un apasionado defensor en el ministro Rodríguez. En los agitados debates parlamentarios en torno a las consecuencias de la Ley de Armamentos dictada durante la presidencia de Alvear (cuyo ministro de Guerra era Justo), Rodríguez apoyó con vigor al gobierno y a la misión nacional de las fuerzas armadas, y su voz encontró eco en las mayorías oficialistas que preferían elogiar al ejército antes que asumir sus propias responsabilidades. La crítica socialista, como tantas otras veces, resonó en el vacío".[76]

Para caracterizar esa política los mismos autores señalaron que "ese 'apoliticismo' castrense durante 1930-43 consistía en declararse consagrado a la defensa de las fronteras exteriores mientras toleraba de modo pasivo el enfeudamiento económico y político de la Argentina a Gran Bretaña. Nadie ha pintado mejor que Raúl Scalabrini Ortiz el trasfondo de esa doctrina, en 1935 :" El Ejército está al margen de la política, expresó en la Cámara de Diputados el actual ministro de Guerra, exhibiendo así carencia de comprensión de la realidad argentina y escasez de esa pasta con que se hacen los gobernantes de pueblos. El ministro no veía la función política que por simple inercia desempeña el ejército, a pesar de formar parte de un gobierno que está amparado justamente en esa inercia. Porque, ¿ si no contara con el auspicio del ejército, con quién contaría este gobierno cuyos ministros van a las cámaras a defender con ardoroso tesón los intereses de Inglaterra y no los de la Argentina ?... Si no contara con el ejército, ¿ con quién contaría este gobierno negado por todos los hombres argentinos que tienen conciencia de hombres libres y no se avienen a caer en servidumbre de una nación extranjera como Inglaterra sin haber sido derrotados, siquiera, en el campo de batalla ? ".[77]

Es Jauretche quien brinda testimonio acerca de las numerosas rebeliones mencionadas y la implícita subordinación mayoritaria de los cuadros de ese ejército a las posiciones oligárquicas y pro-británicas. "Después del 6 de septiembre (de 1930) hubo varias insurrecciones, todas de suerte adversa. La primera tentativa que no llegó a estallar fue la encabezada por el general Severo Toranzo, ex Inspector General del Ejército, cargo que aproximadamente corresponde al actual de Comandante en Jefe. A principios del '32 hubo la llamada de Cattáneo, de base esencialmente civil que produjo algunos hechos de violencia en Avellaneda y General Belgrano, en la provincia de Buenos Aires y en esta Capital. Antes el coronel Gregorio Pomar había sublevado al regimiento de guarnición en Corrientes, dando muerte a su jefe, el coronel Montiel que intentó resistir. No quiero olvidar —recuenta el viejo forjista, revolucionario él mismo en el Paso de los Libres—a los hermanos Kennedy, civiles que se alzaron en La Paz (Entre Ríos) combatiendo hasta pasar a la Banda Oriental; tampoco el copamiento del cuerpo de guarnición en Concordia por el grupo comandado por el teniente coronel Roberto Bosch y Sabino Adalid y el amotinamiento de la suboficialidad de la escuadra, obra del aviador naval Alberto Sautu Riestra. Hago esta ligera referencia y puramente de memoria—advierte Jauretche— al solo efecto de mostrar cómo durante todo el principio de la Década Infame hubo una resistencia popular y militar de que estos conatos eran sólo índice. Después de 1933 el levantamiento de la abstención radical y el acuerdo práctico con el régimen y el imperialismo dominante logró extinguir esa resistencia facilitando la labor del coronel Rodríguez que 'puso en orden' al Ejército reduciéndolo a la complicidad con el sistema que duró hasta junio de 1943 ".[78]

Es a propósito de estos sucesos que FORJA reprocha en carta abierta al ex presidente radical Marcelo T. de Alvear : " ¿ Quién sino usted, se ha atrevido a negarle radicalismo a los heroicos argentinos que cayeron en Santo Tomé, Santa Fé y Paso de Los Libres, en diciembre de 1933, defendiendo la soberanía de la Nación *frente a los entregadores al imperialismo y la soberanía del pueblo frente a los usurpadores ?* ".[79]

Pero si esta requisitoria tan severa se explica por la lógica de la *traición* que Alvear comete frente al ideario yrigoyenista, debe entenderse que la misma le debería haber cabido a la mayoría de ese Ejército que reprimió o hizo oídos sordos a ese reclamo de democracia y soberanía nacional. Mientras los radicales *intransigentes* combatían al resurrecto *régimen falaz y descreído*, el mayor de infantería Juan D. Perón impartía clases de Historia Militar a los aspirantes a oficiales de Estado Mayor, gente que no se iba a sublevar tan fácilmente, como aquellos radicales, civiles pero también militares, olvidados por Alvear. El ejército justista fue así impermeable a la disidencia pro radical o nacionalista, durante un período bastante prolongado.

Así la perspectiva democrática era asumida en la *década infame* por un reducido grupo de oficiales y sub-oficiales vencidos con relativa facilidad por la institución castrense. Militares liberales y nacionalistas estaban apartados de la preocupación democrática y de las demandas antibritánicas y antioligárquicas de FORJA y grupos ultra-tradicionalistas. Los militares de ese ejército, que acompañan a tres presidentes del fraude— Justo, Ortiz y Castillo — demandan su propia forma de intervención en el Estado, pero están aparentemente mas preocupados por la anarquía de los gremialistas de izquierda, del eventual Frente Popular, de los comunistas y de los radicales díscolos, que de la construcción de un programa antimperialista del estilo del que FORJA intentara infructuosamente que asumieran durante esos densos años. Por ello, es que la concepción de la *Defensa Nacional* discurre por otro canal que la línea de pensamiento y acción que reivindica Jauretche en aquellos años '30. Por ello es que el golpe de 1943 sorprende a todos, incluída a FORJA. Es una operación militar de significación polisémica, pero cuyo único punto de acuerdo—implícito— será cómo resolver el mundo de la posguerra que llegaba ante una clase política que, más allá de su legitimidad, se revelaba como incapaz de enfrentar esa grave situación para la Argentina, en el marco de una eventual explosión de la lucha de clases. El discurso y la práctica del peronismo recorrieron circuitos mas complejos que los que les diseñaron sus adversarios pero, también, sus apologistas.

Ejército Industrial y Justicia Social

Los sectores que se oponían a Perón en el '45 dentro de la milicia *también* querían un Ejército poderoso, lo que equivalía a construir un Ejército *industrial*, un Estado industrial.

La diferencia con Perón era significativa, pero no pasaba por una, por ejemplo, hipotética disputa *industria vs. campo*, donde los futuros *gorilas* ocuparían el lugar de apologistas del granero del mundo sin chimeneas. Mas allá de ésta simplificada posibilidad (exaltada a posteriori por muchos intérpretes apologistas del justicialismo)— que no es abonada por los desarrollos industriales de las Fuerzas Armadas durante la *Década Infame* ni aún por los acciones posteriores a 1955 en ese sentido— se producía en aquellos cuadros militares, esa clase de temor que es el temor de clase. En ese bando la inquietud era suscitada por el reconocimiento y el protagonismo que la política social de Perón generaban en el rebelde proletariado argentino. Este, con sus bases tradicionales educadas en diversas sub culturas de la izquierda, y los nuevos contingentes aportados por los peones rurales que habían roto las tranqueras para trabajar en la industria y votar liberados del yugo del patrón, ponía en discusión una nueva soberanía en la fábrica. Sus cuerpos de delegados, el poder de los sindicatos y los precisos convenios colectivos de trabajo que, en muchas ocasiones, convertían en acto la letra suspendida de las brillantes derechos conquistados por los parlamentarias socialistas en los '30, gestaban una ciudadanía de nuevo tipo que conmovía las relaciones de clase establecidas.

Entender a ese Ejército de los '30 y '40 ha sido uno de los desafíos mas exigentes para los analistas sociales y los protagonistas de aquellas circunstancias. En un juicio paradigmático de la interpretación *fundacional* del peronismo, se ha escrito que,

> " el Ejército pequeñoburgués, que la oligarquía agroimportadora despreciaba y las izquierdas ubicaban siempre del lado de la reacción, secundó *aparentemente* (subrayado en el original, N. de los A.) a los sucesivos gobiernos de la *década infame*, en la política de entrega de los controles económicos-financieros del país a los monopolios extranjeros. Decimos *aparentemente* (subrayado en el original, N. de los A.) porque si a ese juicio peyorativo se lo da como real y absoluto, se parcializa la caracterización de las Fuerzas Armadas, se ignoran sus contradicciones internas y no se explica la rebelión neutralista, nacionalista e industrialista de 1943 ".[80]

En el párrafo anterior, el adverbio utilizado y subrayado en dos ocasiones, es el elemento mas sugestivo, porque abre la posibilidad de la interpretación antitética de la que se construye explícitamente. El *aparentemente*, constituye una advertencia y un reconocimiento de la política efectivamente desarrollada por la conducción y la mayoría de los cuadros del personal militar durante esa *década infame*. Esto es, el acatamiento al orden establecido. Habría una otra política, que emergerá el 4

de junio de 1943. El esfuerzo desarrollado para superar la
ignorancia de las "contradicciones internas" de las Fuerzas
Armadas, alude a una fuerte tensión por construir una teoría
militar desde el campo progresista nacional[81]. Es inmediatamente antes de la cita mencionada que su autor realiza, a su
turno, una larga transcripción de un brillante ensayo periodístico en el que se considera que

> "El comportamiento político de los militares argentinos
> no logra ser comprendido. Resulta difícil entender como
> un ejército compuesto por los hijos de la pequeña
> burguesía puede apuntalar con las armas la política
> económica de los ganaderos y latifundistas, sobre todo
> cuando los resultados de esa política se vuelven contra
> los militares que la sostienen (...) La clase dirigente
> argentina, la *oligarquía*, juzgó siempre despectivamente
> a los hombres de armas. Cuando uno de los suyos se
> incorporaba a la milicia, el gesto se consideraba como
> una *boutade* de joven rico y aburrido; precisamente, al
> ejército iban a parar los 'muchachos mal de familia bien
> ', sin que a nadie le inquietara ese fenómeno (...)
> En 1943 (...) aparecieron en la superficie dos o tres
> docenas de jefes y oficiales con apellidos deliciosamente
> anónimos. Ramírez, Farrel, Perón, Masson, Pertiné,
> González, Zavalla, la clase media de las provincias, los
> perseverantes oficiales que provenían del asilo de
> huérfanos militares, los hijos de los abnegados sargentos
> que habían introducido a sus vástagos en el Colegio
> Militar, afloraron de un solo golpe y conquistaron el
> poder".[82]

Neutralismo, nacionalismo e industrialismo como opuestos
a aliadofilia, liberalismo y agrarismo, se convirtieron en conceptos dicotómicos, que no permitieron llevar claridad a la
interpretación de los hechos. El neutralismo militar del '43 es
heredero, más allá de los sectores nazi-fascistas, de la perspectiva
oligárquica anti-norteamericana. Desde la Doctrina Monroe
hasta el origen de la Unión Panamericana y desde allí hasta el
Tratado de Río, se verificó una fuerte resistencia de las clases
dominantes argentinas a aceptar el poder de los Estados Unidos en el patio trasero como potencia dominante. Esa posición
neutralista de los militares es hija de la visión de la Gran
Argentina. En Brasil, como se ha visto con Vargas, los espacios

de poder se negociaron de otra manera con Washington. El industrialismo militar es previo al '43, se vincula estrechamente a esta visión nacionalista que pudo funcionar con independencia del movimiento *nacionalista*. Es la articulación de esos valores al de *justicia social* el que condensa a la ideología peronista y su constitución se sella en una jornada— el 17 de octubre— donde un nuevo actor político define una disputa por el poder en el seno del Ejército.

Por ello es que se aproxima a petición de principios proclamar que en el Ejército en 1944,

> "la nueva orientación doctrinaria (N. de los A.: de Perón), venía a reemplazar a la que había prevalecido durante el período precedente, dominado por las ideas del gral. Agustín P. Justo y las de su primer ministro de Guerra, el gral. Manuel Rodríguez. La DDN (Doctrina de la Defensa Nacional) se entronizaba así como resultado del golpe de junio de 1943 que había dado por tierra con el régimen de la Concordancia inaugurado por el Gral. Justo en 1932 (...) El peronismo, *naturalmente* (subrayado de los autores), la hizo suya y la desarrolló mientras fue gobierno".[83]

En realidad, cabría decir que mas que *naturalmente* asumir como propia esta Doctrina de la Defensa Nacional, el peronismo es hijo de la misma a partir del diseño que su dirigente máximo imprimió al naciente movimiento político populista.[84]

Esa Doctrina de la Defensa Nacional, esa concepción clausewitziana y prusiana de la *guerra total*, es potenciada por el peronismo, trasladada como concepción organizadora al campo político.

Junto a la doctrina de la *guerra total o integral*, surgió el modelo político del peronismo, el que también reconoce su eje doctrinario en esta concepción *estratégica* de la política que surge de la visión militar de Perón a partir de sus lecturas de Moltke y los hombres de la escuela de Clausewitz.[85] Doctrina militar, concepción política, suman un tercer componente, aquél de la *tercera posición* que nace como un basamento fundamental del nacionalismo peronista. Así dice el analista militar ya citado que

> "la búsqueda de la independencia económica, tanto como la experiencia cosechada durante la guerra, indujeron

asimismo, una firme política de no alineamiento en materia de relaciones internacionales, con el objeto de sustraer al país de los hegemonismos de turno. El tercerismo se convirtió, así, en un nítido componente de esta concepción doctrinaria ".[86]

Pero, ese mayor de Estado Mayor que enseña en 1932, ya ha asumido una posición, por lo que parece pasible de ser enseñada en el máximo instituto militar, en la que se combinan el tema de la *guerra integral* con las claves de mando del futuro peronismo. Es posible señalar, sin mucha originalidad por otra parte, que conceptos claves en el lenguaje doctrinario justicialista están perfectamente estructurados en las lecciones de 1932.

Ese Ejército de 1932 es también un Ejército nacionalista, del nacionalismo que la oligarquía quiso, como en el modelo del general Richieri y su famosa reforma militar prohijada por otro general, Julio A. Roca, un arma presionada por los cambios generados en el país a partir de la experiencia radical. Ese nacionalismo del Ejército que está obviamente en Perón, sufre los acosos de las necesidades nacionales de la década del '30, pero sigue siendo el de la Gran Argentina (que será *la Argentina Grande con que San Martín soñó,* como enseñó el justicialismo desde La Marcha Peronista), el país que se piensa como gran potencia del Sur frente al expansionismo norteamericano y que, desde ese orgullo protagónico nacional, lucha o piensa luchar *de igual a igual,* como aspirante a potencia imperial, con los poderes de la época.

Ese componente nacionalista está ínsito en los planteos de la Argentina liberal de la Generación del 80, se incluye como un elemento signficativo en la consolidación del régimen oligárquico y no declina, aunque modifica —parcialmente— su destino durante las gestiones radicales, en especial durante la yrigoyenista.

Esa Argentina, que se vincula intelectual y materialmente al mercado y cultura europeas, se enfrenta desde comienzos del siglo XIX hasta bien pasada la mitad del XX, con el poder imperial de los Estados Unidos. La Argentina, a partir de su clase dirigentes se ve a sí misma como el otro poder americano enfrentado a los Estados Unidos. Desde la época de la *Doctrina Monroe,* pasando por la extensión de la influencia yanqui al Caribe y América Central cuando Washington derrota militarmente a España en la guerra de Cuba, la Argentina estima como un rival y agudo competidor —junto a Brasil— a los Estados Unidos en su rol de potencia hegemónica americana. Una descripción elocuente de esta situación por parte de la Argentina está expuesta en un significativo documento del gobierno de los Estados Unidos.[87]

> "La Argentina se ha considerado a sí misma por largo tiempo más europea que americana. Se ha resistido al desarrollo de un fuerte sistema interamericano (...) La Argentina se ha opuesto sistemáticamente a los Estados Unidos en casi todos los problemas interamericanos y mundiales de importancia. Siempre ha buscado apoyarse en una de las principales potencias europeas, contra los Estados Unidos. Gran Bretaña ha sido usada para este propósito durante décadas. Alemania sirvió al mismo propósito durante ambas guerras mundiales. Desde San Francisco (Conferencia de fundación de la Organización de las Naciones Unidas en 1945 .N. de los As.), la Argentina ha usado a la Unión Soviética como un contrapeso adicional. Simultáneamente, la Argentina se ha considerado a sí misma racial, cultural y materialmente superior a las otras naciones latinoamericanas. Muchos argentinos se creen con derecho al control económico y hasta político del Uruguay, Paraguay, Bolivia, Chile y partes del sur del Brasil, a ser los líderes de todas las repúblicas hispánicas y a establecer allí un bloque austral dominado por la Argentina ".[88]

Después de la Primera Guerra Mundial los Estados Unidos acentuaron su influencia en el continente americano. La declinación del imperio británico y sus correlativas dificultades económicas pusieron en crisis la relación de la Argentina con ese mercado.

Elegir un nuevo camino o reiterar en malas condiciones el vigente, fue el dilema a resolver por la clase dirigente argentina, ante un Imperio que caía y un nuevo imperio que surgía cada vez más potente e iba a consolidar su influencia luego de la Segunda Guerra Mundial.[89]

Autores difícilmente encuadrables como peronistas [90] ,han estimado que en la década del 40

> "la Argentina fue sometida a un severo y constante boicot económico y a una desestabilización política por parte de los Estados Unidos. Fue castigada por su neutralismo, en un grado mucho mayor que otros países

neutrales y después de la guerra, en un grado mucho
mayor que los antiguos enemigos de los Estados Unidos
(...) En este contexto, la reacción argentina consistió en
buscar una autarquía económica a través de una versión
**extrema de la estrategia de industrialización vía
sustitución de importaciones** ".[91]

Pero esa estrategia comenzó antes de que el peronismo se
entronizara en el poder. En cierto sentido, su aparición constituye
la coronación de ese proceso.

La lucha de los militares argentinos para construir fábricas
militares de armas, la fundación de la Flota Mercante del
Estado, el despliege de la estrategia del coronel Manuel N.
Savio por iniciar la producción de acero en el país, son todos ellos
hechos que se suceden antes del golpe de 1943. Están apoyados
en las búsquedas del Ejército de una independencia estratégica
sustentada en la doctrina de la *guerra total o guerra integral*. De
ella surge la necesidad de atender a todos los frente de la lucha
y, sobre todo, al que sustenta el poder industrial y tecnológico
del país indispensable para la guerra moderna. Ese industrialismo militar es, pues, hijo de la *guerra total*. Es proteccionista
por necesidad. No existe pues una oposición, de plano, entre
esta concepción castrense, la expuesta teóricamente en la
Universidad de La Plata y la desarrollada en la práctica por
Perón.[92]

Esa industrialización iba unida de manera inseparable, en
el modelo político que construyó Perón, al desarrollo de la
justicia social. Los antecesores militares y civiles de Perón
podían exponer o concretar aspiraciones de industrialización y
allí se encontraría un signo de diferenciación cuantitativa entre
esas preocupaciones y las similares del peronismo. Es la justicia
social el concepto cualitativo relevante que marca la diferencia
entre el país de la *Década Infame* y el del justicialismo. Es el
recorrido de su biografía de soldado la que explica la preocupación
de Perón por la justicia social. Ante los oficiales superiores de
las Fuerzas Armadas recordaba el Presidente de la República
en 1949: "En el año 1918, al terminar la guerra, hemos presenciado la historia más aleccionadora de nuestras vidas: 10 ó
15.000 desocupados, viviendo en casas de lata en Puerto Nuevo;
la olla popular en las calles de Buenos Aires: legiones de
linyeras a lo largo de las vías férreas y los caminos —los
conocidos *crotos* de la provincia de Buenos Aires—; el pan a más

de un peso el kilo en piezas incomibles; el azúcar a 1,50 el kilo
vendida en las comisarías; legiones de niños hambrientos que
llegaban con su tachito a retirar las sobras del rancho en los
cuarteles y, *cuando los obreros se declararon en huelga reclamando mejores salarios, sucedió la Semana Trágica. Se dijo que
eran comunistas, que eran rusos; me inclino a pensar que eran
solamente pobres argentinos azotados por las miserias fisiológi-
cas y sociales* (subrayado de los A.)".[93] Por ese recuerdo era que
también el Estado debía estar presente en las funciones claves
de la sociedad. Y, por cierto, también en la educación .

Citas y Notas

1. Los datos biográficos contenidos en esta obra fueron extraídos,
entre otras, de las siguientes obras: Diego Abad de Santillán, *Gran
Enciclopedia Argentina*, Ediar, Bs. As., 1956 (nueve tomos); *Quién es
quién en la Argentina*, G. Kraft, Bs As., 1955; *Historia de la Literatura
Argentina*, Centro Editor de AméricaLatina Bs. As., Tomo II y III,
1968; José Ferrater Mora, *Diccionariio de Filosofía*, Alianza Editorial,
Madrid, 1986; Ethel Manganiello, *Historia de la Educación Argentina.
Método generacional*, Librería del Colegio, Bs. As., 1980; Beatriz
Lapizano de Lapalbo, Matilde Larisgoitia de González Canda. *La mujer
en la educación preescolar argentina*. Editorial Latina, Madrid, 1982;
Manuel H. Solari. *Historia de la Educación Argentina*, Paidós, Bs. As.,
1972; Hugo E. Biagini,*Panorama Filosófico Argentino,* Eudeba, 1985.
2. Page, Joseph A., Perón, Javier Vergara Editor, México, 1984, p.45.
3. Ibidem, pp. 45-46.
4. La relación entre los viejos doctrinarios militares prusianos, el
Ejército Argentino e intelectuales conservadores estaba bien
implantada en la escena argentina previa a 1943. Así lo consignaba el
doctor Lucio M. Moreno Quintana al participar en un significativo e
inusual ciclo de conferencias radiales transmitidas por LS1 Radio
Municipal de la ciudad de Buenos Aires entre los años 1940 y 1941 a
iniciativa del Comando de la Primera Región Militar y con el auspicio
del Ministerio de Guerra. Los textos de las audiciones fueron recopilados
y publicados en 1943 con prólogo del general José María Sarobe, titular
del comando de la mencionada Primera Región bajo el título "Una

nación en marcha", Buenos Aires, 1943, Talleres Gráficos Americanos, Buenos Aires, s/e. Además de Moreno Quintana, hablaron los generales Nicolás Accame y Adolfo Arana; el profesor Próspero Alemandri, monseñor Andrés Calcagno, Manuel Carlés, Baldomero Fernández Moreno, Carlos Ibarguren, Ricardo Levene, Ricardo de Labougle, Horacio Rega Molina, Sigfrido Radaelli, entre otros. Además de recordar el tema de la *nación en armas,* los oradores recorrieron una amplia panoplia de temas, exaltando al ejército y la marina vinculando su desarrollo a las necesidades, la historia y la cultura nacionales.

5. Universidad Nacional de La Plata, Curso de *Cultura Superior Universitaria,* (Cátedra de Defensa Nacional), La Plata, 1945

6. "El Presidente Justo tomó el toro por las astas. Decidió negociar la ampliación de la cuota (de la venta de carne, N. de los A.) contra la liberación del bloqueo de cambio que tenía congeladas en Buenos Aires las libras provenientes de adquisiciones argentinas o de rentas y, en un segundo paso, articular bilateralmente nuestra economía con la de Gran Bretaña. Fue una decisión dramática pero posible y legítima; tan respetable políticamente como la inversa : seguir pugnando por entrar en los EE.UU. o encerrarse económicamente como hizo el presidente Perón; pero en la lucha por el poder, fue atribuida a la traición o a la torpeza. Ocurrió que la opción de 1933, la del Pacto, resultó exitosa y la Nación comenzó a superar sus dificultades. No solo sobrevivió la ganadería sino que comenzó un proceso de industrialización que se prolongó por años". Roca, Eduardo, *Julio A. Roca (h): uno de los olvidados,* en diario La Nación, Buenos Aires, 6 de septiembre de 1992, suplemento Cultura, p. 6.

7. "El 16 de octubre [de 1941 el presidente Castillo] designa al coronel Manuel Savio— uno de los oficiales que lo había visitado a principios de mes presentándole el *memorándum*—como director de Fabricaciones Militares". Fraga, Rosendo, *El general Justo,* Emecé, Buenos Aires, 1993, p. 466. Según Fraga, el *memorándum* avalado por Savio, "avalado por la mayoría de los jefes de unidades del área de Buenos Aires", responde a una fracción neutralista que propone diversas medidas al mandatario conservador, so pena de su derrocamiento. Esas medidas (entre las que se contaban la clausura del Congreso Nacional, la postergación de elecciones, la clausura de "Crítica") estaban dirigidas a evitar un retorno del general Justo al poder.

8. Page, Joseph A., *Perón* (primera parte, 1895-1952), Javier Vergara, 1984, México, p. 61.

9. Perón, Juan, *Apuntes de Historia Militar,* (Parte Teórica), Correspondientes al Curso I-B del año 1932, Ejército Argentino, Escuela Superior de Guerra, Taller Gráfico de la Escuela Superior de Guerra, Buenos Aires, 1932.

10. López, Ernesto, *Seguridad Nacional y Sedición Militar,* Editorial Legasa, Buenos Aires, 1987.

11. Universidad Nacional de La Plata, op.cit., pp.14-16.
12. "Em 15 de janeiro de 1942, Vargas inauguro a conferencia con um discurso de franca solidariedade con os Estados Unidos. No dia 19, Roosevelt telegrafou a Vargas e, refirindose ao armamento desejado pelo Brasil, afirmou: 'Comprendo e avalio a necessidade do material e possso assegurar que as remessas comecarao inmediatamente'. Osvaldo Aranha, eleito presidente da conferencia, empenhouse a fundo, juntamente com o representante norteamericano Sumner Welles, en obter a resolucao unanime de rompimiento com o Eixo, *mas isto nao foi possivel devido a resistencia oposta pela Argentina. Conseguiuse apenas, para salvar a unidades continental, aprovar uma mocao que recomendava o rompimiento de relacoes".Brandi, Paulo, Vargas, da vida para a historia, Zahar Editores, Rio de Janeiro, 1985, p.155.*
13. "Getulio consegue, desse modo, *jogando* as tensoes mundiais, implantar o que seria o utero de industrializacao no Brasil : a usina de *Volta_Redonda*. Para alguna coisa serviu Hitler; sem ele nao arrancariamos nada de Roosevelt". Ribeiro, Darcy, *Aos trancos e Barrancos. Como o Brasil deu no que deu*, Editora Guanabara, Rio de Janeiro, 1985, [1014].
14. La reacción del gobierno de los Estados Unidos frente a este discurso fue de hostilidad, pues entendió que Perón quería liquidar el sistema interamericano de consultas pacíficas entre gobiernos y sustituirlo por una política de poder basada en relaciones de fuerza.(cfr.Escudé, Carlos, La Declinación Argentina, pág.142). Así lo explicitó la Oficina de Servicios Estratégicos del gobierno de Washington.
15. Alberdi, Juan Bautista, El *crimen de la guerra*, Rodolfo Alonso Editor, Buenos Aires,1975.
16. Op.cit., pág.37.
17. Universidad Nacional de La Plata, op.cit., pág.55
18. Ibidem, p.56.
19. Ibidem, p. 57.
20. Ibidem, pág. 58.
21. Ibidem, pág.60.
22. Ibidem, p. 60.
23. Ibidem, p. 67.
24. Ibidem, p. 67.
25. Ibidem, p. 68.
26. Ibidem, p. 69.
27. Ibidem, p. 69.
28. Ibidem, p. 70.
29 El sociólogo Torcuato Di Tella ha realizado una significativa observación del papel de su propio padre, el industrial Torcuato Di Tella, un inmigrante dedicado a la industria metalúrgica fundador de la fábrica *Siam*. Son significativas algunas de las caracterizaciones

realizadas sobre un prototipo de lo que fue la frustrada *burguesía nacional.* "El proteccionismo de mi padre no fue tan extremo aunque si muy fuerte durante la Segunda Guerra (...) Las huelgas y los conflictos lo preocupaban mucho. Sobre todo los liderados por los comunistas y los anarquistas que no le gustaban para nada. En definitiva, era un patrón progresista, que aplicó medidas de seguridad social antes de que lo hicieran otros o de que el gobierno mismo las impusiera (...) Mi padre había votado por la Unión Democrática (...) A Perón incluso, le rechazó la Secretaría de Industria, que parecía haber sido creada para él (...) Obviamente no era peronista. Y las dificultades en la fábrica, con *delegados y jefes sindicales en general, no mejoraban su humor. Ese aspecto agitacionista del peronismo le molestaba mucho".* (en diario Clarín, entrevista de Analía Roffo, 13 /junio/93, pp.22-23). No parece que este perfil dibujara al *burgués nacional* capaz de edificar, por su propia cuenta, sin ayuda del cesarismo o bonapartismo militar las bases de la industria pesada.

30. Universidad Nacional de La Plata, p. 71.
31. Ibidem, p. 71.
32. Ramos, Jorge Abelardo, Historia *Política del Ejército Argentino,* Colección La Siringa, A. Peña Lillo Editor, Buenos Aires, 1959, p. 69.
33. "Las voces castrenses consideraban imprescindible infiltrar las instituciones nacionales para que en tiempos de paz, aceptasen organizar sus industrias, transportes, etc. de acuerdo a un posible desenlace bélico. Estamos hablando de una nación prácticamente militarizada, sino con armas, por lo menos en cuanto al espíritu que la debe animar. Estos son los términos en los que las FFAA plantean su futuro dentro del desarrollo potencial de la Argentina. Sus perspectivas concuerdan con las tendencias internas de transformación dispuestas a invertir en el mercado interno y a prestar apoyo a una industrialización para cuyo desarrollo reconocen la necesidad de la intervención gubernamental". Lucchini, Cristina, *Apoyo empresarial en los orígenes del peronismo,* Centro Editor de América Latina- Biblioteca Política Argentina (292), Buenos Aires, 1990, p. 53.
34. Universidad Nacional de La Plata, p 73.
35. Ibidem, p. 73.
36. Page, op.cit, pp. 92-93.
37. Ibidem, p. 93.
38. Decía el matutino de los Mitre en nota editorial respecto a la conferencia de Perón : (...) Se ha querido ver en el espíritu del conferenciante una especial predisposición guerrera, pero no en el sentido que impone y obliga su condición de patriota y militar, sino en el alcance agresivo y de conquista que la guerra puede envolver en el campo político. Nada más lejos , sin embargo, de una exacta interpretación de los conceptos expresados por el coronel Perón". En Sidicaro, Ricardo, *La Política Mirada desde Arriba. Las ideas del*

diario "La Nación (1909-1989), Editorial Sudamericana-Historia y Cultura-, Buenos Aires, 1993, p. 164.

39. Page, op. cit., p. 94.

40. Ibidem, p. 15.

41. Ibidem, p. 15.

42. Ibidem, p. 17.

43. Ibidem, p. 18.

44. La Fuerza de Orientación Radical de la Joven Argentina (F.O.R.J.A.), constituyó un agrupamiento que, nacido el 29 de junio de 1935 en el seno de la Unión Cívica Radical (U.C.R.) y luego apartado de la misma, funcionó como una poderosa usina mas intelectual que política del nacionalismo popular. Distanciado del nacionalismo católico por su laicismo implícito aunque no militante y de las izquierdas por raíz irigoyenista (espiritualista), FORJA desarrolló un vigoroso estilo de trabajo político basado en la denuncia de la estructura económica del país al orden capitalista mundial bajo el marco británico. Muchas de sus percepciones y categorías ideológicas fueron utilizadas por sectores o la totalidad del peronismo. Pese a ello, sus fundadores y principales protagonistas como Arturo Jauretche y Raúl Scalabrini Ortiz, no ocuparon posiciones significativas en el peronismo nacido en los días de octubre de 1945. Más aún, la agrupación se disolvió en esos días, con un manifiesto por el que señalaba que los fines de su creación se habían cumplido con el nacimiento del masivo movimiento político. Sin embargo, las doctrinas forjistas—más allá de la transferencia de los ferrocarriles británicos a la propiedad del Estado argentino, no tuvieron un rol hegemónico en el primer y segundos gobiernos peronistas. Pero su utilización fue muy significativas durante la *Resistencia Peronista* de 1955 a 1973. Es de destacar que salvo en la utilización de felices fórmulas propagandísticas (el uso del *cipayo y vendepatrias* como fonemasa descalificatorios), el discurso dominante en Perón toma clara distancia del utilizado por Perón, vgr., en la Universidad de La Plata. Para una referencia a la fundación de FORJA y su desarrollo, en la que jugó un papel significativo G. del Mazo, hasta que ésta optó por separarse del radicalismo—decisión no compartida por el intelectual de la Reforma Universitaria, siguen siendo imprescindibles textos como *La Formación de la Conciencia Nacional* de Juan José Hernández Arregui (Editorial Plus Ultra, Buenos Aires, 1973) y *FORJA y la Década Infame* de Arturo Jauretche (A. Peña Lillo Editor S.R.L., Buenos Aires, 1976), pese a que el primero constituye un trabajo muy documentado pero con escasas aristas críticas.

45. Universidad Nacional de La Plata, p. 25.

46. Ibidem, p. 26.

47. Ibidem, p. 37-38.

48. Universidad Nacional de La Plata, op. cit.

49. Perón, Juan Domingo, *Apuntes de Historia Militar, Ejército*

Argentino, Escuela Superior de Guerra, 1932.
50. Perón, J.D., op. cit., p. 57.
51. Ibidem, p. 19.
52. Ibidem, op.cit., p. 60.
53. Ibidem, op.cit., p. 61.
54. Perón, J.D., Ibidem, p.65.
55. Ibidem, op.cit., p.65.
56. Hart, Liddell, El *espectro de Napoleón, EUDEBA, traducción* e introducción de Julio Irazusta, estudio preliminar del general Tomás Sánchez de Bustamante ,Director de la Escuela Superior de Guerra y del Centro de Altos Estudios ,Buenos Aires, 1969.
57. Sánchez de Bustamante, Tomás, en Hart, Liddell, op. cit. ,p. 5.
58. Hart, Liddell, op. cit., p.120-121.
59. Perón, J.D., op. cit., p.67-68.
60. Perón, J.D., op. cit., p.68-69.
61. Mehring, Franz citado en Ancona, Clemente, "La influencia de De La Guerra de Clausewitz en el pensamiento marxista", en Lenin et al, Clausewitz *en el pensamiento marxista, Cuadernos* de Pasado y Presente (75), México, 1979, p.23-24.
62. Ibidem, p.27.
63. Perón, J.D., op. cit., p.86.
64. Ibidem, p.97.
65. Ibidem, p.97.
66. Ibidem, p.98.
67. Ibidem, p.99.
68. Ibidem, p.100.
69. Ibidem, p.129 .
70. Ibidem, p.120.
71. Ibidem, pág. 132.
72. Ibidem, pág.132.
73. Ibidem, pág.147.
74. Ibidem, pág.200.
75. Ibidem, pág.202.
76. Canton, D., Moreno, J.L. y Ciria A.,*La democracia constitucional y su crisis, en Historia Argentina, vol.6, Editorial* Paidós, Buenos Aires, (1a. reimpresión) 1980, pp.171-173.
77. Ibidem, p.173.
78. Jauretche, Arturo, El *Paso de los Libres, (Prólogo* de Jorge Luis Borges), A.Peña Lillo Editor, Buenos Aires, 1974, en *Noticia Breve.*
79. Jauretche, Arturo, FORJA *y la década infame, A.* Peña Lillo Editores, Buenos Aires, 4a. edición ,mayo de 1976, p.123.
80. Puiggrós, Rodolfo, *El peronismo : sus causas,* Carlos Peérez Editor, Buenos Aires, 1971, 2da.edición, p.117.
81. Esa lucha por construir una teoría militar desde el campo progresista nacional, era parte del esfuerzo por diseñar una perspectiva obrera

revolucionaria:" Dentro del peronismo no se formó esa fuerza proletaria independiente (...) Y no se formó *porque el peronismo no dejó que se formara* (subrayado de los A.), porque los partidos llamados 'obreros' y 'marxistas' se abrazaron a la oligarquía y porque nosotros, los que desde hace años luchamos infatigablemente por formarla, no hemos sido todavía capaces de unir al movimiento de masas con la teoría revolucionaria". Puiggrós, Rodolfo, *El proletariado en la revolución nacional*, Editorial Sudestada, Buenos Aires, 1968, p.166. (Este libro reúne trabajos de los años 1954 a 1957 publicados en el mismo título en enero de 1958).

82. García Lupo, Rogelio, La rebelión de los generales, Jamcana, Buenos Aires, 1963, pp.89-91, citado por Puiggrós, Rodolfo, *op.cit.*, p.117.

83. López, op. cit., págs.83-84.

84 Rodolfo Puiggrós en *El peronismo: sus causas,* destaca también que " la concepción geopolítica, que ha sido atribuída al G.O.U., *pertenecía al Ejército* (subrayado de los A.) y no por contagio del hitlerismo, sino por corresponder a la doctrina de la guerra abrazada por las potencias capitalistas". (op. cit., pp.124-125) Pero además del sueco Rudolf Kejellén, Friederich Ratzel y Karl Haushoffer, citados por R. Puiggrós, es la sombra y el nervio de Clausewitz el que guía tanto a la doctrina *oficial* del Ejército, como al desarrollo del Grupo de Oficiales Unificados o Grupo Obra de Unificación. Esa Doctrina de la Defensa Nacional (DDN) fue creación del Ejército, en donde la aprendió y enseñó Perón. Esa concepción fue *parte* de la doctrina peronista, uno de los particulares ingredientes ideológicos del populismo justicialista.

85. " Un ejemplo particularmente claro de la aplicación de categorías de índole militar a situaciones políticas es el sistema peronista en sí (...) La influencia del pensamiento militar sobre la concepción política de Perón se manifestaba también con toda claridad en la terminología por él empleada, sobre todo en la acumulación de conceptos como "enemigo", "traidor", "estrategia", "táctica", "batalla", "triunfo", "victoria", "retirada", "víctima", etc.", pero (...) el sistema peronista de gobierno no tenía una estructura tan coherente y uniforme como pretendían hacer creer Perón y sus seguidores, sino que evidenciaba pluralismo de fuerzas y considerables tensiones internas (...) Sería un error pretender buscar el origen de todas las medidas políticas de Perón en motivos y principios militares. Esta pretensión estaría condenada al fracaso aunque más no sea porque Perón sabía dar un contenido político real— ya fuera de naturaleza económica, social o cultural— a todas sus iniciativas, incluso a aquellas inspiradas en consideraciones de índole militar. *Igualmente erróneo sería, sin embargo, permitir que el "político" Perón nos hiciera olvidar al Perón "estratega", cosa que ocurre con la mayoría de los autores que han tratado el tema". (subrayado* de los A.). Waldmann, Peter, *El peronismo, 1943-1955,* Editorial Sudamericana, Buenos Aires, 1981, pp. 143-144. Es bueno apuntar respecto de los

conceptos militares utilizados políticamente por Perón que cita Waldmann, que buena parte de los mismos podría ser encontrada frecuentemente en textos de Lenin, Trotsky y Mao-Tse-Tung, entre otros significativos políticos marxistas, amén de los revolucionarios castristas latinaomericanos.
86. López, E., op. cit., pág.86.
87. "Memorándum sobre la situación argentina ...",producido por la División de Asuntos del Río de La Plata del Departamento de Estado de los Estados Unidos. Citado en Escudé, Carlos, La Declinación Argentina, Editorial de Belgrano , Buenos Aires, 1988, pág.203.
88. Escudé, Carlos , La Declinación Argentina , Editorial de Belgrano, Buenos Aires, 1988 , pag.203.
89. "La gran paradoja del peronismo (es) que, cuando venía a ocupar su lugar en la Argentina, esta Argentina que él conocía estaba empezando a desaparecer. Esa Argentina se estaba muriendo, en el mismo momento en que el peronismo la empezaba a ocupar (...)La Argentina agraria y periférica de Europa, en la cual quería entrar el peronismo, se estaba muriendo en el mismo momento en que el peronismo entraba en ella. Esa es la gran contradicción del peronismo (...) La Segunda Guerra Mundial que es como una guerra del Peloponeso para Europa, porque se destruyen entre ellos y pierden el centro del mundo, no solamente deja a Europa perpleja, sino a Gran Bretaña que era la que estaba mas estrechamente ligada con esa estructura, sino que deja perplejas a todas las periferias que jugaban en función de este centro. Y la Argentina entonces se encuentra con que ya no puede ser agraria, con que ya no puede ser periferia como lo era, con que tiene que ser otra cosa y con que no sabe qué otra cosa ser. Y está a mano un movimiento que es un poco anacrónico en el sentido de que venía a ocupar eufóricamente un barco que hacía agua". Grondona, Mariano, en Fayt, Carlos, *La naturaleza del peronismo,* Viracocha Sa. A. Editores, Buenos Aires, 1967, pp.317-318.
90. Escudé, Carlos, op. cit.
91. Escudé, op. cit., pág.14.
92 . También es necesario anotar los elementos de una polémica infinita desarrollada mas en la calidez del debate político que en la relativa frialdad del análisis académico: el desarrollo industrial gestado a partir de las políticas de la *Década Infame.* Así, por ejemplo, el gobernador bonaerense, el conservador Rodolfo Moreno el 7 de enero de 1943 en su mensaje ante la Legislatura provincial que "que tenemos una industria cada vez más floreciente, a la que será necesario amparar resueltamente cuando, efectuada la paz, *se nos invada con productos, que podrán arrasarla si no nos defendemos. Y convivimos con una población obrera, que plantea sus inquietudes y a la que debemos arrancar de los extremismos, estudiando a fondo sus problemas y resolviéndolos dentro de términos justos y humanos* (subrayado de los

A.)". (Citado en Aguinaga, Carlos y Azaretto, Roberto, *Ni década, Ni Infame,* Jorge Baudino Editores, Buenos Aires, 1991, p.259). Un año mas tarde, el coronel Perón se encargaría de cumplir puntualmente con el programa de protección industrial y justicia social peticionado por el conservador Moreno y rechazado luego por la mayoría de sus anti-peronistas pares.

93. Perón, Juan Domingo, Discurso en la comida anual de camaradería de las Fuerzas Armadas ,realizada el 5 de julio de 1949 en *Les Ambassadeurs, en Discursos del General Perón a los militares argentinos 1946-1951,* Ediciones realidad Política, Buenos Aires, setiembre de 1984, pág.98.

El escenario educativo de una fundación

Clima pedagógico

Durante la década de 1930 la sociedad argentina se volvió cada vez más compleja como producto de la diversificación productiva y el consiguiente desarrollo industrial; de las migraciones internas que se sumaron a las externas; de la conformación de demandas de sectores recientemente constituídos o bien de otros que han evolucionado y forman asociaciones sindicales, profesionales, académicas, estudiantiles, etc.; de la gestación de nuevos campos técnico-profesionales; de los cruces culturales que se produjeron en aquellos procesos.

El Estado heredado, organizado por los conservadores entre 1880 y 1916, que el radicalismo no transformó, resultó insuficiente para atender a las demandas de esta sociedad más compleja de los años del avance del fascismo en Europa, la guerra y la sustitución de importaciones. Ni el sistema educativo estatal diseñado por los "normalizadores"[1], ni las opciones que presentaba la sociedad civil a través de escuelas privadas confesionales o de colectividades, de las antiguas y declinantes sociedades populares de educación o de las academias que comenzaban a expandirse; ni la capacitación en fábricas o la educación laboral realizada por parroquias, sociedades de damas o benefactores en sus estancias, alcanzaban a responder a la demanda social de una educación que fuera moderna y que superara las clásicas disfunciones del sistema, es decir la deserción, el desgranamiento, la repitencia y la exclusión de los sectores más pobres de la población. Menos aún, la capacidad educativa instalada y las concepciones pedagógicas de uso corriente en el país, podían coincidir con las necesidades que surgían de las aspiraciones industrialistas-expansionistas y con el papel predominante del país en Sudamérica, que ocupaba un lugar importante en el imaginario de los argentinos, según hemos referido en el capítulo anterior.

Las insuficiencias en el desarrollo de la sociedad civil para hacerse cargo mediante formas privadas de educación de los problemas planteados, se hicieron evidentes durante los últimos años de la década de 1930 y los primeros de la siguiente, cuando uno de los acontecimientos más significativos fué su reiterada demanda al Estado para que asumiera de una diversidad de problemas. Coincidentemente, se nota también el *corrimiento discursivo* de grandes capas sociales hacia concepciones corporativas, pro-estatistas e inclinadas hacia la aceptación de una dirección política más centralizada. Desde el punto de vista político, las demandas de la época pueden ordenarse en un espectro que va desde el anhelo de un Estado ordenador de procesos que atravesaban las instituciones de la sociedad civil y del Estado, hasta de un Estado que absorviera a la sociedad civil; desde el pedido sectorial, hasta la concepción estatista universalista, asociada claramente con la imagen del Estado modernizador fascista o, a partir de un interés más filosófico, con la idea hegeliana de Estado.

Pero existía un punto de encuentro en el cual se condensaban las posiciones del espectro mencionado. Ese sitio era el más vacío, imposible de cerrar para un país nacido y gestado como dependiente: el de la articulación entre las demandas democráticas— que son luchas por el derecho a tener un espacio social, a expresarse, a participar políticamente, etc. de sujetos particulares, tales como clases, los grupos técnico—profesionales, los grupos culturales, las generaciones, etc. —y la necesidad de existencia de la Nación como escenario discursivo en el cual se produjeran las articulaciones necesarias para que aquellos sujetos tuvieran sentido. Ni los sujetos, elementos constituyentes de la sociedad civil, ni la Nación, se podían desarrollar a pleno, en tanto la dirección política estuviera subordinada a los términos de los pactos tradicionales con Inglaterra o de una nueva ubicación en las relaciones internacionales, subordinada a los EEUU. Al mismo tiempo, la crisis de hegemonía que se vivía en el país a comienzos de los años 40' es una manifestación de las dificultades que tiene la sociedad argentina para construir una formación política capaz de conducir un proceso de independencia, ya fuere para reconstruir un poder interno conservador o realizar una revolución popular. Esa imposibilidad se trataría de disimular fortaleciendo al único sujeto al cual la sociedad concebió como capaz de encontrar soluciones globales y orgánicas a sus problemas: el Estado.

El desplazamiento de posiciones hacia el estatismo en la Argentina de comienzos de los 40' es la mayor manifestación del fracaso en la construcción de un partido conservador hegemónico, tanto como de la ajenidad con la cual los argentinos habían atendido lo público. Tales abandonos, ocuparían un lugar importante en el proceso de sobredeterminación [2] del peronismo, en tanto espejo de las grandes mayorías, lugar de identificaciones colectivas y de construcción-reconstrucción de un imaginario pasado-futuro socialmente solidario. Sellado en la memoria mítica como el único lugar— momento — nombre donde la hegemonía nacional-popular hubiera sido posible, el peronismo resultó ser, cuarenta años después, la imposibilidad misma de simbolización de lo nacional-popular; en tanto concebido como lo nacional-popular *en sí, en esencia,* ocuparía el lugar vacío de lo nacional-popular tornándose obstáculo para el desarrollo de todo discurso de tal índole. Como efecto de la derrota popular producida por la dictadura militar de 1976-1983 se disolverían los puntos nodales de nacionalismo popular del discurso peronista. En consecuencia, la reinstalación posterior en el país del problema de la democracia y de la libertad, actuarían como factores disolutores del obstáculo peronista— en tanto "hecho maldito" de la política argentina— eliminando el remanente de aquellos puntos nodales pero desde una perspectiva liberal-antidemocrática, en lugar de provocar nuevas articulaciones de tipo nacional-popular-democráticas.

Regresando a la década de 1940, es decir a la época de constitución del peronismo, es importante registrar como *interpelaciones,* las demandas educativas de la sociedad civil al Estado. Conviene establecer una diferencia—arbitraria, en el uso que estamos dando a los términos "interpelación" y "de-

manda". El último se refiere a requerimientos hacia un sujeto
ya constituído, externo al demandante; el primero, a una
relación más interna entre demandante y el espacio de significaciones del cual se demanda una organización distintiva, que
implica un proceso de mutua constitución, proceso de transformación de las necesidades en demandas, de constitución del
sujeto demandante y de imaginación del sujeto demandado.[3][4]
La sociedad civil argentina de comienzos de los años 40' inter-
pelaba al Estado exigiéndole el establecimiento de nuevas
relaciones entre ambos que fueran el producto de una organización más moderna del último y que dieran cuenta de los
cambios que se venían produciendo en la sociedad civil.

Tal categorización permite sustentar una de las hipótesis
fuertes de nuestra argumentación: la corriente que llevaba
aguas hacia el dique del nacionalismo estatista representaba a
la mayoría de la sociedad y brotaba de la cultura política
hegemónica en la época, como la expresión real de los deseos de
casi todos los sectores de la sociedad argentina, y no de un grupo
minoritario de militares del cual nacería la bonapartista figura
de un líder. La argumentación clásica de la izquierda que
nombra al peronismo como bonapartismo tiene como condición
diagnosticar la situación de la sociedad civil como de incapacidad
para resolver los antagonismos de clase y de colocar al Estado
peronista como el resultado de una forma de poder externo que
mantiene momentáneamente el equilibrio en una empatada
lucha de clases. En cambio, el análisis de los acontecimientos de
la época refuerzan la hipótesis de una sociedad civil que elige al
Estado como el sujeto que deberá responder a una cantidad de
demandas, que constituyen series complementarias o cuya
relación mutua presenta muchos conflictos, pero que coinciden
en proyectar en el mismo sujeto la capacidad de resolución de
los conflictos. Desde el Ejército hasta la Iglesia, desde la clase
obrera hasta una buena parte del empresariado, desde los
socialistas liberales hasta los nacionalistas conservadores
apuestan a un Estado fuerte que solucione el problema de la
ubicación favorable a la Nación en el escenario internacional,
que regule las relaciones entre los nuevos sectores de clase,
técnico-profesionales y político-culturales que han madurado
en la anterior década, y que impulse el proceso de modernización.

Siguiendo con la misma línea argumentativa, las políticas

educativas del Estado peronista cobrarían nuevos sentidos si las examinamos dentro de la trama discursiva de la época, entendiendo que tal trama no es el efecto de un discurso dominante. Es, en cambio, el resultado de una compleja interacción entre las interpelaciones diversas de diferentes sectores sociales hacia el Estado con los enunciados educacionales que convierten a este último en representante de un nuevo conjunto de intereses y, desde ese lugar, en la fuerza dirigente de toda la sociedad. Los sujetos pedagógicos que se construyen en el (o los) discursos pedagógicos peronistas son constituidos por aquella interpelación y no como reflejo que reproduce la ideología dominante, llámese ella ideología burguesa o patriotismo autoritario y positivista. La última es una posición metodológica en la cual diferimos con Carlos Escudé. La hipótesis de aquel autor es que el "autoritarismo patriótico" fue componente permanente de la política pública argentina y que el peronismo es una manifestación más de un mismo programa, aquel que expresó en toda su amplitud José María Ramos Mejía. Según Escude, "el principio, el método y la intención eran idénticos" entre los conservadores (menciona a Roca) y Perón[5]. De tal modo, positivismo, catolicismo y nacionalismos de diversos signos serían reductibles a aquellas categorías esenciales. Escudé señala correctamente la existencia de un núcleo de coincidencias en la cultura política argentina, en el cual se encuentran nacionalistas católicos y laicos, los embarcados en los dogmas de la Iglesia Positiva y los militantes del dogma católico. Pero sin embargo, el planteo no considera las específicas articulaciones entre unas y otras categorías en cada momento histórico, lo cual precisamente torna a-histórico su análisis. Tamañas coincidencias, lejos de motivarnos a buscar un fondo común único, un "núcleo duro" como única explicación, nos impulsan a analizar las transformaciones discursivas, las series de equivalencias y diferencias entre los enunciados de distintas tendencias político-culturales y educativas. Nos motivan también a investigar la relación entre lo estructural y la contingencia en el proceso de construcción del discurso pedagógico estatal. En tal sentido, discutiremos la afirmación de la educación peronista como culminación del proyecto positivista de Ramos Mejía y como clausura final de todo vestigio de la idea sarmientina. Discutiremos también la presentación de la política educativa como un producto continuo y uniforme de una supuestamente uniforme y única "clase dirigente"—categoría de difícil sustento desde una mirada histórica[6]— y trataremos de analizarla como una serie de discursos producidos en el marco de las luchas por la hegemonía.

La insuficiencia de las viejas respuestas

Hemos sostenido que la sociedad civil desarrolló desde fines del siglo XIX múltiples modalidades dirigidas a responder al conjunto de necesidades educativas de las que el Estado conservador no se hacía cargo; también, que durante el yrigoyenismo se ampliaron los márgenes de los servicios educativos estatales, aunque sin producirse modificaciones sustanciales al sistema escolarizado que se había consolidado entre 1884 y 1916, es decir durante la República Conservadora[7]. En la década de 1930 tanto aquel sistema como las sociedades populares de educación comenzaron a resultar insuficientes para atender a su población potencial, que había crecido considerablemente al ritmo de la modernización. La demanda de capacitación para obreros, empleados, adultos y mujeres—que componían la mayoría de su alumnado—crecía y era más compleja. No se trataba ya de dar cursos de corte y confección, electricidad y carpintería acompañados de conferencias sobre biología o lectura de textos anarquistas, marxistas o positivistas. Ahora la industria aceleraba su desarrollo, las capas humildes de campesinos que llegaban a las ciudades, en especial a Buenos Aires y los hijos de los artesanos o de los obreros de frigoríficos y de pequeñas empresas textiles, aspiraban a lograr una capacitación que los hiciera aptos para ingresar a una fábrica, adquirir la jerarquía de capataces, cumplir funciones técnicodirigentes y elevarse socialmente. Las sociedades populares se habían extendido tanto, que en su IV Congreso realizado durante 1931, se registraron solamente de la Provincia de Buenos Aires 1000 instituciones asociadas[8]. Mas no pudieron responder a tal demanda, probablemente incapacitadas para modernizar su concepción educacional, sus finalidades y su equipamiento tecnológico.

Existe una irresuelta discusión sobre el grado de complejidad de la industria argentina en la época y sus consecuencias sobre la educación. Pero tanto en el caso que se requiriera mano de obra más sofisticadamente calificada, como en el contrario, hubo una irrupción de gente que requería ser preparada para adaptarse al ritmo de trabajo, a los rituales y jerarquías y para comprender su lugar en las relaciones establecidas para producir, en cada empresa. Debe sumarse a ello, *la suposición* difundida en artículos de periódicos obreros y otros de circulación general[9], que vinculaba en relación causal una capacitación específica y el acceso a empleos en el sector moderno de la producción. Como afirma Pablo Pineau apoyándose en la lectura de los boletines de la CGT y otras publicaciones sindicales de la época[10], la clase obrera comienza a manifestar la insuficiencia del aprendizaje por imitación o la capacitación en el taller y requiere escuelas especializadas en la enseñanza de oficios, opción que pone en marcha La Fraternidad. Tal modelo responde a la aversión de los trabajadores hacia el Estado y refleja las políticas educativas alternativas que se originaron en el viejo movimiento mutualista, recogieron elementos del anarquismo y subsistían en esta época de hegemonía socialista en el movimiento obrero. Pero un hecho también observado por Pineau, la implantación de aranceles en los cursos de la vieja Universidad Obrera Argentina (que había sido creada por el Primer Congreso Ordinario Confederal de la CGT en 1939), es expuesto por aquel autor como un buen ejemplo de la necesidad del movimiento obrero de recurrir a fuentes externas para solventar la capacitación al ritmo de las crecientes demandas.

Leyendo los diarios de la época se encuentra una proliferación de academias privadas dirigidas en su mayoría a enseñar a escribir a máquina, contaduría, inglés, secretariado y en general conocimientos requeridos por el personal empleado en el sector terciario público y privado. Pineau incluye una información de especial interés: la aparición, a partir de 1942, de propaganda de una academia privada especializada en cursos de ingeniería en ferrocarriles en el periódico El Obrero Ferroviario. Existieron también algunas experiencias impulsadas por estancieros e industriales oligárquicos, que expresaban a un conservadurismo populista que, preocupado por el avance de las demandas sociales, realizaba programas preventivos de la insurrección popular.

Entre otras cabe citar los Centros para obreros de Parque Patricios, Avellaneda, Belgrano y Palermo establecidos por las Damas de Beneficencia con el objetivo de capacitar a los obreros y evitar su desviación moral; las escuelas gratuitas para obreros de las Fábricas Grafa y otras del grupo Bunge y Born, además de Campomar y Bagley, todas ellas dirigidas con la colaboración de la Liga Patriótica Argentina, que funcionaban durante los primeros años de la década de 1940.[11] La Liga Patriótica agregaba al espectro discursivo dominante un ingrediente distinto del mencionado conservadurismo. Era una organización fascista que intervino en numerosos actos de violencia antisemita y antizquierdistas, al mismo tiempo que sembró el país de centros de capacitación técnica y adoctrinamiento político.

Pero la proliferación de ofertas educativas de organizaciones de la sociedad civil—sociedades populares, academias, sindicatos, cursos en fábricas, de sociedades de beneficencia, en organismos eclesiásticos y laicos, opciones cooperativas, etc.— fué insuficiente e inorgánica y no se canalizó hacia la fortificación de un sistema de educación privada capaz de abastecer los requerimientos de empleados y obreros, empleadores e interesados en general. No surgió un sujeto privado capaz de proporcionar organizada, sistemáticamente, la educación laboral que se requería ni de dirigir la relación entre las diversas expresiones culturales que se difundían por canales distintos a los tradicionales, que eran portadas por los inmigrantes internos, ni los diversos sujetos técnico-profesional-docentes avanzaron por sí mismos en formas de delimitación de su campo y de vinculación con otros mediante asociaciones civiles con vida suficientemente autónoma.

Por el contrario, las miradas se dirigieron hacia el Estado exigiendo acciones centralizadoras. En ello la Iglesia Católica colaboró fuertemente desde una posición pro-fascista y corporativista; también favoreció tal tendencia, la vinculación que establecían las Fuerzas Armadas entre capacitación para el trabajo/ desarrollo de la industria nacional y control cultural/ unidad nacional con fortalecimiento del Estado/ Defensa de la Nación. Su presencia directa o tutelar en el poder político del Estado entre 1930 y 1945 les posibilitó ejercer influencia sobre la opinión pública y la cultura política de la sociedad. En tal tarea, el sistema escolar fué un vehículo importante; las Fuerzas Armadas han estado siempre presentes en el discurso escolar argentino, pero se registra un aumento significativo de su importancia durante los años que estamos analizando.[12]

La *comunidad educativa* valoraba al Estado como la instancia capaz de ordenar el proceso de crecimiento y las necesidades de modernización del sistema, en el marco de la extensión de ideas afines a la centralización y/o a la verticalización de la conducción educativa en el Estado Nacional. Reclamaba que este último extendiera su capacidad de contención de la población que demandaba algún tipo de educación, de la organización del campo técnico-profesional docente y de la modernización del sistema escolar, en especial en su función de capacitador para el trabajo industrial y en servicios.

En tanto, los sectores más liberales de la docencia —radicales, socialistas, demócratas progresistas— se empezaban a abroquelar en asociaciones profesionales, en la Universidad y en el Instituto del Profesorado Secundario. Pero la unidad del campo liberal docente fué quebrada por el cruce del discurso estatista-nacionalista. El desplazamiento de expectativas de la sociedad civil hacia el Estado se reflejó en él hasta el extremo de incidir muy fuertemente en un sector del movimiento de la Escuela Nueva, aquel más vinculado con las estructuras educacionales burocráticas del gobierno y con las organizaciones internacionales del movimiento *activista*. Gran parte de la docencia pública, incluídos ex-anarquistas, establecieron vinculaciones con los gobiernos dictatoriales y comenzaron a concentrar en el Estado sus interpelaciones educacionales. La dirección de la revista *Ser*, integrada, entre otros, por el ex-anarquista ahora militante radical Julio Ricardo Barcos, se reunía con el ministro César Coll, tal como hemos referido en el tomo anterior de esta serie. Posiciones pedagógicas democrático-radicalizadas y una filosofía espiritualista-socializante defensora de los derechos de la infancia, la participación del niño y la comunidad educativa como sujetos de la determinación curricular, fueron paulatinamente subordinadas a la preocupacion por el papel de la disciplina, a la declinación ante los rituales oficiales y al abandono de las prácticas "contrarituales"[13]. Un importante sector del espiritualismo pedagógico *escolanovista*, que se desarrolló en nuestro país heredando raíces krauso-positivistas, empezó a articular enunciados del discurso católico, al mismo tiempo que tendía a sustituir su noción de *patriotismo* con la que sustentaba el nacionalismo del mismo signo religioso. En el tomo III de esta serie hemos presentado acontecimientos[14] que proporcionan una base empírica al anterior argumento. El campo pedagógico estaba en franco proceso de recomposición.

Transformaciones en las tendencias educativas

Focalizando los años previos al peronismo, es posible enunciar las siguientes grandes posiciones en la política educativa nacional, a condición de no tomarlas como modelos sino como espectros de tendencias entre las cuales se producen coincidencias, distinciones, contradicciones y antagonismos:

a) el *liberalismo conservador tradicional,* encuadrado en la visión oligárquica de la historia educativa nacional y muy comprometido con los sectores normalizadores de corte positivista del sistema educativo; apoyó con fervor a la Unión Democrática en 194615

b) *el liberalismo católico,* de escaso desarrollo aún; asumiéndose como heredero del liberalismo católico de fines del XIX, resaltando sus posiciones respecto al enfrentamiento de 1882 entre católicos y liberales pero comenzando a otorgar al antiestatismo educacional un sentido privatista y empresarial. Esta orientación se alejaba, por ejemplo, de la preocupación de Navarro Viola por lograr relaciones democráticas entre el Estado y la sociedad civil en materia de educación;su perspectiva era la de la construcción de un sujeto de la educación no-burocrático, posición muy cercana a la de Sarmiento y, en ambos casos, influída por el sistema educativo estadounidense. Disminuída considerablemente la fuerza del liberalismo católico democrático con la muerte de la generación del 80', la política educativa de la Iglesia durante la década de 1930 y hasta comienzos de los años 40 fué estatista,

c) el *nacionalismo católico,* hispanista, anti-indigenista, alineado con posiciones nazis y fascistas que articulaba con aspiraciones de expansión argentina; aspiraba al control del sistema de educación pública y no se interesaba por la educación privada. En los comicios presidenciales de 1946 integró la coalición que apoyó la candidatura de Perón.[16] Con anterioridad esta línea se manifestó especialmente a través de logias militares como el GOU y de organizaciones civiles como la Liga Patriótica Argentina y, más adelante, la Alianza Restauradora Nacionalista.

d)*anarquismo,* en franco proceso de disolución y cuya influencia en la educación ya era decididamente insignificante, pero algunos de cuyos enunciados seguían presentes en el campo pedagógico; ellos se fijarían pronto en los márgenes del discurso pedagógico peronista;

e) socialismo, en proceso de fuerte acentuación de sus componentes liberales, participando de las luchas y del campo discursivo anti-fascista y del Frente Popular y subrayando las posiciones ideológicas antinacionalistas que identificaba con anti nacional-socialistas. Mantenía una influencia importante en sectores del magisterio primario, incluídos funcionarios jerárquicos de carrera (p.ej.: Horacio Ratier, inspector de Territorios Nacionales), maestros y pedagogos de vanguardia (como Delia Etcheverry) y en menor medida, en la enseñanza media; en cambio sostenía un peso considerable en la Universidad no tanto por su alcance cuantitativo en la población docente-estudiantil, cuanto por las figuras de peso y los lugares de poder que alcanzó. Valga como ejemplo, que Alfredo Palacios fue presidente de la Universidad Nacional de La Plata hasta principios de octubre de 1944, año en el cual presentó una ferviente renuncia, en desacuerdo con la política gubernamental. Las posiciones de los socialistas coincidieron con el liberalismo respecto a la historia educativa nacional, aunque resaltaron el borde más democrático de los procesos educativos.

f)com*unismo,* alineado con las posiciones soviéticas en el plano internacional y con el liberalismo antinacionalista y antifascista en el país; en el plano de la educación, consolidó una corriente de maestros de primaria(Luis Iglesias)y de pedagogos (Berta Braslavsky) alineado en la interpretación liberal de la historia educativa nacional.

g)*la democracia progresista,* todavía heredera del pensamiento liberal- democrático de Lisandro de la Torre, en la cual se alineaban educadores *escolanovistas* (Olga y Leticia Cossettini) y que compartía las posiciones antifascista.

h) *el radicalismo*, que mantenía como proyecto educativo la defensa de la educación liberal-democrática, en particular la ley 1420 y los principios de la Reforma Universitaria de 1918, así como alguna militancia de maestros en el espectro de la Escuela Activa (Antonio Sobral, Luz Vieyra Méndez) y una considerable influencia en el magisterio en general.

En las bases doctrinarias del Movimiento de Intransigencia y Renovación (MIR), que condujo a la UCR a partir de la crisis emergente de la derrota de la Unión Democrática, las firmas de Moisés Lebenshon, Arturo Frondizi y Gabriel Del Mazo rubricaban la exigencia de una profundización del yrigoyenismo con claro tono nacionalista popular (reforma agraria, justicia social, nacionalización de empresas públicas, antimperialismo). En cuanto a la educación, las Bases Políticas del MIR, aprobadas en el Congreso Nacional de la Intransigencia en Avellaneda en agosto de 1947, ratificadas por la UCR en 1949 y 1952 y programa para el período presidencial 1952-1958, decían:

> "Democratización de la cultura. Reforma educacional que establezca la obligatoriedad de la enseñanza media, técnica o agraria e integre un sistema que garantice a las nuevas generaciones, en igualdad de condiciones y oportunidades, idénticas posibilidades de pleno y libre desarrollo de la personalidad física, moral y cultural para el cumplimiento de su responsabilidad nacional y humana. El radicalismo repondrá la Reforma Universitaria. Restitución de la ley 1420."[17]

Una profunda fractura dividía los discursos político-pedagógicos de los dos grandes movimientos nacionales, el radicalismo y el peronismo, incluídas las expresiones más decididamente nacional-populares del primero. La articulación del concepto nacionalista-popular *justicia social* con la idea liberal de *democracia*, desembocaba en una educación laica y reformista y también en una alianza con los sectores antinacionalistas y contrarios al surgimiento del nuevo poder sindical. La articulación de *justicia social* con las categorías del nacionalismo católico concluía en un discurso pedagógico antiliberal y espiritualista, que rechaza la idea de democracia. En ambos casos se coincide en el papel dominante que debe jugar el Estado en la educación, pero existen diferencias en cuanto a la posición que debe tener el poder eclesiástico, el grado de autonomía o de subordinación de la comunidad educativa (representado especialmente en el status político-administrativo que se adjudica al Consejo Nacional de Educación, a los Consejos Escolares y a la Universidad) y el derecho del gobierno de usar el sistema como vía de difusión de la cultura política oficial. Las anteriores diferencias marcan la frontera ideológica en torno a la cual se librarán las luchas y se tenderán diversos puentes o se convendrán circunstanciales armisticios entre los docentes y el gobierno peronista entre 1945 y 1955.[18]

i)*Forja*, que apoyó el golpe militar de 1943, manifestando

que lo hacía ante la inoperancia de los partidos políticos y en particular del radicalismo, por culpa de cuya posición "extranjerizante y venalizada", el Ejército habría tomado el poder. Forja se disolvió en octubre de 1945, cuando decidió que sus metas se habían alcanzado al constituirse el peronismo como movimiento popular. Si bien Forja no actuó como fuerza político-educativa, fue significativa de una fractura en el pensamiento liberal- radical que se produjo al tensar su discurso liberal democrático en un sentido nacional-popular. Esto tuvo connotaciones culturales y educativas muy importantes que recién fueron organizadas como discurso pedagógico años después, especialmente en el texto *La colonización pedagógica* de Arturo Jauretche.

j) *el laborismo,* que no llegó a desarrollar propuestas educativas explícitas, aunque en su discurso aparece inscripta la adjudicación de un sentido pedagógico al discurso de la clase obrera

Es nuestra hipótesis que el clima de la comunidad educativa y, como parte de él, los discursos docentes de la época, carecieron de una correspondencia lineal con las enunciadas tendencias. Por el contrario, fueron el producto de la articulación de las inclinaciones políticas, ideológicas y pedagógicas de comienzos de los años 40', con las demandas que habiendo comenzado a conformarse en las décadas anteriores, entraron en crisis. Estas demandas surgían de la imposibilidad por parte de la sociedad civil de satisfacer una serie de necesidades que no solamente crecían como consecuencia del proceso económico-social de urbanización e industrialización y de la inmigración externa e interna hacia centros en acelerado crecimiento que ya hemos mencionado, sino por el creciente carácter complejo de los sujetos sociales. Los discursos en cuyo marco se constituían, eran producto de la articulación de elementos provenientes de las culturas inmigradas de la vieja Europa y de tierra adentro; de etapas diferentes de cultura tecnológica (los campesinos arribados a la ciudad; los artesanos volcados a la gran industria; los que alcanzaron una capacitación secundaria o universitaria y eran hijos de analfabetos); de los estudiantes incorporados a la cultura nativa al mismo tiempo que conservaban la lengua y costumbres parentales en el hogar; de concepciones político-culturales distintas de la realidad (posiciones respecto al papel del Estado y de la Iglesia en la vida

pública y en la vida privada; mitos y costumbres de la vida
sexual; costumbres de la vida cotidiana provenientes de distintas
culturas inmigradas, etc.). También incidía en la complejización del clima cultural de la época la resaca de la guerra recién
concluída. Los muertos yacían a la vista de la humanidad, pero
precisamente por eso, los discursos estaban aún plagados de
violencia y era difícil disociar discursivamente "orden" de
"militarización", en momentos en los cuales las tropas aliadas,
en nombre de la paz, dividían nuevamente el mundo entre las
potencias, imponiendo un nuevo orden internacional.

Las tendencias pedagógicas oficiales entre 1943 y 1946

La *revolución* de 1943 fue extremadamente explícita respecto
a su posición contraria a un orden liberal y su preferencia por
el autoritarismo militar, aunque no dejó de tener incoherencias
que es necesario explicitar.

Ramón Godofredo Loyarte[19], interventor del Consejo Nacional de Educación desde el 23 de octubre de 1943, fué puesto
en funciones por el ultranacionalista católico ministro de Justicia e Instrucción Pública, Gustavo Martinez Zubiría, y renunció
al cargo en marzo de 1944. El discurso pronunciado por Martínez Zubiría al asumir el nuevo funcionario puso de relieve el
patriotismo de Loyarte, elemento que dijo considerar necesario
porque el problema educativo argentino "tiene un primordial
aspecto cívico"[20]. Pero de inmediato se fue produciendo un desliz
en las palabras del disertante y se estableció una secuencia
entre "ciudadano" y "soldado", en alusión al sujeto que debe
formar la escuela y prolonga la escuela en el hogar y el hogar en
Dios, de donde dedujo que en la escuela debe reinar un ambiente
cristiano bajo el signo de "la más pura argentinidad." Tradicionalismo, religión y patriotismo se tornaban términos cargados
de connotaciones militares en el discurso educativo de la revolución de 1943.

Entre las primeras medidas tomadas por aquella revolución,
estuvo imponer un clima militar entre el personal dependiente
del Ministerio de Justicia e Instrucción Pública comenzando
por pasar a "estado de comisión" a los docentes y administra-
tivos de los establecimientos educacionales del Estado, para
estudiar caso por caso su perfil ideológico. Esta medida sería

una de las causas principales de los años de enemistad que se sucederían entre el gobierno y la docencia . Sin embargo, Loyarte era un conservador que defendió la ley de educación común hasta el punto de renunciar ante quien sucedió brevemente en el Ministerio a Martínez Zubiría, el Dr. J. Honorio Silgueira[21] —un abogado cuya tesis versó sobre "Federalismo"— ante las presiones en su contra. La renuncia de Loyarte es ilustrativa:

> "Hombres graves y hombres ilustres me dijeron una vez: 'Señale Ud. rumbos. Haga modificar por un decreto la ley 1420 y los planes de estudio'. Es urgente la necesidad de un nuevo plan educacional, pero un plan educacional debe ser el fruto de un gran debate público con la participación de todas las fuerzas espirituales de la Nación. La ley 1420 es un monumento de sabiduría que ha permitido realizar una obra estupenda. Hace falta cierto rango interior para sentir sus preceptos y ser capaz de aplicarlos."[22]

La actitud de respeto de Loyarte hacia los docentes y hacia el normalismo queda clara en las palabras que siguen:

> "Con mi renuncia nada pierde el Consejo. Podré ser sustituído por muchísimos hombres de auténtico valor. Una pléyade de 40.000 maestros y profesores que harían honor a cualquier país de la tierra, laborando en silencio con abnegación y patriotismo en el campo dilatado del alma de nuestro pueblo, en unas 7000 escuelas, secundarán con voluntad insuperable como me secundaron a mi, a mi sucesor. Dios guarde al Sr. Ministro".23

El nacionalista católico José Ignacio Olmedo sucedió a Loyarte el 25 de marzo de 1944 en la intervención del CNE, como consecuencia de la caída de Ramírez y la asunción del Gral. Edelmiro Julián Farrell como presidente y del Cnel. Juan Domingo Perón como vicepresidente de la Nación. Olmedo exacerbó el elemento militarista en el discurso pedagógico oficial y trató al cuerpo docente como si fuera un regimiento. La uniformidad ideológica del cuerpo le pareció indispensable y cuando, presionado por la opinión pública y la docencia, el 3 de junio de 1944 anunció por Radio del Estado que levantaría el mencionado "estado de comisión", advirtió que lo haría previa separación de los "elementos indeseables".[24] En septiembre de 1944, asumía el Ministerio el Dr. Rómulo Etcheverry Boneo, un magistrado que había ejercido la intervención a la Universidad del Litoral desde el golpe de 1943 y que fué presidente de la Junta Nacional de la Acción Católica Argentina, además de haber recibido numerosas distinciones honoríficas del Vaticano.[25] El nuevo Ministro nombró interventor en el CNE al poeta y jurisconsulto cordobés Ataliva Herrera, quien cultivaba un estilo "nativista espontáneo" oponiéndose al racionalismo europeo.[26] Herrera tenía la particularidad de haber sido inspector de enseñanza secundaria en los años de auge de un espiritualismo que tendía a colorearse cada vez más rápidamente de los colores del catolicismo. Había sido colega de trabajo y compartido posiciones en el campo de filosófico con Juan Mantovani, coincidiendo en la descalificación del racionalismo en la enseñanza pero diferenciándose por su esencialismo nativista, incompatible con el universalismo liberal del autor de *"Los fines de la educación"* y la reforma de la educación media de la década del 30'.

Herrera difirió con quienes lo habían antecedido desde el 4 de junio porque introdujo el enunciado *"justicia social"* en el centro de su discurso. Dice Carlos Escudé al respecto:

> "(...)Herrera dijo que la justicia social era el principio y punto de partida del movimiento del 4 de junio. Este valor, pues, se agregaba explícitamente a esa compleja *gestalt* cultural argentina, que incluía nacionalismo, catolicismo y militarismo, amén de un cerrado dogmatismo (a veces incluso asumido) y una creciente incapacidad (interior) para el ejercicio del libre pensamiento".[24]

Esa "compleja gestalt" no es comprensible, desde nuestro punto de vista, si se la reduce a unos pocos enunciados esenciales. En cambio, es la forma de articulación entre esos enunciados, no solamente lo que les otorga sentido, sino lo que puede ayudarnos a explicar el discurso pedagógico que se iba gestando como un producto de la sociedad argentina. Son efectivamente destacables los papeles que juegan los enunciados (la ley 1420) "es un monumento de sabiduría" (Loyarte) y "justicia social" (Herrera). El laicismo conservador, complaciente con el racionalismo, de Loyarte, no tenía posibilidades de coexistir con el irracionalismo y los sentidos metafísicos que impregnaban a enunciados nacionalistas de la época. Pero en cambio el espiritualismo coincidía con el nacionalismo católico en el establecimiento de una cadena de equivalencias fuertemente ensamblada, que constituía el campo de lo ajeno, concebido como el *enemigo* al cual había que aniquilar en la doctrina militar que Perón había aprendido de Clausewitz, como ya hemos mencionado, y también el demonio que era necesario exorcisar y eliminar para el nacionalismo católico, tal como ha demostrado la investigadora Silvia Roitemburd[27]. El laicismo llevaba implícita la tolerancia ideológica; los nacionalistas católicos lo asociaban con el racionalismo, el positivismo, el materialismo, el anticatolicismo, la inmoralidad —por el lado filosófico— y el europeísmo, lo anglo-sajón, el anti-hispanismo, el antinacionalismo, desde el ángulo político-cultural. No concebían el concepto de Nación constituído por categorías racionales, sino que lo remitían a entidades espirituales, irracionales. Oponiéndose a las bases contractuales, utilitarias y racionales en las cuales fundamentó Juan Bautista Alberdi el sujeto nacional sellado por la Constitución de 1853 (población, capitales y educación), irrumpió el concepto *Ser Nacional,* que sustentó el concepto de Nación para el espectro que hegemonizó el poder entre 1943 y 1946. El Estado-Nación, para el cual el nacionalismo espiritualista y/o católico encuentra justificación en *esencias* constituyentes, eternas, de lo existente, en determinaciones metafísicas, antes que en procesos históricos y necesidades sociales. La poesía fundamentalista nativista de Ataliva Herrera era la metáfora perfecta de la voz profunda del *Ser Nacional.* Agregando una dosis de hispanismo, el nacionalismo católico armó un cuadro perfecto. Dentro de la escuela fueron algunas de las articulaciones del discurso pedagógico normalizador— aquellas más influídas por el positivismo —las que sirvieron para facilitar la implantación de la pedagogía nacionalista católica.

Se trató, sin embargo, de una implantación débil que no llegó a ser hegemónica. Como luego veremos, la imposición de la religión católica en los curricula y del discurso nacionalista católico en las escuelas fue el punto de ruptura de mayor profundidad entre los educadores y los gobiernos que se sucedieron entre 1943 y 1955, no así el elemento militar introducido a través del incremento en el culto a los héroes patrios, ni la enseñanza de la temática geopolítica (reivindicación de las

Malvinas y la Antártida Argentina, especialmente) o la exaltación de la Armada Argentina: cientos de escolares siguieron al
Buque Escuela Bahía Thetis en su viaje anual alrededor del
mundo, recortando de los diarios día tras día las noticias de su
paradero.
  El *patriotismo* es un concepto cuyo uso en la época debemos
analizar con mucho cuidado. A esta altura de nuestra investigación, podemos sostenerlo como un punto de encuentro entre
sujetos muy disímiles, con intereses enfrentados en algunos
casos, pero coincidentes en la voluntad de la existencia del
Estado-Nación. Pero el *patriotismo* de los años 40' actuaba no
solamente como un elemento articulador de la común identidad
de los argentinos, sino como una forma de interpelación de la
sociedad civil al Estado, pues venía cargado de demandas de
reformas modernizantes. Desde el punto de vista educativo, la
segunda coincidencia era la necesidad de modernización de la
función educativa del Estado. Consolidación del Estado-Nación
y modernización, eran aspiraciones de la sociedad producidas
por cadenas de asociaciones conceptuales distintas que reflejaban
distinciones entre los sujetos sociales. Esas distinciones eran el
producto de necesidades y demandas diferentes, pero también
de ideologías cruzadas por profundos antagonismos. El Estado
peronista haría un gran intento de articulación de tales diferencias construyendo su discurso nacional con una enorme
capacidad de hegemonía. Patriotismo, modernización y justicia
social serían puntos nodales de dicho discurso.

Conceptos fundantes del discurso pedagógico peronista

  El 14 de noviembre de 1947, en ocasión del acto realizado por
las autoridades universitarias nacionales para entregarle a
Perón el título de doctor Honoris Causa, el presidente pronunció
una disertación que sintetizó los diferentes *registros discursivos* que consideraba necesarios para consolidar el Estado nacional y poner en marcha el nuevo proyecto de país. Tal proyecto,
que más adelante sería llamado "La Nueva Argentina", había
surgido de las entrañas del GOU, pero no se agotaba en los
elementos ideológicos presentes en aquella organización. Perón
consideraba que la sociedad argentina necesitaba de una nueva

constitución orgánica de sus fuerzas sociales y políticas, para producir el proceso de modernización que la pondría en pie como Nación independiente.

El *modelo orgánico* de Estado-sociedad, se caracterizaba tanto por el encaje entre los elementos componentes como por la diversidad de esos elementos. Se trataba de reordenar la sociedad desigualmente desarrollada, estableciendo un nuevo orden en las relaciones entre los sujetos sociales y políticos. El status de ese orden no sería circunstancial; se avanzaría hacia la fundación de una nueva armonía cultural. La *armonía de la cultura,* elemento organicista que es muy fuerte en el discurso de Perón, lo es también en los discursos pedagógicos de la época y responde a las demandas de una relación mejor ensamblada entre la sociedad civil y el Estado, en la cual este último juegue el principal papel directivo. Decía Perón:

> "En el desenvolvimiento de esa idea de superación argentina he tratado de formar un concepto integral, pues el crecimiento biológico de las naciones, lo mismo que el de los individuos, ha de realizarse de forma pareja y equilibrada, ya que el desarrollo de un miembro o de una función orgánica a expensas de los otros, entra de lleno en el campo de la patología"[28]

Se destaca el carácter biologicista del concepto de "desenvolvimiento social" y la sustitución de la metáfora militar por la metáfora médica. La posibilidad de tal operación denuncia la semejanza de las articulaciones que producen el discurso médico y las que dan origen al discurso militar, lo cual pone también algo de luz a las razones del fluído diálogo entre Perón y el médico Oscar Ivanisevich, es decir la principal línea de comunicación pedagógica del peronismo. Ambas metáforas coincidían por lo menos en un elemento: su capacidad ordenadora de las relaciones sociales y políticas utilizando un lenguaje límite, el de la vida y la muerte, y el poder de manipulación que el control técnico-profesional de dicho lenguaje proporciona. Como hemos analizado largamente en el primer tomo de esta serie, tal procedimiento había sido fundador del discurso pedagógico hegemónico en nuestro país.

En la concepción organicista de Perón sobre la guerra, que hemos analizado en el primer capítulo, el desenvolvimiento armónico de las partes de la sociedad juega un papel estratégico

y es condición para la constitución del sujeto militar-social que
llevará a la victoria. Lo contrario del desarrollo armónico es la
patología social cuyo destino no es sino la derrota frente al
enemigo externo y la desintegración interna.
La idea organicista tenía vigor entre los hombres de las
Fuerzas Armadas. En otra conferencia, pronunciada también
en la cátedra de defensa nacional de la Universidad Nacional de
La Plata, el Gral de Brigada Pedro J. Jándula,[29][30] ejemplificó
situaciones en las cuales se ha desarrollado más el frente
exterior que el interior, la preparación de los militares que la
educación de la sociedad civil. Llegó a considerar los efectos de
la "guerra de nervios" que puede producir el enemigo en una
población civil mal preparada, o debilitada por el descuido
político y social provocado por la exclusiva atención del frente
externo.
También al vicealmirante (R.) Gonzalo D. Bustamante,
director del material de la Armada desde 1943[31], y que prestó
servicios en la Comisión Naval de los EEUU, estaba preocupado
por lograr un equilibrado desarrollo de todos los factores que
concurren a la defensa nacional, en particular por los que se
relacionan con la contención, organización y educación de las
masas. Bustamante había sido influído por las ideas de Gustave
Le Bon, a quien citó en su conferencia[32] del 19 de agosto de 1944,
tomando en especial algunos aspectos de la teoría de aquel
exponente de la "reacción conservadora" frente al liberalismo,
que también habían influído sobre José María Ramos Mejía
constituyendo uno de los apoyos de "Las multitudes argentinas".[33] El contralmirante repite de Le Bon que las multitudes
son guiadas por un inevitable instinto que obedece a las leyes de
la raza. Esta última esconde residuos del pasado, inconscientes,
que son los que determinan la semejanza entre los individuos de
un mismo grupo racial. Nuestros actos inconscientes, provienen
de ese *substractum*, "que encierra innumerables residuos de
nuestros antepasados". Es interesante detenerse en la selección
que Bustamante hace de las ideas de Le Bon. Se interesa en su
interpretación sobre la conformación de aquel fondo solamente
modificable por la lenta acumulación hereditaria. Dice Bustamante:

> "Si queremos escudriñar en el misterioso *substractum*
> que gobierna nuestros sentimientos y reacciones, habrá

que recorrer nuestra historia y nuestras tradiciones, buscando en ellas el instinto impulsor, generalmente oculto, en los motivos que movieron a nuestros padres, en los confusos intentos de nuestra población para encontrar su expresión, en las necesidades que la comunidad pretende satisfacer con insistencia instintiva, se halla profundamente oculta la idea directriz de sus esfuerzos, que nos iluminará sobre la formación y orientación del alma de la raza. Las memorias, las acciones, las leyendas de nuestros antepasados, son su síntesis y forman hoy nuestro sagrado aval espiritual, de más valor que el de toda la sangre derramada".[34]

Bustamante recurrió al positivismo argentino, para explicar el resultado de la mezcla racial producida por la inmigración. Advirtió que el inmigrante se había transformado y asumido las influencias indígenas argentinas. Su idea difería de la "raza cósmica" de Vasconcelos o del *Ariel* de Rodó porque para el contralmirante "el crisol de razas" no se fundiría en una forma única superior. En cambio, surgiría el "alma de la raza" adormecida, que sería la de nuestras tradiciones heroicas, la del amor a la Patria y a la libertad. El desarrollo de todo ello, nuestro potencial humano, era condición para la seguridad del país.

Pero la idea que más claramente se perfiló en la conferencia de Bustamante fué que para aprovechar ese potencial, no debía permitirse el surgimiento de multitudes informes. En la concepción de Ramos Mejía, la multitud era una patología que debía ser estudiada como un organismo, un solo ser, aplicando leyes de la biología. Bustamante acordaba. En tal sentido, afirmaba que no podía ser dejada al azar la educación moral ,ni la salud, ni los sentimientos. Todo país bien provisto para la guerra provee la psicología, la pedagogía y la psicotécnica, organizando una verdadera "policía de los espíritus". La educación— desde el católico hogar, la escuela y el cuartel— tendería sobre todo a formar un espíritu recio y un cuerpo sano y resistente y era considerada por el autor como el arma exclusiva para forjar el alma del pueblo. El análisis que hacía el contralmirante Bustamante llega a tener un cierto aire psicoanalítico (no debe olvidarse el interés de Víctor Mercante por el borde instintivista y biologicista de las ideas de Sigmond Freud), pero la articulación entre los elementos que según su modelo formarían el "alma" es reemplazada por fijaciones esenciales tales como "raza", que remiten a un sustrato inamovible fundador, exclusivamente instintivista, a una herencia que lejos de ser histórica es biológica. El determinismo hereditario es imposible de ser alterado en los tiempos histórico-sociales, de manera tal que solo resta la posibilidad de ejercer controles, como la psiquiatría positivista lo hacía con la patología mental, es decir, por medio de la coerción policial de los espíritus.

El paradigma organicista de Perón no es igual al de su colega, el contralmirante positivista católico Bustamante. El teniente Perón conoció en 1924 junto a sus jóvenes camaradas, el apocalíptico discurso pronunciado en el Centenario de Ayacucho por Leopoldo Lugones, el poeta de la *grandeza argentina* que en el marco de la tormenta forjada por las revoluciones sociales, nacionalistas y democráticas en Europa y el Oriente, proclamaba la llegada de *la hora de la espada* como método imprescindible para frenar *la rebelión de las masas*. Pero el joven militar no tomó las palabras de Lugones al pie de la letra, así como tampoco los temores de gran parte de las Fuerzas Armadas que compartían el miedo oligárquico por tal perspectiva. Sobre la re-significación de aquellos enunciados que Perón produjo en la siguiente década volveremos varias veces a lo largo de nuestro texto.

Apoyándose en la concepción de estrategia militar de Clausewitz, Perón continuó los preceptos fundamentales del estratega prusiano y de sus exégetas y cultores del Estado Mayor alemán. La guerra es un arte y una ciencia. En Clausewitz, las batallas, las campañas y las guerras se definen como juego de geometría, de peso y de fuerza, un mecanismo científico y técnico que puede alzarse a las alturas del arte, como Perón se exalta al considerar las acciones en el teatro de operaciones de los *grandes conductores de la historia*. Las batallas no las gana la superioridad de la raza sino, en todo caso, el talento del conductor, junto a la eficacia de la técnica castrense y el valor de los combatientes. De allí que el principio de la exclusión racial no ingresará jamás a la concepción de Perón sobre la política.

La metáfora más arriba citada, que intenta explicar la necesidad de la armonía, es precursora de la noción de "comunidad organizada", usada más adelante por Perón. Su aspiración por lograr una organicidad social es típicamente moderna, porque resulta un intento de producir correspondencias completas entre "las manifestaciones de la vida colectiva (que) nunca tienen un sentido aislado(...) (sino que) se coordinan y enlazan entre si", con el desarrollo económico industrial, el de las formas político-jurídicas y el de los campos profesionales. Decía Perón en 1947, que una parte del Plan de Gobierno estaba dirigida al incremento de las obras públicas que están al servicio del progreso industrial y económico, pero que junto a ellas se desarrollarían otras de tipo jurídico, cultural y sobre todo, "de intensificación y mejoramiento docente".[35]

La concepción organicista de Perón era adecuada al tipo de demanda de la sociedad. Esa demanda implicaba algo más que la suma de las respuestas a los sectores que presionaban por mejores salarios, vacaciones y aguinaldo, estatuto profesional, servicios de salud y educación, redistribución del ingreso y fuentes de trabajo. Perón parece haber comprendido que se trataba de una interpelación dirigida al Estado para que *se estableciera un nuevo orden que hiciera posible la respuesta organizada al conjunto de las demandas.* La nueva organización debía articular lo diferente en una amalgama que estableciera *pactos sociales y culturales* entre los sectores que compartieran el proyecto nacional-popular. Esos nuevos pactos agruparían de forma inédita a las fuerzas sociales y políticas no solamente por sus consecuencias sobre las relaciones económico-sociales, sino muy especialmente por la ruptura del sistema de distinciones político-culturales que se producía. El Estatuto del Peón y los Derechos del Trabajador, que fueron formas de modernizar las relaciones entre las clases, causaron irritación entre estancieros, oligarcas y empresarios acostumbrados a no pagar impuestos ni prebendas sociales. Tal sensibilización no estuvo causada porque la nueva legislación afectaran directamente su poder económico, sino porque pusieron en tela de juicio viejos rituales político-culturales y sustituyeron los mitos de la República oligárquica por la mitología nacionalista popular.

Pero el discurso estatal debía responder orgánicamente a la demanda de modernización de esa sociedad aún plena de elementos arcaicos—el poder de una Iglesia conservadora, el atraso en las costumbres, la exclusión de los derechos políticos de la mujer, un sistema educativo que no capacitaba para el trabajo— y a la vez en pleno proceso de modernización. No bastaba una serie de decretos ordenadores para conformar una población que no desligaba sus aspiraciones de ascenso individual de la mejoría del país y que vinculaba el despegue argentino con ideas que parecían mas interesadas en la fundación de una Nueva Argentina, que en dar continuidad al proyecto liberal-oligárquico.

Debe agregarse que una buena parte de la civilidad, al menos según los diarios de la época y los recuerdos de nuestros entrevistados, ponía esperanzas en las Fuerzas Armadas, considerándolas el único sujeto capaz de poner orden y fortalecer al Estado. Los discursos de los docentes, que examinaremos más adelante, muestran las mismas tendencias. Tal examen nos permitirá entrever las continuidades y rupturas entre la cultura política anterior y los discursos demandantes que se estructuraron a comienzos del peronismo, así como tratar de penetrar esa compleja trama discusiva argentina que enlaza misteriosamente el clamor por lo nuevo y movimientos continuos de fuerte retención de lo viejo.

Desde el punto de vista del Estado interpelado, no bastaba entonces con una serie de respuestas parciales; eran indispensables enunciados doctrinarios y filosóficos que sostuvieran argumentaciones sobre las reformas en la constitución del poder y legitimaran al propio Estado peronista como el único sujeto capaz de dar respuesta integral a las grandes mayorías sociales. Tal, la presión que la sociedad civil ejercía, vista desde el sujeto interpelado. Con ella coincidía la intención *fundadora, no meramente reformadora,* del Coronel Perón, aunque otro tipo de análisis demuestre que las políticas peronistas no transformaron la estructura económica y fueron reformistas en lo social, si usamos el término "reformismo" en el sentido de "reparar, rehacer", o bien de "enmendar, corregir, poner en orden"[36]. Esa intención fundadora, es una presencia permanente en los discursos de Perón. Y si no lo fué de una radicalmente *Nueva Argentina,* es indudable que el peronismo fundó en la Argentina una división— y por lo tanto nuevas alianzas y ensambles—que marcaron la historia durante los siguientes treinta años. Las rearticulaciones que se producen en el interior del peronismo a comienzos de los 70' y a fines de los 80' tienen contenidos distintos, pero la misma capacidad de construir hegemonía. De ahí que para entender al peronismo no sirva el estudio de sus contenidos sino el de sus articulaciones discursivas[37] que ensamblan en una compleja trama lo *necesario* y lo *contingente,* es decir los elementos duros, las formas míticas del justicialismo—su lenguaje, sus rituales, sus tradiciones— con respuestas programáticas a las interpelaciones sociales de cada época. Esa capacidad rearticulatoria ha sido reivindicada por los peronistas como uno de los componentes más valiosos de su capital político-cultural y les ha permitido considerarse siempre fundadores.[38] Una de las preguntas capitales que realiza el filosofo yugoeslavo Slavoj Zizek ha sido reiteradamente formulada por la sociedad argentina en relación al peronismo:

> "que hace a un objeto **(en nuestro caso el peronismo),** idéntico a él mismo aún cuando todas sus propiedades han cambiado; en otras palabras, cómo concebir el correlato objetivo del "designante rígido" del nombre en la medida en que éste denota el mismo objeto en todos los mundos posibles, en todas las situaciones que de hecho lo contradicen. "(la negrita es de los autores)[39]

El peronismo es un ejemplo claro de que el llamado "efecto retroactivo de nominación", "es decir el nombre, el significante", es "el soporte de la identidad del objeto". La búsqueda reiterada de una esencia que justifique el nombre "peronismo", el angustiado intento, por el cual ha atravesado alguna vez todo aquel que se identifica con ser peronista, de encontrar los lazos que unen al nombre con elementos de la realidad (llamando a ésta programa, situación objetiva, decisión táctica, ideología, mandato de la tierra o de la sangre o del pueblo) dejan siempre esa sensación de incompletud, de insatisfacción, ese "plus"[40] que siguió siendo el mismo durante el medio siglo que lleva de existencia el peronismo.

La permanencia de la identidad peronista no termina de explicarse mediante el procedimiento de la reducción del peronismo a su esencia o mediante el análisis de lazos que unirían su nombre a la *realidad*, pero aún puede abordárselo tomando el nombre *peronismo* como una palabra cuya capacidad fundamental es la de condensación, la de construcción de identidad mediante la articulación de múltiples significados, la de constituirse en "punto nodal" que produce el "acolchamiemto" de un cúmulo de "significados flotantes", a la vez que la palabra a la cual hay sujetos que se refieren para constituirse como tales. Dado que hemos desechado que aquel "punto nodal" o núcleo duro posea características esenciales (y por lo tanto diferimos de la argumentación espiritualista-nacionalista-popular),es el camino histórico como búsqueda del momento de constitución del peronismo como síntoma, como significante de una fractura en la trama de la sociedad argentina, el momento del "bautismo primigenio"[41] y no solamente como reconstrucción de la cadena de comunicación, es decir de las formas como la tradición peronista fué transmitida. En otras palabras, la persistencia del significante *peronismo* no se debe solamente a que fueron transmitidos los rituales de generación en generación, sino a que persistiendo aquella fractura, la cura que la sociedad imaginó se llamó *peronismo*. La fuerza de ese nombre quedó comprobada, por si aún hacía falta, con la renuncia de los peronistas durante el menemismo a sostener contenidos programáticos tradicionales y por su conciente y pública aceptación, voto positivo de las grandes masas mediante, de un programa antagónico al que se desarrollo entre 1945 y 1955. Quienes se apartaron del menemismo pero se siguieron nombrando como peronistas y defendiendo aquel programa, perdieron su identidad y quedaron amarrados a una posición conservadora. No existe un peronismo bueno y un peronismo malo, un peronismo verdadero y un peronismo falso, como imaginaron todos los sectores desde la Resistencia hasta la caída de Isabel Perón en 1976; no hay usurpación de nombre sino que se está nombrando otra cosa que aquella que denominan quienes identifican al peronismo con sus realizaciones nacionalistas populares mas democráticas. El peronismo denomina un tipo de relación de poder (sumariamente descripta como una organización de lo social a partir de pactos corporativos, la verticalización de las relaciones políticas y la consideración del sentido democrático en una perspectiva sustancialmente plebiscitaria) y no los contenidos de esa relación, y el *lugar en el cual se encuentran las masas populares en la Argentina*. Esto último ha sido reiteradamente expresado por los intelectuales y militantes que apoyaron al menemismo; bajo la dudosa premisa de que las masas populares jamás se equivocan, señalan correctamente la vinculación entre la persistencia del significante *peronismo* y su "bautismo primigenio", el momento fundador.

Pues bien, las fundaciones se relacionan con los orígenes, se remiten a instancias anteriores; de aquellas instancias extraen enunciados que constituyen los mitos indispensables para componer esa voz que desde lo imaginario nos proporciona la seguridad de una confirmación que nos trasciende; es esa voz que proviene de los confines de la civilización, ese Otro que nos constituye, que nos determina. Pero también niegan el pasado histórico, toda palabra fundadora tiene fuerza performativa y por lo tanto elimina una cantidad de significados en tanto aglutina y organiza otros. Toda fundación dibuja un campo de significaciones y deja afuera o sea que delimita, otros. La operación fundadora de Perón ocultó los orígenes más cercanos; por esa razón no nos es familiar imaginar a Perón como un hombre formado en el Ejército de Roca y de Justo y la militancia peronista ha rechazado todo parentesco entre su líder y el Ejército liberal.

La actitud fundadora de Perón debería ser analizada en el contexto de la posición que siempre han asumido los presidentes argentinos, convencidos de que su poder adquiriría basamento en la negación del pasado, en la descalificación de quienes les precedieron y en la ruptura de la continuidad discursiva. Es el caso contrario a los presidentes mexicanos, que desde hace sesenta años reproducen el efecto de legitimidad fundándose precisamente en la continuidad discursiva con sus predecesores, pero especialmente con el Partido (Revolucionario Institucional, PRI), aún cuando ello implique incluir enunciados de la oposición en más de una circunstancia.

La historia argentina lo es de discontinuidades y de fundaciones que se pretenden absolutas, carácter que tiene como condición la negación o la muerte de los sujetos oponentes o antagónicos y el combate contra todas las diferencias. Sarmiento decía que Juan Manuel de Rosas, cuando fué elegido por la Junta de Representantes como Gobernador de la Provincia de Buenos Aires por cinco años, meditaba algo "tan grande, tan nuevo, tan nunca visto", que precisaba tomar antes "todas las seguridades imaginables", en función de contar con el consenso necesario para concentrar la suma del poder público. El análisis de Sarmiento es una operación de deconstrucción del enunciado "suma del poder público" que encierra una definición de la categoría dis*curso político*. *Dice:*

(Rosas)"desde 1833 había tenido en tortura a la ciudad, fatigándola, angustiándola, desesperándola, hasta que le ha arrancado al fin, entre sollozos y gemidos, la 'suma del poder público', porque Rosas no se ha contentado esta

vez con exigir la dictadura, las facultades extraordinarias,
etc.

"No; lo que pide es lo que la frase expresa: tradiciones,
costumbres, formas, garantías, leyes, cultos, ideas,
conciencia, vida, hacienda, preocupaciones; *sumad todo
lo que tiene el poder sobre la sociedad.*"[42]

La construcción del poder se produce, de acuerdo al texto
sarmientino, por *suma* de los elementos que contienen "poder
público". Se trata de una nueva serie de "lo público" y de una
redefinición que se opone a la liberal. Una condición de posibilidad para que se produzca aquella condensación de sentidos
es la muerte de Quiroga. Sarmiento usa una frase que permite
un juego de palabras. Dice:

"Pero aún falta entrar en el vasto campo de la política
general de Rosas con respecto a la República entera.
Tiene ya su 'gobierno'; Facundo ha muerto dejando atrás
ocho provincias huérfanas, unitarizadas bajo su
influencia. La República marcha visiblemente a la unidad
del gobierno, a que su superficie llana, su puerto único,
la condenan. Se ha dicho que es federal, llámesela
Confederación Argentina, pero todo va encaminándose a
la unidad más absoluta; desde 1835 viene fundiéndose
en el interior en formas, prácticas e influencias."[43] (...) Pero
el vulgo no ha visto en la muerte de Quiroga y el
enjuiciamiento de sus asesinos mas que un crimen
horrible. La historia verá otra cosa; en lo primero, la
fusión de la República en una unidad compacta, y en el
enjuiciamiento de los Reinafé, gobernadores de una
provincia, el 'hecho' que constituye a Rosas jefe del
gobierno unitario absoluto, *que desde aquel día y por
aquel acto* se constituye en la República Argentina".[44]

La fundación de la sociedad, diseñada por Sarmiento en la
introducción de "Educación Popular" portaba, como todo acto
semejante, la condición de la muerte. El sistema democrático-
liberal y el más democrático sistema educativo imaginado en la
época, el escolar, se asentarían sobre el cadáver del indio. La
unidad nacional se fundó, según Sarmiento, con la muerte de la
montonera representada por Facundo Quiroga. La República
Argentina, nació en el mismo acto de entrega de la suma del
poder público a un hombre *en nombre de* la Federación, que es
el acto

de constitución de dicho poder, por acción de las palabras que la niegan:

> "La unidad de la República se realiza a fuerza de negarla; y desde que todos dicen 'federación', claro que hay unidad".

Sarmiento define tal unidad por la vía de la diferencia entre sus fuentes. Rosas: el nacionalismo, hijo de una América bárbara como el Asia, sanguinaria como Turquía, persiguiendo y despreciando la inteligencia como el mahometanismo y circunstancialmente ligada al ultraconservadurismo católico. La juventud liberal: las fuentes del pensamiento liberal europeo, "fraternidad de intereses con la Francia y la Inglaterra", la civilización.[45] Sarmiento coincidía con Alberdi en el carácter civilizatorio de la revolución sudamericana. Un movimiento de progreso irrevocable, un paso de "la única civilización conocida, a saber: de la civilización de la Europa."[46] Nuestros derechos sobre las posesiones indígenas eran heredados de España, y el "nosotros" se construía para Alberdi mediante la exclusión de los "indígenas" y "salvajes" y la asunción de la tradición de la Revolución Francesa. Pero el orden estatal que adquiriría la civilización en los países no era necesario sino que podía responder a diversas combinaciones. Aunque la constitución del gobierno es, según Alberdi, el resultado de su orden social y de su organización civil y religiosa, la forma específica debía responder al más crudo pragmatismo y no a abstracciones. La unidad política debería ser fundada por un gobierno fuerte, en el plano de la acción gubernamental, y por la estructura político-legal por la herencia napoleónica; de España, América no debía sacar más que

> "lo que se saca de los abuelos y de las ruinas: testamentos, legados, donaciones *causa mortis:* es decir *reconocimientos de independencia y transferencia de viejos derechos,* perdidos ya de hecho para siempre"[47]

Viejos y nuevos mitos

Si las fundaciones remiten a los orígenes, no podía obviarse en la historia argentina el antagonismo sobre el mito originario.

Si analizamos el discurso liberal frente al discurso peronista, en primer lugar vamos a encontrarnos, en el lugar de la fractura, con los mismos personajes. En las paredes de las aulas escolares, o en los nombres con los cuales el peronismo bautiza a los ferrocarriles nacionales, los de próceres de la tradición liberal, están fuertemente presentes. Esa presencia es un significante de gran importancia para entender el carácter hegemónico del discurso peronista y el papel pedagógico de una división de la sociedad que es productora de nuevos sujetos. Comenzaremos el análisis de la *fundación* pedagógica que intenta Perón. En ocasión del Día de la Raza de 1947 y con motivo del cuarto centenario del nacimiento de Miguel de Cervantes Saavedra, la Academia de Letras se reunió en sesión solemne, ocupando el sitial de honor el Presidente de la Nación. La crónica del acto informa que estaba rodeado por su esposa, María Eva Duarte de Perón, el presidente de la institución organizadora; el embajador de España, José María de Areilza, conde de Motrico; los ministros del Poder Ejecutivo; los académicos de número; miembros del cuerpo diplomático, y representantes de instituciones culturales y universitarias. La sesión fué abierta por el presidente de la Academia, el historiador nacionalista Carlos Ibarguren a quien siguió en el uso de la palabra el Académico de Número Arturo Marasso[48], co-provinciano y amigo de Joaquín V. González. Finalmente, dice la crónica que "el primer mandatario (...) analizó la obra del genio latino y la fortaleza de nuestra raigambre hispánica".

Para el presidente disertante, el "triunfo del espíritu que ha sido capaz de dar vida cristiana y sabor de eternidad al Nuevo Mundo" sobrepasaría las disputas que enfrentaban a los hombres de ese tiempo.[49] Bajo el subtítulo "Espíritu contra utilitarismo", Perón sostuvo que la Argentina triunfaría contra el uso ciego de la fuerza y el impulso frío del dinero, por la "supremacía vivificante" del espíritu que heredó de España. Afirmó luego la continuidad de la Raza y de esa cultura que expresa el Quijote en la comunidad hispanoamericana:

> "Nosotros, somos la raza, concepto que n*o es biológico sino espiritual* y constituye una suma de imponderables que hacen que seamos lo que somos. Para nosotros, latinos, la raza es un estilo de vida. La raza a la cual pertenecemos, nos fué dada por España a quien homenajeamos como

muestra de adhesión a la cultura occidental." (las negritas son de los autores)

Una versión de la conquista de América que generaliza una imagen semejante a Fray Bartolomé de las Casas, es seguida en la disertación por la denuncia de la difusión de la "leyenda negra" que difama a España empañando su obra civilizadora. Tal versión estaba, según Perón, al servicio de convencernos de nuestra inferioridad y nuestra necesidad de dependencia. Enhebrando acontecimientos que indiquen una heredad, Perón destacó que el Día de la Raza fué instituído por el presidente Yrigoyen y leyó el decreto correspondiente:

"La España descubridora y conquistadora volcó sobre el continente enigmático y magnífico el valor de sus guerreros, el denuedo de sus exploradores, la fe de sus sacerdotes, el preceptismo de sus sabios, las labores de sus menestrales; y con la aleación de todos estos factores, obró el milagro de conquistar para la civilización la inmensa heredad en que hoy florecen las naciones a las cuales ha dado, con la levadura de su sangre y con la armonía de su lengua, una herencia inmortal que debemos de afirmar y de mantener con jubiloso reconocimiento".50

Apoyándose en la anterior cita, el disertante afirma que la unidad de la América hispánica está dada por la tradición, por los vínculos con la latinidad, por "el cuadro humanista que le demarca el catolicismo y si olvidara tal tradición, quedaría vacía de coherencia y sus ideas carecerían de valor". Cervantes fué ubicado como prototipo católico y el Discurso de las Armas y de las Letras, analizado por Perón como exponente de una concepción del mundo y definición del hombre como "sujeto de la Eternidad", así como indicadora del lugar que heredamos en la cultura occidental y cristiana.

Pero una lectura lineal de los anteriores enunciados peronistas o un intento de reducción de los conceptos fundantes a una simple extensión del pensamiento católico hispanista queda frustrada, cuando Perón aclara el uso metafórico que hace del nombre "Cervantes":

"Toda fecundidad esta ingrávida en su arco y sus flechas abren esa multiplicidad de destinos, en que consiste,

precisamente, la universalidad de lo español. *Weber ha
dicho, con notable acierto, que 'lo universal se hace
concreto en cada lugar'. No es otro el misterio y la magia
de Cervantes.* "[51]

La cita muestra que Perón utiliza las referencias tradicionalistas como materiales para llenar un espacio abierto en la
trama cultural argentina, aquél que se perfila entre las categorías de un liberalismo democrático que ha sido incapaz de
incorporar las derrotadas e insuficientes categorías político-
culturales de las grandes masas, y esa insuficiencia. El anterior
párrafo representa también, dramáticamente, la cuestión de la
unidad o sea —como diría Sarmiento— de la disparidad latinoamericana. La idea alberdiana de Fundación combinaba la ley
con un orden centralizado, supuestamente necesario en la
particular situación de caos de nuestras sociedades. Pero los
conceptos que estructuraban el discurso de la unidad eran de
orden jurídico-político y la justificación, utilitaria y pragmática.

En cambio, para los sectores políticos y sociales que trataron
de cambiar el orden liberal-oligárquico, los enunciados provenientes de las concepciones racionalistas y utilitaristas, resultaron insuficientes. Ya Yrigoyen había buscado en el liberalismo
español de corte krausista

"una retórica ético-política, que va generando toda una
pedagogía de sensibilización nacional y de participación
cívica en la vida nacional"52

Requirió de una amalgama de conceptos universales para
proponer las bases de una dirección política de la sociedad. La
idea de Reparación, como afirma Hebe Clementi[53], es la primera
clave: para construir el lugar de la conducción, para establecer
el vínculo discursivo entre el líder y las masas, para proveer
elementos articuladores de sujetos sociales diversos que coin-
cidieran en la producción de un nuevo sujeto político, no bastaba
en la segunda década del siglo la crítica a la corrupción conservadora. Era necesario vincular referentes discursivos universales con concretas resoluciones de reforma social. Yrigoyen
resolvió el problema de la unidad por la vía de la idea organicista del krausismo y probablemente la atracción que sobre el
jefe radical ejerció el liberalismo español, antes que el pensamiento inglés o francés, se debió precisamente a que le permitía

articular la herencia hispánica con ideas que remitían a una refundación modernizadora democrática de la matríz social. Es probable que Perón se haya puesto en contacto con las ideas de Weber cuando vivió en Italia, ejerciendo el cargo de agregado militar a la embajada argentina. Pero mas allá de la anécdota, o del carácter más o menos ocasional de la cita anterior, en el discurso de Perón hay una huella que bien puede ser de la idea weberiana sobre el rol cohesionante de la religión,[54] constitutiva de la organicidad social, y de la exaltación del papel ordenador del sindicalismo, que parte de un paralelo entre los mecanismos de estructuración de la cohesión sindical y la militar. Ambos, según Weber, luchan ante todo por el honor y la camaradería, sentimiento que los mantiene unidos.[55] Lo universal, la organicidad de lo social, concretado en la forma de la Nación moderna, organicidad amalgamada por la religión en Weber y por la tradición hispánica que incluye la religión en el pensamiento de Perón. El elemento espiritual es constitutivo y ordenador en el plano individual y social de esa concepción organicista; es el que le posibilita la mayor continuidad. Dice Perón:

> "No improviso, por cierto, al proclamar en este acto, mi profunda adhesión a los valores espirituales, que nos vienen en la tradición hispánica. En eso, como en tantas otras cosas, la unidad de mi pensamiento ha permanecido inalterable."[56]

La ideología de Perón contiene, además del sentido organicista de la sociedad, una idea de *continuidad histórica*, cuyo parentesco con la concepción de *historicidad* de Croce es previsible. Debe agregarse la idea de *cultura entendida como preparación moral, arma de combate e instrumento para orientar la vida política.* [57] El reencuentro de un país con su tradición, con su *tradicional modo de ser,* le permitiría la *recuperación de su ser nacional,* lo cual agregaría potencia a la fuerza de la cultura.

Perón establecía una diferencia entre c*ultura heredada y saber,* entre *acervo tradicional,* que se forma por tradición y por enseñanza y se conserva en bibliotecas, museos y archivos y la cultura que es base de nuestra civilización: "la cultura grecorromana, de la que debemos ser y somos continuadores"[58] .Los elementos que Perón destaca de la cultura griega son llamativos; dice que su historia es

> "la exposición del prodigio que nos lleva súbitamente
> desde el brutal sistema de la tiranía oriental a las más
> elevadas y no superadas cumbres de la sapiencia
> humana"[59],

La cultura occidental que todavía sigue nutriendo las modernas disciplinas culturales. De Roma, destaca el sentido imperial, el concepto de derecho y la lengua como amalgamas definitivas de nuestra civilización. La relación de la Península Ibérica con el Imperio Romano amasa una cultura que figuras de leyenda, héroes de la mitología, llevan a las Indias, tierras que ellos siembran con su fe, su lengua y su sangre...

> "Y sus romances y canciones, sus tradiciones y sus
> costumbres, saturados de siglos de civilización, son
> captados por aborígenes que viven una vida atrasada en
> muchas centurias. Así, en el folklore del Norte Argentino,
> en lengua aborígen se cantan interpretadas con forma
> singular, antiguas leyendas medioevales europeas"(...)

Y la cita continúa con la escena que Perón imagina fundadora de nuestra educación :

> (...)"y un buen día, un feliz día, un soberano que vive en
> otro continente crea una universidad de Córdoba del
> Tucumán a imagen y semejanza de la de Salamanca. Y
> así se realiza el milagro que nos hace legatarios de la
> cultura clásica".[60]

Las huellas del Obispo San Alberto, fundador del pensamiento pedagógico conservador del noroeste argentino y el escolasticismo académico cordobés, aparecen con más fuerza en la concepción educacional de Perón que los proyectos modernizadores de Urquiza, López Jordán, Estanislao López, Bustos o Ramírez. Es de destacarse que estos últimos, desde sus ejércitos irregulares, buscaban contratar maestros lancasterianos que se oponían al viejo cura parroquial o alentaban al sacerdote que había recibido algún influjo iluminista; fundaban Juntas Protectoras de la Educación y promovían la ruptura con la enseñanza clásica y el ingreso al interior del país de una educación productivista y popular. Entretanto, el Ejército roquista avalaría la modernización cultural y la extensión de la educación por una ruta laicista y centralizada. Pero la elección pedagógica liberaloligárquica no dejaba de tener vinculaciones profundas con el conservadurismo católico: la presencia eclesiástica en el Estado Nacional no era meramente ornamental sino un factor fundamental en el tejido hegemónico. No debe, pues, sorprender, que Perón, un militar formado en el Ejército regular (formalizado por el roquismo a través de la reforma Richieri), contuviera en su formación intelectual los componentes del conservadurismo laico (y también del católico) presentes en el discurso oligárquico de un Estado en el que la Iglesia romana permanecía —pese a todas las erosiones de su poder—como una de sus columnas constitucionales.

La retórica pedagógica de Perón parece desprendida de otra galaxia si nos atenemos los enunciados laicos que participan del discurso normalista argentino. Pero no es tan ajena a la corriente espiritualista, profundamente instalada en la escuela y en proceso de crecimiento desde mediados de los 30', ni a los elementos de cristianismo, que nunca la abandonaron totalmente. La retórica educacional de Perón no era, sin embargo, totalmente ajena a los conceptos que poblaban el campo de la lucha político-cultural-pedagógica de la época. Coincidía con la búsqueda de unidad del sistema educativo y de la pedagogía, de las concepciones educacionales corrientes en la sociedad de los años 40'. Tanto Perón como las asociaciones profesionales, los pedagogos liberal-democráticos, y la docencia que tenía participación política o gremial, rechazaban el biologicismo como base de tal unidad y se diferenciaban por eso de la pedagogía positivista. Los docentes y sus asociaciones reivindicaban como instrumento para producir la unidad, un racionalismo técnico-profesional-gremial pero no abandonaban la amalgama espiritualista —con diferente peso del catolicismo según los sectores—; el elemento positivista de la pedagogía normalizadora estaba en franca decadencia entre los pedagogos. Juan Mantovani, un declarado liberal-democrático; Juan Cassani, un nacionalista admirador de la política educativa del fascismo y Jesualdo, un uruguayo representante del pensamiento de los docentes comunistas argentinos y uruguayos, declaraban la necesidad de la unidad de la pedagogía, en franca lucha antipositivista y desde posiciones espiritualistas.

La pretensión de enfrentar al conservadurismo liberal oligárquico era compartida por los mencionados sectores. Lo era también, la recurrencia en el rechazo de opciones filosóficas racionalistas y propuestas materialistas, y la elección del espectro idealista, antiracionalista, espiritualista, metafísico y/o religioso. Fue el caso de Yrigoyen que encontró en el krausismo las palabras que le permitirían apoyar una propuesta de opción político-cultural. Pero el espiritualismo en el cual se inscriben los discursos pedagógicos de Jesualdo o de Luis Iglesias es un síntoma que va mas allá de la influencia que sobre ellos pudo haber tenido el clima antipositivista y su formación normalista. Parece más bien su momento más sensato, el de su protesta contra las insuficiencias de la aplicación positivista de la pedagogía soviética en América Latina, su señalamiento de la existencia de otras formas de sentir y pensar el país, ante las cuales la izquierda en la cual se inscribían, estaba ciega. La imposibilidad de esa izquierda de dar respuesta a la demanda de unidad político-cultural tuvo, en la apelación a categorías espiritualistas por parte de sus mejores militantes, una prueba irrefutable, pero al mismo tiempo el aislamiento teórico de esa apelación y la negativa a abandonar el modelo soviético— aunque estos pedagogos tomaron las experiencias de Makarenko y otros pioneros de la educación socialista aisladas del contexto leninista-stalinista— fué un obstáculo para trascender los límites impuestos por la pedagogía moderna, es decir por lo que en la Argentina expresó la corriente **normalizadora**. El movimiento reformista probablemente fué quien logró una mejor amalgama de la utopía postmoderna de una universidad autogestionada y libre con una propuesta político-organizativa y pedagógica, pero adviértase que los enunciados del discurso reformista están cargados de antipositivismo y antiracionalismo y exaltan los valores del espíritu. No podían esperarse menos recurrencias a la unidad espiritual de la sociedad, en la pedagogía de un General formado en el Colegio Militar de la Nación.

En la construcción de la metáfora fundadora de la Nueva Argentina se utilizan elementos contundentemente representativos del imaginario de la época sobre la posibilidad de hacer resurgir del atraso a nuevos Estados-Naciones. La influencia italiana— no solamente mussoliniana— y del pensamiento alemán, es evidente. Lo es más directamente aún la incidencia del catolicismo franquista, en particular de la pedagogía que lo acompañó. No nos conforma, sin embargo, una deducción tan mecánica de los orígenes del discurso, de sus influencias teóricas probables ni tampoco su reducción a los aprendizajes de Perón durante su estancia en Italia, cuando concurría a los cursos de la Universidad de Turín [61] o a su condición de militar, en particular cuando, como en este caso, estamos analizando el discurso de un líder político que produjo un entramado político-cultural de la magnitud y de la duración histórica del discurso peronista. Volviendo entonces la mirada hacia el clima cultural nacional de la época, encontramos de inmediato el elemento italiano y español de la cultura de las grandes masas argentinas, dominando todo vestigio de cultura indígena, y la cultura urbana imponiéndose sobre las débiles formaciones culturales rurales del país. La imagen de la Italia de la cual el atraso y la pobreza habían expulsado a los padres y abuelos, contrastaba con la nación mussoliniana, que tal vez siguió funcionando como utopía de progreso después de su derrota, para una buena parte de los inmigrantes e hijos de inmigrantes.

La utopía de magnificencia cierra con la concepción monumental de universidad, asentada sobre la cultura hispánica. Según Perón, la etapa llamaba a "incrementar, pulir, elevar" tal cultura y a pasar de ser asimiladores de cultura—lo cual no es considerado peyorativamente en esta disertación, sino como un paso previo—a ser *creadores de cultura*. La idea de la Argentina naturalmente todopoderosa en sus riquezas naturales y en sus reservas morales, está expresada en el documento. La "fecunda labor pastoril y agrícola" debía ser complementada con el desarrollo industrial y con un "empuje formidable" en el terreno de la cultura.[62] Decía Perón:

> "Debemos tener tenso el arco y afiladas las flechas. Nuestro horizonte cultural ha de perderse en la lejanía como el infinito marca la única salida posible de nuestras pampas".[63]

La grandeza argentina debería expresarse en su contribución al saber científico universal. Según Perón en aquel discurso de 1947, ello quedaba en manos de los universitarios:

> "En vuestras manos esta lograrlo. No deseamos una cultura oficial dirigida; no deseamos un molde uniforme

al que se sujeten los universitarios; no queremos hombres adocenados y obsecuentes a una voz de mando"⁶⁴

El papel adjudicado a los intelectuales quedaría aún mas claro en las exposiciones que Perón les dirigió de 1949 y 1950. En el discurso a los asociados a la Confederación Argentina de Intelectuales, pronunciado en agosto de 1950, continuó Perón la exhortación que comenzó en el Congreso de Filosofía y expresó su preocupación por la escasa difusión que el peronismo había dado a su doctrina de manera analítica. Dice que para tal tarea hace falta dos clases de hombres: de acción, que son los que realizan la doctrina y de concepción, que son los que la explican y divulgan. A diferencia de cuanto declara haber leído en la Enciclopedia francesa, que *guarda completa en su biblioteca,* respecto a los sucesos napoleónicos que volvieron al Imperio la maravillosa tarea que habían emprendido los predecesores de la Revolución, en la revolución que se produjo en la Argentina solamente habría hombres empíricos. Se autoadjudica haber sido quien dió orientación al movimiento, quien encarnó la "idea racional", porque necesitaba mucho tiempo para "concebir, planificar, organizar y después hacer." Pero las cosas no se podían resolver de un día para el otro y fué necesario avanzar como Alejandro El Grande, ocupando terrenos y dejando a los abogados que después explicaran por qué. Por eso, para el primer momento se necesitaron conductores, hombres de acción. Para la segunda etapa, harían falta hombres capaces de persuadir, predicadores. Comparando esta disertación con la Conferencia pronunciada por Perón en el Congreso de Filosofía de 1949 encontramos que la primera frase que emite en esta última oportunidad es una afirmación que denuncia el enunciado anterior. Dice:

> "Alejandro, el más grande general, tuvo por maestro a Aristóteles. Siempre he pensado entonces que mi oficio tenía algo que ver con la filosofía".⁶⁵

La relación señalada por Perón entre el discurso de la guerra de Alejandro, con quien se identificaban los militares de los ejércitos modernos, y la filosofía aristotélica, no puede pasarse por alto. El previo fondo de verdades indispensable para la realización de cualquier acción orgánica, al que Perón aludirá constantemente, encaja en lo más profundo de la cultura occidental y cristiana. Es lo que Perón llama la "filosofía pura" y ante cuyo reto, renuncia:

> "No tendría jamás la pretensión de hacer filosofía pura, frente a los maestros del mundo de tal disciplina científica. Pero, cuanto he de afirmar, se encuentra en la República en plena realización. La dificultad del hombre de Estado responsable, consiste casualmente en que está obligado a realizar cuanto afirma."[66]

La explicación posterior que Perón requiere de los abogados, se refiere al desarrollo de un discurso jurídico-político, pero no a la construcción de los fundamentos últimos. Es en aquel plano donde la *tercera posición* constituye una operación discusiva fundamental; es allí donde Perón cree que es posible crear una concepción totalmente propia, a la que llama en la Conferencia del 49 "doctrina", y a la cual reconoce en la misma ocasión una "base filosófica".

La diferencia, la ruptura o la continuidad entre el hacer y el pensar, entre la teoría y la práctica y entre las funciones que de tales relaciones pueden derivarse, según la opción elegida, preocupa permanentemente a Perón. Su atención al papel de los intelectuales en la construcción de la política le motiva a rondar el tema probando diferentes resoluciones. En la disertación del Día de la Raza, el concepto de intelectuales que usa Perón es cristiano y pedagógico. Incluye a los obreros como *difusores,* como los primeros difusores, los *misioneros de Perón,* "porque mi acción ha sido primero ahí y creo que todo el movimiento ha de cristalizarse desde ahí". Diferencia a los otros intelectuales, a los cuales, dice, no se ha podido llegar aún. E inmediatamente de poner en el escenario al sujeto "intelectuales", Perón asocia las obras de arte que la revolución promoverá y que, a diferencia de la revolución misma, que sufrirá transformaciones, serán eternas y harán eterna a la doctrina en los recuerdos, ya que no lo será en los hechos. Ahora, los intelectuales se parecen más a los filósofos, los que, en las disertaciones de Perón, trabajan con verdades eternas. Pero debe advertirse que para Perón, la doctrina será eterna sólo en los recuerdos pues sólo la obra de arte adquiere el carácter de eternidad que poseen las verdades fundamentales. Esas verdades actuarán en forma previa —inconscientemente— a la construcción teórica y doctrinaria nacional.

La clasificación que sigue en la disertación del Dia de la Raza, ya enunciada por Perón en otras ocasiones, divide lo que el denomina "la tarea de nuestra realización" —y nosotros *denominaremos el campo discursivo de la cultura política peronista*— en tres partes. Nótese al analizarla la exclusión de un plano axiológico y de la tarea del filosofo, y la reducción del intelectual a su carácter de productor orgánico de la creación político-jurídica-programática nacional, es decir de la forma particular que tomará en la Argentina el indiscutible Estado-Nación occidental, cristiano y moderno. El modelo es el siguiente:

a. la *doctrina: síntesis* que no es necesario enseñar, que es necesario inculcar, que se puede inculcar y que ya se está inculcando al pueblo.

b. *teoría:*conocimiento general del desarrollo de esa propia doctrina "y que se puede enseñar y estamos enseñando despacito, como se debe enseñar al pueblo: repitiendo, repitiendo, repitiendo, hasta enseñar."[67]

c: las *formas de ejecución* que son la planificación y la realización de esa doctrina a través de la teoría que se inculcó primero y se enseñó después. Según Perón, se trata de una "filosofía de la acción".

Usando un "nosotros"(que produce el efecto de ocultar la primera persona del singular, la cual ha sido usada en otros pasajes de la disertación, y que deja la incógnita sobre si su referencia es al grupo de sus colaboradores o a sus pares militares), Perón dice que está lejos de la capacidad que poseen poder ir mas allá de la acción y que sus oyentes y los demás argentinos deberán hacer el análisis profundo de los sucesos.

Los tres aspectos del discurso peronista que Perón distingue están cruzados por un mismo sentido misional, que les otorga a la vez características pedagógicas y un sentido de trascendencia histórica. En "Doctrina Peronista"[68], el líder justicialista dice que no es posible cumplir con "nuestra" misión en la corta vida del hombre. Agrega:

"Los hombres pasan y las naciones suelen ser eternas. En consecuencia, buscando esa eternidad para nuestra patria y la perennidad para nuestro movimiento, es necesario que organicemos con declaraciones de principios, con doctrinas perfectamente establecidas y con cartas orgánicas que den a este movimiento la materialización orgánica que él necesita. Busquemos darle un alto grado de perennidad que nos prolongue a través de nuestros hijos, nuestros nietos y de las demás generaciones".

Perón usa alternativamente los términos "doctrina" y "teoría", pero siempre se refiere a dos aspectos distintos y vinculados: un grupo de enunciados dirigidos a producir efectos sentimentales y adhesiones intuitivas y otro más sistemático, dirigido a producir un cuerpo de ideas mas racional. Sin poder afirmar que Perón haya estado en contacto con la obra de Karl Mannheim— aunque ello fue perfectamente posible a partir de la difusión europea de las ideas del filósofo en Italia, siendo profesor de la universidad de Frankfurt hasta 1930 y "lecturer" de la London School of Economy desde 1933— encontramos algunos rasgos que hacen posible tal influencia. Se trata en particular de la distinción que realiza Mannheim entre "racionalización funcional" y "racionalización sustancial".

En los escritos de Perón, el primer grupo está directamente ligado a las reivindicaciones sociales, políticas y económicas y el segundo, a principios que Perón llamará casi siempre "morales" y que deben dar sustento a los anteriores. Todo ello forma lo que el presidente argentino llamó "el alma colectiva", su "espíritu".[69] Sostiene que el alma colectiva se constituye por una serie de principios y sentimientos que diferencian a una masa como la que piensa en su conjunto de manera similar, que posee un objetivo en común y se aglutina detrás de un ideal y de sentimientos compartidos. No basta con pensar o sentir de la manera compartida para ser peronista: hay que hacer las dos cosas. Sin el sentimiento que constituye el espíritu colectivo no es posible la constitución del Movimiento, porque no son las fuerzas materiales ni las pasiones la fuerza motriz del hombre sino las fuerzas espirituales, aunque él las quiera resistir. Esas fuerzas espirituales deben tener una unidad última, sin la cual la organicidad social no es posible.

En la conferencia que pronunció en el Congreso de Filosofía, Perón se detuvo numerosas veces a explicar lo colectivo como el resultado de una construcción que proyecta al individuo a un plano superior pero que lo incluye, no lo anula. También criticó a las propuestas colectivistas acusándolas de no encontrar el punto de equilibrio entre el yo y el *nosotros*. Perón no teme la rebelión de las masas y considera posible encaminarlas hacia formas de organización que no resulten contrarias a la libertad.

Pero como ser libre no es, para el disertante, obrar segun la propia gana, sino elegir entre posibilidades profundamente conocidas, el problema que existe es que ese estado de libertad, su promulgación jubilosa, no fue

> "precedido por el dispositivo social, que no disminuyó las desigualdades en los medios de lucha y defensa, ni, mucho menos, por la acción cultural necesaria para que las posibilidades selectivas inherentes a todo acto verdaderamente libre pudiesen ser objeto de conciencia."[70]

Lo pedagógico queda sobredeterminado. Perón señala que un largo proceso es históricamente necesario, para que el hombre alcance a construir un "fondo consciente que presta contenido a la libertad". La autodeterminación popular es un resultado y no un principio. El tránsito del yo al *nosotros* "no se opera meteóricamente como un exterminio de las individualidades, sino como una reafirmación de éstas en su función colectiva". La "aspiración al progreso" no tiene que ver "con su bulliciosa explotación proselitista, ni puede producirse rebajando o envileciendo los tipos humanos", por lo cual es para Perón deleznable la lucha de clases, situación que, según manifestó en el Congreso de Filosofía, se encuentra en trance de superación.[71]

La intención de diseñar una *tercera posición* trasciende el plano político en el discurso de Perón, se inmiscuye en las rutas sociológicas y busca fundamentos filosóficos. Lo dice al comenzar la Conferencia del Congreso de Filosofía, cuando anuncia que la acción de su gobierno no representa un partido político sino un gran movimiento nacional, "*con una doctrina propia, nueva en el campo político mundial*"[72]:

> "He querido ofrecer a los señores que nos honran con su visita, una idea sintética de base filosófica, sobre lo que representa sociológicamente nuestra *tercera posición*."[73]

El *tercerismo* constituye una operación discursiva permanente y muy importante, de la cual la Conferencia del Congreso de Filosofía es una muestra excelente pues allí Perón[74] toma distancia de todas las posiciones filosóficas y políticas e intenta el rescate de elementos que, articulados, le permitan construir un nuevo discurso. No es agresivamente antipositivista y rescata la necesidad de la razón; el apogeo del espiritualismo, su exceso, traería aparejada la desviación hacia el extremo materialismo; la Revolución Francesa fué "un estruendoso prólogo al libro, entonces en blanco, de la evolución contemporánea"; en Rousseau se halla "una evocación constructiva de la comunidad y la identificación del individuo en su seno, como base de la nueva estructuración democrática". Pero en la concepción originaria de la Revolución pudo haberse ejecutado, como resultado de la propia dinámica de la acción, la anulación de toda una escala de valores, produciendo el poder absoluto de la voluntad del individuo que es la ceguera de sus posibilidades espirituales. La "terrible anulación del hombre por el Estado" sería una consecuencia histórica posterior de aquella negación.[75]

La libertad es considerada por Perón la máxima conquista de los tiempos modernos, pero hubiera sido necesario estructurar previamente sus corolarios: siempre resulta complicado reestablecer el orden en las tropas que han tomado una ciudad largamente asediada.[76] Hacia falta una preparación para lo que sobrevendría, proporcionado al hombre una sólida verdad. Solamente poseyéndola, el hombre puede enfrentar cualquier contingencia, favorable o adversa. La verdad debió haber sido descubierta al hombre al ritmo de los avances materiales, para evitar el desequilibrio entre su yo y el mundo circundante. La pedagogía, entendida en este caso por Perón como forma de difusión de la filosofía, recupera aquí su misión que consiste en "'iluminar", en llevar al campo visible formas y objetos antes inadvertidos; y, sobre todo, relaciones, los vínculos directos del hombre con su principio, con sus fines, con sus semejantes y con sus realidades mediatas."[77]

El sujeto se constituye en el discurso de Perón como un conjunto de sentimientos y pensamientos que deben vincularse con los aspectos materiales, enunciado que usa como equivalente a *reformas (política, económica, social), a formas de ejecución,* y también clasificados como una filosofía de la acción. La unidad de sentimientos, pensamientos y formas de ejecución, constituyen para Perón *"la representación real de la unidad real".* Con *el último enunciado, Perón hace una crítica a la filosofía especulativa e introduce una fuerte dosis de empirismo.*[78]

El espíritu del Movimiento puede adquirir para Perón un sentido racional, lo que queda expresado cuando propone que la Carta Orgánica Nacional del Partido Peronista contenga "la organización espiritual, vale decir la declaración de principios y doctrinas que conforman el alma de nuestro movimiento".[79]

La Carta Orgánica del Partido Peronista, funda tal organización como un nuevo sujeto político que es unidad espiritual y doctrinaria. En sus alusiones mas precisas y constantes, Perón considera a las "tres banderas" del movimiento, contenidos de la doctrina; a la independencia económica, la soberanía política y la justicia social, luego se agregarían las 20 verdades. En cuanto a la teoría, nunca consideró que se agotaba en sus enunciaciones. Decía, como hemos visto, que debía ser desarrollada por los intelectuales, pero sobre los pilares que él había clavado como sostenes ideológicos del movimiento, es decir el pensamiento occidental, la herencia greco-romana y dentro de la cultura hispánico-católica, los conceptos de Nación, Espíritu colectivo y nacional y, más adelante, Ser Nacional.

La operación de articulación permanente de las diferencias que supone el ter*cerismo*, no excluye la *toma de una posición esencialista*, en un registro filosófico. La lectura del discurso de Perón pone en evidencia que, como en el campo de batalla, no puede sino aferrarse al terreno propio y seguro desde el cual enfrentar la lucha entre tácticas, entre enunciados específicos. Cuando la guerra ha derivado en política, el terreno debe ser filosófico, probablemente como cuando en el discurso militar es necesario justificar la producción de enunciados que buscan aniquilar al otro. Debe haber ,entonces, "tesis fundamentales".

Citas y notas

1. "Normalizadores" es la denominación que hemos usado en esta "Historia de la Educación en la Argentina", para referirnos al sector de la docencia normalista alineado con las políticas liberal-oligárquicas que otorgaban a la escuela publica el rol de instrumento para la imposición de un orden social. Sobre esta corriente y sus antagonismos con el resto de los normalistas nos hemos extendido en el Tomo 1 de esta obra.

2. Laclau, Ernesto. "Fascismo e ideologia" en *Política e ideología en la teoría marxista* Mex. 1978, pp.112-117
3. "On South Africa"en Laclau, Ernesto, *New reflections on the revolution of our time,* Verso, London, 1990, Part III.
Laclau,E.; Mouffe, Chantal, *Hegemonía y estrategia socialista,* Siglo XXI, Mex., 1988
4. Zizek, Slavoj, "Che Voi?" en *El sublime objeto de la ideología,* Siglo XXI, Mex. 1992, cap. 3
5. Escudé, Carlos. "El fracaso del proyecto argentino". Tesis. 1990, p. 155
6. La diversidad en el uso de tal categoría se ha multiplicado a partir de la crisis del marxismo. Por nuestra parte, no acordamos con la sustitución de la categoría "clase dominante" por "clase dirigente", aunque nos resulte tremendamente insuficiente la primera de ellas y consideremos que aún no se ha realizado la tarea de su "deconstrucción": probablemente la negación de tal falta es una de las razones del estancamiento de la sociología o de la producción de su subordinación a la ciencia política, reducida a la estadística-televisión vinculada a la reproducción del poder. En cuanto a la "clase dirigente", es un término que tiene un estatuto semejante al de "población" en el famoso acápite de Marx sobre el método: no solamente no hace referencia a un ente empírico, sino que es necesario someterla a interpretación para reconocer las cadenas asociativas que en ella se condensan. El registro temporo-espacial, la historia, las historias particulares y las formas específicas de constituirse el poder son temas centrales de tal problemática. En el caso de la Argentina, mal podría asimilarse a una misma categoría "clase dirigente" a los conductores del conservadurismo liberal clásico y a la dirigencia peronista de 1945-1955: sería reunir en un mismo grupo gatos con cocodrilos porque ambos poseen cola.
7. Puiggrós, Adriana *Sujetos, disciplina y curriculum.* Galerna. Bs.As. 1990, tomo I de la Historia de la Educación Argentina, de la cual forma parte el presente volumen.
8. Gomez Sollano, M, Puiggrós, A. *La Educación popular (antología)* El Caballito, Mex, 1985
9. Ver Boletín de la CGT (1943-1946); El Obrero Ferroviario (1943-1968)
10. Pineau, Pablo. Sindicatos, *Estado y Educación Técnica (1936-1968)* CEAL, Bs.As., 1991, p.87
11. 22 Ver en Fichas 70412; 70413; 70425; 70428; 70413; 70412 del archivo; APPEAL, FFyL.
12. Gvirtz, Silvina *Los contenidos en la formación docente para el nivel medio. Argentina 1945-1955* (mimeo)
13. McLaren, Peter, *Pedagogía critica: construcción de un arco de sueño social y de una entrada a la esperanza,* AIQUE/IDEAS, en prensa
14. Estamos usando la categoría "acontecimiento" en el sentido de

Michel Foucault en *La Arqueología del Saber*, Siglo XXI, Mex., 1979
15. La Unión Democrática es el nombre que recibió la coalición opositora
al naciente peronismo en los comicios de 1946 .Esta alianza, cuyos
candidatos fueron los radicales José P. Tamborini(ex-senador por la
Capital Federal) y Enrique Mosca (antiguo goberandor de la provincia
de Santa Fe) integrada por la Unión Cívica Radical, la Democracia
Progresista, el partido Comunista ,el partido Socialista ,fue apoyada
externamente por los sectores liberal-conservadores que rechazaban
el populismo del coronel Perón y su "demagogia obrerista ".La U.D.
obtuvo el 46 % de los votos en la reñida elección del 24 de febrero de
aquel año, aunque ese excelente desempeño no impidió su derrota
frente a la coalición peronista que con el 54 % de los sufragios consagró
a Perón y a Fermín Hortensio Quijano en la presidencia y vice -
presidencia de la República .La U.D. no resistió la derrota y se disolvió
entre ácidas críticas de sus integrantes ,especialmente de la UCR,
aunque el partido Comunista la reivindicó durante largos años.
16. En esta ocasión fue electo diputado nacional el integrante de esa
corriente ideológica Ernesto Palacio, connotado historiador del
movimiento revisionista.
17. Movimiento de Intransigencia y Renovación, "Bases de Acción
Política", en Romero, L.A., et al. *El Radicalismo* , Carlos Pérez Ed., Bs.
As., 1968, p. 306.
18. Es necesario detenerse aún en el análisis de la mencionada fractura
que, en una primer presentación, acabamos de ubicar como limítrofe
entre peronismo y antiperonismo. Efectivamente, ese diseño de la
situación puede ser valido para comprender el período 1943-1955. Pero
ese límite se desdibuja cuando el peronismo pierde el poder, desde la
etapa de la "Resistencia" al gobierno de facto denominado Revolución
Libertadora (1955-1958), hasta los años de la lucha contra la dictadura
de Lanusse que culmina con el triunfo del gobierno de Héctor J.
Cámpora (1973) y el regreso de Perón. El enfrentamiento entre los
elementos que componen las dos posiciones enunciadas se va tornando
interno al campo discursivo peronista y en 1973 la autonomía
universitaria, por ejemplo, es defendida por una buena parte de la
militancia de la izquierda peronista y desde la Dirección Nacional de
Educación de Adultos (DINEA) se desarrollan programas de tinte
cogestionario que otorgan a la comunidad educativa un poder solamente
comparable con aquel que se proponía en las micro-experiencias
krausistas o escolanovistas de fines del siglo XIX y principios del XX,
es decir cuando todavía la pinza conservadora católica no había
terminado de cerrarse. El menemismo es el momento culminante de
una nueva rearticulación discursiva en la cual los elementos más
crudamente liberales que penetraron el discurso peronista en lugar de
subordinarse a la justicia social y el nacionalismo, asfixian estos
últimos.

19. Godofredo Ramón Loyarte (n. en Concepción del Uruguay 8/11/ 1888- m. en Bs.As. el 30/5/44), Profesor en la Facultad de Humanidades y Doctor en Física de la Universidad Nacional de La Plata; becado por el gobierno, se perfeccionó en Goettinga, Alemania; a su regreso ocupó diversos cargos universitarios, entre los cuales se destacó la dirección del Instituto de Física de la UNLP y la presidencia de dicha universidad en dos oportunidades (1927-1930 y 1932). Fue diputado nacional por el partido Conservador (1932-1934 y 1942-1943). Fue también profesor en bachilleratos y escuelas industriales nacionales. Fue autor de numerosos trabajos científicos y miembro de la Academia de Ciencias Exactas, Físicas y Naturales. (AS)

20. El Monitor de la Educación Común, oct, nov, dic, 1943, p.105-106 y Escudé, op cit p.145 (en adelante El Monitor)

21. J. Honorio Silgueira, jusrisconsulto y político, n en Corrientes el 2 de noviembre de 1870 y murió en Bs.As. el 29 de junio de 1947. Fue ministro de gobierno de su provincia natal en la administración de Contte y por breve tiempo ministro de Justicia e Instrucción Pública de gobierno del Gral Pedro P. Ramírez, en 1944.

22. Loyarte, R. G. *Renunció el interventor del C. de Educación,* nota publicada en Los Principios, Córdoba, martes 14 de marzo de 1944

23. Ibidem

24. Escudé, Carlos. *"El fracaso ..."* op. cit., p. 152.

25. Rómulo Etcheverry Boneo nació en Dolores, Pcia de Bs.As. en 1884 y murió el 10 de noviembre de 1947. Estudió derecho y se graduó de Dr. en Jurisprudencia en la UBA y ocupó numerosos cargos en el poder judicial de la Pcia. hasta alcanzar en 1930 el nombramiento de Juez de la suprema corte Provincial. Fue profesor de la escuela superior de comercio de La Plata, profesor de derecho civil en la UBA. Actuó como asesor del gobierno de Martínez de Hoz en la Pcia. de Buenos Aires y publicó numerosas obras jurídicas.

26. Ataliva Herrera nació el 2 de junio de 1888 y murió el 7 de noviembre de 1953. Estudió humanidades en el Seminario de Loreto y se recibió de abogado en Córdoba en 1913. Fue profesor de letras en Córdoba, Mendoza y Adrogué hasta 1936 y luego se desempeñó como inspector técnico de segunda enseñanza. Dictó la catedra de Derecho Penal en la universidad del Litoral y fue decano de la Facultad de ciencias jurídicas y Sociales en 1944. Fue periodista en los principales diarios del país y director de La Montaña de Mendoza. Recibió el premio de "La Prensa" por su "Poema nativo" (1916); el premio nacional de literatura por "Las vírgenes del sol' (1920), que fue traducido al quechua bajo el auspicio de los peruanistas del Cuzco, entre otras distinciones.

27. Roitemburd, Silvia. El nacionalismo católico cordobés, en *Educación en la Provincias y Territorios Nacionales,* Editorial Galerna, Bs. As., 1993, Historia de la Educación en la Argentina, Tomo IV.

28. Perón, J. D. *Discurso pronunciado por el Gral Juan Perón el 14 de noviembre de 1947 al recibir el titulo de Doctor 'Honoris Causa',* otorgado por las universidades argentinas. Facultad de Ciencias Exactas, Universidad de Buenos Aires, s/f, p.2

29. Pedro R. Jándula nació en Cerrillos, Salta en 1891 y murió en Bs.As. en 1955. Curso estudios en el Colegio Militar y en la Escuela Superior de Guerra, ascendiendo a general en 1943, dirigió la primera división de caballería y la dirección de remonta y veterinaria.

30. Jándula, Pedro R. "Frente interior —su significado", en UNLP, "Curso de... "op cit

31. Gonzalo D. Bustamante, nació en Bs.As. en 1889. Estudió en la Escuela naval llegando al grado de vice almirante en 1943. Fue director de tiro del Crucero Buenos Aires, jefe de armamento del acorazado "Rivadavia", comandante del explorador "tucumán" y de la cañonera "Libertad"; jefe del Estado Mayor de la Escuadra de Mar; comandante en Jefe de la Escuadra de ríos (1940-1943).

32. Bustamante, Gonzalo D. "El factor humano —La raza y la moral", en UNLP, "Curso de... "op *cit*

33. Ramos Mejía, José María. "Las multitudes argentinas", en Oscar Terán, *Positivismo y Nación en la Argentina,* Puntosur, Bs.As., 1987

34. Bustamante, G.D. op cit

35. Perón, J.D., "Discurso del 14 de noviembre de 1949", op.cit.

36. Real Academia Española. *Diccionario de la lengua española.* Espasa Calpe. Madrid. 1970

37. Laclau, E. "Hacia una teoría del populismo", en *Política e ideología en la teoría marxista,* op. cit. El valor del trabajo de Laclau reside en señalar que el carácter articulatorio y no esencial del populismo. Ese descubrimiento le da al trabajo un carácter que trasciende a los análisis políticos con los cuales el autor ejemplifica su argumentación teórica. Aún cuando muchos de esos ejemplos no han sido corroborados por los acontecimientos históricos posteriores (los contenidos del menemismo muestran que había posibilidades de corrimiento de los sentidos populistas hacia posiciones neo-conservadoras) es precisamente la negación histórica de sus propios ejemplos lo que da la razón a Laclau y ubica a su teoría como el referente indispensable de todo análisis sobre el populismo. En los ejemplos persistía aún un peso de lo *necesario* sobre lo *contingente* que fué luego materia de análisis y crítica en Laclau, E; Mouffe Ch. Hegemonía *y estrategia socialista* op. cit. y en Laclau E. *New Reflections on the Revolution of Our Time,* op. cit.

38. Fracasada aquella capacidad durante el último intento de gobierno de Perón (1973-1976), el peronismo dirigido por la *Renovación* triunfó llevando al gobierno a la línea interna que lidera Carlos Saúl Menem. Precisamente el carácter antagónico de los contenidos de la política menemista y los del peronismo clásico, junto a la capacidad de hegemonía

que el actual gobierno detenta, son la demostración de que lo peculiar del peronismo reside en sus mecanismos de construcción discursiva.

39. Zizek, Slavoj, *El sublime objeto de la ideología* Siglo XXI, Mex., 1992, p.134
40. Nos estamos refiriendo al *objet petit a* lacaniano, ver Slavoj Zizek, op *cit* p.135 y Jacques Lacan "Producción de los cuatro discursos", en *El reverso del Psicoanálisis,* El Seminario de Lacan, Paidós, Barcelona, 1992
41. Zizek, s., *op cit,*p.129
42. Sarmiento, Domingo Faustino. *Facundo o Civilización y barbarie.* Editora Nacional. Mex. 1976, p.123.
43. Ibidem,p. 215
44. Ibidem, p.218
45. Ibidem, p.234
46. Alberdi, Juan Bautista *Del gobierno de Sud-América, según las miras de su revolución fundamental.* Imprenta Europea, Bs.As. 1896, p. 49
47. Ibidem,p. 492
48. Arturo Marasso fue profesor de literatura de la escuela normal de profesores de la Capital Federal (1916-1941) y profesor de literatura española y composición literaria de la Facultad de Humanidades y Ciencias de la Universidad Nacional de La Plata (1915-1945), cargo en el cual fué nombrado por Joaquín V. González. Ver Fermín Estrella Gutiérrez, Arturo *Marasso. El hombre, el poeta, el erudito.* revista Nosotros, diciembre 1936
49. Perón, Juan Domingo. *Discurso del Excmo. Señor Presidente de la Nación, General Juan Perón, en el Día de la Raza.* El Monitor de la Educación Común. Año LXVI, Nos. 847-900, sep-dic. 1947, p.16
50. Ibidem, p. 21.
51. Ibidem,p. 27
52. Clementi, Hebe. El radicalismo como doctrina, en Hipólito Yrigoyen. Mi *vida y mi doctrina.* Leviatán, Bs.As. 1981
53. Ibidem
54. Weber, Max. *La ética protestante y el espíritu del capitalismo.* Diez Bs. As., 1976.
55. Weber, Max. *Ensayos políticos.* Folios ed. Mex. 1982. Tomo II. p.221
56. Perón, J. D. Discurso del Exmo. Señor Presidente de la Nación, General Juan Perón, el Dia de la Raza, *op cit,* p.27
57. Perón, J. D. Discurso del 14 de noviembre de 1947, *op cit*
58. Ibidem, p. 6.
59. Ibidem
60. Ibidem
61. Chavez, Fermín *Perón y el peronismo,* Oriente. Bs. As. 1975. Tomo I.
62. Perón, J.D. Discurso 14 de noviembre de 1947, p.9

63. Ibidem
64. Ibidem
65. Perón, J.D., Conferencia en el Congreso de Filosofía, *Actas del Primer Congreso Nacional de Filosofía* Universidad Nacional de Cuyo, Mendoza, 1949, Tomo I, p.131
66. Perón, J.D. Conferencia en el Congreso de Filosofía, *op cit*, p.132
67. Perón, Juan D. *Hablando a los intelectuales*, en Revista Hechos e Ideas, Año XI. No.97. Bs.As., agosto de 1950
68. Perón, J. D. *Doctrina Peronista*. Ediciones del Pueblo. Bs.As. 1971, p. II
69. Ibidem, p. X
70. Perón, J.D. Conferencia en el Congreso de Filosofía, *op cit*, p.149
71. Ibidem, p.150
72. Ibidem, p. 131
73. Ibidem
74. Se discute acerca de la verdadera autoría del texto de la Conferencia, pero ese hecho cobra una importancia secundaria porque el disertante es quien ha elegido a su escriba y asumido como propia su letra.
75. Perón, J.D., Conferencia en el Congreso de Filosofía, *op cit*, p.169
76. Ibidem, p.136
77. Ibidem, p. 137
78. Perón, J.D. *Hablando a los intelectuales, op cit.*
79. Ibidem, p. XII.

La formación de una trama educativa

Rompecabezas pedagógico

Vamos a penetrar en el pensamiento de algunos colaboradores importantes del gobierno peronista para luego comenzar a analizar las posibles articulaciones y distinciones que constituyen el campo discursivo de la pedagogía peronista. Hemos elegido para este análisis disertaciones y escritos de los más altos funcionarios oficiales del área educación: el ministro Gaché Pirán, el interventor en la Universidad de Buenos Aires y luego Secretario de Educación, Oscar Ivanisevich, el interventor en el Consejo Nacional de Educación, Miguel Mordeglia y Jorge Pedro Arizaga, Subsecretario de Instrucción Pública. De los funcionarios de carrera de primera línea del sistema, que todavía en este período son intelectuales orgánicos con una producción intelectual y una pertenencia académica, hemos elegido los más destacados, que aportaron a la construcción filosófica de la educación y a la formación ideológica de los docentes desde los textos oficiales de las escuelas normales y los profesorados; muchos de ellos eran los más influyentes funcionarios de carrera del sistema educativo nacional, como Juan Cassani y Hugo Calzetti. Al mismo tiempo, sus obras pedagógicas, junto con las de otros educadores extranjeros fueron —y aun son como es el caso de Víctor García Hoz— profusamente impuestos como bibliografía obligatoria en casi todos los establecimientos de formación docente de todos los niveles. Las primeras preguntas que surgen al examinar nombres y trayectorias, es acerca de la lógica que unió a los personajes tan disímiles que constituyen el gobierno peronista de la educación en la primera etapa y cuál fué la razón de mayor peso por la cual Perón puso a unos junto/frente a otros: si hubo alguna serie fundamental de coincidencias, fué precisamente su disimilitud, o tal vez una combinación entre ambas características. Se trata de la melancólica pregunta de la izquierda peronista, "por qué Ivanisevich?", que obtuvo generalmente respuestas que indicaban el humor, la versatilidad, o hasta la genialidad táctica del General. Las anécdotas que circulan entre los viejos peronistas dicen que Perón conoció a Gaché Pirán casualmente y estando preso en Martín García lo recomendó efusivamente para un cargo en el gobierno, pero el nombramiento de Ivanisevich como ministro de Educación parece haber sido un acto largamente programado. Perón dijo, en oportunidad de la asunción de Ivanisevich al cargo de Ministro, que la embajada en los Estados Unidos le había sido encargada, para darle la oportunidad de prepararse para sus funciones pedagógicas. La contingencia y la previsión que transformaba lo contingente en necesario o trataba de controlar lo inevitable, se combinaban en la táctica peronista. Pero debe subrayarse que el peronismo construyó un Estado, un Partido y un Movimiento, formas diversas de manifestarse identidades positivas que tienen aun peso político en la Argentina. Es decir, estructuró un espacio político-social y atrapó enunciados organizándolos en unidades de sentido, pretendiendo diseñar una gran unidad discursiva final. Esta es la intención de Perón cuando interpela a los intelectuales en 1949 y 1950.

La intención de construcción de una identidad se verifica también en el esfuerzo que los dirigentes despliegan para dibujar al contrincante, a quien ubican en el lugar antagónico; la identidad peronista siempre intentó ser hegemónica sobre la base de diferenciarse fuertemente de otra identidad política que ayudaba a construir. Muchas diferencias contingentes entre enunciados de la pedagogía del peronismo y de otras fuerzas como los educadores "democrático-radicalizados" o los socialistas, se transformaron en necesarias y produjeron definitivas escisiones. El análisis que abordaremos a continuación, no tiene la intención de llegar a una comprensión de la esencia de las relaciones constituyentes del o de los discursos pedagógicos del peronismo, pues lejos estamos de considerar transparente su trama discursiva. Según recuerda Laclau

> "para Wittgenstein, la aplicación de una regla siempre implica un momento de articulación y la regla, por lo tanto, se transforma por sus diversas aplicaciones"[1]

Ese proceso se podrá analizar en las variaciones que se producen en las reglas del espiritualismo y el nacionalismo pedagógicos. No son sus contenidos, sino su potencialidad significante y la capacidad de transformación de algunas de sus reglas, el campo problemático más fértil para la investigación de la educación peronista.

El oscurantismo, en nombre de la ciencia

Oscar Ivanisevich fué médico especializado en clínica quirúrgica, interventor en la Universidad de Buenos Aires desde el 30 de abril de 1946 hasta el 27 de mayo de 1949 [2], Secretario de Educación y Ministro de Educación del primer y segundo gobiernos peronistas, repitiéndose esta posición durante el tercer período peronista, del cual fué presidenta María Estela Martínez de Perón.[3]

Anécdotas abundan sobre la forma como Ivanisevich accedió al centro del poder ideológico del nuevo régimen. Probablemente uno de los motivos por los cuales Ivanisevich fué convocado por Perón radicó en el hecho de que reunía varios rasgos atractivos en momentos de la lucha contra el bloque que representó la Unión Democrática. Ivanisevich era un médico de prestigio en el mundo académico, lo cual proporcionaba una imagen coincidente con la aspiración de Perón de desarrollar la ciencia en el país —más allá de la capacidad real del personaje de conducir tal tarea— y con la identificación entre médico y científico, instalada profundamente en la opinión pública de la época. Pero lo más notable era la feroz pelea de Ivanisevich con el reformismo y esa situación no puede dejar de haber sido determinante en la decisión de Perón. Ivanisevich no era científico prestigioso que llevaba un programa atractivo a un militar que devino presidente, sino uno de los mayores enemigos públicos del reformismo y declarado militante antiliberal y antiracionalista. Ivanisevich era también un admirador del Ejercito. En el discurso pronunciado en el Circulo Militar el 2 de agosto de 1946, siendo interventor de la Universidad de Buenos Aires consideró a las Fuerzas Armadas como la garantía para el progreso del país y declaro "creer" en el movimiento de junio del 43'. A ese movimiento prometió unir sus fuerzas para luchar por

> "Una democracia efectiva en la que cada hombre sea una célula del organismo social y sienta la jerarquía de su personalidad"[4]

El elemento organicista se hace presente pero con una connotación que lo distingue de su uso en el discurso de Perón: para Ivanisevich la jerarquización entre las personas debía jugar un papel importante en la estructuración del organismo social. Era necesario perfeccionar la democracia "para que ella sea en verdad el gobierno de los mejores".[5] Por eso, como luego veremos, la concepción de sujeto educacional de Ivanisevich era distinta a la de Perón. La base de la organicidad era, para Ivanisevich, cuidar los principios fundamentales de la convivencia, que no eran otros que "los principios expresamente consignados en los Mandamientos de la Ley de Dios".[6] Consideraba que la "masa humana" estuvo tutelada por el "esquema fundamental y constructivo: Hogar, Familia, Patria, Dios," hasta que

> "los librepensadores destruyeron poco a poco la idea de Dios, analizaron hasta macular la idea de Patria, aflojaron los vínculos de la familia hasta destruir el hogar, y como no pudieron poner en lugar de esas ideas directrices otras equivalentes, entregaron al hombre a sus instintos primos. Y el hombre entregado a esos instintos, sin hogar, sin Dios, y sin bandera, es, sin duda señores, inferior a la bestia!"[7]

El contenido espiritual es para Ivanisevich el componente decisivo de la cultura y alcanzarlo, la meta de la educación superior para llegar a constituir una verdadera Universidad.[8]

La Argentina vivía, según Ivanisevich en el mencionado

discurso, un momento fundador. "Años de decisión, tiempos de decisión, días de decisión, horas de decisión", para el mundo y para la Patria[9], profetiza, agregando que se ha planteado "el dilema"(...) "en forma definitiva". Divide a la sociedad entre los que quieren a la Patria y los apátridas y afirma que no se puede educar a ambos bandos. Termina su disertación pronunciando uno de los poemas que destacarían su original personalidad a los ojos del periodismo de la época[10]. Tiempo después, ya siendo ministro, se presentaría a las conferencias de prensa envuelto en la bandera argentina y cantando himnos y marchas patrióticas y partidarias y poemas de su autoría:

> "Con la patria o contra la patria!
> El que no tenga patria o que no quiera a la suya
> que oculte su miseria y esconda su dolor,
> pero yo tengo patria la siento y la bendigo
> su grandeza procede de Dios nuestro Señor
> Nuestro único Señor!"

La libertad no era una categoría cara a Ivanisevich: consideraba que esa entidad "se reduce a medida que nos civilizamos"[11]. La conciencia, al norte, la responsabilidad, al sur, al este el deber y al oeste el derecho, formaban segun el interventor de la Universidad de Buenos Aires el límite amurallado por la ley de Dios. Sustituía el termino "libertad" por "armonía", denominación de una ley natural que, según el cirujano Ivanisevich, debían seguir los cerebros y las sociedades. También aseguraba que la desarmonía social crece porque los obreros, en lugar de trabajar ocho horas diarias ciertas para rendir lo máximo posible, lo hacen a reglamento y encarecen así los alimentos, en tanto los patrones protestan contra los obreros. Ambos usan argucias y faltan a la verdad, para no cumplir con su deber.

Ivanisevich consideraba que la división del trabajo entre las naciones es un producto de la economía política liberal que pone en peligro la independencia nacional y, en este caso, *su idea de integralidad y organicidad le permitía plantear como necesaria la relación entre independencia económica, diversificación productiva y autoabastecimiento nacional.* La Argentina, colmada de bienes naturales por la Divina Providencia, desenvolvería sus diversas industrias para bastarse a si misma. El antiliberalismo de Ivanisevich proviene de su ideología católica y escolástica, pero lo obliga a colocarse en una posición opuesta

al librempresismo que subordina a la Nación a los intereses de
los países altamente industrializados y a coincidir con el impulso industrialista del Gral. Perón.

Otra parte de la curiosa operación discursiva que estamos
analizando, es el uso metafórico que hace Ivanisevich de algunas
imágenes médicas. Por ejemplo, entiende la nacionalización del
Banco Central como una situación similar al empréstito de
sangre que se le hace a un enfermo: cualquiera sea la cantidad
que se le transfunda es indispensable que sea el corazón mismo
del enfermo quien la haga circular; la sangre argentina debe ser
impulsada por un corazón argentino.[12]

También se ocupó del termino "libertad" en el discurso
pronunciado en ocasión del Congreso de Filosofía, realizado en
Mendoza entre el 30 de marzo y el 9 de abril de 1949.[13] Se
amparó en todas las libertades proclamadas por la Constitución,
de pensar, de escribir, de vivir plenamente, pero estableció
límites excluyendo la libertad de atentar contra los débiles, los
ignorantes y los humildes y en particular subrayó la exclusión
de la libertad de atentar contra la salud moral y física de la
Patria. Atacando duramente a *los sectores liberales que no
concurrieron a la reunión, pese a haber sido invitados,* negó tener
el monopolio de la verdad. Pero en cambio afirmó —en plural
identificándose con el sector gobernante— poseer y ofrecer "una
doctrina humanista que se enraiza en la historia de la Patria"
y ser un "filósofo práctico" que, sin coerción ni sangre, estaría
logrando la felicidad del pueblo en la conquista de sus derechos
y la dignificación del hombre en la conquista de su libertad. Se
trata de la "espiritualización de las masas", que ahora creen en
su bandera, en la Patria y en Dios, "porque saben que ellos no
son materia deleznable sino soplo divino que trata de escaparse
a la bestia".

Si en el acto en el cual puso en funciones a Ivanisevich como
Secretario de Educación, Perón enfatizó el carácter de científico
del funcionario, el propio Ivanisevich se ocupó de desmentir tal
característica en la disertación que pronunció durante el Congreso de Filosofía diciendo:

> (...)"nuestro pueblo , ya comprende que la filosofía ha
> dejado de ser ciencia esotérica y misteriosa para
> convertirse en una verdad revelada, claramente expuesta
> en la doctrina peronista que es la savia misma del
> renacer espiritual de la República".

Luego usó nuevamente una metáfora médica, la de atención del sarampión, para ilustrar la forma como se produciría la espiritualización del pueblo, proceso de cura frente a la expansión epidémica del materialismo. En el horizonte, guiando las acciones de curación, estarían *los dirigentes* que en el discurso de Ivanisevich se condensan en el líder, Perón, y "una Nueva Argentina, profundamente cristiana y profundamente humanista", que, siendo coheredera de la espiritualidad hispánica, opondría al impulso ciego de la fuerza y del dinero, la supremacía vivificante del espíritu. El final del discurso es de tono triunfal y dice:

> "Que en nuestras deliberaciones triunfe el espíritu!
> Ya lo dijo Bacon hace más de tres siglos: 'Un poco de filosofía inclina al espíritu humano al ateísmo, pero las profundidades filosóficas llevan al espíritu humano a la religión!'. Sepamos todos profundizar cada vez más hondo en los abismos de la filosofía!"[14]

Los planteos de Ivanisevich son de un marcado fundamentalismo católico que no se encuentra en los discursos de Perón, en los cuales la Iglesia y la Religión se articulan en forma compleja con elementos tales como Estado, Pueblo, Nación, Ciencia y otros. Pero antes de entrar en tal comparación resulta indispensable extender el espectro de los discursos de funcionarios en educación del primer gobierno peronista.

Escolanovismo nacionalista y católico

Analizaremos el pensamiento de Jorge Pedro Arizaga quien fuera nombrado subsecretario de Instrucción Publica por el decreto No. 170 del 8 de junio de 1946, siendo ministro de educación el Dr. Belisario Gache Pirán[15] y secretario general del ministerio Eduardo Martínez.

Arizaga, quien diseñó la primera reforma del sistema educativo producida por el peronismo, no fué un científico o un destacado profesor universitario como Ivanisevich, sino que provenía de un sector más descalificado del sistema educativo. Había estudiado en la Escuela Normal Superior Mariano Acosta y en el Instituto Nacional de Educación Física, de los cuales egresó, respectivamente, como maestro normal nacional y profesor. Toda su actividad se había desarrollado en los espacios del normalismo, además de alguna incursión en instituciones de educación técnica como las Escuelas Raggio y en actividades educativas de la Armada Nacional. [16]

El discurso de Arizaga es sorprendente. Registra fuertes influencias escolanovistas y es un intento de construir una síntesis entre "vida y espíritu", apoyándose en Max Sheller y dejándose influir por los enunciados realistas de Perón. Un análisis de los planteos de Arizaga puede resultar en un dibujo de las articulaciones del campo educativo que a través suyo impulsó el gobierno durante esos primeros años, bajo el Ministerio del jurista católico Gache Pirán y siendo Oscar Ivanisevich interventor de la Universidad de Buenos Aires. En una conferencia pronunciada en el Teatro Nacional Cervantes el 17 de diciembre de 1947, el Subsecretario de Instrucción Publica se dirigió a los Inspectores y Visitadores escolares presentes, en su carácter de asesores y consejeros de los maestros. Se situó frente a su público, diciendo que se trataba de un discurso dirigido por un funcionario hacia quienes llevaban a los lugares más extremos del país la dignidad, la técnica, los estímulos morales y los recursos pedagógicos,

> "para que se cumplan en cada escuela del país, los ideales de un gobierno y los supremos fines de la ciencia de la educación"[17]

Si juzgáramos los hechos circunscribiéndonos a las palabras de Arizaga, creeríamos que entre el gobierno y los docentes reinaba una total armonía. Tal como veremos en el capítulo correspondiente, excepto por el tema de la enseñanza religiosa, no existiría explicación a simple vista, sobre la razón por la cual los docentes se aferraban a la ley 1420 y aquella por la cual el gobierno la había derogado. Arizaga se dirigió a inspectores y visitadores reconociendo su sacrificada labor, su presencia en las rutas polvorientas y casi inaccesibles, en los

> "caminos fragosos que median como hitos entre la civilización del hombre y la salvaje soberanía de la naturaleza"[18].

Interpeló a quienes exaltaba, destacando la necesidad de contar con su apoyo, que tenía la voluntad reformista del Gral

Perón. Les reconoció el papel de intermediarios entre el gobierno y la población y los describió como hombres y mujeres "de espíritu apostólico" y de "militar envergadura" que, como el sacerdote y el soldado, cumplían con Dios y con la Patria.

Arizaga subrayó el interés del gobierno en lograr la dignificación profesional y la felicidad personal de los docentes y les prometió que, junto con la realización de la reforma, los problemas y aspiraciones del sector serían solucionados "con el criterio de la más ajustada y digna legislación técnica y humana."[19] A continuación, descargó una fuerte crítica a los normalizadores, oponiendo la imagen de un maestro verbalista y teórico con la de un conciliador entre las posibilidades individuales y los imperativos sociales y estatales, un maestro con sentido nacional, comprometido con el entorno específico, capaz de tomar de ese entorno los

> "elementos de vitalización que aseguren en la transferencia recíproca una regulación de la convivencia social y una preparación del individuo hacia las formas del desempeño económico, técnico, científico, artístico, bajo el contralor de las normas éticas."[20]

Arizaga completó el anterior perfil de maestro, con críticas a la proliferación de establecimientos escolares que se comportaron como si fueran fábricas, en lugar de organismos forjadores de la cultura nacional, y al exceso de metodismo, que habría vuelto rígida a nuestra escuela colocándola fuera de la evolución social. Consecuencia de tal desenlace del sistema educativo nacional sería la deserción escolar, que fué presentada por Arizaga como la verdad que se esconde detrás del privilegiado primer lugar, que la Argentina ocupaba en la época entre los paises que contaban con mayor numero de escuelas en relación a su población.[21]

Aunque con palabras elogiosas para la ley 1420, Arizaga deslizó la idea oficial de su caducidad. El argumento de la baja eficiencia escolar demostrada por la deserción no alcanza para justificar tal afirmación ni para disimular que la razón fundamental contra la ley es el tema de la enseñanza de la religión católica. En las palabras de Arizaga hay una clara acusación de fracaso a los normalizadores que no surge del discurso peronista, sino que prolonga la vieja disputa de escolanovistas-espiritualistas con el normativismo normalizador y/o positivista. Se trata entonces de la continuación de una vieja disputa pero que ahora insiste en dos elementos que la distinguen. El primero, es que habla con la fuerza del Estado y desde allí pone en evidencia un hecho muy sintomático: *la mayor posibilidad de articulación del discurso peronista con versiones del espiritualismo que con tendencias positivistas o racionalistas.* El segundo, es que a mediados de los años 40' el espiritualismo laico tenia muy poca fuerza y la mayor parte de los escolanovistas de los 30' se habían deslizado hacia posiciones de complacencia o de acuerdo con el catolicismo. En el acápite sobre educación religiosa de la disertación que hemos venido analizando, expresa que la religión católica *ya está incluída* en el plan de desenvolvimiento y agrega un "afortunadamente" que puede interpretarse como una afirmación de su complacencia porque la religión católica haya sido ya incluída, o bien porque al habérsela incluído antes de su gestión, se le liberaba de tal tarea. Más claro es en la siguiente frase, donde afirma que el plan de gobierno considera desvanecida la "ilusión racionalista" y que la religión, en tanto elemento integrante de la vida real, no puede excluirse de una educación general, armónica, íntegra y pública. Religión y moral deben suscitar en el alma infantil vivencias que vigoricen el sentimiento del bien y de lo sagrado.

Arizaga realiza una particular combinación entre el neoidealismo alemán, criticando al hegelianismo y al herbartismo, el liberalismo español, citando a Ortega y Gasset[22] y la pedagogía de Pestalozzi. El eje pedagógico central del discurso es el que amarra la educación democrática y vinculada al medio propuesta por Pestalozzi, con las experiencias de las Escuelas del Trabajo europeas de la época, que cita, y el elemento espiritualista que juega más como antiintelectualismo que como punto de cierre o finalidad del proceso educativo. Esta ultima posición, en cambio, sería más típica del espiritualismo laico liberal de Juan Mantovani.

Pero la vinculación que establece Arizaga entre educación y trabajo conserva mayor peso de la teoría, que influencia de la política en la cual está inserta. Es más fiel al principio del trabajo como elemento del proceso pedagógico, el trabajo como práctica, del escolanovismo, que a las demandas de capacitación presentadas por la sociedad y asumidas ya desde las épocas de la Secretaria de Trabajo y Previsión por los gobernantes con los cuales comparte ahora el poder. Dice Arizaga:

"Cuando decimos oficios, decimos pedagógicamente manualidades, desarrollo de aptitudes y capacidades que den al 'saber hacer' una valiosa categoría. No deseamos hacer un millón de carpinteros, herreros o mecánicos, como suspicazmente algunos quisieran sostener. Deseamos que algún niño egrese de la escuela ignorando que sus manos son hábiles y útiles y que todos y cada uno, hayan adquirido los hábitos, técnicas y conocimiento y hayan desarrollado los intereses y aptitudes necesarias *para vivir cabalmente hoy y aquí*, dentro de las más óptimas posibilidades de desenvolvimiento individual y social"[23]

Para aclarar aun más la posición, dice más adelante que el plan elaborado por el Ministerio intenta evitar los extremos que son

"caer en la antipedagógica especialización o preparación profesional; convertir el trabajo manual en una materia más del plan de estudios; caer en el exagerado utilitarismo de que adolece la llamada escuela productiva; supeditar al individuo al medio geográfico-económico; evitar el espíritu sectario que lleva a subordinar en absoluto el hombre a los fines estatales."[24]

En cuanto al Plan que anticipaba Arizaga, sus lineamientos básicos eran:

"1º. Transformación del hacer docente en la escuela elemental imprimiendo a la enseñanza carácter preparatorio y de índole configuradora, lo que significará una revisión total de planes y programas y la adopción de guías orientadoras para el maestro.

Son aspectos de esa estructuración:

a) Adopción de un plan en que se fije la finalidad predominantemente de las materias de preparación y las de índole configuradora;

b) Planes y programas tendrán como principio básica organizador el idioma y la historia nacionales;

c) vitalización de la escuela por su activa participación en la vida social, cuyo factor más eficiente es el trabajo;

d) organización de la acción periescolar y de ayuda social en el más alto sentido de la justicia distributiva;

e) programas de actividades para centrar el

aprendizaje en el trabajo integral;

f) métodos de observación, experimentación e investigación como medios de educación autónoma y de estímulo al espíritu de iniciativa;

g) Guías orientadoras con indicadores de carácter práctico e instrucciones doctrinarias que eviten a la vez, el automatismo docente y la anarquía originada por las interpretaciones dispares.

2º Implantación de las practicas de pre-aprendizaje en general, no en cursos exclusivos, sino en carácter de centros de la tarea escolar común en los dos últimos grados.

Estas prácticas servirán para despertar aptitudes y contribuir a resolver el problema de la orientación profesional sin afectar el sentido educativo funcional de la enseñanza. Tal finalidad se obtendrá:

a) mediante prácticas y nociones elementales relativas a tareas del hogar, industrias, comercio, agrícola-ganaderas;

b) por la conexión estrecha de tales actividades con el Plan y el Programa de estudios y el medio en que cumple su acción la escuela;

c) diagnóstico de aptitudes psicofísicas, como aporte de la escuela primaria a la solución del problema de la orientación profesional."[25]

La reforma fué implantada por el decreto No. 26.944 del 4/9/47. En relación a las modificaciones correspondientes a la enseñanza media, el profesor Jorge Pedro Arizaga pronunció una conferencia en la Facultad de Filosofía y Letras de la Universidad Nacional de Tucumán, reafirmando su distancia respecto a las tendencias pragmáticas técnicas o profesionales y su intención de calar más hondamente haciendo hincapié en la perspectiva filosófica de los fines y la vitalización de la formas didácticas. Pero en tal orientación filosófica, Arizaga se ocupó de señalar como culpables de la situación de la enseñanza media, a una primaria que se redujo a la mera transmisión de los conocimientos, presionada por *el escolasticismo que nos venía desde la Colonia* (aquel que Perón, elogiosamente, había elevado a la categoría de instancia fundadora de nuestra educación en el acto del Día de la Raza de 1946) y el positivismo que nos llegaba del siglo XIX, "trayendo el uno el verbalismo magisterial y el otro su enciclopedismo atomizador".[26]

Afirmó también Arizaga, en la misma conferencia, que el movimiento de la Escuela Activa o Nueva había entrado definitivamente a las aulas de la enseñanza primaria argentina y adjudicó al nuevo gobierno la tarea de renovar tal orientación dándole el carácter y la estructura necesarios para que cumpla sus objetivos individuales, sociales y nacionales,

"dentro de las formas y procedimientos que los progresos de la investigación psicológica y pedagógica aconsejan como más eficientes."

En relación a la Universidad su posición era mucho más tolerante que la sustentada por Ivanisevich. Consideraba que había tenido un fin eminentemente "clásico, humanista o profesional", como la universidad europea. Opinó que la Universidad había sido deformada por la ingerencia política y por su "aristocrático aislamiento" que la alejó de las aspiraciones de las mayorías. Coincidía en tal punto con el interventor en la UBA, pero reconociendo sin embargo a la institución, el haber proporcionado a la comunidad una clase dirigente de orden intelectual, científico y profesional.

El problema fundamental no radica en la escuela primaria ni en la Universidad, para Arizaga, pues cada una de ellas, de uno u otro modo cumple con sus finalidades. El "tembladeral" es la enseñanza media, a la cual considera destinada no solamente a la orientación espiritual del adolescente, sino a su formación como trabajadores y ciudadanos. Conocedor de las polémicas que se habían suscitado en torno a aquel nivel de enseñanza, denuncia el fracaso de todos los intentos de reforma, desde la época de Mitre. El origen de tal fracaso es, según Arizaga, el aislamiento entre "los hombres de gobierno y los hombres de escuela". Agrega:

"La historia de la enseñanza media argentina es la de un mosaico legislativo que ofrece en su conjunto un abigarramiento bizantino".

Propone finalmente que la reforma sea integral y anuncia que los programas estáticos serán reemplazados por otros dinámicos, centrados en actividades teórico-prácticas, unidades de trabajo y estudio.

La idea de una sociedad que articulara la diferenciación técnico-profesional con la reivindicación de los desposeídos y marginados, se combinaba con el establecimiento del antagonismo oligarquía/pueblo, en los discursos oficiales de 1946-1947. Pero el ensamble de los elementos componentes de tal articulación difería, tanto como la definición de los elementos mismos en los discursos de los funcionarios, en el marco de un abanico cuyo punto de coincidencia era el antimaterialismo, el antipositivismo, el catolicismo y el reconocimiento de las demandas sociales de justicia.

El sujeto educacional

Jorge Pedro Arizaga integraba el factor religioso en forma lateral a sus enunciados centrales. Lo hizo en la conferencia pronunciada en el Teatro Cervantes, por ejemplo, aprobando la imposición de la enseñanza religiosa en las escuelas. Más no son categorías religiosas las que organizan su discurso y menos aún las determinantes en la formación del sujeto educacional. Aunque la religión es uno de los marcos que contienen el conjunto de su esquema, su relación con la educación está mediada por una terminología más cargada de sentidos provenientes de la filosofía del saber y la teoría de los valores de Max Scheller, a quien cita. Este es un hecho importante, porque no nos encontramos frente al discurso de Arizaga con un clericalismo fundamentalista que, como en el caso de Ivanisevich, llevado a sus ultimas consecuencias, requiere de la Inquisición para organizarse políticamente. El espiritualismo, con mayor o menor presencia de la religión, es un componente fundamental de todo el espectro de discursos escolanovista, incluídos aquellos provenientes de la izquierda[27]. Lo fué también, en su versión krausista, del discurso de educadores democrático-radicalizados como Vergara o escolanovistas como las hermanas Cossettini, como hemos mencionado ya varias veces. Pero en el caso de los altos funcionarios del primer gobierno peronista, Arizaga representa la posición más progresista, con un discurso que intenta constituir los sujetos educacionales en la articulación entre espíritu y democracia, en tanto el resto del equipo se refiere más directamente al discurso católico y a la noción tomista de sujeto.

Arizaga busca un equilibrio, advirtiendo su distancia tanto frente a las tendencias enciclopédicas, cuanto a las pragmáticas:

> "La preparación por la preparación, sería objetivo tan erróneo como el de la educación por la instrucción, en el que cayeron al hipertrofiar el valor del intelecto el idealismo hegeliano o el realismo herbartiano. Con la primacía excluyente de la instrucción como generadora de la personalidad y con la sobreestima del valor pragmático del saber y del poder, se incurre en una subversión de fines que atenta contra el atributo esencial del hombre: su categoría espiritual"[28]

La formación integral y su rechazo a un pragmatismo extremo es repetidamente advertida por Arizaga. Pero el uso del término "vitalización", aplicado a la escuela, se despliega en vitalización del cerebro, del corazón y de la mano, y no es afectado por categorías provenientes de la crítica social. Da como ejemplo a seguir la Escuela Primaria Superior Técnica de Saint Gilles, de Bélgica, que en 1902 tenía por objetivo

> "crear una clase obrera un organismo donde sus hijos puedan recibir una educación general preparatoria para todos sus oficios, establecer una escuela para que los hijos del pueblo y de la pequeña burguesía que no quieran seguir carreras administativas ni ser empleados ni comisionistas, recibiesen una instrucción manual netamente caracterizada; fundar un establecimiento en la que el hijo del obrero quiera seguir siendo obrero, deseoso de lanzarse en lo que llamaría la carrera manual, mediante un desenvolvimiento integral pudiese prepararse para su función social futura"[29]

En síntesis, el elemento que más interesa a Arizaga en su concepción del sujeto educacional, es el *espíritu.* A él se subordinan y en su torno se organizan con valores relativos, la formación del hombre nacionalista y la educación para el trabajo, tanto como la redistribución social de la cultura. La serie de equivalencias que establece Arizaga *es Espíritu / valores nacionales y éticos / desarrollo integral que se desagrega en intelectual, emocional y manual / vitalización y democratización de la vida escolar.* Por "democratización", entiende que

"las aulas académicas quedan franqueadas a las
inquietudes y reclamos de la vida obrera y de la
organización industrial".[30]

Además de la ya citada experiencia belga, Arizaga toma
como ejemplos el ensayo de Pablo Pizzurno sobre los "Slojd",
método aplicado por la Escuela Normal de Naas, Suecia para
desarrollar habilidades manuales en general y fomentar las
pequeñas industrias domésticas. También menciona genéri-
camente las "Escuelas del Trabajo". Advierte contra la reducción del trabajo manual a una materia más del plan de estudios
y al mismo tiempo contra el exagerado utilitarismo de la
Escuela productiva; contra la supeditación del individuo al
medio geográfico-económico y *contra*

"el espíritu sectario que lleva a subordinar en absoluto al
hombre a los fines estatales"[31]

"Tercerismo" pedagógico podría denominarse, usando una
terminología de la época, a la pedagogía de Arizaga. Es probable
que tan delicado equilibrio haya expresado una aspiración de
muchos docentes, pero chocaba contra fuerzas poderosas. El
espiritualismo laico de los docentes no tenía perspectivas de
constituirse en filosofía oficial en un Estado oficialmente católico.
La formación integral del hombre, no era una idea que adqui-
riera fuerza articulándose a un moderado pragmatismo, sino
que era capturada por el integrismo tomista. La relación entre
educación y trabajo interesaba a quienes necesitaban capacitarse
o adquirir mano de obra capacitada. Pero el trabajo como valor,
no tenía éxito en las filosofías de la educación realmente
implantadas en la Argentina. Estas fueron algunas de las
causas por las cuales la reforma Arizaga nunca llegó realmente
a funcionar, y el eje central del viejo sistema siguió incólumne.

La crucificación pedagógica del sujeto popular

Primer interventor nombrado por el gobierno peronista en el
Consejo Nacional de Educación, el Dr. Miguel Mordeglia —un
médico patólogo graduado y profesor en la Universidad de
Buenos Aires que fué interventor en la Universidad del Litoral
e inspector médico del Ministerio de Educación— decía pala-

bras alusivas a ese tema en el discurso que pronunció en la escuela N° 20 del Distrito Escolar 19 en ocasión de imponerle el nombre "17 de octubre". Tal fecha conmemorativa (establecida como feriado nacional por la Ley 12.868 del 8/10/46), actuaba como referencia a un acontecimiento político reciente, pero en pleno proceso de mitificación. Aunque colocaba el hecho convocante en su dimensión histórica, el disertante lo consideraba un jalón en la marcha difícil de la conquista de los hombres por sus derechos primordiales, es decir por su liberación. Fueron también sus palabras:

> "Es el día más grande entre nosotros para simbolizar la virtud de los humildes y el poder de los desheredados, de las víctimas de incomprensiones y de la explotación, de los siempre subestimados o negados en su capacidad"[32]

Mordeglia agrega que todos ellos emprendieron el 17 de octubre la defensa "de una causa de redención social", no porque fuera la propia

> "sino porque, por sobre sus demandas justicieras, sobre sus aspiraciones y sentimientos, vieron levantarse y entronizarse los más caros ideales y los supremos intereses de la Patria".[33]

Como bien observa Carlos Escudé[34], el término "popular" es un ingrediente nuevo en el discurso pedagógico gubernamental. El mismo autor señala que el discurso de Mordeglia tiene un matiz ligeramente diferente al tipo de autoritarismo tradicional del Consejo y que consiste en el uso del término "lealtad" en el discurso que pronunció al asumir sus funciones en 1946. La interpretación de Escudé es que se trata de una nueva versión del tipo de lealtad que, mediante la creación de bases psicológicas y culturales aptas, se venía promoviendo en el Consejo desde las épocas de Enrique De Vedia y Angel Gallardo. A su intención, que sería intimidatoria y represiva, Mordeglia agregaba una fuerte exaltación de las Fuerzas Armadas. Por nuestra parte, consideramos que el término *lealtad* debe interpretarse en el marco de la serie semántica que incluye *unidad y centralización,* y que adquiere un sentido distinto si el sujeto que produce tal discurso es el bloque oligárquico normalizador o es el nacionalista popular. Por lo tanto la forma de inclusión del término *popular*, es decir la específica articulación con *unidad*, con *lealtad* y con *centralización*, deben ser cuidadosamente examinadas en el discurso oficial peronista. Veamos el planteo de Mordeglia.

El Pueblo cerró filas y se adueñó de las plazas y ciudades de la República, como en la Reconquista y en la Revolución de Mayo; la historia de la Patria es la lucha por la democracia, por la igualdad ante la ley, por derechos y garantías comunes, por el equilibrio social y el bienestar de todos. En torno a esas metas se enlazan apóstoles, maestros, soldados, labradores y obreros, y se vinculan la ciencia, la cruz, el arado, el laboratorio, el ingenio, el taller.

En la anterior serie, *la cruz* es clavada sin continuidad lógica con los demás elementos. La religión y la ciencia se soportan en el planteo, pero el simbolismo elegido excluye cualquier otra religión o creencia, en la formación de los sujetos. En torno a la Patria, a la cruz y a la democracia, se organiza un sujeto (el pueblo que cerró filas) constituído por la serie de los desheredados, los excluídos del escenario del poder y descalificados respecto a su saber. El peso semántico de "cruz" es distinto al de los otros términos que se trata de hacer equivalentes a aquel: labradores, maestros, etc. señalan grupos sociales; el taller, el ingenio, la fábrica, espacios de trabajo: pero la "cruz" atraviesa a todos, apoderándose de la forma que adquiere su vinculación. La operación de engarce sucesivo de los términos oculta tal poder. El elemento organizador del discurso de Mordeglia es un catolicismo de tono social, y no una versión apenas renovada del discurso "patriotero".

Desde una posición más violentamente combativa, Oscar Ivanisevich coincide en el fundamentalismo católico pero extremando los términos, en el campo de combate que organiza para batirse contra el reformismo universitario. Disiente con la defensa de la igualdad de oportunidades (que es central en el discurso de Perón y tiene fuerte presencia entre los de los colaboradores que hemos mencionado), sosteniendo que el libre ingreso a la Universidad es causa de que el Estado tenga que hacerse cargo de la educación de los revoltosos en lugar de ocuparse de los desposeídos. Se trata de una formulación que con el tiempo llegaría a ser un mito muy arraigado en la militancia peronista y que se conformaría como la oposición *formación de los intelectuales / educación del pueblo*. Ivanisevich aseguraba que el caos proveniente de la existencia del co-gobierno universitario y la falta de espiritualidad de la enseñanza superior eran sufridas especialmente por los más humildes.[35]

El principio de igualdad educativa, que excluye distinciones de raza y religión, también se fundamenta para Ivanisevich en los principios cristianos, pero establece una fractura decisiva usando el término "autenticidad": en la conferencia que pronunció el 2 de agosto de 1946 en el Círculo Militar, el interventor de la Universidad de Buenos Aires aludió al *"auténtico pueblo"*[36], lo cual no fué otra cosa que la realización de una operación discursiva que legitimaba excluir de la categoría "pueblo" a los estudiantes reformistas y a los opositores al nuevo gobierno.

Analizando el conjunto de las disertaciones del autor, encontramos asociada la categoría *pueblo* a *civilidad* y a *Ejército, Armada y Aviación,* porque, en el discurso de Ivanisevich, el Pueblo, que no es inclusivo de la entidad *los profesionales de las armas,* se suma sin embargo a estos últimos para constituir el núcleo de defensa del país, frente a los enemigos de afuera o de adentro. En los textos que estamos analizando hay enunciados que pueden equipararse por su uso a "pueblo", o bien tomarse como extensiones de esa categoría. Son ellos

> "millones de hombres que trabajan silenciosamente y que son *verdaderos* héroes civiles, porque tienen el tesón de los héroes sin tener el estímulo de la gloria que animó a los próceres"[37]

Cuando el "pueblo" es distinguido de los estudiantes reformistas que crearon el caos, es otro sujeto, antagonista:

> "De ese caos sufren especialmente los más débiles y la humanidad convulsa no tiene paz porque se han violado los principios fundamentales de la convivencia".[38]

Ivanisevich tiene algunos problemas para definir el sujeto de la enseñanza universitaria que desea formar. Por una parte, expresa su apoyo a la inexistencia de limitaciones de religión y raza que, dice, existen en universidades extranjeras.[39] En un texto afirma que es necesario adecuar una universidad que fué creada para una población minúscula y de muy diferente composición a la que se había arribado. Esta última tendría ya

50.000 alumnos provenientes de grupos sociales muy disímiles que eran portadores del odio causado por dos guerras y por las luchas raciales que, al decir del autor, *"nosotros no provocamos ni propiciamos"*.[40]

Las palabras *odio, veneno, fermento,* tienen una serie de significados muy interesantes en el discurso de Ivanisevich, que están contenidos en las opiniones que vierte sobre el estudiantado al cual califica en su conjunto de "reformista". Los estudiantes traen

> "groseras fallas de una educación primaria y provienen de una secundaria anti-pedagógica, anti-biológica y anti-social. Esencialmente deshumanizada, verbalista y enciclopédica".

A esa deficiente preparación, se agregaría al llegar a la Universidad "un grave factor, de anarquía" cuyas causas serían, la libertad que tienen los alumnos secundarios para concurrir o no a clase en contraste con el régimen de concurrencia regular de los establecimientos de enseñanza secundaria; la falta de obligaciones imperativas; las clases sin alumnos reducidas a los exámenes de fin de año, la disminución de horas de trabajo como respuesta a las demandas de los estudiantes y, sobre todo, las consecuencias del *"veneno sutil de la reforma"*[42] Dice Ivanisevich:

> "¡La libertad de no asistir! Oh, maravilla de la reforma! Una clase sin alumnos, un aula sin aula, un curso sin compañeros de curso! Una conferencia sin comentarios juveniles, es decir, sin discusiones, sin crítica, que es el *fermento* que fija las ideas y las sumerge en lo más hondo de la conciencia orgánica."(...) "El cogobierno universitario no puede ser sino el resultado de una mentalidad perversa o inconsciente. Aceptar el co-gobierno estudiantil es aceptar ser juez y parte. Ese co-gobierno es el que ha llevado el caos a las casas de estudio." (subrayado de los A)[43]

Si bien Ivanisevich ha mencionado la necesidad de adecuar la Universidad a la gran masa juvenil que le presenta demandas, argumenta una fuerte limitación del ingreso y la necesidad de construir una universidad elitista. Tal conclusión puede parecer contradictoria con la inclinación del gobierno hacia el ensanchamiento de la base social de la población universitaria, que se expresó en la implantación de la gratuidad de los estudios. Mas Ivanisevich vincula *masividad* con *politización*, proceso que repudia considerando que ejercer acciones políticas es derecho de todo ciudadano, pero fuera del espacio universitario. Dice:

> "El número extraordinario de estudiantes, en algunas facultades hace necesaria la propaganda oral y escrita, para fines políticos. Así nacen las asambleas tumultuosas dirigidas desde la sombra, y esos panfletos que todos conocemos y que constituyen la vergüenza más grande de la universidad argentina. La difamación, la calumnia, la mentira quiebran definitivamente la jerarquía, el respeto, y la disciplina"(...) "Lo más grave, para nosotros, es la perversión moral que sufren los jóvenes sometidos que abren los ojos, al ejemplo de la mentira, el acomodo, la disimulación y la simulación."(...) "Sostengo que el cogobierno estudiantil establece una promiscuidad perniciosa entre profesores y alumnos".[44]

Finalmente, el profesor aconseja una solución quirúrgica:

> "si los males de nuestra universidad son causados por la política, la plétora, y por la deserción de las aulas, la solución es fácil. Selección de alumnos y selección de profesores. Dedicación exclusiva con sistema de becas para los alumnos y retribución equitativa para los profesores. Los profesores deben ser munidos de la máxima autoridad y deben ser sin duda la base orgánica de las facultades. Designación de autoridades lo mismo que para la Corte Suprema de la Nación, constitución de los consejos directivos, por rotación entre los profesores"[45]

Los estudiantes quedan relegados a una representación en las comisiones del Consejo, pero no todos ellos, sino tan solo los *sobresalientes*, característica importante en el proceso de constitución del sujeto en el discurso de Ivanisevich. Pero no cabe duda de que no forman parte del sujeto Pueblo... al menos aquellos que no son los *verdaderos* estudiantes, pues son instruídos por los "agitadores profesionales".[46]

Si en el discurso de Arizaga, espiritualismo y Pueblo se articulaban inclinando la construcción del sujeto educativo hacia posiciones democráticas, en el caso de Mordeglia la posición es simplemente tradicionalista católica militante y en el medioevalismo de Ivanisevich aparecen el cielo y el infierno, se divide a la ciudadanía entre el Pueblo bueno, sumiso, religioso y los materialistas, ateos, reformistas insubordinados, provocadores del caos social y del odio.

Educar desde el social-cristianismo

El sujeto educacional es construído de una manera diferente a las anteriores, en el discurso del ministro Gaché Pirán. Durante los primeros años del gobierno peronista, la intención inclusiva y centrípeta aparece vinculada con la idea de una articulación de las diferencias. Al respecto es significativa una entrevista que el mencionado ministro pronunció por LRA Radio del Estado el 16/12/46. Para el titular de Justicia e Instrucción Publica, la justicia social se debía ejercer mediante la educación humanística, desde una doctrina antimaterialista, antitotalitaria y antirracionalista que se dirigiera al hombre concreto. Desde un claro antipositivismo, afirmaba que "democracia" no es "nivelación" o mutilación de las personalidades múltiples y variadas para amoldar a todos a un esquema abstracto de un ser ideal; tal esquema nunca se alcanza porque es contrario a la esencia misma del hombre. Consideraba que democracia es diferenciación, reconocimiento del derecho en cada hombre "a ser lo que ontológicamente es". Desde tal esencialismo, avanzaba hacia la proposición de un cuadro de tipos humanos: el religioso, el político, el teórico, el práctico, el técnico; la escuela debía proporcionar medios para que todos ellos tuvieran iguales oportunidades para desenvolverse, asi como para estimular las diferentes dimensiones del sujeto: espíritu de iniciativa, capacidad creadora, sentido de justicia social. De esa manera se avanzaría hacia la superación de lo que el liberalismo no pudo sobrepasar: establecer la interacción entre libertad y democracia. Esa situación debía expresarse mediante la más completa libertad de cátedra, de derecha a izquierda, en la Universidad adonde accederían libremente *los más capaces*.[47] Las últimas palabras muestran que, sin embargo, Gaché Pirán coincidía con Ivanisevich en otorgar un carácter selecto al sujeto universitario.

En cuanto al discurso de Perón de esta época, los siguientes elementos aparecen constantemente vinculados en las expresiones referidas al sujeto educacional:

• contenidos humanistas y sentido integral y armónico de la educación, como condición para que la enseñanza pueda llegar a *"todos los ciudadanos sin distinción de clases"* y "con un propósito de unidad en el esfuerzo"[48] Un discurso pedagógico que no distinga a las clases sociales es concebido por Perón como factor de la unidad ideológica y política, como medio de cohesión del organismo social, como unificador de las fuerzas que concurren para llevar a cabo la *refundación nacional.*

• la juventud y la niñez aparecen repetidamente asociadas al futuro del país y son categorías que se construyen en un registro distinto que las clases sociales. *Los únicos privilegiados son los niños* es un enunciado que agrupa generacionalmente y no en forma clasista y que está connotado por la idea de proyección de la Argentina hacia el futuro, hacia un destino de grandeza.

• Sabiduría, bondad y fe aparecen como metas a alcanzar en la formación de los sujetos, en una trama donde se destaca el humanismo cristiano antes que el fundamentalismo católico:

> (formar) "Hombres que amen más que el poder, la verdad; más que la fuerza, la razón, y que, por sobre todas las demás consideraciones, tengan amor a Dios, fe en las acciones que El inspira y esperanza en el porvenir, esperanzas que en el ponemos los hombres, con nuestra infinita pequeñez, frente a su infinita grandeza"[49]

La anterior disertación, realizada ante la Confederación de Maestros y Profesores Católicos, tiene cierto estilo de plegaria y marca el extremo de mayor incidencia de la religión-Iglesia en la concepción del sujeto educacional que elaboraba Perón. En cambio algunas palabras pronunciadas tiempo después acerca de la gimnasia y los deportes, destaca como meta

> "hacer un ciudadano educado e instruído en su alma, en su inteligencia y en su cuerpo".

Esa sería la ruta que conduce a la felicidad de la Patria, o sea a la formación de ciudadanos sabios y prudentes, que son los que constituyen a los pueblos virtuosos. En el esquema hay una ausencia notable, que se repetirá con raras excepciones en las disertaciones de Perón: la categoría "razón". Perón es más humanista, menos fundamentalista, tiene una concepción más social cristiana que algunos de sus colaboradores, y coincide con ellos en el *antiracionalismo* y en la identificación del racionalismo, categoría filosófica, con grupos sociales y posiciones políticas contrarias al nuevo régimen.

• Pero en el discurso de Perón, *el lugar de las categorías pedagógicas del racionalismo positivista es ocupado por otro tipo de racionalismo,* vinculado al desarrollo de las fuerzas productivas, que se combina con un enunciado ético que es políticamente decisivo: la dignificación del trabajo. La capacitación del pueblo para el trabajo con tales sentidos se abre en muchas expresiones en el discurso de Perón.[50]. *Dignificar el trabajo y humanizar el capital* están mediados por la *formación integral del hombre.* Tal, una de las articulaciones más importantes de la noción de "organicidad" pues aquellas son condiciones de posibilidad para que se realice el pacto social en que se basaría la Nueva Argentina. En las palabras de Perón, los conceptos de *dignificación y humanización* se vinculan con enunciados referidos a la serie de principios y sentimientos que individualizan a la masa que piensa de manera similar, que tiene un objetivo común, que se aglutina detrás de una meta que no es solamente compartida por el conjunto, sino que pertenece a todos los hombres. Aquellos principios y sentimientos forman el *alma colectiva.*

La subordinación del pueblo al Ejercito y en última instancia a las necesidades del inevitable estado permanente de potencial conflagración, que se lee en el "Discurso de la Cátedra de Defensa Nacional", no parece ser ya el punto de mayor atracción de los elementos que componen el discurso de Perón, cuando se refiere a la cultura y a la educación en los años posteriores a su descubrimiento del factor popular, aquellos de la Secretaría de Trabajo y Previsión. En el hombre formado en el ejército de Justo, el discurso militar sufre un proceso de metaforización complejo. El cirujano Oscar Ivanisevich realizó una directa identificación entre el modelo médico y el modelo social, a la manera de sus más odiados enemigos, los médicos positivistas. En cambio en el discurso de Perón hay un proceso de construcción discursiva en el cual resaltan los nuevos sentidos de la metáfora. La política interna comenzó siendo un eslabón de la defensa externa para el militar que se acercaba al poder entre

1943 y 1946. Pero entre 1946 y 1949, es decir en los años en los cuales se puso en marcha el Primer Plan Quinquenal y se preparó la reforma constitucional, se produjo un corrimiento de la tensión del discurso peronista hacia las demandas sociales. La Nación, Patria para defender, trinchera, identidad construída mediante las hipótesis de guerra, empezó a cobrar otros sentidos desde que Perón descubrió la fuerza de la política. Este hecho, que fué el fundamento de su poder y de su diferencia con el nacionalismo oligárquico, y con el conservadurismo populista, tal vez fué también una de las causas de su derrota en 1955. Puede ser que para aquella época, el estratega haya seguido con la idea de que la política es la continuación de la guerra por otros medios, pero no tuvo ya la reacción militar consistente en invertir defensivamente tal relación, reacción tan cara a las fuerzas armadas argentinas desde el golpe de 1930 en adelante. Podría plantearse la hipótesis de un proceso de pedagogización del discurso de Perón, en el cual la violencia simbólica fué reemplazando a la violencia física. Desde el exilio, Perón siguió luchando con la palabra, y el uso que hizo de las llamadas "formaciones especiales" y de las agrupaciones de derecha militarizadas del movimento fué circunstancial y en cierta medida, simbólico. Otro tema es la autonomía que esas organizaciones tomaron, frente a la cual Perón reaccionó siempre con absoluto rechazo.

Si sostenemos la hipótesis de la metaforización del discurso militar, es necesario también preguntarse por el destino de los enunciados católicos, en los cuales no solamente Perón había sido formado en su infancia[51], sino que eran inherentes a su identidad como militar argentino. En el capítulo VI, la anterior observación será uno de nuestros apoyos para fundamentar nuestra interpretación sobre la ubicación de la Iglesia en el campo problemático de la educación peronista. Sostendremos que no se trató simplemente de una táctica, ni de una serie de acuerdos políticos entre Perón y la jerarquía eclesiástica (lo que no excluye analizar los acuerdos tomados entre ambos), sino que el catolicismo estaba inscripto en los discursos educacionales del Estado peronista desde el comienzo, como un factor organizador cuyo peso es relativo en distintos momentos y en diferentes personajes; que el uso de términos provenientes del lenguaje católico en todo el espectro de producción discursiva escolar, desde los discursos de los funcionarios hasta el salón de clase, estaba ya admitido socialmente desde la década de 1930, período durante el cual se produjo un intenso ablandamiento de las posiciones laicistas típicas del discurso normalizador; que los rituales católicos se agregaban sin síntesis a los rituales laicos fundadores de la escuela argentina desde aquella década; que la sociedad había aceptado sin oponer una resistencia considerable la "catolización" del discurso escolar.

Volveremos sobre el anterior tema, pero por ahora nos interesa destacar la oscilación entre espiritualismo católico y catolicismo fundamentalista, como anclajes de la pluralidad de elementos constitutivos de los sujetos, que se advierte en los discursos de los primeros funcionarios peronistas. El espiritualismo es también un elemento diferenciador de los sujetos constituídos en la trama de otros discursos, como el reformista, en el cual hay una demanda de intervención estatal, es decir de coersión y centralización, con cumplimiento por parte del Estado de una función ordenadora del campo técnico- profesional, pero desde una posición contraria a toda intervención ideológica del gobierno.

Nos encontramos en el discurso del gobierno peronista de los primeros años con dos conceptos de la función del Estado en la formación de los sujetos *el fundamentalista católico y el espiritualista católico,* ambos a su vez distintos del concepto liberal-oligárquico y del liberal-democrático reformista. Para el *liberalismo oligárquico,* el Estado educador era concebido como dominante, centralizador, emisor de un discurso patriótico homogeneizante, interventor en materia de ideología y capaz de realizar una tarea de "sujetación" de los individuos que los conformara como sujetos de la Nación oligárquica. Para el *liberalismo democrático reformista* el Estado tenia una función de ordenamiento y garantía del cumplimiento de los derechos, acuerdos tomados y deberes; desde un concepto no instrumental del Estado, el espacio de formación de los sujetos debía estar conformado por las instituciones educativas públicas y autónomas(los consejos escolares, el Consejo Nacional de Educación y las universidades), y el respeto a la libertad ideológica constituía un punto no negociable.

Sujeto educacional y filosofía, en el Congreso de 1949

El análisis de la conformación del sujeto educacional, en las disertaciones sobre educación del Congreso de Filosofía de 1949, puede proporcionar información interesante sobre la distinción que estamos haciendo. El escenario del evento es un dato indispensable, constitutivo del discurso resultante: los sectores liberales laicos invitados no concurrieron y la mayor parte de quienes estuvieron presentes o enviaron ponencias fueron figuras de la corriente aristotélico-tomista en sus diversas expresiones, y del existencialismo. La polémica se centró, pues, en la competencia entre la lógica de la esencia y la lógica de la existencia. Las dos siguientes citas son ejemplos claros de las posiciones enfrentadas. Decía Carlos Astrada[52]:

> "El hombre solo puede concebirse en su *humanitas* y tender hacia esta porque piensa la verdad del ser y deviene existente por accesión a su propio ser. La esencia del hombre está en lo que éste efectivamente es, y no más allá, y por ésto él quiere ser solamente lo que puede ser, pero esta esencia del hombre —su *humanitas*— es histórica y no una estructura o núcleo ontológico de carácter supra-temporal. Vale decir que el ser del hombre ha de realizarse en la historia a través de todas sus contingencias, necesidades y cambios."[53]

Negando la historicidad como trama constitutiva fundamental del ser del hombre y la posibilidad de la educación, monseñor Octavio Nicolás Derisi pronunció una disertación titulada "Fenomenología y Ontología de la persona", que concluía así:

> "Sintetizando, pues, las notas constitutivas del ser personal, genero y diferencia —a que hemos sido conducidos por las exigencias ontológicas de las notas en que esa misma persona *fenomenológicamente* se nos ha revelado—llegamos a la siguiente definición: *La persona es el suppositum spirituale o rationale,* es decir, *la substancia completa subsistente espiritual,* independiente y realmente incomunicable con otro ser."[54]

Se notó en el Congreso una fuerte presencia del existencialismo católico que, según Astrada, se componía, en unos casos, de una "mezcla de existencialismo difuso y dogmatismo espiritualista católico", y en otros,

> "del intento ,imposible de conciliar, de amalgamar la temporalidad, es decir la historicidad de la existencia humana, con los principios de la postulada *philosophia perennis,* las presuntas verdades eternas (las veinticuatro tesis) que, con intención apologética, proclama la neoescolástica."

Astrada solamente reconoce como parte del existencialismo. cristiano, al planteo de Kierkegaard acerca del problema de la fe

> "como paradoja absoluta, como dramática tensión, la que, en el alma angustiada del hombre singular, existente, supone la síntesis siempre precaria, de lo temporal y lo eterno, de finitud e infinitud."[55]

Los intentos de elaborar una "tercera posición"—como vemos, destinadas al fracaso según Astrada[56]— realizaban articulaciones forzadas, bizarras, entre conceptos existencialistas y tomistas. Ejemplo de ello es la conferencia del padre Hernán Benítez, , titulada "La existencia auténtica". En ella sostenía el confesor de Eva Perón la "monstruosidad ontológica radical"[57] del hombre y fijaba su posición adversa a las nuevas corrientes filosóficas declaradamente ateas, señalando a Sartre, y a aquellas que tratarían de pasar en silencio "cuando bordean el problema de Dios, como Heidegger y como Ortega"[58]. Comenzaba Benítez el acápite de su disertación titulado "El auténtico vivir existencialista" diciendo:

> "Al analizar el problema no encubro en mi alma el propósito de hostigar al existencialismo desde el baluarte de la filosofía escolástica. Semejante comportamiento me parece tan repudiable como el de aquel que, desde la ventana de su casa, insulta al hombre que pasa por la calle combado bajo el peso de sus congojas. Yo trato de acercarme a ese hombre y no para pelear sino para abrazarle, abrazando en él lo mucho que lleva de verdad en sus afanes y de sinceridad en su corazón"(...)59

Agrega Benítez que el aristotelismo y la escolástica no están momificados; explica el discurso existencialista como prueba de la toma de conciencia de la temporalidad, que "es la jaula del corazón ansioso de inmortalidad". Critica al existencialismo su ansia de volver la existencia inmortal, es decir de identificación con Dios puesto que lo único que de El conocemos a punto fijo es su inmortalidad. El existencialismo, lleva así al hombre *"tete-a-tete"* con Dios, toca los bordes. Ellos son el satanismo nietzscheneano que se pregunta por qué Nietzsche no es Dios y viceversa, el agonismo unamunesco que desea ser todo o nada, o la fe cristiana que, aceptando que el hombre es un misterio para el hombre, "nutre la raíces del espíritu con jugos de humildad, de esperanza y de amor."[60]

Por su parte Alberto D.Cirelli, profesor de la Universidad Nacional de Córdoba, presentó una ponencia titulada "Metodología de la enseñanza de la filosofía desde el punto de vista antropológico". En ella considera al sujeto de la educación en dos sentidos: "como ente viviente: es un ser de interpretación empirio-ontológica" y "como persona humana: es un ser de valoración metafísica".[61] En consecuencia, propone que los programas de enseñanza de la filosofía comiencen por la filosofía de la naturaleza, (aclara: "la Philosophie naturalis; Aristóteles-Santo Tomás") y se avance luego con enseñanza de consistencia metafísica. La didáctica que propone es la contemplación del aspecto filosófico de lo inorgánico de los hechos físicos, y de lo orgánico y organizado de los fenómenos vitales, dentro de lo cual se ubica toda antropología. El ponente termina sosteniendo la necesidad de "metodizar la enseñanza oficial de la filosofía" en base a las exigencias de un punto de partida de consistencia antropológica.

Esta última propuesta es notable porque muestra hasta que punto la corriente aristotélico tomista pretendía controlar la formación del sujeto dentro de la enseñanza pública. No bastaba con la introducción de la religión católica como materia obligatoria, ni con la tarea de inspección sobre el conjunto de los programas que, aunque extralimitándose en las funciones que le otorgaría el decreto 7.706/48, la Dirección de General de Instrucción Religiosa realizaría puntualmente. El criterio curricular de estos tomistas era lograr la mayor homogeneización discursiva posible, para ejercer el más profundo control sobre la formación del sujeto.

Horacio A. Fasce, de la Universidad de Buenos Aires, se interesó por la vocación, sosteniendo que el problema de su origen y de su desenvolvimiento "cae dentro del ámbito de la herencia psicobiológica, con todas sus oscuridades". Fasce incorpora los elementos más rígidamente deterministas del positivismo y vincula inmediatamente tal herencia con el SER dando como prueba de tal relación la vida de los santos. La vocación esta lejos de ser la inclinación hacia una técnica o actividad determinada, es una dirección espiritual que el ambiente puede estimular pero jamás cambiar esencialmente. El "impulso vocacional" consiste en un "*llamado*" a actuar en una dirección dada de la labor humana y entregarse a ella sin reservas.

> "Es el poder electivo del yo profundo que busca su línea de acción entre las resistencias del acaecer y lo consigue(...)"[62]

Fasce propone que la didáctica, ayudada por la caracterología, auxilie al ser en formación para lograr un mayor desarrollo de sus posibilidades intrínsecas. La relación pedagógica que propone no es realmente democrática: dice que al hombre "hay que hacerlo"(...) "porque la mayoría de ellos ni saben ni pueden hacerse." En ese terreno, agrega, la didáctica ha librado y sigue librando una tremenda batalla contra la concepción rousseaniana que considera espontáneo el interés e incita a la mitigación del esfuerzo, lo cual tiene origen en el hedonismo del Renacimiento. A continuación, Fasce emprende un embate contra el *escolanovismo* manifestándose en contra del juego y el interés espontáneo en la escuela primaria y de la excesiva libertad al promediar el ciclo medio, porque cuando el educado aun no ha concretado suficientemente sus aspiraciones, aquellas modalidades pueden llevarlo a una dispersión peligrosa de energías y tendencias, dispersión negativa a los efectos de la formación armónica de su cultura y de su carácter. Acusa a la educación excesivamente libre de no formar la voluntad, categoría central de su propuesta didáctica. La verdadera libertad surge del acatamiento a la norma, a la autoridad y a la ley de la realidad. La vocación es un llamado para cumplir su propio mandato único e intrasferible, en la vida. El papel de la escuela es, pues, profundamente represor.

En la misma línea fué la ponencia del profesor de la Universidad Central de Madrid, Victor García Hoz[63], ideólogo del franquismo, cuya importancia para nosotros radica en la enorme difusión de sus ideas en la Argentina. Prueba de ello es que sus textos, que revivieron en cada dictadura, aún persisten como bibliografía en muchos programas de formación docente en el país. García Hoz comienza depositando una carga de alta potencia contra el materialismo y la escuela de la vida: de Séneca a Dewey todos los materialistas plantean que la escuela debe servir para aprender para la vida. La revisión de las fuentes del cristianismo nos revela, dice el autor, que la educación específicamente cristiana es una educación para la vida, pero que es necesario aclarar este ultimo concepto: la noción cristiana de "vida" hace referencia al orden sobrenatural:

> "El no ser de este mundo el reino de Cristo, convierte al cristiano en un hombre que vive de esperanzas. La realidad trascendente del fin cristiano le aísla, por primera providencia, de toda noción de vida que se encierre en los límites naturales de la realidad y del conocimiento.(...) las cosas y los sucesos temporales están alrededor del cristiano para que mediante ellos alcance el fin sobrenatural(...)"[64]

La educación cristiana es, pues, educación para la vida. Pero el acto de mayor trascendencia vital, es la que rompe la barrera que hace sentir insatisfecho al hombre, es decir la muerte:

> "Pudiéramos por lo tanto afirmar que, en sentido cristiano, la escuela para la vida es escuela para la muerte"[65]

Desde el punto de vista didáctico, la vida debe ser introducida en la escuela, "porque no hay posibilidad de manipular con algo si no es mediante contacto". Pero educar para la vida no es estimular la pura actividad sino el reposo y la conciencia. Y García Hoz pregunta:

> "Mas si ahora traemos a examen la conclusión a que antes hemos llegado, a saber, que la muerte es el acto culminante de la vida, ¿podemos aplicar a la preparación para la muerte la ley del ejercicio aplicada a la preparación

para la vida? ¿en otras palabras, si a vivir se aprende
viviendo, se aprende a morir muriendo?"[66]

El autor propone enseguida un método que responde a tal
cuestión: se denomina *la mortificación,* y sostiene que

> "hacer o darse muerte, mortificarse, es tarea que subyace
> en toda educación cristiana".[67]

Y evitándonos toda interpretación, concluye reconociendo el
carácter represivo de la mortificación, aunque lo justifica ex-
poniendo las ventajas de la represión de las desordenadas
potencias del hombre. García Hoz se interesa también por el
contenido social de la mortificación en su aspecto de renuncia y
articula esta última noción con la de "justicia social": la justicia
social solo es posible si los hombres son capaces de la renuncia.
Concluye diciendo:

> "Al poder político le compete la ordenación externa de las
> relaciones sociales; la educación tiene por tarea preparar
> las conciencias y las voluntades individuales para la
> vida de la comunidad; también pudiéramos decir que
> muriendo a nosotros mismos, mortificándonos,
> abnegándonos, encontramos la vida en su manifestación
> social."[68]

En concordancia con García Hoz, Angel González Alvarez,
de la Universidad de Murcia, se explayó sobre la esencia de la
educación. Su aporte particular consistió en sostener que la
educación entra en el dominio de los accidentes porque, cuando
ella adviene al hombre, este "ya es un ente completo subsistente
y consistente en su ser"[69]. En tanto García Hoz se batió con el
escolanovismo, González Alvarez lo hizo con el existencialismo.
El argumento fundamental es que la esencia es previa a la
existencia, por lo cual la educación no cambia el ser del hombre.
La existencia lo es en función de la conquista de la esencia. El
autor agrega a su teoría una psicología de las facultades de la
cual deriva una didáctica. Llega a aceptar las divisiones propuestas por tal escuela psicológica a partir de considerar la
posibilidad de escisión entre cuerpo y alma, de la cual puede
derivarse una educación física y otra espiritual, aunque cuerpo

y alma sean categorías mutuamente incluyentes y ambas tengan finalmente un punto de convergencia: la persona, el yo humano. Ese yo representa, tanto en su elemento corpóreo como en su elemento espiritual, facultades. Deberá haber, pues, tantas especies de educación cuanto facultades existan: educación física, estética, intelectual, sentimental ,moral y tendencial, social y religiosa, todas las cuales se armonizan en la unidad del yo. Advierte González Alvarez que las facultades son "potencias" accidentales, pues "el paso de una potencia sustancial al acto constituiría un cambio sustancial, una transformación de la sustancia"[70] Poco espacio le queda a la educación y el autor lo denomina claramente: el hábito.

Diego Pró, de la Universidad Nacional de Tucumán y Juan Carlos Silva, de Mendoza, presentaron una ponencia denominada "Filosofía realista de la educación argentina". Plantean los autores tres tipos de fines para la educación: los esencialmente metafísicos, los existenciales, éticos y políticos (lo cual significa formar al hombre como miembro de la familia, del estado, de la sociedad de la naciones de la América hispana y de la confederación mundial de Estados), y los "existentivos" occidentales, americanos y argentinos. Estos últimos se refieren a la integración étnica, económica y cultural de la población, bajo el signo de la unidad linguística, la conservación y decantación de la tradición y el sostenimiento de la religión católica, apostólica, romana como vehículo de expresión religiosa de los pueblos, además de un gobierno de bases jurídicas democráticas. Culminan sosteniendo el principio de igualdad de oportunidades.

Los existencialistas estuvieron también presentes en la reunión sobre educación, pero no hubo representantes argentinos. Delfim Santos, de la Universidad de Lisboa, planteó la posibilidad de la pedagogía como una ciencia autónoma[71], no una ciencia exacta pero si rigurosa. Caracterizó a la pedagogía como un proceso existencial y no como un proceso lógico independiente del tiempo. Consideró que en la fundamentación existencial de la pedagogía radica la comprensión temporal de la existencia humana. La noción de existencia es el punto de partida de toda pedagogía. Existir es estar en el mundo. La relación hombre-mundo que estableció Santos es profundamente contradictoria a la esencialidad tomista y se vincula con los fundamentos que encontraremos quince años después en la pedagogía de Paulo Freire. En esta reunión se construyó un antagonismo muy

importante entre identidades enfrentadas que luchaban entre
si para existir.

Una pedagogía de la esencia y una pedagogía de la existencia
llevan hacia la construcción de cadenas de equivalencias disímiles e incompatibles. La primera requiere de la vigilancia y la
segunda de la libertad; la pedagogía de la esencia conserva
fundamentos previos a toda cultura temporal y la pedagogía de
la existencia pretende la transformación permanente de la
cultura. La pedagogía existencialista tenía articulaciones importantes con el escolanovismo y durante el período que estamos examinando, la dirigencia del peronismo en el área de la
educación estuvo cruzada por aquel antagonismo. Lamentablemente, la idea nacionalista-oligárquica, concepto también
del discurso militar, centralista, que suponía la necesidad de
mantener esencias previas a la existencia de la Nación para que
ésta fuera posible, triunfó sobre la posibilidad la valoración de
educación para la libertad de creación y para el trabajo.

Pero debe también tenerse en cuenta otro aspecto, que es
observado por Silvio Maresca[72]. Se trata de la explicación del
autor sobre el predominio de existencialismo y escolasticismo
en el Congreso de 1949 y su señalamiento respecto a las
intervenciones de los ponentes argentinos: "ausencia casi total
de relación entre sus inquietudes y la realidad nacional".
Señala dos excepciones: el discurso del vicepresidente del comité
de honor y secretario técnico, Coroliano Alberini[73] y una intervención de Adelina Castex. Se pregunta Maresca:

> "¿Que estaba pasando?¿ Por que esa desconexión del
> pensamiento argentino con la propia realidad? es que el
> proyecto de "normalidad filosófica" empezaba a dar sus
> primeros frutos maduros: la orientación exclusiva —con
> abstracción de otro interés— hacia la correcta
> aprehensión escolar de las doctrinas, los conceptos y los
> problemas de la filosofía europea (considerada como
> *filosofía* sin más); orientación que, según una de las
> líneas de su desarrollo ulterior, culmina en el estéril
> academicismo actual"

Una excepción notable entre los participantes de la Sección
Filosofía de la Educación del Congreso de 1949, fué Harold E.
Davis, de la Universidad Americana de Washington[74], quien
planteó una concepción funcional sobre el lugar que la historia

de la educación debía ocupar en la enseñanza, diferenciándose del tomismo, del irracionalismo y del positivismo, y proponiendo que se enseñara una historia social. La lectura de su texto suena ajena al conjunto.

Juan Emilio Cassani: la didáctica oficial del período

En la sección del Congreso de Filosofía dedicada a la educación[75] la cuestión del sujeto apareció también en el marco de la discusión entre existencialismo y tomismo, pero la posición de Juan E. Cassani[76] se mantuvo en los marcos de un espiritualismo nacionalista que planteó reminiscencias con la obra de un gran ausente de la política nacional y la mayor parte de los escenarios públicos de la época, pese al parentesco de sus aportes pedagógicos con una concepción nacionalista y popular. Nos referimos al espiritualista Saúl Taborda cuya falta es un síntoma preocupante. Señalando el carácter popular del nacionalismo de Taborda, su posición antisarmientina e identificadora del sujeto de la educación con un sujeto popular (que nombrado como Facundo reaparecía titulando su propia revista), habremos marcado uno de los bordes de los discursos tolerados por la formación discursiva pedagógica hegemónica.

El otro borde, siempre en el campo del espiritualismo, está denunciado por la exclusión de Juan Mantovani[77] quien hasta 1946 ocupó diversos cargos y en particular fué el autor de la reforma de la enseñanza media realizada por el gobierno de Agustín P. Justo —que hemos descripto en el tomo III de esta serie—. En el mencionado año Mantovani fué separado de todas sus cátedras, reincorporándolo recién la denominada "Revolución Libertadora", movimiento que derrocó al peronismo en 1955. Mantovani no participó del peronismo. Si bien no fué decididamente pragmatista, se interesó mucho en las ideas de William James y John Dewey que combinó con las bases espiritualistas alemanas de su filosofía de la educación. Desarrollando una *pedagogía de los valores,* estudió los fundamentos sociales y espirituales de la obra de Pestalozzi y de María Montesori. Constituyeron sus fuentes teóricas básicas Wilhelm Dilthey, Emile Boutroux y Karl Mannheim, en particular sus obras "Diagnóstico de nuestro tiempo" y "Libertad, poder y planificación democrática" que analiza en "Educación y Vida"(1955). Era Mantovani un liberal democrático que pronto se vincularía con el sistema de las Naciones Unidas y saldría del país alejándose de un campo polémico en el cual quedaba decididamente enfrentado a la pedagogía oficial. No es sencilla la explicación, tratándose de un funcionario de carrera que tuvo, en plena *década infame,* el enorme poder que en la Argentina se requiere para implantar una reforma de la enseñanza media. La clave de su enfrentamiento con el peronismo, probablemente esté en la condensación de varios factores. En primer lugar, el gobierno de Agustín P.Justo no llegó a implantar la enseñanza religiosa ni a suspender la ley 1420, de manera que la *autonomía relativa* del sistema escolar tuvo aún una limitada pero cierta vigencia. La docencia, como hemos visto, no se vió especialmente perjudicada en sus intereses corporativos por aquel gobierno. El espiritualismo se desplegaba en diversas versiones y dominaba el campo de la polémica, ante un positivismo en plena decadencia, del cual Alfredo Calcagno era su último exponente pedagógico académico. Pero las rupturas que se produjeron desde 1943 en adelante, colocaron la versión espiritualista liberal y normalista de Mantovani decididamente en el campo de la Unión Democrática.

Juan B. Cassani quedó en el centro de la escena. Su posición fué muy importante porque, según se ha anotado, ocupó los lugares relevantes del poder en la producción intelectual, político-educativa y en la formación docente del país, desde comienzos de la década de 1930 hasta la caída del peronismo. Cassani representó una posición muy extendida entre la docencia, que fué denominada "antipositivismo pedagógico". Preferimos reconstruir las propuestas de tal corriente, cuyo nombre surgido de sus posiciones como antagonista no alcanza a exponerla, dado que no careció de positividad, de capacidad de elaboración de un discurso propio.

Cassani adopta una amplia definición de *pedagogía*: "la disciplina que estudia y trata de resolver el problema de la educación en todos sus aspectos teóricos y prácticos". Abarca desde la metafísica, que la fundamenta, hasta la acción educadora. La afirmación más relevante de Cassani es que *"toda pedagogía, en cuanto se realiza auténticamente, es pedagogía nacional."*[78] La preocupación por la unidad de la pedagogía concentra gran parte de la atención del autor. Si bien reconoce la posibilidad de grandes sistemas pedagógicos teórico-formales de alcance mundial, la pedagogía se realiza a condición de sostener la unidad con los contenidos y los fines básicos de la cultura en la cual se desenvuelve, evitando el trasplante de una cultura a otra, pues ninguna cultura de imitación tiene larga vida. Ningún sistema filosófico se mantiene libre de influencias nacionales y ninguna "pedagogía filosófica"[79] tiene la misma realización en distintos países. Cassani va más allá aún y propone abandonar denominaciones tales como "pedagogía del positivismo, el idealismo y el existencialismo", para hablar de pedagogía francesa, alemana, brasileña o argentina. Las influencias filosóficas externas sobre la Argentina han sido amplias, pero el proceso de asimilación nacional se cumplió inexorablemente. Dice:

> "Hay mucha semilla filosófica europea en la pedagogía argentina; pero no hay una sola fructificación conservada que mantenga espíritu o fisonomía europeas"[80]

Pese a las declaradas posiciones tomistas que abundaron en el Congreso y a la extendida actitud militante antipositivista, que denunciaba la fuerza con la cual esta última corriente había penetrado la filosofía de nuestro país, agrega Cassani que en las soluciones didácticas argentinas no se halla la estructuración externa ni el contenido de las pedagogías tomista, iluminista, positivista o de la didáctica pestalozziana, ni mucho menos de su contenido y espíritu. El país ha tenido personalidad. Para Cassani, hay una "pedagogía argentina", pero nosotros necesitamos introducirnos en la operación de constitución de tal categoría como significante. Esta necesidad no solamente parte de un interés teórico-metodológico sino de la demanda de abrir nuevas rutas que lleven hacia la comprensión de las formas discursivas especificas que toma la educación en la época: político-legales; académicas; curriculares; psicopedagógicas; etc.

Según Cassani, entonces director del Instituto de Didáctica de la Universidad de Buenos Aires, en momentos de realizarse el Congreso de Filosofía, la pedagogía argentina había encontrado soluciones propias en lo político educacional, en la organización escolar, en la didáctica, en la formación docente y en la vinculación docente-alumno. Solo le restaba lograr autonomía en los aspectos metafísicos de la consideración del ser y de la vida, lo cual se alcanzaría estructurando una filosofía argentina. La evolución de Cassani es digna de subrayarse porque es sintomática de la complejidad del campo escolanovista, a la cual ya nos referimos ampliamente en el tomo anterior de esta obra. Cassani había bebido en el idealismo pedagógico italiano contándose entre sus escritos "La pedagogía de Gentile" y "El profesor Ferriere y las renovaciones didácticas en la Argentina". A juzgar por la elección de las figuras del escolanovismo europeo que hace Cassani, su inclinación es más afín hacia posiciones metafísicas que hacia el pragmatismo y hacia las propuestas que incluyen en el curriculum el trabajo productivo. Gentile y Ferriere coinciden en la inclinación más idealista del escolanovismo. Giovanni Gentile no en vano fué el primer ministro de educación de Benito Mussolini. A diferencia de su sucesor, no tuvo a su cargo la tarea de militarizar el sistema educativo, pero trabajó para sentar las bases de una unidad espiritual que constituyó probablemente uno de los elementos de la cultura que sostuvo al régimen fascista. Gentile fué el líder de la pedagogía de vanguardia que se difundió en el sistema italiano de educación publica desde comienzos de siglo. La producción de los miembros más importantes de esta corriente, como Giuseppe Lombardo Radice y Ernesto Codignola, entre otros[81] fué profusamente leída por los docentes y utilizada como texto de las escuelas normales en la Argentina. La educación es para Gentile un *poner fuera,* desenvolver, exteriorizar, aquello que es preexistente a todo: el espíritu. Para él no hay dualidad entre realidad y pensamiento, que se funden en el movimiento del espíritu pensante. Por lo tanto, el proceso del pensar es una permanente actividad creativa, un auto-desenvolverse, y el campo de la educación queda invadido por el yo creador, rechazando todo verbalismo, todo intelectualismo y todo metodismo. Esto último tuvo importantes derivaciones curriculares e influyó significativamente en la formación de los educadores.

Para Gentile el saber no se puede transmitir, sólo se puede generar en el alma del educando, como un movimiento interior al espíritu, que es infinito, ilimitado. La educación se torna en un proceso de comunicación entre el espíritu del maestro y el del alumno, *cuyas posiciones no son esenciales sino producto del devenir que tiende a producir el encuentro de ambos en un espíritu que los unifica.* El proceso educativo es el despliegue del alma del educador que se introduce en la del educando, impulsándolo hacia la creación.

Si bien en las pedagogías postmodernas la esencialidad de las posiciones de educador y educando está en profunda crisis por razones teóricas y políticas, en el modelo de la pedagogía idealista gentiliana no es tal el orígen de la crítica a la posición fundamental de la pedagogía moderna, es decir a la desigualdad entre educador y educando, al carácter inamovible de sus posiciones y a la unilateralidad de la comunicación. En la producción del ministro de Mussolini, se trata de desterrar todo intento de transmisión sistemática de lo que el antipositivismo considera *cientificismo* para que la vida en la escuela se torne libre, recreativa y creadora. La propuesta de Gentile es la de una pedagogía estetizante, serena, donde el espíritu reine, y se opone a la dominación de la remanida ciencia positiva.

La segunda fuente básica de Cassani es Adolphe Ferrière. Este último, en 1912 había fundado en Ginebra el Instituto de Ciencias de la Educación Jean Jacques Rousseau, con Edouard Claparède y Pierre Bovet. Según Antonio Santoni Rugiu, los tres fundadores tenían en común un espíritu religioso calvinista de la educación: gran responsabilidad individual, autocontrol y autodesenvolvimiento e influencia indirecta pero relevate del educador. Ferriere habría asimilado el eclecticismo del ambiente filosófico pero seguiría especialmente a Henri Bergson. Le interesó el rechazo de Bergson por el pensamiento científico y el concepto de *intuición*, aunque su eclecticismo le habría permitido aceptar una buena parte de los desarrollos metodológicos de la psicología de la época, considerando su discurso con un valor meramente informativo y no con la capacidad de establecer fines y valores. En "La legge biogenética e la Scuola del lavoro o Scuola attiva", que publicó en 1922, plantea la preeminencia de la espiritualidad en una educación libre y espontánea donde rimen valores como el trabajo (no se trata del trabajo como actividad productiva sino creadora), la bondad, la verdad y la belleza. Al mismo tiempo, Ferrière combina un elemento moral-religioso, la idea de educación como misión, al rechazo al pensamiento científico y , más aun, a la posibilidad de la educación como ciencia, reintroduciendo la autoridad del adulto.[82]

Por el contrario de la opinión de Santoni Rugiu, nos parece que Ferrière no es simplemente un ecléctico sino que existe una articulación explicable entre sus principales conceptos. La idea de *intuición metódica* de Bergson, justifica plenamente la aceptación de Ferrière de la psicología como una proveedora de datos, cuya fuente principal es la intuición. Al mismo tiempo, el deslizamiento metafísico de Bergson producido por la consideración de la intuición como una forma de posesión de la realidad misma, el *élan vital* bergsoniano señala una insuficiencia sustantiva e irremediable de la razón y la *evolution creative* tiene un sentido de trascendencia que deriva en una filosofía de la religión antes que en un historicismo.

En el Congreso de Filosofía de 1949, Jean Hyppolite, quien como Benedetto Croce no estuvo presente pero envió una comunicación que fué incluída en las "Actas"[83], analizó en particular aquel último problema. Hyppolite sostuvo que la oposición entre naturaleza y existencia en el pensamiento bergsoniano, anuncia aspectos del existencialismo de esa época. La existencia, oponiéndose a la naturaleza, la existencia que se abre, corriendo riesgos, con perspectivas indefinidas, nos ha proporcionado una noción particularmente importante en la hora presente: nos ha dado las indicaciones para una posible filosofía de la historia.

La posición de Juan Emilio Cassani no es menos difícil que la de los educadores italianos europeos que, adhiriendo al antiracionalismo gentiliano o bergsoniano, debían sin embargo formar docentes. Cassani se enfrentaba con un problema más: los "normalizadores", corriente que seguía siendo el eje de nuestra escuela, no abandonarían el metodismo fácilmente y la resistencia a la supresión de materias como las didácticas no contaría con el apoyo de los cuadros más importantes de la burocracia del sistema, cuya autonomía relativa era notable y cuya función principal consistía en custodiar los rituales normalistas. Por el contrario —y en otro contexto político— Gentile había reformado los curricula de las normales, suprimiendo todo rastro de pensamiento científico y metodológico y reduciendo la educación a la filosofía. El propio Cassani era al mismo tiempo un funcionario del sistema y un académico, aunque curiosamente su mayor producción estuvo dirigida a la formación docente. Esa inserción de Cassani en el campo técnico-profesional le proporcionó una serie de enunciados que constituyeron profundamente su discurso, de manera que el normalismo no fué una postura táctica de Cassani sino que lo conformó.

Mantenerse dentro de los límites de la cultura normalista que era, al mismo tiempo, un acto indispensable para continuar la comunicación con los docentes y conservar el lugar dirigente, era posible solamente con una profunda convicción sarmientina.

El liberalismo normalista nunca dejo de tener elementos espiritualistas heredados del krausismo y el espiritualismo ecléctico del siglo XIX, abonados por las primeras influencias de la escuela activa, pero luego dominados por el catolicismo instalado en la cultura familiar y social de los docentes y alumnos. Tal elemento, fué dejado en el discurso fundador por el propio "padre del aula".

Profunda huella había dejado el krausismo en la enseñanza media argentina, desde las épocas de Pedro Scalabrini en la Escuela Normal de Paraná y de Carlos Vergara, pasando por la información sobre espiritualismos diversos transmitida por José María Torres en Paraná y en el Colegio Nacional de Buenos Aires, por Wenceslao Escalante, y *por el profesor Hipólito Yrigoyen.*[84] Sin embargo, sostener a Sarmiento y a Rivadavia desde un espiritualismo, metafísico y anticientífico, implicaba realizar algunas operaciones complicadas. Veremos de que manera combina Cassani el liberalismo normalista con el irracionalismo espiritualista.

En la "Didáctica General de la Enseñanza Media" publicada por primera vez en 1965 —y que recoge lo sustancial de la concepción desarrollada por Cassani desde el período peronista— el autor afirma que

> "la didáctica de la enseñanza media *comienza* cuando se pasa del aprendizaje objetivo, intuitivo y de aceptación ingenua y directa, apoyada únicamente en la autoridad del maestro, a la enseñanza demostrada por la vía del razonamiento y ajustada a criterios cientificos, o sea cuando se hace entrar en juego a la persona del alumno que medita, valora, acepta o rechaza los saberes o las conclusiones que la acción educadora pone a su alcance. Podríamos dar por iniciada la didáctica de nivel medio en el momento en que el alumno *capta por si fundamentaciones razonadas, que los saberes en si mismo son ciertos,* aun sin la presencia del maestro o del texto, y que el puede, por eso, hacerlos suyos, demostrarlos y defenderlos."[85](el subrayado es de los A.)

La *fundamentación razonada* tiene, en el párrafo anterior, la función de mostrar que los saberes son ciertos en sí mismos. Pero no es una operación racional sino función de la intuición: el alumno *capta por si,* sin la ayuda del texto, ni del maestro, sin comunicación, las certidumbres.

En el mismo texto, Cassani dice que la didáctica propia del segundo ciclo podría darse por finalizada en el momento en que culmine la enseñanza

> "basada en saberes positivos, demostrables, y de aceptación general"[86]

Y continúa con un discurso adaptado a la era UNESCO post-guerra. Pero —confirmando una aseveración de Ethel Manganiello, su esposa, quien discutiendo una afirmación de Gustavo Cirigliano dice que Cassani nunca dejó su posición básica antipositivista[87]— cuando atravesamos los dos primeros capítulo del texto que están dirigidos a los docentes en ejercicio, nos encontramos con la clásica posición espiritualista. Dice Cassani:

> "Los numerosos elementos y medios de acción que la didáctica pone en juego en la segunda enseñanza corren el riesgo de verse frustrados o aminorados en sus resultados cuando no giran en torno a una *auténtica relación espiritual entre el profesor y el alumno.* Es ella la que determina la mayor parte de las reacciones estudiantiles en los terrenos del aprendizaje, la autocultura y la integración formativa,(...)"[88]

El mayor esfuerzo de Cassani está en lograr una sistematización de aquella relación espiritual que, como hemos visto, no es contradictoria con las bases bergsonianas de su pensamiento. Para ello desarrolla una didáctica basada en la adaptación del docente al alumno, que se apoya fuertemente en un paulatino pasaje de la acción del profesor a la acción del alumno. Cassani percibe con agudeza escollos del proceso de enseñanza-aprendizaje en la escuela media que con posterioridad pocas veces han sido tomados por los pedagogos argentinos como materia de análisis: las diferencias de edades y sexos entre alumnos y docentes; las diferencias entre las culturas de ambos que, si bien coinciden esencialmente, pertenecen a distintas épocas y sustentan valores diferentes; el corto plazo de la relación alumno-profesor, que si se establece queda trunca; la ocasional carencia de intuición, capacidad e interés del docente que provoca temores y rechazos en el alumno; el hecho de la imposición de profesores que el alumno no ha elegido lo cual hace improbable que exista afinidad espiritual entre ambos; las desigualdades iniciales entre los alumnos que deben desaparecer," en el terreno espiritual y por ende pedagógico."[89] Cassani sostiene que entre las condiciones que posibilitan la relación profesor-alumno, está que el primero sepa colocarse en el lugar del otro, en el punto de vista del estudiante. La "totalidad espiritual del alumno" y en especial su mundo de valores debe constituir el punto central de mira del profesor.

Cassani conserva un elemento del escolanovismo que se ubica en el borde de la pedagogía moderna y cuyo desarrollo puso a esta última, en otras ocasiones, decididamente en crisis. El mismo tipo de enunciados fueron construídos por Paulo Freire. Poner en duda la esencialidad de las posiciones docente-alumno, es jugar con fuego, al menos en el espacio del discurso pedagógico occidental moderno. Durante el régimen peronista, que trataba de construir y garantizar la reproducción de una nueva hegemonía sobre la base de un Estado fuerte, semejante elemento disolutor resulta enormemente asombroso. Era incompatible con la necesidad de una dirigencia decidida a transmitir una cultura homogeneizante, a construir una nueva cultura-Nación, tanto como para la reproducción de la vieja cultura.

En tal contexto, Cassani busca retener lo esencial del espiritualismo pedagógico ya incorporado al normalismo y acentúa aspectos filosóficos. Añade enunciados que no podríamos clasificar como "positivistas"—aun en el caso de que la homogeneidad discursiva que tal postura pretende fuera posible y tuviera referentes en procesos pedagógicos— sino que resultan de un registro discursivo distinto al de aquella filosofía. Cuando Cassani acepta la planificación o realiza proposiciones curriculares, está trabajando en un registro político-académico, y el valor de su tarea es que no niega la necesidad de establecer articulaciones con los enunciados filosóficos espiritualistas, que constituyen su ideología.

En ocasiones, los analistas de la historia de la educación argentina han confundido los intentos normalistas de resolución de problemas de la enseñanza y el aprendizaje y de la organización escolar, que requerían algún tipo de sistematización de los procesos, con posturas positivistas. No debe olvidarse que Cassani representa a un grupo que articuló los espacios académicos universitarios con sus cargos y funciones en el sistema escolar y que estaba constituído por una buena parte de los inspectores de enseñanza primaria y media; su concepción contó con la adhesión total y parcial de muchos docentes, o tal vez los representó. No es correcto clasificar el discurso de Cassani como "ecléctico", término utilizado no solamente en relación a la corriente representada por José María Torres y expresada en su labor educativa desde la Escuela Normal de Paraná, y sino a todo discurso que articulara enunciados diversos. De tal manera se oscureció la posibilidad de analizar las articulaciones específicas de los discursos pedagógicos en los cuales se educaron generaciones de docentes argentinos. Pese a ello, la clasificación de algunos autores en el eclecticismo, los salvó de un definitivo encasillamiento como positivistas o anti-positivistas. Es un mérito de Gustavo Cirigliano el haber intentado dar cuenta de las combinaciones diversas del campo pedagógico.[90]

Cassani no otorga lugar alguno al positivismo como corriente filosófica. La ausencia de alguna mención a ella es muy significativa en el siguiente párrafo:

> "Distintas pueden ser, dentro de las líneas de nuestra civilización occidental, las posiciones filosófico-metafísicas del educador ante el problema del espíritu. Lo esencial para la didáctica es que él adopte sincera y fundamentalmente una, y que se desenvuelva con sujeción a ella. Los agentes educadores de los que la escuela es mandataria opinaran acerca de la concordancia de esa visión del espíritu con las finalidades que ellos esperan de la educación juvenil; pero el educador no debe actuar junto al alumno aplicando visiones del espíritu que no comparte"[91]

Cassani supone que todo discurso pedagógico se centra en la categoría "espíritu", o al menos la incluye significativamente. Desde el borde liberal de su posición acepta gustoso las distinciones en el uso del término, pero no su ausencia.

En su exposición durante el Congreso de Filosofía, la operación de construcción de una filosofía de la educación que propone Cassani coincide con la propuesta semejante de Perón respecto al campo discursivo peronista. Usa los términos "doctrina" y "filosofía" con algunas diferencias respecto a las definiciones de Perón, pero coincide en las relaciones sustanciales que establece. Propone un

> "núcleo doctrinario central y básico constituído por las soluciones que la filosofía argentina ha venido aceptando y las que aceptará como propias",

que no nombra, pero que podemos ubicar dentro del espectro de los espiritualismos de la época, incluyendo al catolicismo. Para Cassani ese núcleo será estable y constituirá la principal fuerza de conservación de la pedagogía argentina. En el siguiente nivel del esquema, coloca

> "las elaboraciones de filosofías nuevas, de aquí y del extranjero, que puedan ejercer influencia sobre el pensamiento pedagógico o las soluciones de la didáctica y la política educacional".

Este segundo núcleo será sujeto a cambios. El eje que articula ambos centros es

> "el proceso mismo de formación de la cultura y la conciencia nacional".[92]

En el plano de las "soluciones didácticas" la *unidad en el espíritu del alumno* tiene mucha importancia en la propuesta de Cassani y no podemos dejar de recordar que la idea de unidad espiritual y armonía, así como el organicismo, estaban incorporados al discurso normalista a partir de la diseminación del krausismo. La *unidad en el espíritu del alumno,* condensa la necesidad de cohesión de los contenidos de la conciencia, bajo las determinaciones de la filosofía; la armonía cultural, que le parece más factible y pertinente que la ligazón y equilibrio en los planes y programas, que es demandada por los docentes y que pone en peligro la necesaria libertad individual y didáctica; el autor prefiere una unidad cultural profunda anterior a toda diversidad. A Cassani no le preocupa la discusión sobre los contenidos disciplinarios en la enseñanza media. Cualquiera sea el tipo de agrupamiento con el cual se los presente, lo importante es que

> "sean superados por esfuerzos unificadores del espíritu del alumnado, auxiliado y orientado por el profesor. Este último debe obrar con sujeción a las leyes generales de una filosofía o de una metafísica".[93]

El afán de unificación y globalización de Cassani llega hasta proposiciones didácticas muy concretas. Por ejemplo, indica que cada unidad o "bolilla" del programa deberá constituirse de la manera siguiente:

> "Anunciación global del complejo; b)Indicación de las labores generales y especiales que cumplirán los alumnos: búsqueda de elementos materiales, de bibliotecas, ilustraciones, etc.; lecturas, observaciones; crías; cultivos; visitas; inquisiciones; etc., todo ello sin exclusión de las sugerencias de trabajos que se irán haciendo a medida que avance el desarrollo del complejo; c) formación de equipos cuando resultare conveniente y no dañare al resto de las obligaciones del alumno para con su carrera; d)planeamiento general del reparto de temas o subtemas, hecho en concordancia con los alumnos, y señalamiento de las fechas aproximadas en que éstos darán a conocer el fruto de sus trabajos, ya sea en forma parcial o integral."[94]

La cita anterior permite observar que hay una construcción sistemática que avanza hacia un planeamiento didáctico cuyo sentido dominante es la búsqueda de concordancia profunda entre los saberes. La huella del escolanovismo está presente y la unidad metafísica esencial no se contradice con la promoción de la actividad del alumno. Retornando a la disertación de Cassani en el Congreso de Filosofía, encontramos otra huella de la misma posición, pero en un registro distinto: la unidad de la cultura nacional que deriva de la unidad del Estado y que se organiza en torno a la idea de una pedagogía argentina cuyo núcleo doctrinario central y básico este constituído por las soluciones filosóficas argentinas.

El ultimo planteo que hemos descripto, es el punto donde Cassani produce otra articulación entre la postura espiritualista antipositivista y el liberalismo laico. Para rescatar a los dos modelos más importantes del normalismo argentino, Sarmiento y Rivadavia, realiza una peculiar interpretación de ambas figuras en elogiosos trabajos. En "Doctrinas pedagógicas de Sarmiento"[95] considera al prócer "el más grande de los educadores argentinos". Entre otras razones, su juicio se fundamenta en:

—si bien Sarmiento no explícito sus fundamentos teóricos, esto se debió a razones circunstanciales, pero es indiscutible que apoyó toda su acción en "sólidos fundamentos doctrinarios".

—en su política educacional, que deriva directamente de la pedagogía revolucionaria francesa, existe un sentido práctico, entonación cívica y espíritu de renovación *cuyo sentido básicamente europeo, no sufrió modificaciones sustanciales por su contacto con la pedagogía norteamericana de Horace Mann.* Incluso llega Cassani a vislumbrar en Sarmiento un cierto tono de advertencia en contra de los Estados Unidos y un embate contra la industria extranjera cuando describe los éxitos educacionales de aquel país, coherente con el anti-norteamericanismo al cual nos hemos referido anteriormente. La "pedagogía social" tendría la finalidad de formar al productor, en el marco de una educación que no es de trasplante porque tiene el sello propio de su adaptación al país. Segun la optimista lectura que hace Cassani de la posición de Sarmiento, "el padre del aula" miraba al sujeto de la educación con la seguridad de poder transformarlo y de vencer los obstáculos biológicos o las trabas sociales. Sarmiento tenía respeto por la personalidad del sujeto y "buscaba la elevación de su espíritu modificándolo interiormente(...)"[96] Cassani consagra a Sarmiento como precursor de "la llamada pedagogía social" que tan amplio desarrollo tenía contemporáneamente, y subraya la obra de Sarmiento como la búsqueda de una *pedagogía nacional.* Termina el artículo con las siguientes palabras;

> "Por ello es que Sarmiento, sin haber sido un sistematizador de la pedagogía teórica, fué, sin duda alguna, uno de los primeros y grandes iniciadores de la pedagogía típicamente argentina."[97]

En cuanto a Rivadavia, una figura aún más difícil de defender desde el nacionalismo espiritualista, en un artículo publicado en 1945[98], Cassani lo coloca entre los tres orientadores fundamentales de la educación nacional argentina, es decir

junto a Belgrano y a Sarmiento. Tal educación habría resultado
de un proceso de combinación entre la herencia española, los
influjos extranjeros no españoles y las producciones propias.
Los instrumentos jurídicos básicos que sostendrían la pedagogía
nacional serían —atiéndase bien— la Constitución Nacional, la
ley 1420 y la ley universitaria de 1885. Cassani defiende la Ley
de Educación Común en momentos que ella sufre una de las
peores embestidas de la Iglesia, y al mismo tiempo su mención
a la Ley Avellaneda de 1885 es una clara negación del movimiento
reformista.

El autor realiza un verdadero esfuerzo para justificar a
Rivadavia ante las críticas clásicas de los nacionalistas. Destaca
en Rivadavia el patriotismo e interpreta que la finalidad común
de todas sus realizaciones fué la formación de la nacionalidad.
Rivadavia habría realizado una cuidadosa labor de trasplante
de soluciones foráneas adaptándolas al país. Como es sabido, el
modelo francés de sistema educativo que implantó fué el napo-
leónico en el cual el conjunto de las instituciones educativas
tienen como cúspide la universidad que funciona como organismo
directivo de todos los niveles. Sin embargo, Cassani tiene otra
interpretación: dice que, pese a que "en cierto modo aparecía
imitándose" la Universidad francesa de 1808, Rivadavia no
mostró esa tendencia en el conjunto de sus medidas educacionales. Pero el mayor interés de Cassani en Rivadavia está en la
posición del prócer en "la vieja lucha entre las *ideas centralizadoras y localistas* (que) en el gobierno de la enseñanza primaria tuvo en Rivadavia una marcada derivación hacia las
primeras, sin llegar a una solución definitiva"[99] , hasta medio
siglo después. Cassani aprueba que la supresión de los Cabildos
haya contribuido a facilitar los propósitos centralizadores de
Rivadavia, "porque terminó prácticamente con el régimen
municipal de gobierno de nuestra enseñanza primaria".[100] Esta
coincidencia entre un representante del antipositivismo nacionalista y el pensamiento de la élite liberal porteña, fundadora
con Rivadavia de la imposición pedagógica que se descargó con
toda su violencia sobre el interior del país durante ciento
cincuenta años, merece ser analizada.

Si consecuente con los principios liberales del escolanovismo, Cassani debía haber sido promotor de la descentralización,
de la municipalización y respetuoso del federalismo. Tales
posiciones habían sido tomadas, parcialmente o en su totalidad

por los krausistas y krauso-positivistas, por los escolanovistas radicalizados y por los que hemos llamado "escolanovistas trasgresores" en el tercer tomo de esta serie. Pero recordemos dos cosas. La primera es que Cassani elogia a Sarmiento pero se preocupa de aclarar que el prócer no asimiló la influencia de Horace Mann y que el sistema que propuso fué esencialmente europeo. La idea que caracterizó con más fuerza el movimiento que encabezó Mann fué precisamente el asentamiento del sistema educativo nacional en las instituciones de la sociedad civil, y rechazo que la unidad de ese sistema fuera impuesta desde el centro del poder. Sarmiento admiro y adopto esa idea, que es probablemente uno de los puntos más fuertes, más democráticos y por lo tanto más rechazados y políticamente fracasados, de sus propuestas.[101] La segunda cuestión que queremos recordar, es que el sujeto de la educación rivadaviana era un ciudadano abstracto, constituído por una población reducida. Cassani lo reconoce, pero lo justifica. Dice:

"La minoría ilustrada que dirigía, bajo su influencia, los destinos del país desde Buenos Aires, obraba, en materia de educación, con excesiva prescindencia de las masas populares. Sus incitaciones a la cultura penetraron muy lentamente en el pueblo, con el consiguiente retardo de la penetración de éste en el sentido y fundamentación doctrinaria del nuevo estado de cosas que aquéllos ansiaban imponer. Las masas seguían a otros hombres surgidos de su propio seno y que, por lo común, tampoco alcanzaban a comprender la nueva estructura jurídica del Estado ni las bases de organización nacional que establecieron los iluministas rivadavianos. El conflicto resultaba inevitable. Las rivalidades políticas y los odios de facción, que tan dolorosamente han pesado en la historia de la organización nacional argentina, precipitaron los acontecimientos y retardaron el triunfo de los planes educativos de Rivadavia.

Fué menester un largo proceso de reeducación de los pueblos, para que resultara posible el gigantesco esfuerzo colectivo que tales planes suponían. Un cuarto de siglo de luchas, sufrimientos y dificultades en la vida material, espiritual y política condujo a la aceptación general de los principios unificadores de la Nación que fueron consagrados después de Caseros, y otro cuarto de siglo de dolorosas experiencias producidas por el contacto con la ignorancia general que hacía imposible la realización de

aquellos principios, creó la conciencia de que la educación
nacional era un deber sagrado(...)"[102]

Coherente con la tendencia escolanovista que representa
Gentile, Cassani pone en el centro de toda cuestión la unidad de
los sentidos. Esa misma idea de unidad llevada al plano político
probablemente fué uno de los apoyos de Gentile en el marco de
la política de unificación nacional-cultural del fascismo. Pero lo
que llama la atención y vuelve muy complejo el análisis en el
caso de Cassani, es su dificultad para diferenciar su propio
concepto de unidad nacional y el de la élite porteña rivadaviana.
Si bien no puede negarse tal coincidencia, no es posible expli-
carla tratando de encontrar una superposición última entre los
significados del termino *unidad* para unos y para otros. Más
bien es necesario tomar tal termino como significante. En los
trabajos que integran el volúmen "La educación en las provincias
y territorios nacionales"[103], aparecen muchas veces elementos
que nos permiten plantear la hipótesis de que el termino
"unidad", en los discursos educacionales argentinos, es la representación de múltiples y diversas formas de subordinación
de grupos socio-culturales divergentes, de maestros rurales, de
frontera, de las provincias en general; del interior y del pueblo
en su conjunto, al centro del poder. Cabría preguntarse si tal
subordinación, si la "reeducación de los pueblos" —tema de
Sarmiento y Cassani puesto que tal cuestión estaba fuera de la
mira de Rivadavia— si la subordinación de las montoneras y
demás expresiones del interior a la política porteña, era el único
camino para unir a la Nación. También queda abierta para la
investigación cual fué el tipo de unidad que planteó el peronismo, es decir cuáles fueron las características del Estado peronista, tema que rebasa las posibilidades de este trabajo, pero
que tomaremos parcialmente en el capítulo dedicado a la
conformación del sistema educativo.

Para finalizar con el análisis de la operación discusiva que
realiza Cassani, destacaremos que, de triunfar, hubiera sido
trascendental para el peronismo porque le hubiera permitido
captar y disolver los enunciados constituyentes del discurso
escolar argentino, integrándolos a un discurso nuevo. Apropiarse
de la ley 1420 en lugar de enfrentarla, es decir, seguir la
propuesta hecha por Cassani en 1945 hubiera permitido al
peronismo contar con el consenso del conjunto de la docencia del

país y, apoyándose en los sectores más progresistas, podría haber avanzado hacia la profundización de las bases democráticas del sistema, acentuando el federalismo, la elección directa de los consejeros escolares por distrito, la articulación permanente entre la escuela y las organizaciones de las organizaciones barriales, comunitarias y de la sociedad civil en general y la participación responsable del estudiantado en los problemas escolares. La incorporación del discurso reformista hubiera sido una condición para producir una situación de articulación y no de antagonismo entre los peronistas que pretendían una reforma nacionalista popular y el liberalismo democrático.

El problema es que tal apertura no contaba para su realización con una situación ideal de posibilidades de encuentros y combinaciones de diferencias político-culturales, sino con un campo de luchas por la hegemonía donde, a fines de los 40', estaban en pleno proceso de formación los antagonismos que finalmente constituirían al peronismo. La "sociedad civil" nacida de las luchas por la integración de los inmigrantes y la lucha por las libertades democráticas había ido perdiendo gran parte de su fuerza durante la "década infame", no como mecánica consecuencia de la represión o el desaliento a sus actividades, sino por el corrimiento de expectativas e interpelaciones que se produjo hacia el Estado y que ya hemos mencionado, y por el avance sin precedentes de las organizaciones laicas y territoriales de la Iglesia.

Hugo Calzetti: el espiritualismo católico

Los textos de didáctica utilizados durante el período que estamos analizando ponen en evidencia articulaciones entre aquellas disputas filosóficas y el discurso del aula. Fueron las didácticas General y Especial de Cassani y de Hugo Calzetti las de mayor uso en las escuelas normales y profesorados, ambas de un origen teórico común, la corriente pedagógica antipositivista italiana. Nos detendremos ahora en el análisis de la obra de Hugo Calzetti. Entre las fuentes principales citadas están "Introduzione Didattica", de Mariano Maresca, la "Didáctica" de Giovanni Vidari, "Lezioni di Didattica" de Giuseppe Lombardo-Radice, "Sommario di Pedagogía Come Scienza Filosofica", de Giovanni Gentile, algunas obras de Lorenzo Luzuriaga y varios autores de las corrientes escolanovistas y promotoras de la vinculación entre educación y trabajo, como Gustavo Wyneken, Claparède, Decroly, Dalton, Kerchesteiner

Principal colaborador de Cassani, Calzetti[104] opta decididamente por el espiritualismo católico. En su "Didáctica General" —publicada por primera vez en 1939 pero reeditada con leves modificaciones varias veces— define la educación como el proceso que tiene como finalidad dar forma al espíritu humano. Este último esta constituído por "valores" y la educación debe desarrollarlos armónicamente, es decir de acuerdo a su respectiva jerarquía:

1. Religiosos, que se realizan con la SANTIDAD
2. Eticos, que se realizan con el BIEN
3. Lógicos, que se realizan con la VERDAD
4. Estéticos,que se realizan con la BELLEZA.
5. Utilitarios, que se realizan con la ECONOMIA
6. Vitales, que se realizan con la SALUD, LA FUERZA, EL PODER.

Esta escala de valores no implica una desintegración sino una descomposición en partes del todo espiritual que es uno y actúa íntegramente. En todo acto espiritual actúa un valor pero ello no quiere decir que los otros estén ausentes: la idea de totalidad en la cual cada elemento es en función del conjunto jugará un papel muy importante en la teoría curricular de Calzetti, en la cual se educaron los docentes argentinos de toda la época peronista. Cada uno de los mencionados grupos de valores dan lugar a finalidades y a grupos de materias. Calzetti cruza varios agrupamientos distintos, lo cual por momentos vuelve caótica la argumentación. Pero algunas ideas centrales envuelven el conjunto:

—las materias de mayor valor formativo para el espíritu son las disciplinas filosóficas, el lenguaje y la historia, materia que consiste en la presentación de "los más altos ejemplos de heroísmo, abnegación y desinterés en la persona prominente de los próceres y de sus grandes hechos", con la finalidad de que el educando siga su ejemplo y se despierte en él el deseo de imitar sus grandes hazañas.

—los conocimientos no deben medirse por su utilidad; por el contrario del planteo de Herbert Spencer, a quien Calzetti critica enconadamente, no debe partirse de una teoría materialista de la vida y de las ciencias naturales porque esa sería una construcción falsa desde el punto de vista de los intereses infantiles y equivocada en relación a la preparación para una vida completa. Lo que importa es lograr un adiestramiento intelectual, para que el hombre sepa buscar lo que necesite, y no pretender que posea todos los conocimientos, lo cual es imposible en el estado actual de la ciencia. Esta posición, naturalmente, deriva en la critica a la concepción de "instrucción" de Herbart porque según Calzetti supone que el saber sería siempre disciplinado y enseñar sería lo mismo que disciplinar intelectualmente, cuando en realidad la disciplina no significa solamente tal tipo de orden, sino el orden moral que abarca todo el plano de nuestra conducta.

Para la idea globalizadora que preside la elección metodológica y el ordenamiento curricular en el modelo de Calzetti, podría aplicarse la crítica que Abbagnano y Visalberghi hacen a Comenio. Ellos dicen que el defecto del padre de la Didáctica consiste en "haber confundido lo global, en sentido psicológico con lo general en sentido lógico o filosófico, de donde el grave peligro de hacer del niño un pequeño metafísico"[105]

Calzetti insiste en la necesidad de respetar los sucesivos pasos de *sincresis, análisis y síntesis* en el proceso de aprendizaje, cosa que justifica con un argumento externo a su posición antiempirista: dice que en esa forma es como procedemos en la vida, es decir que identifica los pasos del método con la conducta. El término *sincresis* había sido acuñado por el Claparède para superar la palabra *sintético*, que alude al agregado de partes en principio distintas. En cambio sincresis hace referencia a una vinculación inicial indistintiva entre el hombre y el mundo.

El autor considera que entre los métodos en boga, el que más se identifica con su interpretación del hecho pedagógico es el *método de proyectos* y rechaza los *centros de interés* de Decroly argumentando su carácter artificial, en tanto en el método de proyectos se sintetiza una situación frente a la vida, todos los contenidos y todas las materias. Prefiere el "método de proyectos" porque éste "procede como procede el hombre", que nunca se encuentra frente a situaciones aisladas, nunca sus vivencias tienen un sólo aspecto; tanto lo interior como lo exterior a él "es siempre complejo, enmarañado".[106] Da el siguiente ejemplo de utilización del "método de proyectos":

"Un viaje a Italia

1°) surge la idea del viaje en clase. La idea es propiciada y estimulada por el maestro.

2°) Preparativos para el viaje, solicitación por escrito de itinerarios, proyectos y programas. Estudio de su conveniencia. Hacia qué puerto hay que ir en primer término? Estudio de los diversos puertos de Italia con ese motivo.

3°) Queda definitivamente resuelto el viaje. Punto de desembarco. Qué buque se toma? Narraciones. Estudio comparativo de otros viajes anteriores. Lectura. Ejercicio de redacción.

4°) Operaciones financieras preliminares. Cuanto necesitaré para el viaje? Por donde iré?(...) Por que a Roma y a Nápoles?(...) Cambio de moneda(...)

5°) En viaje(...) Buenos Aires desde el río.(...) Cartas a los amigos. Telegramas.

6°) Desembarcamos en Nápoles.(...) el Vesubio, recuerdos de una celebre erupción.(...) El Vaticano. La Iglesia de San Pedro. La Cristiandad. El Sumo Pontífice.(...)

7°)¿Qué es la Italia de nuestros días? su posición en el Mediterráneo(...)

8°) a 10°) continua el viaje(...)

11°) El Adriático y su fama.(...) los progresos de la radiotelefonía(...) diario de viaje. Las fotografías de mi álbum. El río de la Plata. Montevideo: el cerro. Buenos Aires(...)[107]

Calzetti prefiere una actividad que despierte el interés global de los niños pero que sea ordenada. Rechaza las "escuelas nuevas" cuyo plan "consiste en no tener plan".[108]Da como ejemplo, las "escuelas en comunidad" o "escuelas libres", que se desarrollaron en Hamburgo, Bremen y Berlín, "antes de la instauración en aquel país del régimen nacionalsocialista"(...) y que resultaron "una verdadera quiebra moral".

Al terminar el capítulo dedicado a la Didáctica y el contenido de la Educación, Calzetti incluye ejercicios para los lectores o sea los maestros en formación. Su transcripción permitirá mostrar la orientación que pretendía Calzetti:

"EJERCICIOS

1. ¿Qué valores conoce el maestro-alumno? Establecer su jerarquía.

2.¿Por qué no hay educaciones parciales?

3.Realizar un trabajo de investigación sobre los fines de la educación.
4.Contestar a esta pregunta. En todas partes están los mismos fines de la educación?
5.¿Por qué debe decirse: primero la síncresis, luego el análisis, después la síntesis?
6.Que el alumno-maestro proponga al profesor un bosquejo breve de proyecto."[109]

Las ideas relativas a la *unidad* inicial y final del proceso educativo, presidían la pedagogía de la época como expresión del antipositivismo. La psicología de la Gestalt y la idea de la globalización contribuyeron como enunciados fundamentales a la obra de Decroly, que fué probablemente quien más influyó en la adopción de tal concepción en nuestro país. En la Argentina, fué el texto "La enseñanza del lenguaje gráfico" de Emilia C. Dezeo y Juan M. Muñoz[110] el encargado de difundir el método global de enseñanza de la lectura y escritura. El análisis ya clásico de Berta Barslavsky, llama la atención sobre la inconsistencia que existe en el interior de la metodología propuesta. La primer parte (primeros dos tiempos) se apoyan en el asociacionismo de Mc Dougall, basado en Stuart Mill, en tanto en el tiempo final del proceso de aprendizaje de la lectura, se recurre a la filosofía de Bergson. Se utiliza simultáneamente la teoría de la Gestalt y la "intuición" bergsoniana que, como bien señala Braslavsky, poseen diferencias esenciales.[111]

Gran parte de los discursos que en los años 30 y 40 exhibían como carta de presentación teorías europeas, en realidad terminaban recurriendo a la intuición bergsoniana o a la iluminación cristiana. Mas aunque la mayoría de las teorías pedagógicas remitían a un esencialismo espiritualista básico, los desarrollos discursivos diferían y daban lugar a expresiones educativas también distintas. La elección de la categoría *sincresis* por Calzetti, destaca la globalización del momento inicial del proceso de aprendizaje, no como producto racional sino como resultado de una intuición. Se agrega la elección de un tipo de escuela activa: aquella donde reine el orden. Remite, pues, a un orden. Pero agrega que nunca las vivencias humanas tienen un sólo aspecto; tanto lo interior como lo exterior a aquel orden "es siempre complejo, enmarañado". Esa organización es, pues, posterior de una situación o un acontecimiento múltiplemente causado; en esta parte de la argumentación no solamente la realidad no es homogénea y reductible a una categoría última, sino que el espíritu mismo es caótico. La apelación al orden cobra ahora otros sentidos. En el capítulo de la Didáctica dedicado a la Educación Cívica[112], Calzetti dice que tal materia —que debe impartirse desde los grados superiores y realmente puede darse a plenitud en las escuelas para adultos— debe ser aprovechada para precisar algunos conceptos que son muy comunes en la época que se vive. Tales, los de *libertad* e *igualdad*. La libertad no es ilimitada, no debe convertirse en desenfreno y es necesario mostrar que bajo su nombre se ocultan dos cosas distintas: la libertad política y la libertad moral. La primera alude a derechos, la segunda a deberes.[113]

Si se sigue adelante en el análisis de la Didáctica de Calzetti, se encontrará el capítulo dedicado a la formación moral en la escuela primaria[114], es decir a la enseñanza de aquellos principios que el autor coloca en el punto más elevado de la escala de valores, identificándolos no solamente con los valores religiosos sino con la religión cristiana. Dice Calzetti:

> (...)el arquetipo de la moral religiosa, la moral cristiana, la que vive y palpita en la páginas inmortales del Evangelio, es la más elevada, la más perfecta, al mismo tiempo que la más clara y sencilla. En ella se ha realizado, de una vez para siempre, el valor ético. Imposible es presentar algo más alto. Nec plus ultra. Nada hay más allá. Ella reúne el carácter absoluto de eternidad que es la característica de todo valor realizado.
>
> Es en lo sobrehumano, en lo sobrenatural donde residen los preceptos de la moral. Ese sacrificio de la vida que a veces pide ¿no indica que más allá de la vida está su imperio y trono?(...) El hombre está hecho para lo sobrenatural y lo sobrehumano. Y de este reino excelso de lo sobrehumano le viene el dictado de la norma moral: norma inflexible que lo llama al cumplimiento del deber, por el cual y para el cual está forjada su existencia"[115]

La primer asociación que despierta este párrafo remite a Garcia Hoz y revela la fuerte presencia de enunciados que provienen del tomismo. Calzetti se ocupa de confirmarnos porque el párrafo transcripto remite a una nota en la cual critica a Nietzsche no por su teoría del superhombre sino porque este último autor no ve allí al hombre redimido sino al mamífero evolucionado y busca los principios de su moral en una antimoral que supone la inversión de todos los valores. Remite también a la obra "El sentimiento trágico de la vida" de Miguel de Unamuno, pero sin comentarios.

La moral que proclama Calzetti requiere de aquel llamado al orden que mencionamos más arriba. Dice:

> "El Cristianismo nos proporciona el más noble contenido y la más alta orientación moral. Sus preceptos son los más puros y al mismo tiempo los más altos y generosos (...)su ética es perfecta(...). Se ha dicho que 'hay principios esenciales de moral comunes a todas las religiones y respecto de los cuales todos los hombres están de acuerdo'. Se agrega que 'estos principios son los que la escuela debe enseñar. Pues bien, estos principios son precisamente los de la moral cristiana: los preceptos del Decálogo, completados con las máximas sublimes del Evangelio. *Todo lo que no esté de acuerdo con esos preceptos no es moral. Y si hay alguna religión o alguna filosofía que contengan principios contrarios a los del Cristianismo, no nos quepa ninguna duda que se trata de filosofías o de religiones inmorales.(...)* (el subrayado es de los A.)

Concluye el párrafo diciendo;

> "He aquí en suma el contenido de la *moral*. En estos principios es preciso formar el alma del niño. Esta es la orientación que debe dársele. Eso es lo que debe enseñársele en la escuela"[116]

Calzetti no esta preocupado por la relación pedagógica, como Cassani quien, según hemos visto, avanza peligrosamente para el resto de su argumentación al poner en duda la esencialidad de las posiciones educador-educando. Para Calzetti, el maestro debe claramente transmitir un orden moral y político. En relación al educando, expone las escalas métricas de la inteligencia, tan en boga en la época, pero afirma que más valioso que cualquier clase de test es el contacto directo, espiritual, del educador con su discípulo. Analiza las tipologías humanas, tales como los biotipos de Kretschmer y los tipos corporales de Sigaud y finalmente prefiere las "formas de vida" de Spranger, para clasificar a los alumnos. Al homo theoreticus, el homo aeconomicus; el homo aetheticus[87]; el homo socialis; el homo politicus y el homo religiosus, propone Calzetti agregar el "homo dionisíaco "que, como su nombre lo indica, es por naturaleza proclive a caer en manos de Dionisio, aquel tan ligado a los valores vitales y biológicos y afecto a la política. Para captar estos tipos, los tests solo serán auxiliares secundarios. El maestro sabrá por intuición y por experiencia clasificar a sus alumnos en los "tipos".

• • •

El esquema ha cerrado. El escolanovismo de los 40' fué incorporado al discurso oficial. Era un escolanovismo reducido a una modernización de los métodos de enseñanza, que otorgaba valor al trabajo colectivo, en equipos y llegaba a afectar resoluciones "normalizadoras" tales como la disposición del mobiliario de salón de clases[117] y el uso de los espacios libres. El ensamble fué posible por el lado del espiritualismo, no del valor y el concepto *"trabajo"*. Su ausencia en los textos sobre filosofía de la educación, pedagogía y didáctica es asombroso si se tiene en cuenta el proyecto de desarrollo nacional industrialista, nacionalista y modernizante del gobierno peronista y el enorme valor que se le otorgó al trabajo en la nueva legislación, en el Primer Plan Quinquenal, en las disertaciones de Perón y en las publicaciones peronistas de propaganda o difusión. Esa ausencia es el límite del antirracionalismo y el ensamble es en realidad un punto nodal, un lugar vacío, un vahído que desbarranca al sujeto por múltiples caminos asociativos. Ese lugar es donde se juntan el esteticismo/ ausencia de racionalidad tecnológico-económica del proyecto del 80', el lamentable enlace entre educación práctica, técnica, laboral y discriminación educativa, los múltiples asesinatos de las culturas populares (es decir de *otras racionalidades)* y sobre todo la contingencia y su terror, es decir el vacío interior del inmigrante interno y externo, que no contaba con el orden del discurso católico de sus antepasados para garantizarle su futuro, ni con el orden del discurso positivista-estatal-patriótico que describe Escudé. El espiritualismo pedagógico no alcanza a representar aquel vacío porque es instantáneamente resignificado por dos invasores que le quitan su halo aristocrático: el Pueblo como categoría socio-política y la racionalidad progresista- industrialista introducida por los sujetos que detentaban el proyecto de la Nueva Argentina.

Citas y Notas

1. Laclau, Ernesto. New *Refletions on the Revolution of our Time* op. cit., p.214. Ver también De Ipola Emilio, *Ideología y discurso populista.* Folios. Mex. 1982.

2. La Universidad de Buenos Aires estuvo intervenida en este período durante 6 años, exceptuando el lapso que va desde el 24/4/45 hasta el 30/4/46. Los interventores fueron: Tomás D. Casares, designado el 2/10/43 (quien en su discurso de asunción subrayó la importancia del orden para pacificar los espíritus y en carta al ministro ultraderechista Gustavo Martínez Zuviría, afirmaba que no había una sola perturbación, salvo intentos aislados sin trascendencia); David Arias (9 de marzo-16 de mayo de 1944);Carlos Obligado (19/5-2/9/44); Carlos Waldorp (31/10/44-45). En1945 se designó Comisionado Nacional al Dr. J. Benítez, quien convocó a la Asamblea Universitaria de la que surgió el Dr. Horacio Rivarola como rector, quien permaneció en el cargo hasta la designación de Oscar Ivanisevich como interventor el 30 de abril de 1946. Vicerectores de Ivanisevich fueron sucesivamente: Dr. F. M. Bustos; DR. Agustín Nores Martínez; Ing. Carlos A. Emery (luego ministro de Agricultura del gobierno peronista) y Arq. Julio V. Otaola. La intervención terminó con el dictado de la Ley 13.031, reglamentada por decreto No. 9956 del 7/4//48 que sustituyó la ley 1597 de 1885. El rector nombrado de acuerdo a la nueva ley por el P.E.N. por el término de tres años fué el Arq. Julio V. Otaola. ver Benítez, Hernan. *"Status" de la Universidad.* Revista de la Universidad de Buenos Aires. Instituto de Publicaciones. Buenos Aires, abril-junio, 1949

3. Oscar Ivanisevich nació en 1885, murió en 1981, egresó de la Facultad de Ciencias Médicas de la UBA en 1918 y llego al cargo de titular de clínica quirúrgica en 1942. En 1945 renunció por su enfrentamiento con las fuerzas reformistas, especialmente por disentir con la participación estudiantil en el gobierno de la Universidad. Fué profesor extraordinario de la Facultad de Ciencias Médicas de la Universidad Nacional Autónoma de México en 1935. Su carrera política ha sido descripta en el texto de este trabajo. Debe agregarse que fué escritor y poeta, destacándose entre otros su "Hidatidosis Osea" (1934) que fué premiada por la Facultad de Ciencias Médicas y por la Comisión Nacional de Cultura y "Rindo Cuenta" (1973)

4. Ivanisevich, Oscar. *Rindo Cuenta.* Bs.As., 1973, p.224 (fotocopia)

5. ibidem p. 234

6. ibidem,p. 224

7. Ivanisevich, Oscar. Presentación a la Conferencia del embajador Extraordinario del Ecuador, el 10/6/46, en *Rindo cuenta,* op cit

8. ver Perazza, Roxana. *El movimiento reformista y la extensión universitaria: su articulación con la sociedad (1945-1955)* Informe final de la beca de iniciación del CONICET, marzo 1988, (mimeo)

9. Ivanisevich, Oscar Conferencia en el Círculo Militar, en Rindo Cuenta, *op cit.* 234

10. Testimonio de A.P.

11. Ivanisevich, Oscar, La Libertad: su proceso histórico. Presentación a la conferencia del Embajador Extraordinario del Uruguay, en *Rindo cuenta,* op cit p. 246

12. Ivanisevich, Oscar. Presentación a la conferencia "El sistema económico de la revolución", pronunciada por el Dr. Carlos Ibarguren el 18 de junio de 1946, en el salón de actos del colegio Nacional de Buenos Aires, en Rindo Cuenta, op *cit,* p.252

13. Maresca, Silvio. El Congreso de Filosofía de 1949 y la filosofía argentina, en Maresca S. *En la senda de Nietzsche,* Catálogos, Bs.As., 1991.

14. Ivanisevich, Oscar. *Discurso de S.E. el Señor ministro de Educación, Profesor Dr. Oscar Ivanisevich.* en Actas del Primer Congreso de Filosofía. *op. cit.*

15. Belisario Gaché Pirán nació en Buenos Aires el 5/1/1908; se graduó de escribano en 1929 y de abogado en 1938 en la Facultad de Derecho de la UBA. Fué secretario de juzgado federal entre 1932 y 1942; procurador fiscal general entre 1942 y 1944; juez federal entre 1944 y 1946; ministro de justicia e instrucción pública de la Nación entre 1946 y 1949 y ministro de justicia de la Nación entre 1949 y 1952.

16. Jorge Pedro Arizaga nació en Bragado el 20/3/1903; fué profesor de la Escuela de Comercio del Sud en 1928; de las Escuelas Raggio de la municipalidad de la ciudad de Buenos Aires, de la Armada Nacional a bordo del crucero "Buenos Aires" y en la 3a. región naval entre 1928 y 1929 y del Colegio Nacional de Buenos Aires. Fué Secretario de la Comisión de Didáctica del C.N.E. en 1930 y del C.E. N° 20 desde 1930 hasta 1941. Ejerció como miembro del Consejo General de la Provincia de Buenos Aires en dos períodos, durante los cuales fué vicepresidente 1o. de ese cuerpo y de la Comisión de Reforma Escolar de la Provincia, entre 1937 y 1939. Viajo a España e Italia invitado por los gobiernos para dar a conocer las bases de la educación argentina en 1948. Fué Director General de Escuelas interino de la Provincia de Buenos Aires y subsecretario de Instrucción del ministerio de justicia e Instrucción de la Nación entre 1946 y 1949. Luego, desde 1949 fué Inspector de Enseñanza Primaria de la Nación. Dirigió la revista pedagógica "Crónica Educacional". Fué autor de la obra: "Hacia una educación nacional argentina" (1949) y coautor de "La reforma escolar bonaerense" (1937). Recibió la distinción Cruz de Alfonso el Sabio de España.

17. Arizaga, Jorge P. *Aplicación del Plan de Gobierno en la Enseñanza Primaria.* El Monitor. Año LXVI, Nos. 847-900, sep-dic 1947, pg.36 y R.A. Ministerio de Justicia e Instrucción Publica, Bs.As., 1991.

18. ibidem

19. ibidem,p.36

20. ibidem,p.38
21. Según Arizaga: Argentina, 54,5 escuelas por 10.000 habitantes Estados Unidos 51,8; Nueva Zelandia, 47,7; Inglaterra, 41,7; Bélgica, 41,4. Citando datos de Lorenzo Luzuriaga, agrega que la Argentina posee 49,8% de escuelas públicas por cada 10.000 habitantes, en tanto Suecia 48,9; EEUU 46,7; Inglaterra 41 y Suiza 33. Además, Argentina tiene 132,2 alumnos en escuelas primarias por cada 1.000 habitantes, siendo así uno de los países mas favorecidos en el rubro; tiene el segundo lugar en maestros por escuela, después de Alemania. Pero al mismo tiempo, de 773.117 inscriptos en 1er. grado en 1937, se inscribieron en 2o. 357.762; en 3o. 267.825; en 4o. 200.414; en 5o. 132.831 y en 1942 se llegaron a inscribir en 6o. 107.565. La pérdida es del 86%. El mismo discurso da cuenta de la existencia de 13.000 escuelas y 67.000 maestros en todo el territorio nacional. Arizaga, J. "Aplicación del Plan de Gobierno en la Enseñanza Primaria" op *cit*
22. Arizaga, J. op *cit*, p.47 y Arizaga, J. *La enseñanza media en el plan de gobierno*. Boletín de Cultura, Ministerio de Educación. 1947, p.24 (en fotocopia)
23. ibidem, p.43
24. ibidem,
25. ibidem,p. 52
26. Arizaga J. P. *La enseñanza media en el Plan de gobierno* Boletín de Cultura, Ministerio de Educación, Buenos Aires, 1947, p.24
27. ver en el tomo III de esta serie las referencias a trabajos de Jesualdo.
28. Arizaga, J. P. "Aplicación del Plan...", op *cit, p. 46*
29. Arizaga, J. P. "Aplicación del Plan.."*op cit, p.48*
30. Arizaga, J. P. "Aplicación del Plan..." *op.cit. p.49*
31. Arizaga, J. P. "Aplicación del Plan..."*op cit, p. 50*
32. Moderglia, Miguel.*17 de octubre*, discurso publicado por El Monitor Año LXV, No. 885, p.3
33. ibidem
34. Escudé, C. "El fracaso...",*op cit , p.156*
35. Ivanisevich, O. Rindo Cuenta. *op cit*
36. Ivanisevich, Oscar. Conferencia *en el Circulo Militar, en Rindo cuenta. Bs.As. 1973, p.221*
37. ibidem, p.223
38. ibidem, p. 224
39. ibidem, p. 226
40. ibidem,
41. ibidem, p.228
42. ibidem,p.229
43. ibidem,p.228
44. ibidem,p.229
45. ibidem, p. 231

46. ibidem p. 236

47. Gaché Pirán, Belisario._*Conferencia* pronunciada por LRA Radio del Estado, el 16/12/46, publicada por El Monitor, Año LXV,Nos. 887 y 888, nov.,dic. 1946, p.17

48. Perón, J. D. Discurso pronunciado en la ceremonia inaugural del año lectivo, el 19 de marzo de 1948, en *Habla Perón* Ediciones Realidad Política. Buenos Aires, 1984, p. 162

49. Perón, J. D. Discurso pronunciado en el almuerzo de la Confederación de Maestros y Profesores Católicos, el 12 de octubre de 1946, en "Habla Perón", *op cit,* p.163 ver tambbién investigaciones de Sandra Carli la Historia de la Infancia en la Argentina (1945-1955), que es parte de su trabajo como becaria del CONICET y en el proyecto APPEAL, sede Argentina, Instituto de Ciencias de la Educación, FFyL, UBA.

50. Perón, J. D. Ante el Congreso de la Nación, explicando el Plan Quinquenal, 21/10/1946; En el acto inaugural de la biblioteca de la CGT, 12/4/1947, en Habla Perón, *op cit ,* págs.164,166

51. Perón, J. D. Almuerzo de la Confederación de Maestros y Profesores Católicos, en "Habla Perón", *op.cit.,* p.163

52. Carlos Astrada nació en Córdoba en 1894. Estudio derecho y Ciencias sociales en su ciudad natal y filosofía en las universidades alemanas de Colonia y Friburgo. Se desempeñó como profesor en la Universidad Nacional de La Plata siendo profesor de psicología en su Colegio Nacional, titular de ética en la Facultad de Humanidades desde 1939. Fué también profesor de filosofía en el Colegio Nacional de Buenos Aires desde 1939. Colaboró con el diario La Nación y con las revista SUR y Nosotros. Entre otros trabajos de su autoría se destacan "El problema epistemológico en la filosofía actual" (1927); Hegel y el presente (1931); El juego existencial(1933); "La ética formal y sus valores" (1938); "Ser, humanismo y existencialismo"(1949); "La revolución existencialista (Hacia un humanismo de la libertad)" (1953).

53. Astrada, Carlos. "El existencialismo, filosofía de nuestra época", en Actas... *op cit,* p.358

54. Derisi, Octavio Nicolás, "Fenomenología y ontología de la persona", en "Actas... *op cit, p.*299

55. Ibidem, p. 354

56. Años después Astrada se acercaría al marxismo y, en conversaciones con Rodolfo Puiggrós hablaría de una "tercera posición" combinando existencialismo y marxismo. (Testimonio de A.P.)

57. Benítez, Hernán, "La existencia auténtica", en "Actas..." *op cit,* p.371

58. Benítez, H. *op cit,,*p. 382

59. Ibidem, p.381

60. Ibidem, *p.* 383

61. Cirelli, Alberto D., "Metodología de la enseñanza de la filosofía desde el punto de vista antropológico", en "Actas..."*op cit,* p.1777.

62. Fasce, Horacio A.*Por una didáctica de la vocación y del esfuerzo*, "Actas...", *op cit* p.1798

63. Victor Garcia Hoz formó parte da la que Ortega y Gasset llamó "generación de 1936", que fué dividida por las posiciones enfrentadas durante la guerra. Garcia Hoz fué uno de los dos primeros dos graduados como licenciado en pedagogía de Madrid, junto con Luis García Pastor. ver Claudio Lozano. La *educación Republicana*. Universidad de Barcelona, Barcelona, 1980

64. García Hoz, Victor, "Concepto cristiano de la escuela de la vida", en "Actas..."*op cit,* p.1803

65. ibidem,p. 1805

66. ibidem,p. 1807

67. ibidem

68. ibidem, p.1808

69. González Alvarez, Angel, "La esencia de la Educación", en "Actas..."*op cit,* p.1809

70. ibidem,p. 814

71. Santos, Delfim, "Pedagogía como ciencia autónoma", en "Actas..."*op cit,* p.1829

72. Maresca, S. *op cit, p. 298*

73. *Alberini Coriolano* nació en Milán 1886 y murió en 1960.- considerado como el más importante de los superadores del positivismo argentino. Alberini, denuncia duramente el diletantismo filosófico y a ciertas partes seudoespiritualistas. Entre sus libros y artículos se destacan: Introducción a la axiogenia (1919), La filosofía alemana en la Argentina (1930), La metafísica de Alberdi (1917). Ocupó durante tres períodos el decanato de la Facultad de Filosofía y Letras el último de los cuales finalizó en 1940. Conjuntamente con Korn, participó en forma activa durante los decanatos en el llamado movimiento Novocentista y en 1918 apoyó al movimiento de la Reforma Universitaria. Intervino de manera decisiva en los decanatos de Korn y de Rojas, en Filosofía y Letras. Fué profesor de Filosofía durante más de veinticinco años en nuestras casas de altos estudios, y en un período aún inundado del positivismo de Spencer, Comte, introdujo un nuevo espíritu con Croce, Gentile, Bergson, Windelband, Cohen y otros eminee de Escuelas N mal s (1935-1944), profesor y Decano de la Facultad de Hum*anida*des y C enc as de la Educación de la UNLP, profesor emérito y Vicedecano de la F cultad de Filosofía y Letras (FFyL) de la UBA, Rector Institu o Superior del Profesorado Secundario (desde 1922), Director Ge eral de Enseñanza Secundaria, Media y Especial (1954-1955); profeso extraordinario de metodología y legislación escolar en la Facultad de Humani ades y Ciencias de la Educación en la UNLP (1922-47); profesor de ntroduccióavis de The American University, Washington; "Para una didáctica de la vocación y del esfuerzo", por Horacio A. Fasce de la Universidad de Buenos Aires; "Concepto cristiano de la escuela de la

vida", por Victor Garcia Hoz de la Universidad Central de Madrid; "La esencia de la educación" por Angel González Alvarez de la Universidad de Murcia; "Descartes y la pedagogía", por Elisabeth Goguel de Labrousse, de la Universidad Nacional de Tucumán; "Filosofía realista de la educación argentina", por Diego F. Pro y Juan Carlos Silva, de la misma universidad; "Pedagogía como ciencia autónoma", por Delfim Santos de la Universidade de Lisboa y "L'Educazione umana nel sistema esistenzialistico", por Luigi Stefanini, de la Univertita di Padova.(Actas... op *cit,*p.2194). De los autores extranjeros, estuvieron presentes Delfim Santos, Harold E. Davis, Victor Garcia Hoz, Angel González Alvarez y envió su ponencia Luigi Stefanini.(*ibidem,* p.23-37)

76. Juan Emilio Cassani nació en 1896 en Lincoln, Pcia. de Bs.As.. Estudio en la Escuela Normal de La Plata y luego en el Profesorado de Pedagogía y Ciencias Afines de la Universidad platense (UNLP), donde, en 1922 obtuvo el primer grado de Doctor en Ciencias de la Educación del país. Entre sus primeras actividades fué director de curso en la escuela de artes y oficios de Bs.As. (1916); fué interventor de la Escuela de Bellas Artes(1934-37) y de la Facultad de Medicina Veterinaria (1941) de la UNLP; profesor e Inspector de Enseñanza Secundaria, Normal y Especial e Inspector Jefe de Escuelas Normales (1935-1944), profesor y Decano de la Facultad de Humanidades y Ciencias de la Educación de la UNLP, profesor emérito y Vicedecano de la Facultad de Filosofía y Letras (FFyL) de la UBA, Rector Instituto Superior del Profesorado Secundario (desde 1922), Director General de Enseñanza Secundaria, Media y Especial (1954-1955); profesor extraordinario de metodología y legislación escolar en la Facultad de Humanidades y Ciencias de la Educación en la UNLP (1922-47); profesor de Introducción a la pedagogía en la FFyL, UBA (1944-45). Por su iniciativa se creó en 1936, siendo decano Coroliano Alberini, el Profesorado en Pedagogía de misma Facultad, donde también organizó y dirigió por más de veinticinco años el Instituto de Didáctica (hoy Instituto de Ciencias de la Educación). Se retiró de la función pública en 1955, pero fué designado profesor emérito de la FFyL de la UBA durante la dictadura de Onganía, en 1971 y repuesto en el cargo de Profesor investigador de la misma Facultad durante la dictadura de Videla, en 1977. (AS y Manganiello, Ethel, Historia *de la Educación Argentina. Método generacional.* Librería del Colegio. Bs.As. 1980

77. Juan Mantovani nació en Santa Fe el 14/11/1896. Estudió en la Escuela Normal Rural de San Justo, su ciudad natal y luego siguió en la Escuela Normal Mariano Acosta de Bs.As. y en la Facultad de Humanidades y Ciencias de la Educación de la UNLP. Entre otros cargos, fué profesor de pedagogía, psicología y lógica de la Escuela Normal de Profesores de la Capital (1921-1932); en Santa Fe, inspector general de Escuelas (1928-29) y Ministro de instrucción pública y

fomento (1936-41); rector y profesor del Colegio Nacional de Adrogué (1930-31); profesor de Ciencias de la Educación (1928-46); director del Departamento de Ciencias de la Educación de la Facultad de Filosofía y Letras de la UBA; profesor de didáctica general (1928-42) y de filosofía de la educación ((1941-46) de la Facultad de Humanidades y Ciencias de la Educación de la UNLP; profesor del Instituto Nacional del profesorado secundario, Inspector General de Enseñanza Secundaria, Normal y Especial (1932-38)

78. Cassani, Juan E., Fundamentación filosófica de la pedagogía argentina, en "Actas...",op *cit, p.1173*

79. interpretamos que el autor se refiere a sistemas pedagógicos completos, que dan cuenta de sus bases filosóficas

80. ibidem, p.1775

81. Junto a Gentile actuaron, además de los autores ya nombrados, Victor Fazio Allmayer, Mariano Maresca, Guido Santino, Michele Losacco, Guido de Rusggiero, Luigi Ventura, Mario Casotti y A. Carlini, entre otros. Ortiz de Montoya, Celia. *Los nuevos métodos pedagógicos* Instituto Social de la Universidad del Litoral, Santa Fe, 1932; Santoni Rugiu *Storia Sociale dell'Educazione* Principato editore, Milano, 1979

82. Santoni Rugiu,*op cit,* p.613-617.

83. Hyppolite Jean, "Vie et philosophie de l'histoire chez Bergson", en "Actas..." op *cit,*p. 915-921

84. Roig, Andrés Arturo, *Los krausistas argentinos Ed. Cajica, Puebla (México), 1969*

85. Cassani, Juan Emilio. *Didáctica general de la Enseñanza Media, Libreria* del Colegio ,Bs.As. 1978, p.25

86. ibidem,p. 26

87. Manganiello, E. *op cit.p.* 198 y ver también Cirigliano, Gustavo. *Educación y futuro.* Columba, Bs.As., 1967

88. Cassani, J. "Didactica..." p.43

89. Cassani, ibidem

90. Cirigliano, Gustavo. Educación *y futuro,* Nuevos Esquemas, Buenos Aires, 1967

91. Cassani, J., "Didáctica..." *op cit,* p.80

92. Cassani, Juan E., "Fundamentación filosófica de la..." *op cit, p.* 1776

93. Cassani, J., "Didáctica..." *op cit,* p. 186

94. ibidem, p.192

95. Cassani, Juan Emilio, *Doctrinas pedagógicas de Sarmiento,* en Revista Humanidades, Número de homenaje a Sarmiento en el cincuentenario de su muerte, Facultad de Humanidades y Ciencias de la Educación, UNLP, 1938, Tomo XXVI: Filosofía y Educación. La revista estaba dirigida por Alfredo D. Calcagno y era secretario de redacción Juan José Arévalo.

96. Cassani, J. "Doctrinas..."op *cit,* p. 63

97. ibidem,p. 71
98. Cassani, Juan Emilio, Las *ideas educacionales de Bernardino Rivadavia,* Revista de la Universidad de Buenos Aires, 3a. época, Año III, No. 4 Bs.As., oct-dic, 1945
99. Cassani, J. "Las ideas educacionales..." op *cit,* p.220
100.   Cassani, J., ibidem,
101.   Sarmiento, D.F., *Educación popular, Obra completa.* Luz de Día Bs. As. 1950. T. IX.
102.   Cassani, J. "Las ideas educacionales..." *op cit ,* p.228
103.   Artieda, et al *La educación en las provincias y territorios nacionales,* Galerna, 1993, tomo IV de la "Historia de la Educación en la Argentina"
104.   Hugo Calzetti fué profesor adjunto de Ciencias de la Educación y adscripto honorario al Instituto de Didáctica en la Facultad de Filosofía y Letras de la UBA. Fué Jefe de la Sección biblioteca de la Oficina de Información del Consejo Nacional de Educación, miembro del Museo Social Argentino y profesor en la Escuela Argentina Modelo. (Calzetti, H. "Elementos de Pedagogía", *Didáctica general y especial del lenguaje y las matemáticas. ,*Ed. Angel Estrada, Bs.As., 1991).
105.   Abbagnano N. y Visalberghi, A *Historia de la Pedagogía,* FCE, Mex., 1957, p.307
106.   Calzetti, H. "Didáctica..." op *cit,* p.218
107.   Ibidem, p.40
108.   ibidem, p.49
109.   ibidem, p.45
110.   Dezeo, Emilia C.y Muñoz, Juan M., La *enseñanza del lenguaje gráfico,* Ferrari Hnos. Bs.As., 1936
111.   Braslavsky, Berta, *La querella de los métodos en la enseñanza de la lectura,* Kapeluz, Bs.As.,1962
112.   Calzetti, Hugo, *Didáctica Especial,* Ed. Estrada, BS.As. 1941, Tercer volúmen.
113.   ibidem, p, 370
114.   ibidem ,cap IX
115.   ibidem, p.332
116.   ibidem,p. 336
117   ibidem, pgs.68, 69,

Los discursos de los docentes y la organización del campo técnico-profesional

Las demandas de los docentes

Corporativos durante el yrigoyenismo, los docentes apoyaron a Uriburu y adoptaron distintas posiciones a lo largo del período peronista. Establecimiento del Estatuto del Docente, aumentos salariales y participación en la política educativa, eran los reclamos principales de las organizaciones gremiales. Tales demandas pueden desagregarse como sigue:

—*Campo técnico-profesional:* cuestiones referidas a la diferenciación interna y externa y al ordenamiento de la función docente, a la reglamentación del ejercicio profesional, que incluía el régimen de ingreso a la docencia y promoción por concurso; a la uniformización de la capacitación para la enseñanza, a la distribución de tareas y a la legitimación de una relación estable y reglamentada entre funciones, status, remuneraciones y cargos en el sistema educativo, y capacitaciones adquiridas, antigüedad en la docencia y otros elementos distintivos; la revalorización, recalificación y reubicación de educadores y educandos que estaban en lugares marginales del sistema estatal o fuera de él. [1]
—*Inclusión de los grupos que quedaban afuera del sistema educativo estatal,* tales como los hijos de los sectores más

pobres; los analfabetos adolescentes y adultos; los clasificados como deficientes por razones diversas (físicas, psicológicas o sociales); los presos y los delincuentes.

Inclusión en el sistema de instrucción pública de las zonas aún no cubiertas, por ejemplo las regiones fronterizas y las rurales de difícil acceso a los centros escolares establecidos.

—*Inclusión en el sistema de educación pública de nuevas modalidades,* entre otras la capacitación de oficios y técnica, la educación física y de la salud; los deportes y la recreación.

—Respeto a la ley 1420, en especial al laicismo.

Estos pedidos se realizaron desde un marco de consenso en demandar una centralidad en la acción del Estado nacional, que superó con creces la ambición de la burocracia del sistema educativo generada en la República Conservadora. Los viejos positivistas hacedores de la normalización escolar de principios de siglo, impulsaban el desarrollo de un sistema de difusión de la cultura desde el centro neurálgico del poder nacional hacia la periferia, pero sobre la base de una población previamente seleccionada. Víctor Mercante y Rodolfo Senet, entre muchos otros, hicieron suya la preocupación en boga a finales del XIX y principios de XX en los países modernos, de encontrar formas permanentes y universales de clasificar la población, que permitieran establecer cadenas de equivalencias entre síntomas de adaptabilidad e inadaptabilidad escolar y agrupar así diversas categorías de *educables* o *ineducables.* La construcción del sistema escolar era para los pedagogos positivistas una operación de división de la población y de equiparamiento de los grupos resultantes con el capital cultural diferenciado que debía transmitírseles. Algunos eran excluídos de las escuelas comunes y se recomendaba su inscripción en establecimientos especiales; la educación de grupos como los adultos, era considerada fuera de las obligaciones del Estado. El movimiento organizador del sistema no era inclusivo de esos sujetos porque un discurso hegemónico engarzaba dentro de la lógica del liberalismo oligárquico la pedagogía de los normalizadores y la de los democrático-radicalizados; porque el sistema educativo liberal clásico, modelo instalado en la Argentina, es centralmente estatal y porque la decisión oligárquica fué utilizarlo como vía para la imposición del patriotismo y la ciudadanía, a los fragmentos político-culturales dispersos introducidos por la inmigración y a los restantes de la vencida cultura popular argentina. Aquel discurso no era centrípeto, pero partía de una escena fundante, la del indio latinoamericano postrado frente a la palabra impuesta, aquella del cadáver indígena y la sangre del gaucho yaciendo bajo los cimientos de la escuelita sarmientina. No excluía a la población previamente seleccionada, sino que partía de una escisión previa: un pedazo de la sociedad no era considerada "población".

Los docentes de los años 40' aspiraban a la delegación de responsabilidades educacionales en un Estado que proporcionara servicio educativo a toda la población, sin discriminaciones. Hacían consideraciones positivas acerca del gobierno como ordenador y legislador de la educación y no imaginaban a la sociedad civil resolviendo por si misma, o al menos actuando desde un rol predominante en la solución de problemas del campo educacional. En las publicaciones docentes de la época se encuentran pocos rastros de aquellos elementos autogestionarios que estuvieron presentes en la sinuosa línea que une a los viejos krausistas de fines del XIX con los educadores anarquistas, los *escolanovistas* y el movimiento reformista. Las ideas de María Montesori, John Dewey u Ovide Decroly, se encuentran incorporadas al discurso de la escuela pública en los lugares más remotos del país. Pero a comienzos de los 40', la posición proestatista de los maestros se combinaba con un profundo temor respecto a la forma en la cual el gobierno ejercía las funciones que los propios maestros le iban adjudicando o reconociendo. Un hecho anecdótico, el traslado del Inspector Horacio Ratier[2] de su cargo en la seccional Patagonia de los Territorios Nacionales, al Chaco, nos permite visualizar el clima de las relaciones entre los docentes y la burocracia educativa gubernamental. En carta enviada por Horacio Ratier al Dr.Florián Oliver, Inspector General de Escuelas de Territorios, y fechada en Resistencia el 28 de diciembre de 1943 se expresa la aprensión hacia los funcionarios políticos que ocupaban cargos en la estructura ministerial, típica del magisterio en la época, y *la reivindicación de tales espacios por parte del sector.* Dice Ratier:

"Es la oportunidad de expresar al señor Inspector General que, a medida que avanzo en la vida profesional, más me convenzo de la necesidad de perfeccionar nuestro acervo profesional mediante una disciplina cultural que, lamentablemente, no se puede cumplir en estos medios.(...) Y fuera una medida conveniente, de la

superioridad —como ocurre en el orden médico o militar—
el que funcionarios superiores, cumplieran un curso
especial de perfeccionamiento *que sirviera para ratificar
o rectificar su suficiencia funcional y determinar así,
selectivamente, su real jerarquía.* "[3](el subrayado es de
los A.)

En el periódico SUR[4] aparecen dos artículos de protesta
contra el traslado de la sede de la Inspección de Viedma a Gral
Roca y de Ratier al Chaco. En el primero, editorial del diario, se
sostiene que la cabecera del distrito escolar debe quedar donde
está, por ventajas en las comunicaciones, concentración de las
escuelas, etc. En el segundo, se lamenta el traslado del Inspector
y se destaca su labor en relación al desarrollo de bibliotecas,
comedores escolares y del Rotary Club. Ratier, en cambio, en su
carta al inspector Oliver, destaca entre la labor realizada
durante el año 1942, haber implantado el teatro de títeres[5], haber
dictado conferencias sobre el tema en las universidades del Sur
y de Bahía Blanca, y en su carácter de delegado de la Cátedra
Sarmiento en la filial del Colegio Libre de Estudios Superiores
de Viedma, haber desarrollado la Biblioteca Pedagógica y la
sección infantil de la Biblioteca Popular Bartolomé Mitre,
poniendo en marcha actividades como la "hora del cuento", el
cinematógrafo y los títeres; haber realizado juegos infantiles en
las actividades patrias, en su carácter de presidente del Rotary
Club en 1942 y 1943, asi como haber propuesto y alentado la
cooperativa de electricidad de Viedma; el comedor escolar, las
cooperativas infantiles en las escuelas, haber fundado el centro
"El Magisterio", promovido el dictado de cursos de filosofía en
la Inspección Seccional y centros culturales de maestros en el
interior del territorio de Río Negro. Recuerda también algunas
iniciativas que estaban a medio camino y que supone que ya no
se llevarían a cabo a raíz del traslado de la seccional. Entre ellas
menciona el "Refugio Raúl B.Díaz" de Bariloche y la colonia de
vacaciones en la playa de La Boca, (Viedma).

En otra carta, fechada en Viedma el 27 de mayo de 1943,
dirigida por Horacio Ratier al Dr. Florián Oliver,(funcionario
capitalino de la Dirección General de Escuelas de Territorios, y
propulsor del establecimiento de un curriculum único para
todos los establecimientos de su jurisdicción y de las provincias[6]),
el remitente responde a un pedido formulado por Oliver[7]. Dice
que le fué necesario visitar personalmente la Escuela-hogar

nacional No. 147 de Las Bayas, donde encontró que el meritorio maestro, Sr. Montarcé, había llevado a un muy buen éxito la empresa, pero sin embargo mandaría sus "Impresiones" por carpeta privada, porque...

> "No sé hasta qué punto debo protestar oficialmente por ciertos aspectos que, sinceramente, rebelan. Sé que Ud. las aceptará; pero no conozco el efecto de las mismas en el ánimo de otras autoridades"

A continuación, ante una interrogación de su superior que decía:

> "No avisó la clausura de escuelas por la epidemia. Se olvidó? Esperaba telegrama y luego nota, pero no llegó ni aquel ni éste. Saludos a Díaz, Fernández y los suyos. Su amigo..."fdo.F. Oliver[8]

Ratier respondió:

> "Clausura escuelas de Viedma:No avisé por nota ni telegráficamente porque es rutina el comunicar cada fin de mes las clausuras, con las planillas descriptivas de práctica. Es necesario avisar telegráficamente toda clausura? Además, estas medidas emanan de una autoridad municipal y en ese caso nos resignamos a acatarla, más cuando de poliomielitis se trata. No obstante, y en el deseo de cumplir con mi Superioridad, le agradeceré si en todos los casos debo comunicar telegráficamente o por nota, sin esperar a fin de mes como hasta ahora se hizo.
> "*Asunto Villa Regina*
> Apenas regrese el visitador Hernández, que anda en jira por el Sur, lo mandaré a Villa Regina para investigar los cargos que se formulan a los maestros, de parte de una entidad nacional,. Es enojosa la virulencia, pero no habrá más remedio que afrontarla.
> *Las fiestas patrias en Viedma se cumplieron en absoluto silencio en cuanto a discursos, pues los oradores designados se negaron a aceptar la censura policial dispuesta a último momento por el Ministerio de Interior. No estamos acostumbrados los argentinos a estas censuras*".[9] (el subrayado es de los A.)

En una conferencia pronunciada por aquellos años[10] y transcripta en el boletín mimeografiado de la institución capitalina denominada Casa para los Maestros, Rosario Vera Peñaloza señala que, dado su experimentado auditorio, se ve precisada de poner a su consideración observaciones y temperamentos que convengan

> "a la situación de los maestros en la hora actual, que es en sí, acaso el más difícil de la historia profesional, dentro de nuestro país"

Sostiene la señorita Peñaloza que múltiples motivos de orden ético, cultural, político, social y económico, se asocian para hacer difícil la labor del maestro, que está obligado a moverse en un medio que, desde un tiempo atrás, le es hostil. La política conspira contra la ética y el entusiasmo de los docentes, que con justicia se preguntan para qué seguir...si nadie valoriza su trabajo...si vale más la "cuña política" que el esfuerzo de superación. Denuncia que la superproducción de maestros, que queda en evidencia ante los egresados de escuelas normales que están desocupados, es causada por la falta de escuelas donde puedan ejercer la función para la cual fueron capacitados. También, afirma, esa imagen de exceso está causada por las migraciones de maestros que se producen en gran escala de las provincias pobres, hacia las provincias ricas, donde cobran sueldos más altos. Otro de los males es la desigualdad entre las escuelas nacionales en provincias (las regidas por la Ley Láinez, 4874/1905) y las dependientes del gobierno local, que determina una corriente de aspirantes hacia las primeras. "Y todavía, como si fuera poco", agrega la conferencista, el maestro no tiene una ley de estabilidad que lo ampare, y puede ser sustituído en cualquier momento si algún miembro de su familia se permitió militar en partidos de oposición, o "simplemente porque se necesitaba el puesto para sus adeptos". Preocupaciones como el escalafón ,la jubilación, etc. han despertado, según Vera Peñaloza, movimientos por parte de círculos sociales, acaloradas discusiones en congresos pedagógicos y se han hecho llegar a las autoridades diversas formas de protesta, habiéndose conseguido muy poco de positivo. Propone, finalmente, organizar, a partir de la Casa del Maestro, una entidad nueva que se llamaría "Defensa Nacional del Magisterio", a la cual se asociarían instituciones menores ya existentes y que representaría al conjunto.

De acuerdo a la lectura de los diarios de la época,[11] en los años 1945-1949 se registran demandas continuas del magisterio, que los órganos de prensa asumieron como propias en varias circunstancias. Entre otras pueden señalarse, el apoyo de La Prensa al pedido de aumento de sueldos al magisterio, mediante un editorial que destaca que los salarios docentes son inferiores a lo determinado por el escalafón, y en cambio se ha aumentado continuamente el de funcionarios. La queja va también dirigida hacia la desigualdad entre los salarios docentes provinciales, vergonzosamente bajos respecto a los nacionales. La situación económica de los maestros provinciales es reiteradamente reclamada por La Prensa. Menor es la preocupación de La Nación por el tema salarial, pero en cambio comparte con La Prensa el diagnóstico sobre la situación en la cual comenzará el año lectivo 1945: se habla de desorden en el nivel secundario, de inseguridad en el desarrollo de la enseñanza por no haberse llenado sino parcialmente los cargos directivos vacantes, de imprevisión en la programación de acuerdo al número de estudiantes ingresantes, de falta de planificación frente al crecimiento desmedido de las escuelas normales de mujeres y las de profesores secundarios, y del atraso en la atención gubernamental por el desarrollo de la educación técnico-profesional. Una preocupación del diario La Nación que ya aparece en esta época, es la cantidad de feriados que interrumpen el ciclo escolar, así como las excesivas licencias otorgadas a los docentes. Respecto a concesiones hechas por la administración pública a los educadores, en ciertas ocasiones La Prensa también adhiere a su rechazo. Por ejemplo, cuando le irrita que se perdonen los embargos de sueldos a maestros y profesores, que, en algunos casos, se deberían a deudas comprensibles, pero en otro, al decir de La Prensa, eran producto del despilfarro y el juego. El maestro, opinaba el diario de los Gainza Paz, no era alguien que podía acumular deudas con el joyero y el peletero, sino que debía llevar una vida acorde con su *Apostolado*.[12]

En noviembre de 1945, La Prensa avanza en su liberalismo hasta posiciones peligrosas, proponiendo la instauración de *Consejos Escolares de Escuela* que, constituídos por padres y — dicho con menos fuerza— posiblemente también por alumnos, colaborasen en la dirección de los establecimientos escolares.

Aclara el artículo que no se trata de gente puesta a las órdenes de los directivos, sino de una forma de llenar un vacío entre la escuela y el hogar. Destaca el valor de la opinión y la experiencia de los padres de familia para observar y ayudar a corregir deficiencias en la enseñanza. Termina diciendo que:

> "los consejos resultarán cuerpos de origen e índole esencialmente democrática y serán los verdaderos lazos de unión entre los educadores y los hogares. Debe preveerse el caso en que los consejos tengan algún conflicto o rozamiento molesto con la autoridad de los institutos de enseñanza y establecer que en tales casos intervendrán las imposiciones técnicas para que la armonía sea reestablecida o removidos los obstáculos que impiden tal propósito. Lo que decimos de la prescindencia oficial es muy importante, pues no se trata de fundar y mantener organismos que sirvan exclusivamente a los fines del Estado, sino a la mejor organización y marcha de la enseñanza pública(...).[13]

La Prensa señala en la misma época han pasado por el Consejo cuatro interventores en un año y medio, el tercero de los cuales llevó el desasosiego a 40.000 hogares al declarar en comisión a todo el magisterio nacional y cesantes a 400 funcionarios escolares (inspectores, directores y maestros de grado). Reclama muy fuertemente que no se hayan seguido los procedimientos sumariales establecidos para tales casos. Se agrega en el mismo artículo que el gobierno ocultó los nombres de los cesanteados y que "pacientes y meticulosas búsquedas practicadas en publicaciones oficiales" permitieron a La Prensa reconstruir la lista de los afectados y las causas de su situación, entre las que se destacan:"actividades contrarias a los intereses fundamentales de la sociedad" e "inmoralidad y antecedentes judiciales". Pero el cronista sostiene que las verdaderas causas radicaban en la militancia de tales docentes y funcionarios en pos de una educación democrática, gratuita, obligatoria y *laica*, asi como antifascista.

Dice La Prensa que si trae a colación este asunto, ahora que hay un cuarto interventor en el Consejo, es porque se solucionó muy parcialmente el problema: 389 docentes habían sido los separados de sus cargos; 138 fueron reincorporados por la misma autoridad que los exoneró

"lo que prueba que no eran muy convincentes los motivos
invocados para condenarlos, ni muy ejemplar la justicia
que esa intervención administraba." [14]

El sucesor repuso a otros 115 en sus cargos, e informó que
seguía el asunto en estudio y que las acusaciones eran: por
mejor servicio; mal desempeño de sus funciones; antecedentes
policiales, delitos, faltas graves, inconducta, licencia
excedida,actividades antiargentinas, infracción al servicio militar, publicación de artículos contra el Ejército.

En noviembre de 1945, La Prensa defiende decididamente a
una de las principales asociaciones gremiales liberales, la
Confederación Nacional de Maestros. Dicha asociación denunciaba que un grupo de docentes impulsados por el Consejo
Nacional de Educación, hacia circular un petitorio y estaba
organizando un acto para recabar la aprobación de un aumento
de sueldos y una escala de ascensos automáticos, tanto por
antigüedad como por ascensos jerárquicos, para los docentes de
jurisdicción federal, que los colocaba en situación privilegiada
respecto al conjunto. Tales acciones, según la Confederación,
culminarían en un gran acto en el cual se elevaría el petitorio
al presidente de la República y al Secretario de Trabajo y
Previsión y se daría apoyatura a "determinadas candidaturas
políticas". La Prensa dice haber interrogado a los docentes
imputados, quienes informaron que entregarían el petitorio al
Secretario de Hacienda, pero reafirma la posición de la Confederación, a la cual califica de entidad "antigua y prestigiosa".
Sostiene el periódico que la independencia espiritual de los
maestros es "tanto o más importante que su relativo bienestar
material", y agrega:

"Ese juicio es digno de ser destacado y lo aprobara toda
la opinión libre y sana del país, empeñada en ver a los
funcionarios docentes en su verdadera posición de
instructores y guías de los estudiantes, de predicadores
de buena doctrina en materia de moral social y política
y de ejemplos vivientes de personas dignas y de
ciudadanos correctos, *que sólo se inspiraron en la letra y
el espíritu de la constitución y las leyes del país*. No es
fácil, ciertamente, mantener esa posición en la actualidad,
pues los maestros son presionados por toda clase de
intereses sectarios y electorales y *sostenidos dentro de*

sus propias filas, con menosprecio de la constitución, las leyes, la moral y el correcto ejercicio de la ciudadanía, en forma que expone a provocar la anarquía dentro de los centros de estudio. Pero no hay que desmayar por tales inconvenientes. El magisterio ha merecido siempre el aplauso del país y es preciso que, una vez más, mantenga esa posición con dignidad."[15]

En noviembre de 1946, La Nación editorializa el término del año lectivo, sosteniendo que nada ha cambiado desde la irregular situación creada por el régimen instalado en 1943, puesto que no se ha devuelto la autonomía al Consejo Nacional de Educación. Menciona que los cesanteos "acechan"y el abandono de las reglas del escalafón y del sumario y la falta general de estabilidad, inciden negativamente en el ánimo de los docentes. Tomando ahora el lugar de vocero de estos últimos, La Nación culmina el artículo diciendo que lo que la mayoría de nuestros educadores anhelan es el restablecimiento de la ley 1420.[16]

El problema de exceso de maestros y de aspirantes al magisterio, presiona al gobierno durante el primer período peronista. En 1946 se produce un movimiento de padres y alumnos, en contra de la implantación de un examen de selección para el ingreso al ciclo del magisterio. El gobierno había decidido suprimir en cada escuela normal una división de primer año, los padres rechazaban tal medida y el diario La Prensa se ponía del lado de los padres, pese a que, desde un año antes, había estado reclamando contra el exceso de maestros y la falta de previsión del gobierno al respecto. La policía intervenía amenazando con impedir cualquier manifestación publica.[17]En 1947, el periódico, siempre en su sección "Actualidad", retomaba la posición anterior y aplaudía por acertada la medida de selección.[18] Es necesario destacar que la enseñanza media normal paso de 48.794 alumnos en 1943 a 55.238 en 1948 y 97.306 en 1955, es decir que duplicó su población en este período. Vale la pena observar la relación entre enseñanza media pública y privada en el mismo período, porque se trata de un tema generalmente tratado a partir de pre-juicios más que de información empírica. En 1943, eran estatales el 61,87% de los establecimientos de enseñanza media normal y 38,13% los privados; en 1948 los porcentajes respectivos eran de 64,18% y 35,82%; en 1955, 69,35% y 30,65% . De tal manera, la cantidad de maestros que formaba la enseñanza privada fué menor y no mayor, al término del segundo gobierno peronista; de la misma manera, disminuyó porcentualmente, en su conjunto, la población de escuelas medias privadas[19].

Entre los numerosos petitorios, protestas y reclamos que el magisterio elevó durante estos años al gobierno, citaremos como ejemplo aquél que, en marzo de 1947, la Confederación de Maestros dirigió al interventor en el Consejo Nacional de Educación solicitando se regularizara la situación del sector. Reclamó especialmente por el eterno y reiterado problema de los cesanteados, incluídos aquellos para los cuales se había dejado sin efecto la medida pero no habían sido reincorporados a sus funciones; los traslados hechos sin cumplir los requisitos del reglamento; los daños en el haber y la carrera de los jubilados de oficio.[20]

Los docentes carecían de una organización nacional y de una dirigencia capaz de elaborar propuestas que fuera más allá de lo reivindicativo y de la defensa de la legislación liberal; su posición era eminentemente defensiva. Es posible plantear como hipótesis que hasta fines de los 40' grandes sectores del magisterio se mantuvieron en una posición ambigua, de expectativa y disconformidad ante la nueva forma que tomaba el Estado, pero al mismo tiempo siendo incapaces de generar un sujeto político alternativo. Otras formaciones que abordaran en colaboración con el Estado o en forma independiente la solución del problema educativo- cooperativas o corporaciones privadas, agremiación moderna y nacional, acuerdos cogestionarios entre docentes y la iniciativa empresarial, carecían de todo asidero real en la época y solamente pasaban por la imaginación de algunos trasnochados democrático radicalizados. El poder del Estado peronista(y muy especialmente el avance del Estado-Partido desde comienzos de los años 50') colocaba en crisis también la tradicional posición estatista de los docentes. Un punto máximo de esa crisis se presentaría años más tarde, en momentos tan decisivos como la votación de la derogación de la ley de enseñanza religiosa en 1955. En tal oportunidad el minoritario bloque radical se opuso a derogar aquello que había acremente censurado en 1947. La razón era obvia: sufragar a favor de la abrogación de la enseñanza religiosa era dividir el frente conspirativo contra el gobierno de Perón, que la Iglesia movilizaba de manera singular, y la UCR votó en 1955 contra la derogación de la ley de enseñanza religiosa, la 12.978/47[21]

La respuesta del gobierno al conjunto de problemas planteados por los educadores fué compleja. Un eje de su política educativa consistió en hacerse cargo de las responsabilidades que se le depositaban, fortaleciéndose al responder a las demandas de centralización y engrosando así el campo de sus responsabilidades educativas. Tal estrategia era parte del intento de construcción de un discurso pedagógico hegemónico que abarcara, además de otros aspectos, la conformación del sujeto educacional nuevo, el trabajador de la Nueva Argentina, y la subordinación de los discursos de los docentes, a la vez que colocaba al gobierno en el lugar del organizador y modernizador del campo técnico-profesional respectivo. El Estado interpelado por la comunidad educativa (docentes, padres y alumnos), era considerado el único sujeto capaz de resolver la dinámica política de las relaciones internas del campo técnico-profesional docente y entre los sectores de aquella comunidad. Al hacerse cargo de tal interpelación, el aparato gubernamental devolvió a la sociedad una serie de medidas y programas de su propia elaboración que, como era de esperarse, no eran la respuesta exacta que los educadores solicitaban.

Regresando a los análisis de la revista "La Obra", ellos muestran ángulos luminosos de las relaciones conflictivas entre los docentes y el peronismo, que precisamente dejan abierto el interrogante sobre cuáles fueron las precisas articulaciones que fueron creando situaciones de acuerdo o de enfrentamiento, de correspondencia o de disidencia entre las respuestas a sus interpelaciones que imaginaba el magisterio y aquellas que efectivamente construía el gobierno.

"La Obra" y el gobierno peronista

Recordemos que la revista "La Obra" —sobre cuya historia nos extendimos en el tomo anterior— era dirigida en esta época por una alianza entre los normalistas laicos, liberales, escolanovistas y los espiritualistas que habían comenzado acercamientos hacia el gobierno, pero se trataba al mismo tiempo de la publicación que leía la mayor parte de los maestros del país, siguiendo sus "recetas" pedagógicas.

El 25 aniversario de la fundación de "La Obra", se cumplió el 20 de febrero de 1946, cuando todavía no se había terminado

de jugar el partido cuyo resultado signaría la política gubernamental de la siguiente década y teñiría la historia argentina de
la segunda mitad del siglo. El poder de Juan Domingo Perón
estaba consolidado y las fuerzas políticas ya estaban ordenadas
en el bloque que comenzaba a ser dominante, o en la oposición.
Pero desde las organizaciones docentes se mantenía una actitud expectante y algunos discutían la posibilidad de incidir en
la orientación de las políticas que comenzaban a perfilarse,
aunque el programa de la Unión Democrática, que muchos
habían votado, resumía el ideario liberal al cual adhería el
normalismo, por definición. Tal documento[22] proclamaba la
defensa del orden jurídico y el sistema político de la Constitución de 1853, rechazaba las intervenciones provinciales, pedía
severa represión para el fraude y "toda acción que tienda a
constituir gobiernos de fuerza o de tipo nazifascista"; solicitaba
la extensión de las libertades públicas, la organización sindical
libre, la prohibición de actividades racistas o antisemitas, la
derogación de la ley 4144 sobre extranjeros, la nacionalización
de los servicios públicos y las fuentes de energía, salario
mínimo, vital y móvil y leyes de protección social, reforma
agraria con subdivisión de la tierra y amparo del trabajo rural;
una amplia política sanitaria estatal y establecimiento de los
derechos de la mujer. En política internacional, era lati-
noamericanista, solidario con los republicanos españoles y
pedía el establecimiento de relaciones con la Unión Soviética.
En su texto figuran los enunciados "justicia social", "nacionalización", "democracia" y "libertad", ocupando lugares nodales.
En cuanto a la educación, el documento se expide en su artículo
11 por la autonomía universitaria, por los principios reformistas
y por el respecto a la ley de educación común. En su artículo 19
postula la protección a la niñez, la intensificación de las construcciones escolares y la lucha coordinada contra el analfabe-
tismo. En el artículo 20 se pronuncia por el fomento de la
educación profesional y técnica gratuita, por

> "la organización de la solidaridad social para los jóvenes
> sin recursos y desocupados para que puedan seguir un
> estudio, realizar un aprendizaje, conseguir un lugar de
> trabajo y ocupar con sentido educativo sus ocios libres."[23]

En un reciente trabajo sobre las posiciones educacionales de
la izquierda argentina en la época, Marcelo Caruso destaca que:

> "Tanto para los principios institucionalizados del
> reformismo universitario como para los del discurso
> normalista amparado en la ley 1420, la presente
> plataforma es un listado de garantías. La diagnosis del
> sistema se acerca a la de un imaginario para el cual, el
> aumento de la cobertura y la extensión del modelo
> pedagógico fundacional son las acciones a proponer.(...)(el
> modelo) de ve justificado bajo la ofensiva que el
> nacionalismo católico realizó en 1930. El argumento de
> la necesidad de la continuidad del modelo es que su
> pureza se mantiene porque nunca fué completamente
> realizado"[24]

El editorial de La Obra escrito en conmemoración del 25
aniversario de la revista, trata de explicar detalladamente los
sentimientos contradictorios de los docentes ante la situación
política nacional y la relación del gobierno con el sector:

> "Queremos decir hoy que los directores y redactores de
> La Obra nos sentimos plenamente satisfechos y
> ampliamente compensados con los frutos cosechados los
> largo de estos veinticinco extensos años"(...)"la acción ha
> sido ruda y a veces amarga; lo es ahora mismo y quizá con
> rudeza y dolor más fuertes que nunca(...)lo que importa
> es la lucha por la verdad, la justicia y el progreso que son
> los fundamentos esenciales de la prédica de La Obra".[25]

La actitud de la revista es militante. Dice en el mismo
editorial:

> "Frente pues a la mentida democracia y a la paranoica
> honestidad con que pretenden continuar engañándonos
> desde todos los bandos, las huestes organizadas de los
> imperialismos y el privilegio, nosotros vamos a oponer la
> firmeza de nuestras convicciones y la predica de nuestro
> credo(...) democrático y liberal sinceramente sentido y
> fervorosamente alentado"

El enfrentamiento con el gobierno comenzaba por el rechazo
docente a la continuidad entre funcionarios y políticas del
peronismo y la anterior administración militar. Se fueron
sumando factores reivindicativos, corporativos e ideológicos. El
rechazo de "escuelas monumentales" y a la vez de "ranchos
inmundos" es un enfrentamiento con una política de uso del

espacio y de la simbología escolar por parte del gobierno que choca con la modestia normalista y se asocia con el monumentalismo estatista típico de los años 40-50. Los maestros dicen preferir una escuela cómoda, confortable y alegre, adaptada arquitectónicamente a las posibilidades y características de cada lugar.

En cuanto a los factores reivindicativos que subyacen al enfrentamiento, La Obra denuncia que pese a sus reclamos y a las gestiones realizadas, los maestros de primaria no han conseguido un estatuto regulador de su profesión. Ellos constituirían una de las contadas excepciones "en el festín de los salarios aumentados y los sueldos mejorados" por medio de medidas dictadas por la Secretaría de Trabajo y Previsión y otras dependencias del Poder Ejecutivo Nacional[26]

La queja se refiere también a elementos caros a la profesión, tal como el valor que la sociedad otorga al maestro. Dice:

> "la escuela es el maestro, el hombre que en ella se afana por abrir para ese puñado de pequeñuelos que lo miran asombrados (...) en nuestro país no se lo ha mirado así nunca"[27]

En noviembre del mismo año, es decir ya durante el ejercicio del primer gobierno peronista, La Obra tiene un tono cada vez más depresivo. "Un año más", dice. Y agregando a la falta de gloria, informa de penas nuevas y renovadas para los maestros ese año, de las que sienten los lectores de la revista, porque el año que se cierra fue lamentablemente perdido, y por el contraste que sufrieron sus esperanzas.[28]

En el mismo número de la revista, se publica una fuerte defensa de la enseñanza laica, frente a la ofensiva lanzada por las organizaciones clericales para lograr la ratificación parlamentaria de la implantación de la enseñanza de la religión católica en las escuelas. Se lanza también la Campaña Popular en Defensa de la ley 1420, producto de un Congreso en el cual participaron los sectores liberales y laicos.[29] La revista se queja de la invasión de tormentas políticas que ha sufrido la escuela, de distinciones entre personas y disputas callejeras. El vendaval de pasiones y el "embate totalitario y clerical" del cual "están siendo objeto nuestras aulas desde hace varios años" han destruído aquella tranquilidad. Agrega que el clima es estimulado por las autoridades

"en un rapto de entusiasmo partidario francamente
incompatible con sus funciones y de la cordura que las
debería distinguir".[30]

En 1947, la defensa de la educación democrática se identifica
con la reacción anticlerical. Dice La Obra que una educación
democrática debe llenar dos requisitos. El primero, cubrir todos
los niveles del pueblo de la Nación a los cuales debe considerarse
y tratarse con absoluta igualdad de fines y formas, sin privilegios
y sin exclusiones; el segundo consiste en desarrollar una acción
educadora tendiente a obtener el más completo crecimiento y
cabal promoción personal de cada individuo.[31]

La advertencia alude a una posible desigualdad en la educación, que es contradictoria con la información que daremos
acerca de la política educativa del gobierno, que se dirige
especialmente a los sectores marginados tradicionalmente del
sistema y tiende a superar las desigualdades en la distribución
de educación. En el contexto de la revista, la referencia a la
desigualdad debe entenderse como una alusión a las desigualdades que efectivamente crearía la imposición de la religión
católica como enseñanza obligatoria, dado que en esos días el
Congreso de la Nación convertía en ley el decreto 18.411 del 31-
12-43 por el cual se había derogado la ley 1420 hecho que,
sumado a la falta de respuesta del gobierno a demandas del
sector docente, producía una sensación de profunda disconformidad e impedía desentrañar las claves sociales de la política
oficial.

La revista critica las palabras que el Presidente de la Nación
dirigió al bloque de diputados peronistas y las declaraciones
acordes del Presidente del Bloque, Bustos Fierro, asi como la
intervención de la Sra. de Perón, todos ellos a favor de la
enseñanza religiosa. Denuncia "La Obra" que la ofensiva del
clericalismo y sus aliados, a 60 años del dictado de la ley 1420,
significa un retroceso "violento y caprichoso".[32] Al mismo
tiempo informa que poco adelantó el magisterio en el camino del
mejoramiento económico, *opinando que la justicia social que el
gobierno proclamaba dejaría de ser un mito para el sector,
cuando los maestros hubieran obtenido su escalafón y su completa equiparación y el aumento de sus sueldos.* Dice, además,
que la nueva intervención del Consejo Nacional de Educación
debía reparar los daños causados por los traslados y cesantías

de personal provocados por su antecesora, reponiendo en sus anteriores destinos a los maestros castigados "sin razón"[33]. Entretanto, el gobierno intentaba penetrar el campo docente con nuevos nombramientos. Eva Perón se hizo presente en actos en los cuales se otorgaron ascensos y nuevas designaciones a docentes afines al gobierno. [34]

En relación al capítulo sobre educación del Primer Plan Quinquenal, "La Obra" se queja de que solamente mereció prolija atención de los autores el establecimiento de un voluminoso cuerpo directivo para el gobierno conjunto de la enseñanza primaria, secundaria y técnica de la Nación, sobre la cual se establecieron especificaciones concretas y ordenadas.[35]

En un editorial titulado "Que somos?"de mayo de 1947, "La Obra" busca ubicar a los maestros en el escenario social. Pregunta:

> "¿Constituimos acaso una clase particular en la sociedad como pueden serlo la de los militares y la de los clérigos, por ejemplo, según se los estima corrientemente? ¿integramos por ventura un sector un tanto amorfo de las llamadas 'profesiones liberales', encajadas dentro de la denominada 'clase media' aburguesada y con sueños ? de aristocracia? ¿ O pertenecemos de conformidad con nuestro estado económico, nuestra posición social y la naturaleza de nuestro trabajo a la masa proletaria y la clase obrera de la Nación?"(...)Los maestros estamos, pues, dentro de la masa proletaria y obrera del pueblo. No arrugue el ceño, maestro amigo a quien puede sorprender nuestra rotunda afirmación."[36]

Sin embargo, Gabriela Novaro, en un trabajo sobre las visiones sociales de la educación en la época, muestra que La Obra oscila en su afán por identificar a los maestros con el pueblo. Ora considera a los trabajadores, productivos frente a la improductividad de los privilegiados y sostiene "su representatividad como único parámetro de legalidad política". Ora dice que sus hogares no están constituidos legalmente, que sus almas están "embrutecidas por la inmoralidad y el vicio" y que es necesario civilizarlos. Novaro analiza también la contradictoria posición de la revista ante el papel de la mujer y de los indígenas, pues en ambos casos se alternan posiciones tradicionalistas con otras modernas, inclusivas y democráticas.[37]

Al comenzar el año lectivo 1948 La Obra se explaya sobre la tranquilidad que requieren los docentes para realizar su tarea y rechaza las alteraciones provocadas

> "cuando se interpolan en las tareas normales de los maestros otras que nada tienen que hacer con ellas; cuando se saca de sus carriles naturales a los niños y a los maestros para convertirlos, ora dentro de las escuelas, ora en la calle, en actores obligados de cosas extrañas a sus funciones; cuando se llevan al recinto escolar cuestiones ajenas a la índole y al contenido de la enseñanza; cuando no se considera ni atienden como corresponde las necesidades de los alumnos y los educadores, sea en lo que les atañe personalmente, sea en lo que concierne a sus labores; cuando, en fin, los docentes —y de rechazo los niños— sufren cualquier suerte de injusticia en las mil formas con que esta suele manifestarse para agravio y dolor del magisterio "(...)[38]

El editorial denuncia que en el año anterior se ha batido el récord de desatinos y que se espera que el gobierno rectifique con honestidad las políticas ya consumadas. Con el enunciado "injusticia general" se hace referencia a la falta de escalafón o estatuto "que regule la carrera docente de modo estable y ecuánime; a sueldos "mezquinos" y a los "castigos" que se infligió a una buena cantidad de docentes a finales de 1946 y durante todo el año 1947 (cesantías, suspensiones y traslados de oficio, sin sumarios)[39]. El resto del texto, igual que los editoriales y artículos de sucesivos números de la revista de ese año y buena parte del siguiente, no varían sustancialmente el tipo de problemas planteados.

Falta mencionar dos aspectos que preocupan al magisterio y que se expresan en el editorial de 1948, recién citado. Ellos son el alcance de la gratuidad escolar y la interferencia de los rituales y del discurso oficial en el proceso de enseñanza-aprendizaje. En relación al tema de la gratuidad, los maestros sostienen que la abolición del pago de toda matrícula o arancel.— que es entonces tendencia del gobierno— no alcanza para garantizar el cumplimiento de la obligatoriedad. Desde un concepto de ellos califican como "más liberal y democrático" exigen

> "ensanchar la obra oficial educativa hasta que ésta
> llegue a ahorrar todo gasto a las familias por tal hecho,
> aún a los pudientes si el principio ha de mantenerse en
> toda su integridad"[40].

Entre los aportes estatales exigidos por el magisterio están
la provisión de ropas, alimentación y la totalidad de los libros y
útiles escolares. En cuanto a la objeción sobre la interferencia
del discurso oficial en la enseñanza, "La Obra" se queja por la
introducción de actos que denominan "ajenos al objeto educativo". Aclara que no se trata de aquellos intereses que el alumno
trae de fuera y que deben ser incluídos en el proceso de
aprendizaje y tampoco introducen la palabra "política", no
dicen oponerse a la politización de la enseñanza ni acusan al
gobierno en tales términos. El problema que les preocupa es que
la política se introduzca en forma de propaganda de un gobierno
con el cual no llegan a acuerdos básicos.

"La Obra" era representativa de la opinión de sus miles de
lectores que seguían comprándola fielmente y utilizándola
como guía para su trabajo cotidiano. Las posiciones más sobresalientes de la revista eran:
• se encontraba "a la izquierda" del normalismo en cuanto al
perfil que adjudicaba al docente al ubicarlo entre la masa
trabajadora; sin embargo en otras ocasiones surgía la caracterización sarmientina del indígena y la figura del docente como
apóstol antes que como trabajador, puestas al servicio de un
status socio-profesional imaginario, típico de la clase media,
que requería para su sustento diferenciar al docente de los
demás trabajadores asalariados, la mayor parte de ellos provenientes del interior del país.
• pero, al mismo tiempo, "La Obra" lamentaba que el sector
docente hubiera sido excluído de las reivindicaciones que habían
llegado a otros trabajadores y daba a entender que, cuando se
le adjudicaran también, creería en la justicia social del gobierno.
• rechazaba el esfuerzo oficial inscripto en el Plan Quinquenal
por fortalecer a la conducción educativa; pero el argumento
para ese rechazo no era formulado como una cuestión de
principios, una posición liberal respecto a la organización del
sistema educativo, sino como protesta por su exclusión como
sector, al haber sido relegado en el orden de prioridades aten-
didas por el gobierno.

- Su posición política más clara y contundente era la defensa del laicismo. La derogación de ese principio constituyó la mayor diferencia entre la filosofía educativa de la ley 1420 y la del peronismo, que no solamente seguía sosteniendo la educación pública, sino que aumentó el poder del Estado en la educación y creó condiciones inéditas para el cumplimiento de la obligatoriedad escolar.

Las posiciones del profesorado secundario no diferían sustancialmente de las de "La Obra", aunque agregaban reivindicaciones específicas. El 27 de marzo de 1946, la Junta Directiva del Centro de Profesores Diplomados de Enseñanza Media elevó una nota al rector del establecimiento, acompañando un anteproyecto de reformas al reglamento orgánico que estaba redactado desde 1945 pero no había sido puesto en vigencia. El sentido más destacado del documento, es su espíritu reformista. Las medidas que solicita son:

- que se otorgue autonomía a la institución, fundamentándose en el carácter de superiores, de los estudios que en ella se imparten.
- afianzar la unidad entre el Instituto y el Colegio Mitre, anexo.
- establecer un gobierno compuesto por un órgano ejecutivo formado por un rector elegido por 4 años y tres profesores titulares en ejercicio, elegidos por 2/3 de los votos de los docentes ;un órgano deliberativo (que ya no será solamente consultivo, como se establecía en la reforma vigente desde 1935) integrado por los miembros del órgano ejecutivo más los directores de sección, elegidos por 4 años, 3 delegados estudiantiles, elegidos por sus pares por representación proporcional, y 2 graduados. Los estudiantes y graduados permanecerían 1 año en sus cargos. Se solicitaba también que las cátedras fueran llenadas por concurso mediante pruebas orales y escritas. Hasta aquí, reina un espíritu claramente reformista. Pero el elemento centralizador no falta, como si se tratara de un signo de época: el documento manifiesta la necesidad de "*homogeneizar*" la enseñanza.[41]

El 1º de abril, un grupo de delegados de los diferentes centros de estudiantes de colegios secundarios se congregó en la Casa Radical para celebrar una Convención Nacional para la constitución de la Federación de Estudiantes Secundarios de Buenos

Aires. Los 60 delegados fueron echados por la policía que arguyó
que carecían de permiso para reunirse.[42] Algunos días después,
el 9 de abril de 1946, se publicaba una declaración del mencionado
Centro de Profesores Diplomados, que tenía ya cuatro décadas
de existencia. La agrupación celebraba que el escrutinio nacional
hubiera finalizado y que las instituciones se encauzaran. Pero
advertía que la historia juzgaría las acciones subsiguientes,
señalando el peligro de la continuidad en cargos públicos de
personeros del anterior régimen de facto. Pedían una ley orgánica
fundamental de educación y medidas contra las "corruptelas",
incluídas las que pudieran surgir del nuevo gobierno. Se pro-
nunciaban por la autonomía de los establecimientos de educación
superior, al mismo tiempo que demandaban al Estado que se
hiciera cargo de cuestiones de reglamentación del ejercicio de la
profesión. Entre otras, que solamente pudieran trabajar en la
docencia quienes poseyeran título especializado y que aprobaran concursos de oposición. Los anteriores son ejemplos muy
significativos del tipo de demanda reformista de la época, que
no dejaba de incluir un fuerte matiz corporativista. El pedido de
autonomía se combinaba con el reclamo de acciones centralizadoras y reguladoras por parte del Estado, a favor de su sector.

Gabriela Novaro[43] analiza las reacciones de los docentes
ante la política curricular oficial que, en 1949, consistía en
imponer un programa único nacional. La unidad estaría dada
por el programa; la diversidad por el maestro. Según la autora,
el análisis de "La Obra" le permite afirmar que los docentes
aceptaron la necesidad de adaptar los contenidos a la fisonomía
de cada escuela y a las características de cada alumno, pero al
mismo tiempo reclamaban que el maestro había estado solo y
deseaba

> "una acción orgánica y uniforme para que la escuela sea
> una(...)para que se elabore personalmente con lo que ha
> recibido pero no se olvide que se realiza una tarea de
> conjunto(...)*El magisterio es como un ejército puesto en
> un orden de batalla*"[44] (el subrayado es de los A.)

Un diálogo cruzado entre el gobierno y la docencia

El peronismo se ocupó de las necesidades de los docentes,
inmediatamente después de alcanzar el poder, en el marco de

una clara tendencia reglamentarista y ordenancista del campo técnico profesional. Pero su política se caracterizó por la negación de las agrupaciones docentes tradicionales como interlocutoras y, con más fuerza aún, como sujetos con derechos sobre la determinación de la política educativa.

Desde la asunción del gobierno constitucional, el 4 de junio de 1946, se sucedieron medidas que respondían a la demanda de ordenamiento del campo técnico-profesional docente. La tendencia de esas medidas era inclusiva de los sectores magisteriales menos favorecidos y renuente a intereses de los grupos más privilegiados y a las medidas exigidas por la docencia organizada. La política oficial no respondía al lenguaje reivindicativo del magisterio que se combinaba con la defensa de la ley 1420 y el rechazo a la intromisión eclesiástica en la escuela.

El tipo de resoluciones gubernamentales puede ejemplificarse mencionando la equiparación del título de "maestro normal nacional" con el de "maestro normal nacional de adaptación regional"[45] y con la aceptación del pedido del Patronato Nacional de Ciegos de asignar un valor acumulativo de 2 puntos al certificado de "Maestro Nacional de Ciegos"[46]. Esta última medida se aplicó también a los asistentes sociales cuyo título había sido otorgado por el Museo Social Argentino y a los maestros docentes graduados en el Instituto de Clínica Quirúrgica del Hospital Durand.[47] El decreto no.31.228 del 7 de octubre de 1947 promulgó la ley 13.053 que reconoce como servicios de la Administración Nacional a los prestados por el personal incorporado al presupuesto del Consejo Nacional de Educación en las escuelas del Patronato de la Infancia. El decreto No.10.359 del 18 de abril de 1947, indica que se gestione la nacionalización del Instituto de Maternidad y Escuela de Parteras que dependía de la Dirección General de Higiene de la Pcia.de Buenos Aires, con todas las consecuencias de rejerarquización que ello significaría para el personal docente. Muchas de las medidas que el gobierno tomó en relación con los docentes en los años 1946, 1947 y 1948, tendían a ordenar los títulos de habilitación para la docencia, elevando de categoría a los sectores marginados, es decir aquellos que trabajaban vinculados con la salud, con grupos marginales del sistema, en regiones alejadas o en áreas especiales de la enseñanza.[48] Pero los maestros y profesores en el orden nacional siguieron cobrando sueldos privilegiados respecto a los dependientes de las administraciones provinciales, lo cual constituyó un motivo de permanente conflicto.[49]

Este movimiento que hemos llamado "inclusivo", significaba la reubicación de sectores de los educadores, desvalorizados por las restricciones de títulos habilitantes establecidas por el normalismo, en el escenario docente nacional. Resultaría importante aclarar si la incorporación implicaba el costo de su subordinación al discurso pedagógico gubernamental en el sistema escolar, o bien si les quedaba la posibilidad de incidir incorporando su experiencia y sus problemas particulares, o si se soportaba la influencia de los recalificados sobre el discurso escolar centralizado.

El tema anterior se vincula con el interrogante acerca del momento en el cual el gobierno peronista se propone formar un nuevo tipo de docente, capaz de enfrentar al normalista liberal y de la incidencia que tuvieron el perfil los docentes peronistas elementos ya presentes con anterioridad en la cultura política del sector. Analizar las exigencias del gobierno nacional para ingresar a la docencia,en el período que nos ocupa, exigencias comunes a cualquier rama del magisterio, puede aportar al esclarecimiento de este tema, aunque las formas de selección naturalmente no quedan agotadas en los requerimientos explícitos. Deben también contabilizarse los mecanismos de distinción que seguían actuando informalmente o incidiendo en la interpretación de las resoluciones y en la clasificación de los aspirantes.

Desde 1937 hasta 1941 los requisitos para ingresar a la carrera docente primaria, fueron solamente tener por lo menos 16 años de edad y un promedio mínimo de 6(seis) puntos en la escuela primaria.

En 1941 se implantó el ciclo común con el bachillerato, de tres años, previo a dos de formación profesional. Desde 1943, se estableció un examen de ingreso al finalizar el ciclo común y aquellos alumnos que alcanzaran 9 sobre 10 puntos, estarían en condiciones de seguir estudios docentes. Los exámenes por ciclo se suprimieron en 1946.[50] El decreto No.4292 del 15/2/46, del gobierno provisional de Edelmiro Farrel y el ministro de educación José María Astigueta. —que es superficialmente modificado, pero ratificado en su casi totalidad por el decreto 31.653 del 10 de octubre de 1947— había establecido nuevas normas para el ingreso a la docencia mediante el "Examen de aptitud de aspirantes al magisterio". Los requisitos para presentarse eran los siguientes:

- tener 16 años cumplidos o cumplirlos antes del 15/5 del año en que se iniciaran las clases.
- haber obtenido 6 o más puntos en el ciclo básico de enseñanza.
- aprobar el examen médico y la prueba de aptitud

La prueba de aptitud no se refería a los conocimientos adquiridos, puesto que se consideraba suficiente con las calificaciones obtenidas. Se trataba en cambio de una indagación acerca de las condiciones del candidato para ejercer la docencia, que nos resulta de interés, porque denuncia las características que el Estado consideraba inherentes a la función de educador y necesariamente comunes a todos los que la ejercieran. Ellas eran:

- presentación personal sobria y correcta;
- elocución fácil;
- claridad de expresión;
- voz sonora y agradable;
- riqueza del vocabulario y dicción exacta;
- imaginación y memoria suficiente;
- oportunidad y rapidez para responder;
- comprensión cabal del asunto propuesto;
- capacidad propia de elaboración;
- modales finos y sueltos;
- disposición para el dibujo y para entonar aceptablemente una canción patriótica o de índole escolar;
- legilibilidad en la escritura, educación y espíritu de orden.[51]

No aparecía ninguna limitación de tipo político o ideológico, con excepción de la exigencia de una disposición patriótica general y no había una imposición explícita de profesar la religión católica, lo cual hubiera sido contrario a los principios de la Constitución, aunque, de acuerdo con algunos testimonios, la exclusión de profesantes de otros cultos, era aplicada muchas veces, directa y espontáneamente, por los funcionarios. Se otorgaba importancia a la capacidad del futuro docente para no ser solamente un repetidor, sino alguien que comprendiera y elaborara los saberes.

Compárese la anterior orientación general con el perfil de maestro que, elaborado por los normalizadores positivistas durante la República Conservadora, guiaba aún los criterios que seguían realmente actuando durante la década de 1940. El perfil típico elaborado por los positivistas contenía una detallada descripción de los defectos físicos que eran considerados impedimentos, "a los efectos de la disciplina escolar", para evitar promover risa, entre otras finalidades (jorobados, mudos, epilépticos, ciegos, sujetos con obsesiones, con ideas fijas, abúlicos, con enfermedades contagiosas, neurasténicos cerebrales, psicasténicos, histéricos, obsesivos, fóbicos, afectados en las vías digestivas, etc.); detallada descripción de las cualidades morales: en el perfil del aspirante al magisterio aceptable no cabían los hiperestésicos psíquicos, los locos morales, los epilépticos psíquicos, los degenerados mentales, los impulsivos, los cleptómanos, los dipsómanos, morfinómanos, dromómanos, pirómanos, los jugadores, a los gallos, las carreras, al mus, a la ruleta, al bacarat, los beodos, los groseros y los soeces, entre otros; debían tener el equilibrio exactamente medido entre el minimun de egoísmo y el máximun de altruismo. También se describen las cualidades intelectuales requeridas para evitar la aceptación de imbeciloides, tontos, cándidos, locos idiotas, chiflados, lunáticos, ridículos, excéntricos, amnésicos, sin juicio recto. Todo lo anterior, además de las llamadas "cualidades profesionales": buena voluntad y gusto por la enseñanza.[52]

A comienzos de la década de 1940 la preocupación de algunos dirigentes de la conducción del sistema, se orientaba más hacia el establecimiento de diferencias en el nivel de conocimientos adquiridos (promedio obtenido) y a la posesión de capacidad de expresión y de independencia en la enseñanza, que hacia la construcción de tipologías biologicistas. Las distinciones se pretendían en el terreno de la práctica profesional y no en la base orgánica y racial de la población. Pero, al mismo tiempo, es atendible el señalamiento de Silvina Gvirzt, en el sentido de que hasta 1946, las pruebas para el ingreso se proponen recabar información sobre los conocimientos adquiridos por los alumnos y desde entonces medir su *vocación o aptitud*. Agrega la autora:

> "(...) se podría decir que en los supuestos de la segunda prueba, de carácter antipositivista, hay ciertos saberes,

> relacionados con lo espiritual, que no son plausibles de
> ser aprendidos en forma sistemática, ni siquiera en
> ámbitos tales como los familiares o escolares. Estas
> cuestiones tienen que ver con una conciencia intuitiva o
> innata, que se reporta como indispensable para llevar a
> cabo con éxito el desempeño de ciertas tareas"[53]

La creciente hegemonía de un espiritualismo irracionalista, aunque vinculado a un proyecto de justicia social que implicaba la distribución más equitativa de los saberes, al referirse en última instancia a categorías esencialistas caía necesariamente en posturas pedagógicas que valorizaban lo innato frente a lo adquirido. Esta cuestión podría ser un buen punto de partida para un análisis sobre las dificultades para articular educación y trabajo, y para aprender de la experiencia de los pragmatismos pedagógicos norteamericano y soviético, tan frescas como exitosas en la época.

En relación al Estatuto del Docente, el decreto N° 28.719 del 18 de septiembre de 1947, dispuso que el Ministerio de Justicia e Instrucción Pública designara una Comisión encargada de reunir antecedentes relativos a dicho cuerpo legal y de formular un anteproyecto de mensaje acerca de una ley orgánica que rigiera el desenvolvimiento de la enseñanza primaria, y media, fijando obligaciones, derechos y atribuciones al personal docente.[54]

Sin embargo, no sería hasta el 14 de septiembre de 1954 que los docentes alcanzarían su tan demandada estabilidad. El decreto del Poder Ejecutivo Nacional, titulado "Estatuto del docente argentino del Gral Perón"[55], alcanzó a todos los docentes nacionales, excepto los comprendidos en la ley 13.047 y el personal contratado por el Ministerio.

El nuevo Estatuto introduce el concepto de *estado docente*, que se extendía solamente a quienes se desempeñaban en establecimientos oficiales, nombrados por autoridad competente y se perdía tal estado por renuncia aceptada, cesantía o exoneración. Para ingresar a la docencia se requería ser ciudadano argentino, o bien naturalizado con cinco años de residencia, pleno dominio del idioma nacional y restringiéndose este último derecho a las zonas no fronterizas. Para ser nombrado profesor, se requería poseer título habilitante expedido por los institutos oficiales del profesorado de la Nación, limitándose al profesorado universitario tal derecho a los lugares o asignaturas donde se careciera de profesores. También se requería tener título habilitante y cualidades morales y físicas.

Entre las obligaciones del docente estaban formar en sus alumnos una conciencia patriótica de respeto a la Constitución y la ley sobre la base de la Doctrina Nacional Peronista, la sujeción a la jurisdicción disciplinaria, el respeto a la vía jerárquica y el desempeño de sus funciones de acuerdo al Estatuto. Entre sus derechos, la percepción de sueldos, haberes jubilatorios, suplementos y bonificaciones (por cargo, por doble turno en Departamento de Aplicación de las Normales, por encargado de sección, por ubicación a distancia mayor de 10 km de centro urbano, por antigüedad, suplemento familiar en igualdad a los demás agentes estatales y uso en casos particulares de casa-habitación oficial) vacaciones anuales, estabilidad, asistencia social, ejercicio de los derechos políticos y a la agremiación, perfeccionamiento por medio de becas y viajes de estudio y turismo. La *evaluación* del desempeño quedaba claramente reglamentada. Cada 5 años el superior jerárquico debía formular su concepto respecto a todos los aspectos de la personalidad del educador. En caso de ser calificado como *malo* quedaba suspendido de sus funciones automáticamente, y se le iniciaba un sumario que podía declararlo cesante; en caso de que tal cesantía se produjera por insuficiencia de concepto o por exoneración, no podría ser reincorporado. También se preveían medidas disciplinarias menores. Se establecía, asimismo, un escalafón que reglamentaba una escala jerárquica y la antigüedad. Se exceptuaba de la exigencia de haber pasado por el cargo inmediato inferior, a los inspectores, directores, subdirectores y jefe de departamentos técnicos, en la enseñanza media. Se establecían las Juntas de calificación, integradas por los Directores Generales de Enseñanza y un representante de los docentes por cada rama, designados por el PEN a propuesta del Ministerio, por dos años.

En el anexo IV del mencionado Estatuto, se enumeran las principales conquistas alcanzadas por los docentes con la nueva ley. Los maestros primarios pasaron de cobrar un básico de 450$ a 1.000$, que según el mismo documento, seria el mayor en la historia del gremialismo argentino. Los maestros especiales pasaron de un básico de 400 a 900$ y los preceptores de primaria de 400 a 940$ Los adicionales por costo de vida se incorporaron al sueldo y la jubilación pasaba a ser con el 100% del salario. Los salarios de profesores secundarios subieron a 80$ a 110$ la hora, incorporándose los adicionales por costo de vida al sueldo, la jubilación seguía una escala que iba del 100% los salarios de hasta 1.000$ llegando los de 2001 a 5000$ con 1.750$ más el 60% del excedente de 2000$. Se estableció también un máximo de 12 horas para ingresar a la docencia y la posibilidad de acumular hasta 30 hs cátedra para las dedicaciones exclusivas. En cuanto a los maestros y profesores de educación técnica, comenzaban a percibir 110$ la hora en lugar de 80, las maestras de taller de 450 a 1000$ y los ayudantes de taller, de 400 a 900$, siendo el resto de las condiciones semejantes a los del profesor de enseñanza secundaria. En los dos casos se establecía la obligación de poseer títulos expedidos respectivamente por los Institutos oficiales del Profesorado.

La cuestión docente de la época no puede deslindarse de la superpoblación del campo profesional. Durante el período, fueron altísimas las tasas de crecimiento de la matrícula[56], siendo el promedio más alto el registrado por la educación media y superior[57]. De acuerdo con Silvina Gvirtz, hacia 1945 existían rumores de cierre de las instituciones de formación docente, que el gobierno debió desmentir, pero implantó un examen de ingreso al magisterio y cerró—como también denunciaran los periódicos— una división de cada escuela normal, con excepción de las de varones y de los lugares del país con número escaso de maestros. La misma autora informa sobre las instituciones que entre 1945 y 1955 formaron a los docentes de nivel medio. Señala, con planes de estudio de cuatro años de duración, los Institutos Nacionales del Profesorado (J.V. González, fundado en 1904; de Catamarca, 1942; de Paraná, 1933 e Instituto del Profesorado Superior del Consejo Superior de Educación Católica adscripto desde 1950 hasta 1955); dos institutos nacionales de educación física, uno de enseñanza artística y uno de música. Agrega los profesorados de las universidades nacionales, con planes de estudio de cinco años de duración. También en las escuelas normales existían cursos para formación de profesores: Normales 1 y 2 y Lenguas Vivas en la Capital; normales de Córdoba y Santa Fe y desde junio de 1947, en San Juan y Santiago del Estero. Solamente a los profesorados de las escuelas normales ingresaron, según Gvirzt un promedio de 1.000 por año.

Retomando una cuestión que enunciamos más arriba, en el

análisis de las formas de selección de la población docente es necesario indagar en el terreno de los prejuicios, del lenguaje y de las costumbres, puede dar luz sobre las prácticas de selección de los docentes y sobre cuales eran las características que finalmente quedaban sobredeterminadas. En relación a la incidencia en la selección del "habitus heredado" en el éxito o fracaso para el ingreso al magisterio, resultaría fértil para el análisis, la comparación entre el lenguaje exigido a los maestros y el habla corriente de los sectores sociales a los cuales ellos pertenecían. Adentro de la escuela, los maestros y los niños debían usar el "usteo" y no era permitido el "tuteo"; en las formas de nombrarse debía incluirse la jerarquía de la persona en el orden escolar y su estado civil(decir Sra.Directora; llamar Bernárdez y no Sr. Bernárdez al portero o por su apellido y no por su nombre a los alumnos, por ejemplo). En los libros de lectura de la escuela primaria, se usaba el lenguaje escolar que recuerdan las personas que hemos entrevistado. Es probable que las pruebas de admisión hayan realmente discriminado entre diversos grados de adecuación de los docentes al lenguaje verbal (construcción considerada "educada"; pronunciación correcta de las eses, uso de palabras permitidas y exclusión de términos considerados groseros), a los mecanismos productores de jerarquías a través de rituales de cortesía, a las formas de vestirse, de comer (el cuchillo y la tijera se usan con la mano derecha; no se come con la boca abierta; no se habla mientras se come; no se come entre comidas) y la organización de la vida privada. Difícilmente podía admitirse un maestro/a separado de su cónyuge o en concubinato y de hecho encontraban dificultades aquellos no casados por la Iglesia Católica o que profesaban otras religiones. Hemos recogido testimonios[58] de episodios de antisemitismo por los cuales se excluía al aspirante a la docencia y a docentes en ejercicio, al menos hasta fines de los 40' por profesar la religión judía.

Desde que la Argentina declaró la guerra a Alemania y Japón, el 27 de marzo de 1945, al menos la política educativa oficial cambió al respecto, aunque el racismo, tan arraigado en la cultura argentina, siguiera expresándose en la práctica. El decreto 21.203 del 10 de septiembre de 1945, dispuso que la Inspección General de Escuelas procediera a tomar las escuelas administradas o dependientes, total o parcialmente, por alemanes o japoneses; el decreto 1.188 del 18 de enero de 1947 dispone que la mencionada Inspección hiciera uso de la fuerza pública para dar dar cumplimiento a la anterior disposición, en todo el territorio de la República. El decreto 38.452 del 5 de diciembre de 1947 tiene un sentido paradojal: autoriza a la Policía Federal a utilizar el local de la ex-escuela alemana "Particular de Vicente López" para instalar el Hogar de Niñas "Victoria Aguirre"[59]. La circular No.74 del 12 de septiembre de 1947 de la Subsecretaría de Instrucción Pública autoriza a las escuelas a no consignar las inasistencias de los niños judíos en ocasión de sus fiestas religiosas.[60] El antisemitismo, sin embargo, estaba enraizado en el discurso escolar. La implantación de la enseñanza religiosa hizo evidente lo obvio, pues los niños no católicos, una notable minoría, debían salir de la clase y eran clasificados como "distintos". Testimonios recogidos y recuerdos personales de los autores muestran que muchos maestros se proponían "convertir" al catolicismo a los alumnos que estaban fuera del rebaño. Ejemplo de ello, fué la tarea llevada a cabo por la esposa del nacionalista Bruno G. Genta, quien fué vicedirectora de la Escuela No. 1 del Consejo Escolar 10, Vicente Fidel López, durante el gobierno peronista, acompañada por algunas maestras esposas de militares y en abierta contradicción con la directora Antonieta Da Rin, una talentosa y creativa educadora escolanovista, que fué jubilada de oficio circa 1953.[61]

Entre las notas encontradas en el Archivo Ratier[62], hay un manuscrito en el cual el mismo inspector transcribe(circa 1946), una sesión del 4 de julio de 1884 del Debate de ley 1420, en la cual diversos oradores expusieron su posición frente a la intervención de la Iglesia en la enseñanza. Recuerda Ratier que el Sr. Lagos García criticó el concordato celebrado entre el Sumo Pontífice Pío IX y el Estado en El Salvador, Ecuador y Nicaragua, países en los cuales la Iglesia se reservaba el derecho de inmiscuirse en el régimen de los estudios, la disciplina, la colación de grados y en la aprobación y desaprobación de maestros. Agrega que solamente países desvanecidos y sin ideales podrían implantar las directivas del Syllabus. El Sr. Delfín Gallo, en la mencionada sesión de 1884, fundamentó el debate llevándolo a su aspecto político-social, criticando que dos poderes, la Iglesia y el Estado confundieran sus aspiraciones terrenas con la divinidad y su credo. Agregó que los puntos cardinales en materia de enseñanza son "*libertad de enseñanza, enseñanza obligatoria, gratuidad de la enseñanza y laicidad de*

la misma "(el subrayado es del Inspector Ratier) y el manuscrito, probablemente de una de las numerosas comunicaciones a
los directores y docentes a su cargo, que escribía cotidianamente.
Interesante mensaje el de Ratier.[63]

Paralelamente a los ecos de disconformidad que se oían en
el espacio docente, durante estos primeros años, se encuentra
en el gobierno una actitud de búsqueda de principios pedagógicos en los cuales fundar una pedagogía acorde a los grandes
cambios que se pretendían llevar a cabo desde el Estado peronista. Como hemos visto en el capítulo anterior, en el terreno
pedagógico esa búsqueda coincidía con el ascenso a las estructuras ministeriales de un espectro ideológico que, si bien no
estuvo nunca ausente del escenario educativo oficial argentino,
solamente desde los años 30' comenzó a juntar poder para llegar
a desplazar al normalismo de corte más positivista. Siendo
también normalizadores y patriotas, los espiritualistas, cultu-
ralistas, vitalistas y católicos produjeron diversas combinaciones
todas ellas emparentadas por el declarado humanismo, el
antipositivismo, el antimetodismo y la vinculación estrecha
entre pedagogía y filosofía. Las diferencias de orden teórico
eran importantes con respecto a los normalizadores laicos, en
particular el laicismo y el metodologismo, pero se jugaban
batallas por el control de los espacios del campo técnico-profesional tales como las direcciones de los institutos de enseñanza
superior, los cargos de inspección, las direcciones de las escuelas,
el control de los cursos de perfeccionamiento docente y sobre
todo el poder para determinar las reglas de funcionamiento de
la profesión. Rosario Vera Peñaloza, en la conferencia ya
mencionada, sostiene la necesidad de delimitar los espacios
profesionales de la docencia, mencionando el Jardín de Infantes, la enseñanza de anormales, la de retardados pedagógicos,
la de maestros rurales, las artes manuales y profesionales y los
preparadores de films, transmisores de radiodifusión y productores de materiales de enseñanza.[64]

Desentrañar las posiciones pedagógicas de los docentes frente
al gobierno peronista, también implica comprender las combi-
naciones entre los factores diversos que hemos mencionado. No
existe una defensa pura de posiciones filosóficas, sin que influyan
intereses grupales e individuales referidos al poder, ni una
concepción de las reglas del campo técnico-profesional separada
de la teoría pedagógica puesta en juego. Pero al mismo tiempo

tampoco hay una continuidad total entre las respuestas a uno y otro problema, sino una compleja articulación. De otro modo seria inexplicable que existieran distintas posturas de los espiritualistas respecto al peronismo, y que gente formada en la lectura de los mismos autores de obras filosóficas o pedagógicas tomara actitudes distintas no solamente respecto a la política económica o social del peronismo, sino a sus discursos educacionales. El antipositivismo italiano, en especial la versión vinculada al idealismo neohegeliano de Giovanni Gentile,(ministro de educación de Benito Mussolini y su asesor Lombardo Radice), influyó en el conjunto de los pedagogos escolanovistas argentinos, desde Jesualdo y Olga Cossettini hasta el escolanovismo más burocrático, como aquel vinculado a la revista La Obra y a las estructuras ministeriales que lideraron Juan Cassani y Hugo Calzetti, cuyas sus obras llegaron a importantes sectores de la docencia. La experiencia de Olga fue clausurada por una famosa resolución —por la Dirección de Educación de la Pcia. de Santa Fe, siendo su titular Leopoldo Marechal, en tanto Cassani y Calzetti tuvieron una actuación importante desde el gobierno peronista. Otro ejemplo nos aporta el grupo espiritualista de influencia alemana, en general englobado bajo el término *culturalismo*, de lectores de Dilthey, Litt, Spranger, Max Sheller, H. Nohl y Karl Mannheim, entre otros. Entre los adherentes al culturalismo encontramos a Juan Mantovani, quien no comulgó con el peronismo, y al mencionado Jorge P. Arizaga, subsecretario de Instrucción Pública del primer gobierno peronista.

Ninguno de los principios pedagógicos que sostenía Arizaga y que anteriormente enunciamos, era incompatible con la filosofía predominante en la revista "La Obra" y para la época quedaban pocos maestros y profesores obsesionados por el metodologismo; la mayoría de ellos habían sido formados mediante las clases de Juan Cassani y sus ideas grabadas en la matriz de los Institutos Superiores del Profesorado que, por su iniciativa, habían sustituido a los antiguos profesorados normales en 1936, y en sus conferencias y clases en las universidades de La Plata y Buenos Aires, entre otros lugares; la "Pedagogía General y Psicología Infantil" de Hugo Calzetti que apareció al iniciarse el curso escolar de 1938 y su Didáctica General, que lleva en el prólogo la fecha "marzo de 1939"; y "La educación y sus tres problemas", publicado en 1943 por Juan

Mantovani. Al mismo tiempo, tal como hemos argumentado en el tomo anterior de esta serie, algunos sectores de docentes primarios y secundarios se inclinaban hacia una educación práctica y vinculada con el trabajo, con las cuales coincide el primer proyecto de reforma del gobierno peronista.

La incompatibilidad entre los maestros y la política oficial no podía estar determinada por imposibilidades de llegar a algún nivel de acuerdo en las concepciones pedagógicas. Casi todo lo que se debatía entraba en el campo de discusión que había marcado la ley 1420, proyectada como influencia ideológica a todo el sistema educativo, aunque su texto se dirigiera a la enseñanza primaria solamente. La balanza estaba ahora más inclinada hacia la posiciones espiritualistas, pero estas siempre habían existido dentro del campo del normalismo, desde los tiempos ya olvidados del viejo Vergara. Desde el gobierno se apelaba a la necesidad de que el sector docente contribuyera a la organicidad; "La Obra", defensora de la Patria y de la "gran familia argentina"(...) "no parece haber diferido radicalmente del modelo sostenido en el discurso oficial".[65]

La revista La Obra no se opone a la reforma. Toma una posición prudente, anunciando que tratará de no prejuzgar y anota puntos a favor y en contra del gobierno. A favor, el vasto programa de reformas que el Presidente, el Secretario de Educación y funcionarios de jerarquía han anunciado; en contra, la anarquía que reinaba en las escuelas y la ineptitud y arbitrariedad de quienes las dirigían desde los altos cargos gubernamentales. La asunción del geógrafo Federico Daus[66] como nuevo interventor en el CNE en 1948, parece organizar un nuevo escenario porque con el funcionario acceden técnicos con formación docente a puestos de asesoría. Este hecho es tan alentador para La Obra, como el hecho de la proveniencia del nuevo funcionario de las filas del profesorado secundario. El discurso de la revista comienza a tener puntos de encuentro con el lenguaje oficial. Sostiene que es necesaria una reforma didáctica y también coordinar la acción en las aulas "con las necesidades actuales del pueblo argentino". Pide una reforma profunda, diseñada por filósofos, sociólogos, estadistas y maestros, equipo que construiría una visión global. Diferenciándose del positivismo pedagógico, sostiene La Obra que la "técnica del operar educativo" no es sino una consecuencia de aquella visión global. Ve la reforma como la construcción de una nueva cultura y carga sus editoriales de expresiones que convierten aquella estrategia educativa en un hecho fundador. Programas, nuevos métodos de enseñanza, uso de test, decisiones sobre el tipo de jornada de enseñanza, todo ello surge de una buena organización escolar, que a su vez es subsidiaria del principio de educación y progreso del pueblo argentino, proceso que deriva de los signos esenciales de nuestra nacionalidad: los principios democráticos.

No deja de advertir la revista que, cualquiera sea la profundidad de la reforma escolar que se implementare, deberá contarse con el consenso de los educadores para poder hacerla efectiva. Deberán estar informados, convencidos e instruídos sobre ella. Pero la reforma debe llegar junto con la restauración de valores perdidos, tema que el editorialista asocia directamente con el pedido de implantación del Estatuto del Docente. Reconoce La Obra que, en abril de 1948, no se está en vísperas de un movimiento renovador, sino que ya se ha iniciado. Dice que tal movimiento no puede asombrarnos pues

> "hemos seguido con ansiosa expectativa la profunda transformación que se está produciendo en nuestro país de unos años a esta parte". [67]

La escuela habría quedado algo marginada de tal proceso, pero la reforma tendría un sentido reparador. No se trataría de una reforma superficial, sino que serían loables los principios que la inspiran.

En cuanto a otros puntos de coincidencia de La Obra con el discurso oficial, llaman la atención dos cuestiones. Ya hemos mencionado la coincidencia en el uso de la categoría "organicidad social"; agreguemos que la revista asocia el trabajo manual escolar con la "dignificación del trabajador manual" y elogia el proyecto de establecer un sistema de "pre-aprendizaje general". El papel que La Obra adjudica al trabajo manual en la escuela, parece más compatible con el proyecto modernizador peronista que el que le adjudica Arizaga. Coincide la mencionada revista con el Subsecretario en la finalidad antiverbalista y antintelectualista y rescata el sentido moral de proporcionar una preparación general básica para el trabajo. Pero agrega que, si bien el preaprendizaje no contempla la capacitación temprana en oficios sino un aprendizaje previo, significa orientar a los

alumnos hacia tareas manuales. Se respondería asi a las
demandas de una sociedad que contaba con muchos universitarios y empleados pero con pocos obreros. Dice luego:

> "Nuestra escuela tendrá que ser, por lo tanto, escuela del
> trabajo, donde el trabajo sea a la vez procedimiento y
> tema de enseñanza, donde se trabaje para aprender a
> trabajar"[68]

La Obra venía manteniendo desde sus primeros años la
inclinación hacia la educación práctica, pero la articulación que
en 1948 establece entre trabajo/educación y progreso social
agrega a enunciados de corte eticista con los cuales se refiere al
problema, otros más decididamente pragmáticos. Otro punto de
coincidencia de La Obra con el gobierno es la "Tercera posición".
El 25 de abril de 1948, la revista se pronuncia contra "los dos
imperialismos económicos y políticos". La coyuntura histórica
es presentada por La Obra como "una honda crisis en la que se
juega el destino humano", entre dos guerras y considera que
existe la amenaza de una tercera, sobre la cual advertía repetidamente Perón.[69] Nuevamente queda expresado el sentimiento de que se está en una situación límite; la contrapartida
es una nueva fundación.

El gobierno y los docentes compartían su opinión sobre el papel
hegemónico que el Estado debía jugar en la educación y ninguno
de ellos ponía en duda la función docente que debía ejercer.
Tampoco la obligatoriedad. Quedaban entonces solamente cuatro
temas de posible disidencia: *la enseñanza religiosa, el antiliberalismo, cuestiones de índole reivindicativa del sector docente y, en
íntima relación con ese último punto, disidencias respecto a la
relación entre el sistema educativo y el Estado.* El primer tema no
es fácil de analizar porque, como ya hemos mencionado, la
mayoría de los docentes eran católicos. Pero rechazaban el
esencialismo hispanista del mismo signo religioso. Si bien care-
cemos de un estudio sociológico que nos permita calibrar el peso
político de la Iglesia en relación con el peso ideológico de la
religión, es necesario explicar la razón de la defensa que los
docentes católicos hacen del laicismo escolar. De todos modos, es
muy difícil determinar ahora cuál fue la proporción de la docencia
que enfrentó o silenciosamente rechazó al peronismo a causa de
la introducción de la enseñanza religiosa en las escuelas y cuantos

maestros y profesores que lo aceptaron. Las huellas que han quedado son de organizaciones liberales antiperonistas o de las organizaciones docentes peronistas surgidas por iniciativa oficial. La afiliación bajo presión de los funcionarios públicos al Partido Peronista opaca aún más el cuadro.

Algunos emergentes en ocasiones contradictorios entre sí pueden, empero, ayudarnos a introducir la problemática. El antiliberalismo e hispanismo oficiales fueron mal tolerados por los docentes durante este primer período, más allá de las contradicciones que aparecen en La Obra y que hemos señalado. El editorial de la revista del 25 de mayo de 1948, expresa que ya, ciento treinta años atrás, el pueblo no era puramente autóctono y había mezclado su sangre con negros esclavos y blancos conquistadores; pero que, además, aquellas raíces indígenas e hispanas sufrieron sustanciales modificaciones en virtud de la "liberal acogida" que tuvieron las masas inmigrantes. Se queja finalmente de que la ilustración general y la capacitación humana y cívica de los habitantes no haya aún alcanzado discreta vigencia.[70]

En cuanto al tercer tema conflictivo mencionado, los docentes no ceden en su pedido de reglamentación en forma estable de los mecanismos para nombramientos, traslados, nombramientos de titulares y suplentes y promociones a cargos directivos, que se realizarían —insiste La Obra usando las mismas palabras que Rosario Vera Peñaloza— "sin más razón ni fundamento que la 'cuña'". Se sienten relegados, y en directa alusión a los discursos de funcionarios como el Subsecretario Arizaga, señalan la contradicción que se establece entre que se los reivindique como "los obreros de la grandeza de la Patria, los forjadores del porvenir de la Nación", y al mismo tiempo se mantengan sus salarios por debajo de los del resto de los trabajadores.[71] Es difícil de determinar si el relegamiento de las exigencias de las organizaciones docentes es un castigo por su oposición a la enseñanza relígiosa y su defensa de la ley 1420, o si ambos factores se suman porque la falta de atención del gobierno a la demanda docente, lo coloca en una situación de enfrentamiento e inclina al sector a oponerse a la supresión de la ley 1420. En este último caso, se encuentra la huella de una importante función que habría cumplido la ley: aportar a la identidad profesional, a la división del trabajo docente, a la diferenciación entre el papel del maestro, el padre o madre y el cura, la

sociedad civil y el espacio escolar-estatal. Había definido un
espacio para la reproducción de *lo público* que no solamente era
fundador del campo profesional en términos generales, sino que
dibujaba específicamente las distinciones políticas en el espacio
del sistema escolar. La presencia del poder eclesiástico ya no
solamente como parte del Estado, sino en la única área de *lo
público* preservada para la totalidad de los ciudadanos, católicos
y no católicos, como era la escuela, ponía en peligro una
estructuración del campo técnico-profesional que había llevado
sesenta años de trabajo construir; hacía temer por el cambio de
las reglas de juego, la imposición de nuevas normas, el avasa-
llamiento de las costumbres, rituales y micropoderes, y sobre
todo por el sistema de reproducción de la identidad docente, que
era atacado por funcionarios como Arizaga. El agua rebasa la
copa cuando se promulga la resolución 5684/L/948 que impone
la afiliación obligatoria de los docentes a la recientemente
creada Confederación de Personal Civil de la Nación, que
reemplaza a la anterior Liga Argentina de Empleados Públicos,
el 12 de mayo de 1948. El magisterio se ve muy "desagrada-
blemente" sorprendido porque meses antes habían circulado
planillas de afiliación voluntaria a la Liga y se suponía que se
descontaría 1$ de los salarios mensuales a los que habían
respondido a tal convocatoria. Pero según La Obra, la respuesta
había sido un fracaso. Antecedentes de incorporación compul-
siva de los empleados públicos a sindicatos oficialistas mediante
la imposición del pago de una cuota había en las provincias de
Santa Fe y Buenos Aires a comienzos de los años 40' y sirvieron
a La Obra para señalar el peligro de tal semejanza.[72]

El cuarto punto de disidencia, es decir las relaciones entre
educación y Estado establecidas por el peronismo, es expresado
como protesta por las intromisiones del Poder Ejecutivo en los
organismos del sistema y en la mantención de la intervención
al Consejo Nacional de Educación. Los consejos escolares de
distrito, según La Obra, han perdido autonomía desde que se
suspendió la vigencia de la ley 1420 y con ello se han desvirtuado
los principios fundantes del sistema educativo argentino. El
hecho de la incorporación de "sendos cuerpos de colaboradores
técnicos constituídos casi exclusivamente por maestros de escuela" a espacios de poder ministerial, no alcanza a calmar a "La
Obra" quien, en cambio, los exhorta a escucharla pese a "sus
razones de lealtad con sus superiores respectivos".[73]

Al mismo tiempo, "La Obra" apoya algunas medidas oficiales, tales como la implantación en forma obligatoria, por decreto del Poder Ejecutivo, de clubes escolares. Mas no deja de recordar que tal iniciativa no constituye ninguna novedad: los clubes escolares de tipo agrícola, recreativo, deportivo y otros, son ya muy conocidos en Suiza, EEUU, Italia y "proliferaron abundantemente en el Tercer Reich"[74]; en la Argentina tuvieron auge entre 1924 y 1940 y subsistían por entonces, en varias escuelas primarias de la Capital y del interior y en los sextos grados del anexo a la Escuela Normal de Profesores Mariano Acosta, del normal 5 y de la escuela primaria anexa a la Universidad de La Plata. Por todo ello, dice irritado el editorialista de "La Obra", nada justifica la "alharaca" que ha provocado la medida "sensatamente" decretada por el P.E. La inquietud que la medida produjo en el magisterio es analizada por "La Obra" como producto de errores de los funcionarios, que hicieron "bombo" de una resolución que no constituía obra revolucionaria alguna, asustando así a los maestros. ¿Que temían los maestros? Otra vez aparece la defensa corporativa y en este caso la posición del gobierno es de avanzada y recoge viejas prácticas democráticas, en tanto los docentes temen que sociedades de alumnos les quiten espacio dentro de la escuela.

El 29 de marzo de 1949 el Consejo Nacional de Educación emite una resolución por la cual quedaría cesante de inmediato todo maestro que se negara a jurar la Constitución de 1949. En 1950 todos los maestros del país recibieron de manos del Sindicato del Maestro un formulario en el debían responder si eran miembros del Partido Peronista o si deseaban afiliarse.[75]

Respecto a la organización gremial docente, Carlos Escudé informa que ya el gobierno de Farrell, siendo interventor del Consejo Nacional de Educación el mencionado José Ignacio Olmedo, creó la "Mutualidad del Magisterio Argentino" en 1944. Tal entidad comprendió una "Casa del Maestro", un policlínico, la isla Sarmiento del Tigre, una colonia de vacaciones para el maestro en Despeñaderos, Córdoba, un panteón en el cementerio del Oeste y un seguro.[76] Escudé interpreta tales hechos como una continuación de la retórica que Justo había desarrollado hacia el sector, aunque más grandilocuente. Desde la acción de Olmedo, consideramos que comienzan a existir intentos sistemáticos de penetrar el magisterio por parte de sectores nacionalistas y corporativos. Luego el peronismo tardaría varios años en lograr el desarrollo de una organización oficial importante como la Unión de Docentes Argentinos, la cual, de todas maneras, no llegó a ser hegemónica.

Una buena parte de los docentes serían rebeldes a tales los intentos de transformar su organización en una rama del Estado-Partido, a diferencia de los trabajadores industriales. Las causas de tal resistencia no pueden reducirse a su pertenencia a los sectores medios, lo cual es un rasgo descriptivo, pero no una explicación. Sin duda ha habido también factores ideológico-culturales, tal como hemos mencionado más arriba, pero acontecimientos anteriores de la historia del magisterio restan peso a tal hipótesis. La docencia liberal argentina tenía una historia de claudicaciones ante la democracia constitucional, que comenzaron con el apoyo al golpe de Uriburu y a la gestión de su ministro Juan B. Terán, como resultado del enfrentamiento con el gobierno de Yrigoyen y la respuesta inmediata a sus reivindicaciones por parte del gobierno de facto. Otro antecedente de importancia, fué el apoyo al ministro de Roberto M. Ortiz, Jorge Coll, por parte del grupo de educadores como Julio R. Barcos, Alfrego M. Ghioldi y Rodolfo A. Bardelli, en nombre de la revista SER[77]. Por su parte Antártida, revista mensual de los maestros progresistas de la Patagonia, con amplia representación, decía acerca de Jorge Coll:

> "Hacía tiempo que el país no contaba con un ministro de instrucción pública tan maestro y tan hondamente compenetrado del problema escolar en su doble aspecto educativo y social, como el que actualmente rige los destinos de la escuela argentina."[78]

Probablemente la historia de las relaciones entre el gobierno peronista y los docentes, haya sido el resultado de un tejido donde pesaron tanto los hechos de la política general que hemos mencionado como las luchas internas del sector, que lo llevaron a dividirse de manera tal que los docentes liberales católicos y laicos, aunque mayoritarios, quedaron desplazados de la relación con el gobierno. En tal sentido resulta adecuada la hipótesis de Gabriela Novaro[79] quien sostiene que la estrategia del gobierno frente a los docentes fué el producto de una variable combinación de formas de consenso y de control. La autora dice que, así como el consenso de los docentes hacia el gobierno no fue completo, tampoco lo ha sido su oposición, citando ampliamente extractos de la revista La Obra.

Los docentes habían conservado un importante poder dentro de las estructuras ministeriales durante la década de 1930. *Es nuestra hipótesis que los cuadros dirigentes que esfuerzan sus posiciones espiritualistas y abandonan los elementos liberales para incorporarse de lleno al peronismo, producen una escisión discursiva profunda, constitutiva de sujetos distintos y en alguna medida antagónicos.* El maestro al cual se dirigiría en 1954 el "Estatuto del Docente Argentino del Gral Perón" era más corporativo, menos democrático-liberal y concebía al Estado de manera distinta que el normalista tradicional cuyo perfil surgía del Estatuto del Docente reclamado el magisterio liberal. Para este último, el Estado debía ser hegemónico en materia de educación, pero respetando la autonomía de la comunidad educativa. Autonomía y representación directa de la comunidad para la Universidad, el Consejo Nacional de Educación y los Consejos Escolares de Distrito, creación de un Consejo de Educación Secundaria con las mismas características y subvención estatal para las sociedades populares, bibliotecas y otras organizaciones democráticas de la sociedad civil, se sumaban a la idea de un sindicalismo unido, pero independiente del gobierno. Para los docentes peronistas, los organismos del sistema educativo debían ser considerados parte del gobierno y participaban un sindicalismo oficialista. Las acciones dirigidas al control y subordinación de los empleados públicos, entre ellos los docentes, se acentuaron en esta etapa de organización y homogeneización ideológica e institucional. Sumándose a la creación desde el gobierno de organizaciones magisteriales afines a su política, incidieron en un quiebre en el campo gremial docente. Tales medidas cayeron sobre un terreno abonado por la diferenciación paulatina del sector de la docencia que abandonando los principios liberales normalizadores, se inclinó hacia la política oficial.

Reflexiones finales sobre la cuestión docente

En síntesis, los maestros y profesores, de raigambre liberal normalista, eran en su mayoría patriotas y liberales católicos, desde el punto de vista ideológico (lo cual no debe confundirse con la posición política liberal católica de la época, que va a culminar con la fundación del Partido Demócrata Cristiano. Aquellos docentes, no aceptaban la intromisión de la Iglesia en su espacio técnico-profesional, como tampoco la del Estado-Partido y en relación a tales peligros, predominaba su alianza con los sectores laicos. En realidad tal alianza consistía en la coincidencia en elementos comunes de identificación y no en acuerdos circunstanciales. Los docentes se remitían a los enunciados fundantes de su profesión en la Argentina; volvían a ser un apóstoles del saber, refugiados en esa figura que, pese a su catolicismo declarado, había sabido separar su creencia personal e íntima del campo de la educación pública, para fundar una escuela moderna: la palabra *Sarmiento* era el significante que unía a los educadores.

Defendían la ley 1420 asignándole el carácter de instrumento de delimitación de su territorio político laboral. En realidad la 1420 fué durante muchísimas décadas el más completo cuerpo legal con el cual contó la Nación para estructurar el sistema de educación primaria y.—careciéndose de un instrumento semejante para la educación media— su espíritu incidió en la organización de esta última. Luchaban por un tipo de relación entre el sistema educativo y el Estado, en la cual no primaba el autoritarismo de los normalizadores positivistas, sino la idea de autonomía relativa. Pero en este terreno se multiplicaban las contradicciones porque aquella idea llevada hasta sus últimas consecuencias, implicaba una fórmula parecida a la reformistas, es decir la elección por voto popular de los consejeros escolares. Si por un lado esa estrategia otorgaba gran autonomía al sistema escolar respecto a las injerencias gubernamentales, por otro restaba poder a los docentes que se veían sometidos a la intromisión de otros sectores de la sociedad civil, como los padres, los vecinos, o —lo que siempre temieron más— los alumnos organizados.

La estrategia del peronismo hacia los docentes fué de enfrentamiento. No reconoció como interlocutoras a las organizaciones actuantes de mayor interés y pronto comenzó a captar docentes dispuestos a organizar un sindicato no solamente afín sino subordinado al gobierno. El Estado-Partido peronista introdujo las organizaciones estudiantiles de forma tal que competían con el poder de los docentes apoyándose en su inserción gubernamental y sin buscar formas de acuerdo inter-

generacional. Pero ni la estructura orgánica de la Unión de
Estudiantes Secundarios, ni la Unión Docentes Argentinos,
llegarían a ser hegemónicos en la comunidad educativa. No
puede, en ese sentido, plantearse que faltó tiempo para ello. Por
el contrario, el golpe de 1955 tuvo, entre las numerosas causas
que se condensaron para producirlo, el inevitable antagonismo
entre el liberalismo normalista(laico y católico; democrático
liberal o democrático radicalizado[80]) y el nacionalismo popular
estatista y partidario.

Citas y Notas

1. Esta demanda aparece claramente en cartas de docentes a los
inspectores seccionales y de estos últimos al inspector General de
Escuelas, por ejemplo las de Juan I. Tamburini, de la seccional 11a. al
Dr. Florián F. Oliver, fechada en Roque Sáenz Peña el 1/11/43 y el
proyecto de creación de la Escuela Hogar en la zona de el Pintado,
presentado por el mismo Tamburini, en funciones de Inspector Visitador
Zonal al Inspector Seccional Dn Ramón Suister Martínez, fechada en
Saenz Peña el 12/12/43, en archivo APPEAL, FFyL.
2. Nos hemos extendido sobre la obra del inspector Ratier, en el Tomo
III de esta serie. No obstante debemos destacar su importancia como
informante clave a través de sus apuntes personales y cartas, y de
vocero de los docentes de los territorios nacionales, dada la estrecha
vinculación que mantenía con los maestros de la zona a su cargo, según
se deduce de la lectura de la correspondencia y de diarios regionales de
la época que formaban parte de su archivo. En el Archivo del inspector
Ratier está el texto manuscrito de un discurso, preparado para un
homenaje popular con motivo de su traslado. El potencial disertante
dice estar bajando del tren para el acto, y haber comprendido que era
portavoz de muchos maestros: "Comprendí... y cómo no iba a comprender
si en Roca, Cipolletti(localidad que no pertenece a esta sección escolar);
en Neuquén, en Huincul, en Castro...recibí el mismo pedido:(aparece
el nombre del disertante pero no se entiende), cuando se vaya Ratier
prepare todo y avise con tiempo para que nos incorporemos y ese pedido
formulado por un centenar de maestros..."

Completa la información ya presentada sobre Horacio Ratier la siguiente cronología, facilitada por su hijo, el antropólogo Hugo Ratier: Nació en Concepción de la Sierra (Misiones) el 1/9/1901 y murió en Bs.Aires el 20/2/1981. Egresó de la Escuela Normal de Santo Tomé, Corrientes hacia 1917. Intento estudios de derecho y de filosofía hacia los años 40'. Fué maestro de la Escuela de Personal Unico Machadiño, Misiones en 1918. Director Escuela Puerto Azara, Misiones hasta 1929-30. Visitador (luego llamado inspector de zona) en Zapala, Neuquén, en 1930, de la Inspección Seccional 6a., Viedma, Río Negro en 1933, de la Seccional La Pampa, en 1934, de la inspección seccional Río Negro de 1935 a 1943 y de la seccional Chaco en 1943-1944. Fue subinspector General de Territorios en 1944; Inspector de Región Escuelas Particulares de 1945 a 1958; vocal del Consejo Nacional de Educación, Comisión de Personal de 1958 a 1963, año de su jubilación. También estuvo a cargo durante varios años de una escuela domiciliaria(para discapacitados).

3. Ratier, Horacio. *S / antecedentes para la formulación del concepto inspector seccional.* Manuscrito, Resistencia, 28/12/43. Archivo Inspector Ratier, APPEAL, FFyL.

4. SUR, *No debe trasladarse la inspección de Escuelas,* Viedma(Río Negro),y "Se va el inspector Ratier", 19 de agosto de 1943

5. Ratier se encontró casualmente con el titiritero Javier Villafañe en uno de sus viajes y lo invitó a recorrer las escuelas. En sus visitas de inspección Ratier llevaba los títeres y los manejaba ante los chicos, ante el estupor de muchos docentes. También silbaba en esas ocasiones. Creó museos, colonias de vacaciones y proyectó una aldea escolar para indígenas. Fué un militante del cooperativismo. Información proporcionada por el antropólogo Hugo Ratier.

6. *Nuestro inspector General habla para los Maestros del interior* Revista Antártida, Año IV, no.30-31

7. Oliver,Florián. *Carta a Ratier.* Bs.As, (manuscrito), en Archivo Ratier, APPEAL. FFyL.

8. Oliver, Florián. *Carta al inspector Ratier.* Bs.As. abril 12 de 1943. Archivo inspector Ratier, APPEAL, FFyL.

9. ibidem

10. Casa para los maestros. *Boletín.* circa 1946, encontrado en el Archivo Inspector Ratier, APPEAL, FFyL.

11. La Nación, 26/3/45,p.;19/3/45,p.4 ;La Prensa, 23/3/45, p/8; 8/12/ 46,p.5, 18 de marzo de 1945,p. 8, incluído en Colodro,M.; Fernández, A;Moragues M. "*Demandas y respuestas educacionales estatales y de la sociedad civil a través de la información de los diarios La Prensa, Crítica y La Nación(1945-1949)* informe para la cátedra de HEAL- proyecto APPEAL, FFyL, UBA, 1993

12. La Prensa. *El apostolado del magisterio.* 8/3/45, p. 5, incluído en Colodro,M.; Fernández, A;Moragues M.,*op cit*

13. La Prensa.*Consejos Escolares de padres,* 21/11/45, incluído en

Colodro, M.; Fernández, A; Moragues M. *op cit* Los consejos de escuela, institución siempre pendiente de instalarse y persistente en reclamos populares, fueron legislados y funcionaron en las Pcias. de Buenos Aires, Río Negro y Santa Fe, entre 1987 y 1989. Durante la gobernación del peronista Antonio Caffiero, se llegaron a formar 1900 Consejos de Escuela en toda la provincia.

14. *La Prensa, Cesantías de maestros nacionales, 19 / 3 / 45 pg 3 incluido en Colodro, Ma. de los Angeles; Fernández, Andrea; Moragues, Mariana.* Demandas y respuestas educacionales estatales y de la sociedad a través de la información de los diarios La Prensa, La Nación y Crítica(1945-1949) *Informe realizado para el subproyecto Historia de la Educación en la Argentina, proyecto APPEAL, ICE-cátedra de Historia de la Educación Argentina y Latinoamericana, FFyL, UBA. 1993*

15. *La Prensa,* Actualidad, *Buenos Aires, 22 / 11 / 45, p.8 incluido en Colodro, Fernández, Morales, op cit*

16. La Nación, *La situación escolar,* 20/11/46, p. 6, incluido en Colodro,M.; Fernández, A;Moragues M.,*op cit*

17. La Prensa, *Actualidad,* 12/3/46, p. 9,incluido en Colodro,M.; Fernández, A; Moragues M.,*op cit*

18. La Prensa, *Pruebas de ingreso al ciclo del magisterio,* 24/3/47, p. 8, incluido en Colodro,M.; Fernández, A;Moragues M.,*op cit*

19. *Relación entre la población de enseñanza media oficial y privada(1943-1955)* Ministerio de Cultura y Educación, Departamento de Estadística. Informaciones Estadísticas. Buenos Aires, marzo 1979.

20. La Nación, *Normalización del magisterio,* 13/3/47, p. 4, incluido en Colodro,M.; Fernández, A;Moragues M.,*op cit*

21. Ciria,A. *op cit ,p.228*

22. Unión Democrática, "Programa", en Romero L.A., op. cit., p.308. El documento estaba firmado por Carlos E. Cisneros y David Michel Torino, de la Unión Cívica Radical, por Silvio Ruggiero y Juan Antonio Solari, del Partido Socialista, por Juan José Díaz Arana y Santiago P. Giorgi, del Partido Demócrata Progresista y por Rodolfo Ghioldi y Gerónimo Arnedo Alvarez del Partido Comunista.

23. ibidem, p.310

24. Caruso, Marcelo. *Fuentes y espacios del pensamiento pedagógico del primer peronismo,* Informe de avance Beca UBA - APPEAL, FFyL, mayo 1993.

25. La Obra. *Editorial .* Tomo XXVI, nos.432, 433, 10/3/46

26. ibidem,p.7

27. ibidem p. 9

28. La Obra. *Editorial.* Tomo XXVI, No.447, 1946.

29. ibidem,p.596

30. ibidem,p. 603

31. La Obra. *Editorial* Tomo XXVII. Nos. 1 y 2; 10/3/47

32. ibidem,p.3

33. ibidem,p.5

34. El Monitor , abril-enero 1947 y ver Escudé,C. "El fracaso...",*op cit,* p.159

35. ibidem, p.4

36. La Obra.*Editorial,* Tomo XXVII, mayo 1947 p.105

37. Novaro, Gabriela, *Las visiones sociales de la educación.1946-1955)* trabajo para el seminario "Metodología de la investigación en Historia de la Educación", FFyL, UBA. 1992,(fotocopia) ,pgs.22-25

38. La Obra.*Tranquilidad,* Tomo XXVIII,Nos. 456-457, 25 de marzo de 1948

39. Un especial rechazo por parte de los docentes democrático causó que se dejara cesantes en 1947 a los directivos y profesores de la Escuela Normal Superior de Córdoba, donde se realizaba una de la experiencias pedagógicas más avanzadas del país. Su director era el radical Antonio Sobral, su vicedirectora Luz Viera Méndez(cuya madre, Anselma Méndez de Vieira había sido directora del jardín de infantes de la Escuela Normal de Paraná) y cuyo Instituto Pedagógico había sido creado y dirigía Saúl Taborda. Los alumnos produjeron un movimiento de defensa.

40. La Obra, Tranquilidad, *op.cit.*, p.4

41. La Nación.*Por una reforma del régimen del Instituto Nacional del Profesorado".* Diario La Nación, 27/3/46,p.4

42. ibidem,p.6

43. Novaro, G.,*op cit,. 14*

44. ibidem

45. Boletín de Resoluciones No.120, 13/11/46 Exp. 16521/I/944. reproducido en El Monitor, Año LXV,nov. y dic 1946 Nos. 887 y 888,p.24.

46. Boletín de Resoluciones No.93, 2/12/46, Exp.7959/5/946, reproducido en El Monitor, Año LXV ,Vol.3 Nos.885 y 886, sep-oct 1946, p.3

47. Boletin de Resoluciones,8/8/46, exp.11253/M/946 y del 23/9/46, Exp.12060/I/946, reproducido por El Monitor, Año LXV,vol.3, Nos.885 y 886, sep.- oct.1946,pgs. 66 y 157, respectivamente.

48. ver *Memoria del Ministerio de Educación,* año 1946, Indice general: habilitación de títulos para la docencia,28 p.327;régimen de incompatibilidades p.1318;equivalencia nacional de títulos normales p.2699; sobre maestros primarios en el interior del país p.32;para la provisión de cargos de maestros especiales p.327

49. La Nación y La Prensa, 1946-1949, artículos varios incluídos en Colodro, Fernández, Moragues, *op cit*

50. Givrtz, Silvina.*op cit*

51. Ministerio de Justicia e Instrucción Pública *Examen de aptitud para aspirantes al magisterio,* decreto 4292 del 15/2/46, en Boletín del Ministerio de Justicia e Instrucción Publica, Año IX, no.71 al 75, 1/1 al

31/5/46, pgs.319-321
52. Senet, Rodolfo.*La educación primaria.* Cabaut y Cia.s/f p.37-51
53. Givrzt, Silvina *op cit, p. 39*
54. Ministerio de Justicia e Instrucción Pública. *Memoria.* Año X, nos. 89 a 91 julio-sept. 1947, p.2689
55. Ministerio de Educación.*Estatuto del docente argentino del Gral Perón,* Bs.As. 1954, cit por Susana Sisca de Berthoud *La enseñanza media en la época de Perón.(1946-1955).* Trabajo realizado en el marco de la investigación "Educación Argentina comparada- Historia de la Instrucción Pública", que, dirigida por la prof. María D. Terrén de Ferro tuvo sede en el Instituto Latinoamericano de Investigaciones Comparadas Oriente-Occidente, Universidad del Salvador/CONICET Buenos Aires, marzo de 1986 (fotocopia en la biblioteca del Instituto de Ciencias de la Educación,FFyL, UBA).
56. ibidem
57. Tedesco, Juan Carlos.*El sistema educacional argentino, 1930-1955,* CEAL, Bs.As. 1982
58. Testimonio de la Sra. Inés L. Buenos Aires, 1/11/92
59. Ministerio de Justicia e Instrucción Pública. *Memoria.* Año X, Nos.86-88, abr-junio 1947, p.206
60. ibidem, p. 264
61. Testimonio de A.P.
62. Apuntes circa 1946. Archivo Ratier, APPEAL, FFyL.
63. ibidem
64. Novaro,Gabriela, *op cit*
65. ibidem,p. 19
66. Federico Alberto Daus nació en La Plata el 4/2/1901; estudió en el Instituto Nacional del Profesorado Secundario. Fue profesor de historia de la civilización en el instituto Carlos Pellegrini de Pilar(1928-1930) y de geografía en el Instituto libre de Segunda enseñanza(1944-1946), en el Colegio Nacional de La Plata(desde 1936) y en la Facultad de Humanidades de la UNLP(desde 1939). Fue miembro del Consejo directivo de la FFyl de la UBA(1929-36 y 1940-42). Asumió como interventor en el Consejo Nacional de Educación en 1948. Entre sus numerosas obras figuran:Nociones de geografía general de Asia y Africa, texto para la enseñanza secundaria; el poblamiento de la Argentina(1939)Geografia de la Rca. Argentina. Parte fisica (1945).(AS)
67. La Obra.*La escuela en acción. el aprendizaje general.* Tomo XXVIII, 10 de abril de 1948, p. 63
68. La Obra.La escuela en acción.*op cit*
69. La Obra.*Honradez,* Tomo XXVIII, No. 467, 25 de abril de 1948, p.1
70. La Obra.*En el día de la Patria* Tomo XXVIII,Nº 469, 25 de mayo de 1948,p.1
71. La Obra.*Del interés inmediato.* Tomo XXVIII, 10 de junio de 1948, p. 219

72. La Obra. *Agremiación obligatoria* Tomo XXVIII, 25 de junio de 1948, p. 283

73. La Obra.*Del interés inmediato* Tomo XXVIII, 25 de mayo de 1948,p.179

74. La Obra.*La escuela en acción.Los clubes escolares.* Tomo XXVIII, 10 de junio de 1948

75. Referido por Carlos Escudé."El fracaso..." ,*op cit,* p. 166, a partir de información de La Prensa, 2/4/ 50 y Monthly Summary de la embajada de los Estados Unidos en Bs.As., abril 1950.

76. ibidem,p.154

77. Puiggrós,A. La educación argentina desde la Reforma Saavedra Lamas, hasta el fin de la década infame, en E*scuela, democracia y orden,* Historia de la Educación en la Argentina, Galerna, Bs.As. 1992, Tomo III, p. 81

78. *Frente a la Inauguración del primer hogar Escuela,* Revista Antártida. Año IV, Nos. 30 y 31, 2a. época. 15 de diciembre de 1940, p.5

79. Novaro, G. *op cit*

80. En el primer tomo de esta serie hemos propuesto denominaciones para las tendencias fundamentales del normalismo argentino, entre las cuales se destaca la *democrático- radicalizada,* que incluyó a los sectores críticos del normalismo de corte positivista, al cual denominamos "normalizador".

Las reformas del sistema educativo

El 17 de abril de 1847, el Congreso de la Nación dictó la ley No.12.978, ratificando el decreto 18.411/43, por el cual se instalaba la enseñanza religiosa en todos los establecimientos educativos dependientes de la Nación. Este tema será tratado en el próximo capítulo extensamente, pero preside el que comenzamos porque es el de mayor significación, entre el conjunto de reformas que enunciaremos a continuación.

El año 1947 fué probablemente el de más fuerte avance del antiliberalismo en la organización del sistema escolar. La ley de enseñanza religiosa fue acompañada por otras que tendían a quitar autonomía a los órganos del sistema, y a restar poder a la comunidad educativa frente al gobierno en las decisiones curriculares y la organización escolar. El 27 de enero de 1947, Paulino Musacchio reemplazó a Mordeglia en la intervención al CNE y por decreto 939 del 31 del mismo mes, el Consejo pasó a depender directamente del Ministerio de Justicia e Instrucción Pública, es decir que se le quitó su carácter de organismo autónomo del Estado. La gestión de Musacchio duró hasta el 22 de marzo de 1948, fecha en la cual lo reemplazó Federico Daus, nombrado por el nuevo secretario de educación Oscar Ivanisevich, quien había asumido el 18 de febrero de 1948 y ejercería el cargo hasta el 15/5/1950.[1]

El Primer Plan Quinquenal (1947-1951) y la Educación[2] [3]

Las reformas al sistema realizadas durante el primer gobierno peronista, se fundamentaron en los principios del Primer Plan Quinquenal. En su capítulo dedicado a la educación, se destaca la búsqueda de una filosofía educacional que equilibre materialismo e idealismo, el principio de democratización de la enseñanza entendiéndola como un patrimonio igual para todos, una modalidad de compensación que debe ofrecerse a quien no tiene las oportunidades de educación que otros poseen. Destaca también la preeminencia de las aptitudes y no de los medios que de los que se dispone, como determinante necesario en las posibilidades de educación de la juventud argentina. Se destaca el concepto de enseñanza práctica y profesional en el nivel medio, cuyo alcance luego examinaremos.

La reforma de la estructura escolar fue presentada en 1947 por el subsecretario Jorge Pedro Arizaga, en base a los conceptos vertidos en el texto del Primer Plan Quinquenal.[4] El funcionario fundamentó esta reforma en dos elementos. El primero, fue un diagnóstico de la eficiencia del sistema, para el cual Arizaga tomó como fuente privilegiada un reciente trabajo del notable pedagogo español Lorenzo Luzuriaga[5] y lo confrontó con las cifras de deserción escolar que manejaba el gobierno: de 773.117 ingresantes a 1er. grado en 1937, quedaba 107.565 que lo hicieron en 1943 a 6º grado, es decir que desertaron 66.552, el 86%[6], pese al elevado número de escuelas, 13.000, y de maestros, 67.000, diseminados por todo el territorio nacional. Arizaga consideró que el país ha hecho un esfuerzo enorme que se malogró debido a obstáculos sociales, geográficos y económicos, pero también a la falta de sentido nacional, a la persistencia del enciclopedismo y a defectos en la organización escolar de base positivista. Se trataba, pues, de "vitalizar" la escuela, dándole activa participación en la vida social cuyo factor más eficiente era el trabajo.

La última frase, sumada a la declarada intención de *nacionalizar* el curriculum, encierra la concepción de Arizaga, y la ubica claramente en un escolanovismo de importantes influencias vitalistas que se articulan perfectamente con las demandas de esa enseñanza práctica que muchos sectores reclamaban desde años atrás, pero que era crucial en momentos de promover el desarrollo industrial desde el Estado. Arizaga se defiende de sus críticos que le acusan de querer orientar la escuela para formar un millón de herreros, carpinteros y mecánicos refugiándose en la concepción de la Escuela Nueva; dice que su interés esta en promover aptitudes y habilidades y recalca el carácter espiritual del hombre, que debe ser educado en un medio "telúrico". La operación de establecer equivalencias entre términos provenientes de muy distintos orígenes discursivos era no solamente posible sino necesaria, para dar una respuesta curricular única a un conjunto de interpelaciones de la sociedad hacia el sistema educativo nacional. De tal modo, Arizaga sustituyó la palabra "oficios", por la que consideraba su equivalente pedagógico: *manualidades*; situar al hombre en el medio *telúrico* le posibilitaría los instrumentos para la investigación y el dominio del medio material: ello abarca desde el aprendizaje del alfabeto, hasta el conocimiento de las ciencias y la aplicación de las técnicas. Tal saber de *dominio* es, según Arizaga, una exigencia vital que no puede desatender, desde la primaria hasta la Universidad, plan alguno de enseñanza racional. En la escuela primaria esa preparación para el dominio de la realidad es central y ella debe comprender fundamentalmente las técnicas del saber o materias instrumentales.

Preparación y configuración son las dos *finalidades esenciales* que propone el Primer Plan Quinquenal. Arizaga hace uso de los conceptos que subrayamos para condensar una educación espiritual, una instrucción para el trabajo, la vinculación con la realidad circundante, la formación del hombre para la Nación, en una pedagogía. Equilibrio entre materialismo e idealismo excesivo, equidistancia entre los extremos, tal como aconseja el Plan y el propio Presidente de la Nación.

La *preparación* será el dominio de la cantidad, la destreza y la inteligencia práctica; atenderá a los intereses del niño y a la *configuración*, el dominio de las normas, los sentimientos, y la voluntad de superación moral, dentro de una concepción argentina del mundo y de la vida; tendrá como contenidos fundamentales el idioma y la historia nacional, que proporcionan los principios básicos a las disciplinas configuradoras. De tal construcción se deduce una reforma curricular caracterizada por:

- en la escuela primaria, idioma, matemáticas, dibujo y trabajo manual y "medios culturales" como materias preparatorias; el resto de las materias serán formativas y estarán organizadas en torno a los conceptos de valores y normas, es decir aquellas cuya influencia ejerce un alto poder sobre el espíritu.

- la inclusión de formas de pre-aprendizaje general, que no llegaran a orientar al alumno hacia una profesión u oficio sino que le permitieran ejercitar el trabajo manual paralelamente al intelectual durante el ciclo elemental. Atribuye también al pre-aprendizaje, sumado al diagnóstico de las aptitudes psico-físicas, una función orientadora de las aptitudes del niño para su futura elección profesional. El pre-aprendizaje consistirá en el manejo de herramientas para trabajos de plegado, consistirá y confección de pequeños objetos; manejo del cepillo de carpintero, sierras, limas, etc; prácticas de granja, manufactureras y comerciales.

- inclusión de la educación moral y religiosa, porque el hombre no puede vivir de la razón y los niños necesitan "sentir la religión por contagio, por la emoción sugerente, por incitaciones a la imaginación" y seria un error hacerles creer que todos los problemas de la vida pueden ser resueltos por las matemáticas o las ciencias naturales.

Los principios básicos de la reforma eran presentados por Arizaga de la siguiente manera:

"1° transformación del hacer docente en la escuela elemental imprimiendo a la enseñanza un carácter preparatorio y de índole configuradora, lo que significará una revisión total de planes y programas y la adopción de guías orientadoras para el maestro.

Son aspectos de esa estructuración:

a) Adopción de un Plan en que se fije la finalidad predominante de la materias de preparación y las de índole configuradora;
b) Planes y programas tendrán como principio básico organizador el idioma y la historia nacionales;
c) Vitalización de la escuela por su activa participación en la vida social, cuyo factor más eficiente es el trabajo;

d) Organización de la acción periescolar y de ayuda social en el más alto sentido de la justicia distributiva;

e) Programas de actividades para centrar el aprendizaje en el trabajo integral;

f) Métodos de observación, experimentación e investigación como medios de educación autónoma y de estímulo al espíritu de iniciativa;

g) Guías orientadoras con indicaciones de carácter práctico e instrucciones doctrinarias que eviten a la vez, el automatismo docente y la anarquía originada por las interpretaciones dispares.

2° Implantación de las prácticas de preaprendizaje en general, no en cursos exclusivos, sino en carácter de centros de la tarea escolar común en los dos últimos grados"[7].

El nuevo Plan contempla una enseñanza primaria formada por un primer ciclo optativo preescolar de 2 años(4 y 5 años de edad); un segundo ciclo obligatorio de cinco años (6 a 11 años de edad); un tercer ciclo *también obligatorio* de dos años (12 a 14 años de edad) llamado de "Preaprendizaje general con cultura general". Ese último ciclo contempla cursos mixtos y cursos separados para varones y niñas.

En cuanto al nivel medio de enseñanza, el Primer Plan Quinquenal orientaba, como hemos dicho, hacia la profesionalización y a la adquisición de conocimientos con sentido práctico, indicando explícitamente que debía capacitarse para el desarrollo de huertas y granjas experimentales y talleres de toda clase dotados de elementos modernos. Observaba la urgencia de formar obreros oficiales para todas las especialidades. Se seguía manteniendo el bachillerato clásico, con un ciclo mínimo de 5 años, 3 de conocimientos generales —semejante al que estaba en vigencia— y luego dos de capacitación en artes y oficios. Se ingresaba previa acreditación de aptitudes mediante las calificaciones obtenidas en la primaria y *el ciclo era gratuito solamente para quienes demostrasen su imposibilidad de pagarlo*. A su vez, las calificaciones obtenidas en la secundaria eran requisito para optar por el ingreso a la Universidad. Después de la especialización para maestros de primaria, de 5 años, era posible optar por ingresar a dos modalidades de enseñanza superior no universitaria: el magisterio primario y el profesorado secundario, ambas de dos años y con acceso a la universidad.

De los aspectos vinculados con el trabajo daban cuenta en forma directa las escuelas técnicas de capacitación (1 año de estudios), las de perfeccionamiento(2 años) y las de especialización (3 años), que constituían niveles sucesivos que a su vez proporcionaban títulos habilitantes de creciente grado de capacitación. Para el ingreso a las escuelas de capacitación era necesario poseer certificado de estudios primarios y para los otros dos ciclos, de estudios secundarios.

Los certificados podían sustituirse presentándose a una prueba especial. Esta última posibilidad constituye un principio democrático fundamental porque posibilita la equiparación de gente proveniente de niveles sociales distintos, eliminada por el sistema o que no tuvo la oportunidad de cursar estudios regulares con anterioridad, y legitimando los conocimientos obtenidos por otras vías, especialmente la práctica laboral, como la condición posible para el ingreso.

Se incluyó dentro de la modalidad, la enseñanza comercial. _La educación técnica era gratuita para todo obrero, artesano o empleado que viviera de su trabajo._ Los profesores debían poseer títulos que acreditasen su competencia y además debían haber ejercido su trabajo en alguna de las tres funciones recién mencionadas. Además todas las empresas, industriales, comerciales, etc. estaban en obligación de cooperar con becas para los tres grados de la enseñanza técnica.

El Plan Quinquenal establecía la reforma del viejo Consejo Nacional de Educación, transformándolo virtualmente en una subsecretaría de la cual dependían tres secciones: enseñanza primaria, media y técnica. Esta separación entre media y técnica, introduce finalmente a la educación laboral, después de tantos intentos fallidos durante décadas, entre las responsabilidades del sistema educativo oficial. La solución formal es salomónica: el sistema del bachillerato clásico, fundado por Mitre, quedaría intacto, sin que el trabajo —como concepto y como elemento curricular— fuera introducido en su impenetrable trama. La capacitación laboral quedaría organizada en otro paquete académico y curricular. Una brecha entre distintas concepciones del sujeto de la educación argentina atravesaría el cuerpo de la educación media peronista, de punta a punta. El tronco central, primaria y media clásica, seguirían regidas por una concepción oscilante entre el _practicismo didáctico escolanovista_ y el _espiritualismo teoricista._ Arizaga ha sido claro al respecto y, como se ha dicho más arriba, trató de retardar lo más posible la orientación y capacitación profesional.

Se construyó, entonces, un discurso político-educativo que fue el resultado de la adición de algunos elementos nuevos, a la configuración tradicional del viejo discurso mitrista fundador de la enseñanza media argentina. Si bien la consecuencia fue que el sistema creció sin que se modificara la estructura que le confirió la generación de 1880, el *sujeto educacional* sufrió cambios importantes. Desde fines del siglo XIX, la discriminación educativa se había producido en forma piramidal, es decir que el desgranamiento tenía una alta correlación con el sujeto social que demandaba educación (constituido por sector de clase social, región, lengua, género y otros elementos socio-culturales). Las redes de escolarización discriminaban sobre todo entre desertores y concurrentes, mediante diversos mecanismos de exclusión/inclusión, jerarquización/desjerarquización, etc., dentro del discurso escolar. Con la reforma de Arizaga, se producía un doble movimiento: por un lado, se daba una respuesta sin precedentes por su magnitud a la demanda de educación típica de sectores que alcanzaban los estratos más bajos de la pirámide educacional. Se les proponía educación básica sumada a educación laboral; por otro, se les diseñaba una zona especial del sistema, separada del tronco clásico mitrista (bachillerato-universidad) por reglamentaciones y requerimientos.

Respecto a la educación superior universitaria, el Plan Quinquenal establecía la exigencia de calificaciones suficientes en el secundario para acceder a ella, pero también su *carácter gratuito*. La universidad dependería de la sección universitaria del Ministerio y estaría gobernada por un Consejo Universitario formado de la siguiente manera:

-rector nombrado por el P.E.N. con acuerdo del Senado de la Nación.
-dos consejeros designados por el Rector y dos elegidos por y entre los profesores, de cada Facultad.
-decano u vicedecano de cada Facultad elegidos por los consejeros de ese mismo organismo
-tres consejeros designados por el Rector para cada Facultad, tres elegidos por los profesores y tres de los alumnos más calificados.

En cuanto al profesorado, habría profesores extraordinarios plenos, extraordinarios y titulares. Estos últimos ingresarían por oposición publica y su cargo, remunerado dignamente, sería incompatible con cualquier otra función. Los alumnos serían regulares o libres. Se formaría un fondo de becas para estudiantes necesitados mediante aportes del Estado y un impuesto del 0,5% sobre sueldos y salarios.

Entre las primeras observaciones que surgen frente a esta primera reforma del sistema hecha por el peronismo, se destacan:

• La orientación práctica y/o la educación técnica y profesional consiguen un lugar importante dentro de la estructura del Ministerio, aunque no afectan el circuito clásico.

• Llama la atención que no se incluya la gratuidad en el nivel secundario, en tanto se lo hace en el primario y la universidad. Al respecto de ello pueden arriesgarse varias hipótesis, tales como que se consideraba que el nivel medio debía ser selectivo y que a la Universidad debían llegar los mejores estudiantes del país, valorizándose la responsabilidad del Estado en la formación de los intelectuales y profesionales altamente capacitados, para dirigir el despegue hacia el progreso de la Nación. También es posible que se diera especial importancia al aporte empresarial para sostener el nivel medio técnico, que serviría a la capacitación de recursos humanos inmediato interés de ese sector. Finalmente, es posible que la gratuidad Universidad haya sido una medida tomada con el objetivo de calmar los ánimos ante la decisión de quitarle la autonomía a esa institución.

• parece haber contradicción entre la concepción elitista del interventor Ivanisevich y la gratuidad de la educación universitaria declarada como una medida tendiente a la democratización: en el Plan de Gobierno 1947-1951 se establece como lema: "popularizar la universidad y difundir la cultura universitaria". De todas formas, entre la enseñanza media y la universidad, la selección se producía mediante la competencia en las calificaciones, como hemos dicho.

El Primer Plan Quinquenal contemplaba también el área de Cultura. Orientada hacia el conocimiento, la promoción y el enriquecimiento de la cultura nacional, asumía su fomento

como una función del Estado. Preveía dos vías principales para
la acción cultural: por la enseñanza y por la tradición. La
primera se desarrollaría a través de las escuelas, los colegios,
las universidades, los conservatorios, las escuelas de arte, los
centros científicos y los centros de perfeccionamiento técnico.
La segunda mediante el folklore, la danza, las efemérides
patrias, la religión, la poesía popular, la familia, la historia y los
idiomas. Fomentaría el Estado centros de difusión: bellas artes,
ciencias, conferencias, teatro, letras, publicaciones, radio; centros
de investigación científica, literaria, histórica, filosófica, filo-
lógica, artística, etnológica; academias de ciencias, de artes, de
letras, de lengua y de historia; centros de estudios en folklore,
lenguas autóctonas, danzas nativas, creencias religiosas, literatura popular y tradicionales familiares regionales. Se daba
relevancia también al Instituto de Estudios Hispánicos.

La reforma de la educación en la Constitución de 1949

La cuestión educativa está ubicada en el acápite IV del
Capítulo III, art. 37, de la Constitución, dedicado a los "Derechos
del trabajador, de la familia, de la ancianidad y de la Educación
y la Cultura". Según el análisis de Hector Félix Bravo[8], las
modificaciones del área educativa estuvieron inspiradas por la
constitución portuguesa de 1933 y la italiana de 1947.

Contrariamente a una *creencia* que forma parte del imaginario peronista, el texto no establece la función hegemónica del
Estado. Comienza designando los sujetos de la determinación
educacional y dice:

> "La educación y la instrucción corresponden a la familia
> y a los establecimientos particulares y oficiales que
> colaboren con ellos, conforme a lo que establezcan las
> leyes. Para ese fin, el Estado creará escuelas de primera
> enseñanza, secundarias, técnico-profesionales,
> universidades y academias."[9]

Ubicada la familia y los establecimientos particulares como
ejes del sistema, agrega los establecimientos oficiales con la
función de colaborar con aquellos de acuerdo a la forma como

una ley lo establezca. Esto es lo que se ha llamado *subsidiariedad del Estado* y es el paso más importante que dio el Estado argentino en dirección a propiciar el desarrollo de la educación privada, desde la década de 1880. En realidad, no responde este texto a intereses empresariales en la educación particular; la educación como campo de desarrollo empresarial recién comenzaría a cobrar fuerza hacia mediados de los 50'.El sector docente privado era estrecho (alrededor de 3000 personas en el bachillerato en 1949) pero había crecido un 100% respecto a 1943; en el sector oficial había 5500 profesores en 1943 y 8400 en 1949.[10] No obstante, el gobierno tomo la decisión de normalizar la situación de los privados, que habían elevado numerosos pedidos de atención, dictando el Estatuto para el Personal Docente de los Establecimientos de Enseñanza Privada, ley 13.047,[11]del 4 de octubre de 1947. *El Estado avanzaba sobre los establecimientos privados indicando que debían ajustar sus relaciones "con el Estado y con su personal", de acuerdo a la ley.* Los establecimientos quedaban clasificados en adscritos a la enseñanza oficial, libres (o sea que no estaban incorporados a la enseñanza oficial aunque seguían sus planes y programas), y privados totalmente independientes de la enseñanza pública. Los establecimientos adscritos recibirían subsidios del Estado, si, según el art. 24 de la ley, demostraban no estar en condiciones de pagar los sueldos mínimos establecidos para el personal docente. El aporte estatal no podría ser superior a las dos terceras partes de los sueldos mínimos. En el caso de los establecimientos que impartían enseñanza exclusivamente gratuita, el aporte estatal podría llegar al 80%. En cuanto a los aranceles, según el art. 22 de la ley 13.047 el recientemente creado Consejo Gremial de Enseñanza Privada, los clasificó en tres categorías teniendo en cuenta las características de la zona y los recursos materiales que cada establecimiento ofrecía, pero debían actualizarse frente al organismo oficial respectivo antes del 1º de enero de cada año. Se limitaba el cobro de aranceles al período lectivo establecido en forma oficial. Como referencia puede mencionarse el Decreto del Poder Ejecutivo Nacional No.5391 del 2 de marzo de 1949 que, firmado por Perón, Gache Pirán e Ivanisevich, aprobaba las tarifas mínimas que debían pagar los alumnos de escuelas privadas[12], a propuesta del Consejo Gremial de Enseñanza Privada, en conformidad con la ley 13.047:

Curso Primario
Categoría a:10 $
Categoría b:15$
Categoría c:20$

Curso Secundario
Categoría a:20$
Categoría b:30$
Categoría c:40$

El Estado se reservaba la reglamentación de las formas de ingreso a cada ciclo de la enseñanza y de promoción de los alumnos. Indicaba también que solamente podrían crearse nuevas divisiones o secciones cuando se cubriera el número de estudiantes determinado por las disposiciones en vigor.

En cuanto al Consejo Gremial de Enseñanza Privada:

estaría constituído 12 miembros designados por el PE: 4 representantes del Ministerio de Justicia e Instrucción Pública (2 por la enseñanza secundaria y normal, 1 por la técnica y 1 por la primaria) dos representantes patronales de los establecimientos adscritos(1 por los religiosos y 1 por los laicos);2 representantes de la Secretaria de Trabajo y Previsión; 1 representante de los establecimientos libres y privados; 3 por el personal (1 profesor, 1 maestro y 1 por el resto del personal). Los representantes gremiales y patronales serían designados por las asociaciones gremiales correspondientes.[13] Los miembros durarían 3 años en sus funciones y sus cargos serían honorarios. el ejercicio de su función era incompatible con cargos dependientes del Ministerio de Justicia e Instrucción Publica. Las normas para el nombramiento de los docentes dieron lugar a cierta ambigüedad entre las atribuciones de cada establecimiento y las del gobierno que debía confirmarlo. Respecto a las relaciones laborales, el Estatuto fijaba estabilidad, sueldo mínimo, no inferior al 60% del sueldo nominal que en igualdad de condiciones(tarea, especialidad y antigüedad) percibían los docentes del sistema oficial y percibido durante los 12 meses del año, aguinaldo equivalente a uno y media parte del total de los sueldos percibidos en el corriente año calendario; bonificación por antigüedad y computación de la antigüedad privada para optar a cargos en escuelas oficiales; inamovilidad en la localidad y exigía títulos docentes habilitantes. Se establecía también la incompatibilidad para los docentes de escuelas adscritas para dictar clase en las escuelas oficiales de las cuales dependía su institución.

Estas acciones tendientes a ordenar, controlar y apoyar la enseñanza privada, no fueron producto de una demanda de sectores empresariales en el ramo educativo y tampoco parecen haber respondido a exigencias, existentes pero débiles, de un sector pequeño y poco proclive a la lucha reivindicativa por entonces, como los docentes privados. No parece tampoco poder concluirse que simplemente se trató de abrir una puerta de entrada a la Iglesia en la educación pública, lugar donde tal institución religiosa estaba instalada desde tiempo atrás. Tal vez fue una puerta de salida del sistema educativo estatal para ella, que cuando llegó a un punto crítico contribuyó al estallido final constituyendo una de las razones de la caída del peronismo en 1955.

La razón por la cual mencionamos directamente a la Iglesia como destinataria de la reglamentación de la enseñanza privada, es que en la sociedad civil argentina de la época las únicas instituciones con capacidad de impartir educación formal, fuera del Estado, eran la Iglesia Católica y, en mucho menor medida, otras comunidades religiosas y algunas colectividades fuertes. Pero, fuera del Estado, sólo la Iglesia Católica tenía plantadas las bases de un sistema educativo propio, en tanto los otros sectores religiosos, sindicales o comunitarios sólo podían sostener uno o unos pocos establecimientos aislados y, como hemos ya dicho, el desarrollo empresarial en la industria de la educación privada fue posterior al peronismo. En el capítulo dedicado a las relaciones entre la Iglesia y el Estado peronista, analizaremos detalladamente esta cuestión. Debe adelantarse, sin embargo, que nuestro interrogante es, si, *al dibujarse un espacio y un tiempo curriculares y político-administrativos para la actuación de la Iglesia, se estaba otorgándole más poder, o se producía una principio de acotamiento de ese poder, hasta entonces impregnante de toda la trama escolar, dándose al mismo tiempo paso a otro discurso, el del Estado-Partido nacionalista popular,* que, si bien no carecía de religiosidad, marcaba claramente el paulatino crecimiento de una hegemonía de cuya trama de

Iglesia no estaba ausente, pero a cuyas leyes estaba obligada a subordinarse.

El dictado de un Estatuto del Docente Privado produce los mismos interrogantes. En él se impone una serie de reglas a la patronal, que sólo son compensadas con el aporte del subsidio. El Estado introduce algo más que un pie dentro del sistema privado. Claro está que la resolución de la lucha de intereses a favor de la patronal, que eran especialmente órdenes religiosas, no dependió en el futuro de la letra de la ley. Esta última solamente abrió un campo de lucha, marcó un nuevo espacio, a nuestra manera de entender modernizante respecto a la situación anterior, pero la Iglesia ha demostrado ser una excelente estratega en el terreno de la política educativa. De tal modo, la ley de educación privada intento delimitar el ring en el cual los discursos peronista (público), católico (privado) y privado de otras congregaciones o laico, disputaban entre sí la dirección de la educación. Unos años después, contingentes crecidos en las escuelas privadas, saldrían a la calle preparando la caída del régimen.

El otro elemento relativo a la concepción política de la relación Estado-educación de la constitución de 1949, es el reconocimiento del derecho de las universidades a gobernarse con autonomía, dejando para una futura ley el establecimiento de los límites y la reglamentación de su organización y funcionamiento. La autonomía es coherente con el principio federalista que se expone en el mismo artículo:

> "Una ley dividirá al territorio nacional en regiones universitarias dentro de cada una de las cuales ejercerá funciones la respectiva universidad. Cada una de las universidades, además de organizar los conocimientos universales cuya enseñanza le incumbe, tenderá a profundizar el estudio de la literatura, historia y folklore de su zona de influencia cultural, así como promover las artes técnicas y las ciencias aplicadas, con vistas a la explicación de las riquezas y al incremento de las actividades económicas regionales".

El sistema educativo consagrado por la Constitución de 1949 establece, en síntesis, la subsidiariedad del Estado y la autonomía de las universidades referida indirectamente al principio federalista, no al principio liberal que consagró la autonomía en el discurso reformista de 1918. En cuanto al financiamiento y el carácter electivo o compulsivo de la educación, el artículo 2° dice que "la enseñanza primaria elemental es obligatoria y será gratuita en las escuelas del Estado", es decir que se establece la obligatoriedad solamente para la enseñanza primaria, excluyendo por omisión la media y estableciendo en el art. 6° que el Estado asegurará el ejercicio del derecho a alcanzar los más altos grados de instrucción(se refiere a la universitaria) a "los alumnos más capaces y meritorios" mediante becas que se entregarán a las familias y otras providencias que se otorgaran mediante concursos realizados entre los alumnos de todas las escuelas.[14] *El Estado se obliga a financiar solamente la educación primaria de toda la población y los siguientes niveles de un sector selecto.* En el art.4°., dedicado a la educación superior, la Constitución de 1949 retrocede respecto al Plan Quinquenal en cuanto al tema de la gratuidad, no mencionándolo en ningún momento. Pero la gratuidad queda negada, al manifestarse sobre los derechos de los más "capaces y meritorios", el art.6°, que hemos comentado.

En cuanto a aspectos curriculares que diseña el nuevo texto constitucional, el artículo 1° otorga a la enseñanza sus funciones, en el siguiente orden: desarrollo del vigor físico de los jóvenes, perfeccionamiento de sus facultades intelectuales y de sus potencias sociales, capacitación profesional, formación de su carácter y cultivo integral de las "virtudes" personal, familiares y cívicas. La idea de la educación como desarrollo de lo ya dado (vigor, potencia, virtud) pesa fuertemente en la concepción de este artículo.

Volviendo al art. 2°, sigue un enunciado muy importante porque el perfil curricular al cual se refiere denuncia la construcción de un nuevo sujeto de la educación por parte del Estado lo que significa, al mismo tiempo, que el Estado se hace cargo de la educación de sectores tradicionalmente marginados de sus servicios educacionales. Dice:

> "La enseñanza primaria en las escuelas rurales tenderá a inculcar en el niño el amor a la vida del campo, a orientarlo hacia la capacitación profesional en las faenas rurales y a formar a la mujer para las tareas domésticas campesinas. El Estado creará para este fin, los institutos necesarios para preparar un magisterio especializado."[15]

El art. 3° completa aquella extensión del sistema de educación pública:

> "La orientación profesional de los jóvenes concebida
> como un complemento de la acción de instruir y educar,
> es una función social que el Estado ampara y fomenta
> mediante instituciones que guíen a los jóvenes hacia las
> actividades para las que posean naturales aptitudes y
> capacidad, con el fin de que la adecuada elección
> profesional redunde en beneficio suyo y de la sociedad".[16]

Es ya clásica la interpretación de izquierda de las reformas educativas nacionalistas populares: las políticas de extensión del sistema educativo estatal hacia sectores populares y hacia modalidades no tradicionales, como la educación para el trabajo, son reducidas a medidas demagógicas, respuestas a las necesidades de capacitación de mano de obra de la burguesía industrial o conquistas arrancadas por los trabajadores a las clases dominantes.[17]

Por el contrario, el análisis del discurso peronista muestra que la combinación entre la inclusión de los sectores populares más abandonados por el sistema tradicional, en carácter de sujetos de la educación publica, sumada a la introducción de enunciados que relacionan la educación con el trabajo tiene un sentido subversivo respecto al discurso pedagógico tradicional, aunque con una cierta tendencia a marginalizarse dentro del sistema. Pero,¿ que es lo que impedía llevar al texto de la Carta Magna una reforma del sistema en su conjunto que colocara decididamente en el centro la revinculación de la educación con el trabajo y el cambio en la composición social del sujeto educacional?. En el texto de la Constitución de 1949 hay un retroceso respecto a la reforma Arizaga y al 1er. Plan Quinquenal, porque los elementos antes mencionados, pese a ocupar dos de los cuatro artículos dedicados a la educación, abren vías marginales: no se menciona la capacitación para el trabajo en el nivel medio del sistema, ni se ofrece la apertura irrestricta del sistema al conjunto de la población, sino solamente a los más meritorios.

Consecuente con la jerarquía que Perón otorgaba a la enseñanza universitaria, y que hemos mostrado en discursos anteriores, el art. 4°.encomienda a las universidades que preparen a la juventud "para el cultivo de las ciencias al servicio de los fines espirituales y del engrandecimiento de la Nación", pero agrega " *y para el ejercicio de las profesiones y de las artes técnicas en función del bien de la colectividad.* " Este enunciado se suma a las menciones que hacen los artículos anteriores sobre la relación entre educación y trabajo, preocupación que resalta más que en años anteriores del mismo gobierno.

La educación política aparece explícitamente enunciada como contenido curricular obligatorio y común destinado a los estudiantes de todas las facultades,

> "(...)con el propósito de que cada alumno conozca la esencia de lo argentino, la realidad espiritual, económica, social y política de su país, la evolución y la misión histórica de la República Argentina, y para que adquiera conciencia de la responsabilidad que debe asumir en la empresa de lograr y afianzar los fines reconocidos y fijados en esta Constitución."[18]

El art. 37 se refiere también al tema de la cultura. El Estado se compromete a proteger y fomentar la producción científica y artística y establece un doble principio: el de la libertad de esas producciones, a la vez que el de los deberes sociales de científicos y artistas. Se establece que serán las academias quienes desarrollarán docencia e investigaciones científicas post-universitarias y confiere a tales instituciones corporativas derecho a darse ordenamiento autónomo, dentro de los límites de una futura ley. Finalmente, el artículo constitucional afirma las riquezas artísticas e históricas *y los paisajes naturales* como patrimonio de la Nación y establece sobre ellas la tutela del Estado, que incluye un registro de la riqueza existente, su custodia y conservación, el derecho a la expropiación para su defensa y a la prohibición de la exportación o enajenación de los tesoros artísticos.

La creación del Ministerio de Educación

El año 1949 fue pródigo en reformas institucionales. Estaba concluyendo el período que Perón había considerado revolucionario, y se entraba de lleno en una etapa de consolidación institucional: solo la organización vencería al tiempo.

El viejo Ministerio de Justicia e Instrucción Pública estuvo compuesto en el área de Educación, durante los primeros años del gobierno peronista(1946- 1949) de la siguiente manera[19]: *Dirección General de Enseñanza Técnica* (sita en Talcahuano 1261)

Director General: Ing. Federico N. Del Ponte
*Jefe del Departamento Didáctico:*Ing. Andrés S. Devoto Moreno
Secretario General: Carlos González Navaro.
Jefe de Sección de Escuelas Técnicas de Oficio y de Artes y Oficios: Alberto A. Andrich
Jefe de sección de escuelas de maestros normales, regionales y especiales: Pro, Julián Fernández Hutter
*Jefe Sección Escuelas Profesionales de mujeres:*Sra. Belén Tezanos de Oliver
*Jefe de Sección Escuelas Industriales:*Ing. Francisco L. Singer
*Inspectoras técnicas:*María Albertina Aoreno de Dupuy de Leme; Claudina R. Warcalde de Ferreyra Videla; Carmen Avila de Naveran; María E. de E. de Rodríguez de la Torre y Carmen Vidad.
*Inspectores técnicos:*Carlos Frattini;Ing. Claudio Godoy; Juan Gregorio Lazcano; Severo Mantilaro; Dr. Guido Pacella; Dr. Adolfo F.J.Silenzi de Stagni y Juan B. Torres.
*Inspector técnico adscripto:*Ing. Agr. Juan P. Gomez
*Encargado de la sección planes y programas de Estudio:*Técnico honorato Trancón.
*Encargado de la sección biblioteca y difusión técnica:*Técnico Antonio Luro Poklepovich Caride.

Dirección Gral de administración
para instrucción Publica: Félix Viana
*para educación física:*J. Ferreyra
*para enseñanza técnica:*J. Salinas
*para enseñanza religiosa:*O.O.Martínez
*para la Insp Gral de Enseñanza:*R. Candevila

Dirección General de Informaciones y Biblioteca (sita en Las Heras 2545)
Dr. Gral Manuel Villada Achával

Dirección General de Educación Física(sita en Las Heras 2545)[20]

Dr. Gral Cesar S. Vásquez
Subdirector: José Luis María Posse
Secretario Gral: Manuel F. Mantilla
Inspectoras Profesoras: María S, Scasso;Angela
Cristóbal; Julieta de Ezcurra; María Margarita Stein.
Inspectores: Plinio l.Boraschi; Prof. Hector Felix Bravo;
Dr. Hernán Julio Davel; Eduardo Gismondi; Guillermo
Newbery; Arq. Antonio B. Nin Mitchell; Julio A. Pedezert;
Prof. Enrique C. Romero Brest y Raúl Ladislao Segura.

Inspección General de enseñanza (sita en Av. de Mayo
1896,1er.piso)
Insp. Gral. Dr. Paulino Mussachio

*Academia Nacional de Ciencias Exactas, Físicas y
Naturales de Buenos Aires* (sita en Perú 272)
Presidente: Dr. Enrique Herrero Ducloux.
(entre los académicos figuraba Bernardo Houssay)

A partir de marzo de 1949 se cambió la denominación de la
Secretaría de Educación por "Ministerio de Educación", de
acuerdo con la reforma de la Constitución recientemente san-
cionada. Por decreto N° 5293 del 26 de febrero se ratificó la
Resolución Ministerial del 31 de agosto de 1948 por la cual se
organizó una Secretaría General del Ministerio. Según lo establecido por esa resolución, a su titular le correspondería la
misma jerarquía, prerrogativas y tratamientos que a los Sub-
secretarios de Estado de otras jurisdicciones de la Administración
Nacional. Ese decreto de complemento con el N° 13.677 del 10
de junio, que suprimió la Subsecretaria de Educación y radico
sus asuntos en la recientemente creada Secretaria General. Por
decreto N° 6233 del 12 de marzo se crea la Subsecretaría
Universitaria y el 22 de julio se le atribuye la coordinación de la
acción de las universidades nacionales vinculada a la extensión
universitaria o relativa a la contratación de profesores extranjeros, así como el ofrecimiento de la tribuna universitaria
a personalidades relevantes.

La ley 13.548 del 11 de agosto, promulgada por Decreto N°
20.201 del 24 del mismo mes, el Consejo Nacional de Educación
se convierte en Dirección General de Enseñanza Primaria y
pasa a depender del Ministerio de Educación. Las dependencias
administrativas, técnicas y didácticas de esta Dirección se

integran y se refunden con los servicios del ex-consejo Nacional de Educación con otros análogos del ministerio, por Decreto N° 32.483 del 23 de diciembre. Por decreto N° 25.136 del 8 de octubre [21] pasaron a depender del ministerio de Educación el Consejo Nacional de Educación Física y el Instituto Nacional Sanmartiniano. Desde el Boletín N° 21 del mes de septiembre del ministerio, comienza la sección correspondiente a la Dirección de Enseñanza Primaria. El viejo Monitor de la Educación común, ha sido discontinuado.

En síntesis, las modificaciones son: Ministerio en lugar de Secretaría; Secretaria General del Ministerio en lugar de Subsecretaría de Educación; creación de la Subsecretaria Universitaria; Transformación del Consejo Nacional de Educación en Dirección General de Enseñanza Primaria.[22]

El 18 de febrero de 1948, Oscar Ivanisevich había asumido el cargo de Secretario de Educación; ahora adquiría el rango de Ministro; Secretario General del Ministerio era nombrado Carlos Fratini; Subsecretario de Cultura Antonio P. Castro y Subsecretario Universitario Carlos Ignacio Rivas. El resto del organigrama quedó como sigue:

Dirección General de Enseñanza Secundaria, Normal y Especial: Inspector General de Enseñanza (interino) Dr. Oscar A. Vigliani
Subinspector General de Enseñaza Oficial: D. Ricardo Piccirilli[23]
Subinspectora General del Departamento de aplicación y Jardines de Infantes de las Escuelas Normales:Da. Blanca A. D. de Alvarez Rodríguez
Subinspector General de enseñanza Adscripta:D.José Raul Lucero
Subinspector General de Educación Física: D. Cesar S. Vásquez.

Dirección General de Enseñanza Primaria
Secretario General: D. Ernesto Pietrani

Dirección General de Educación Religiosa
Dr. Gral. Dr. Leonardo E. Benítez de Aldama
Inspector General: Canónigo D.Antonio Rodríguez
Consejo Asesor de la Dirección General de Instrucción Religiosa

Pbro. Julio Cesar P. Lizza, Dr. Juan Luis Alvarado; Rr.P. José Rufino Pratto y D. Miguel A. Echeverrigaray.
Dirección General de Enseñanza Técnica
Dr.General: Ing. Federico N. del Ponte
Inspector General: D. Julián Fernández Hutter
Sub-Inspector General de Enseñanza Técnica Oficial: D. Carlos Gómez Iparraguirre
Sub-Inspector General de Esnenanza Técnica Privada: D. Carlos Frattini
Sub-Inspector General de Educación Física: C. Celestino López Arias
Dirección General de Sanidad Escolar
Director General: Dr. Enrique Pierángeli
Departamento de Institutos de Enseñanza Superior y Artística
Director: D. Leopoldo Marechal[24]
Consejo Gremial de Enseñanza Privada
Presidente: D. Alberto D. Harrington

Registro General de Establecimientos de enseñanza privada y de su personal
Jefe: d. Manuel Balado
Comisión para la medición de un arco de Meridiano
Presidente: Gral de Brigada D. Baldomero J. de Biedma
Conservatorio Nacional de Música y Arte Escénico
Director: Luis V. Ochoa[25]

Departamento de Difusión
Jefe: D. Joaquín F. Diéguez Solana
Dirección del Material
Dr. (int)Ing. Baltasar José Manes
Departamento de radioenseñanza y cinematografía escolar
Dr. D. Joaquín D. Mosquera

Departamento de Informaciones, Biblioteca y Estadística y Consultorio de Orientación Profesional y Escolar
Dr. D. Manuel Villada Achaval[26]

Departamento de Turismo escolar
Jefe: Inspector Técnico D. Arturo E. Degano.

Casa del Docente y Estudiante Argentinos
a cargo de d. Arístides Durante
Comisión de Estudio y dotación de calefacción escolar

Secretario: Prof. Pedro Andrés Saggese
Comisión de Huertos Escolares
Presidente Dr.Enrique Pierángeli[27]
Comisión Asesora de Latín
Profesores: D. Juan Angel Fraboschi[28]
R.P. Ernesto Dann Obregón y D. Ramón Albesa[29]
Intendencia del Ministerio
Intendente: D.Albino Argel Nava
Departamento de Automotores
Jefe: D. Arístides Durante

Los establecimientos de Enseñanza del Ministerio quedaron ordenados de la siguiente manera:

DIRECCION GENERAL DE ENSEÑANZA SECUNDARIA NORMAL Y ESPECIAL
Colegios Nacionales
Liceos de Señoritas
Escuelas Normales
Escuelas Normales de Profesoras y Profesores
Escuelas de Comercio
Instituto Nacional de Profesorado en Lenguas Vivas "Juan R. Fernández"
Institutos Nacionales de Sordomudos y Sordomudas
Jardín de Infantes "Mitre"

DIRECCION DE INSTITUTOS DE ENSEÑANZA SUPERIOR Y ARTISTICA
Institutos Nacionales del Profesorado Secundario: Capital Federal, Paraná y Catamarca.
Institutos Nacionales de Educación Física, sección mujeres y sección varones
Conservatorio Nacional de Música y Arte Escénico
Escuela Nacional de Artes Preparatoria "Manuel Belgrano".
Escuela Superior de Bellas Artes "Ernesto de la Carcova"
Escuela Superior de Bellas Artes "Prilidiano Pueyrredón"
Escuela de Cerámica de la Nación
Escuela Nacional de Danzas Folklóricas Argentinas
Academia de Bellas Artes del Norte de Santiago del Estero
Instituto de Musicología

DIRECCION GENERAL DE ENSEñANZA PRIMARIA
Escuelas primarias

En cuanto a la *Subsecretaria de Cultura,* los cargos fueron los siguientes:

> *Director General:* Dr. Juan Valles
> *Archivo Gral de la Nación:* D. Héctor C. Quesada[30]
> *Biblioteca Nacional:* Dr. Gustavo Martínez Zubiría
> *Comisión Nacional de Cultura:* Pte. Antonio P. Castro
> *Comisión Nacional de folklore:* Pte. Manuel Sarmiento
> *Comisión Nacional de Museos y de Lugares Históricos:*Pte. Dr. Eduardo Acevedo Diaz[31]
> *Comisión Protectora de Bibliotecas Populares:* Pte. Dr. Pedro Ramón Bachín
> *Instituto de Botánica "Darwinion":* Dr. Ing. Agron. D. Arturo Burkart[32]
> *Instituto Nacional de la Tradición:* Dr. D.Juan alfonso Carrizo
> *Junta Nacional de Intelectuales:* Pte.D. Antonio P. Castro[33]
> *Museo Argentino de Ciencias Naturales "Bernardino Rivadavia":* DR. Dr. Agustín E. Riggi.[34]
> *Museo "Casa de Yrurtia":*Dr. Rogelio Yrurtia"
> *Museo Nacional de Bellas Artes:* Dr. Juan M.L.Zocchi[35]
> *Observatorio Astronómico de Córdoba:* Dr.(int.) Dr. Ricardo P. Platzeck
> *Orquesta Sinfónica del Estado:* Subdir.:D.Roberto Kinsky

Las *Academias Nacionales* fueron cubiertas de la siguiente manera:

> *Academia Argentina de Letras:* Pte. Dr. Carlos Ibarguren[36]
> *Academia Nacional de Agronomía y Veterinaria:* Pte. Joaquín S. de Anchorena[37]
> *Academia Nacional de Bellas Artes:* Pte.D. Martín Noel[38]
> *Academia Nacional de Ciencias de Córdoba:* Pte.Ing. Fernando Sánchez Sarmiento
> *Academia Nacional de Ciencias Económicas:*Pte. Enrique C. Urien[39]
> *Academia Nacional de Ciencias Exactas, Físicas y Naturales de Buenos Aires:* Pte. Dr. Enrique Herrero Ducloux[40]
> *Academia Nacional de Ciencias Políticas:* Pte. Dr. Adolfo Bioy[41]
> *Academia Nacional de la Historia:* Pte. Dr. Ricardo Levene[42]
> *Academia Nacional de Medicina de Buenos Aires:* Pte. Dr.

Carlos Bonorino Udaondo[43]
Academia de Derecho y Ciencias Sociales de Buenos Aires: Dr.Leopoldo Melo.
Academia de Derecho y Ciencias Sociales de Córdoba: Pte. Dr.Enrique Martínez Paz[44]

Secretaria Universitaria

Director Gral: D.Enrique I.Rossi

Universidades Nacionales

Consejo Nacional Universitario: Pte. Dr.Oscar Ivanisevich
Universidad Nacional de Buenos Aires: Rector: Arq. Julio Vicente Otaola[45]
Universidad Nacional de Cuyo: Rector:Prof. D. Ireneo Fernández Cruz
Universidad Nacional del Litoral: Rector: Ing. D. Angel Guido[46]
Universidad Nacional de Córdoba: Rector: Dr. José M. Urrutia
Universidad Nacional de La Plata: Rector: Dr. Julio Miguel Laffitte[47]
Universidad Nacional de Tucumán: Rector: Dr. Horacio R. Descole[48]

Comisión permanente de Construcciones Universitarias: Pte. Dr. Carlos I. Rivas[49].

Comisión de vinculación entre la Universidad y la Industria: Pte.Ing. Julio Pascali.

Instituto de Perfeccionamiento Médico-Quirúrgico: Dr. Carlos De Nicola
Instituto Tecnológico del Sur: Rector:Dr. Miguel López Francés

Comisión Ley 11.333, Art.6 *Pte. Dr. Carlos Ignacio Rivas.*

Comisión Ley 12.578, Art.18 Pte. Dr. Belisario Gache Pirán[50]

DIRECCION GENERAL DE ENSEÑANZA TECNICA
Escuelas Industriales, Ciclo básico, Medio o Superior,

según cuenten con el ciclo de Capacitación, de
Perfeccionamiento o de Especialización. (Están
comprendidas las escuelas anteriormente denominadas
de Artes y Oficios, Técnicas de Oficios e Industriales)
Escuelas de maestros Normales regionales
Escuelas Profesionales de mujeres
Misiones monotécnicas de extensión cultural
Misiones de cultura rural y doméstica de residencia
transitoria

Educación y trabajo

El decreto 9078/48 estableció una reforma curricular para
las escuelas dependientes de la Dirección General de Enseñanza
Técnica de la Secretaria de Educación. Se trataba de *uniformizar*
los planes de estudio de los establecimientos que estaban bajo
su dependencia, y de organizarlos en tres ciclos:

• ciclo básico o de capacitación, formado por Escuelas de Artes
y Oficios, con ciclos de dos años, al final del cual se obtenía un
certificado de capacitación en un oficio;

• ciclo medio o de perfeccionamiento, que se cursaba en las
Escuelas Técnicas de Oficios, también de dos años, que otorgaba
un título de experto en un determinado oficio;

• ciclo superior o de especialización, que se cursaba en las
escuelas industriales, durante tres años y otorgaba el título de
técnico.

El decreto 19379/48 integró varios tipos de escuelas en las
Escuelas Industriales de la Nación, estableciéndolos como
ciclos básico, medio y superior. Otra reforma realizada fue la
implantación del ciclo básico común en las escuelas comerciales, y los de perfeccionamiento y especialización.[51]

Para dar una idea sobre la magnitud de los establecimientos
que se fueron creando en este período, transcribiremos el
listado de los fundados entre fines de 1947 y comienzos de 1948:

Total 30 nuevos establecimientos con 11.720 alumnos y
292 divisiones en la Capital y el interior.

Colegios Nacionales en Carlos Casares y Saladillo (Pcia. de Buenos Aires); Deán Funes (Córdoba); Monte Caseros(Corrientes); Diamante y Rosario Tala (Entre Ríos) y una sección nocturna en Tucumán.

Escuelas de comercio en Catamarca, Comercial de mujeres en Santa Fe, secciones de comercio anexas al Colegio Nacional de Azul, de San Andres de Giles, de Punta Alta, de San de Tres Arroyos, (Pcia. de Buenos Aires).

Escuelas de Artes y oficios regionales en Canals, Dean Funes y Jesús María y creación de un nuevo edificio en Río Cuarto, Córdoba; Cañuelas y Gral Madariaga (Pcia. de Buenos Aires);Buena Esperanza (San Luis); Frías (Santiago del Estero); Monte Caseros (Corrientes); San Jorge (Santa Fe) Santiago del Estero; Santo Tomé (Corrientes).

Escuelas industriales en Bahía Blanca y Zárate

Escuelas mixtas de oficios regionales en Río grande (Tierra del Fuego); Trelew (Chubut); Zapala(Neuquén)

Escuela rural en colonia Helvecia (Santa Fe)

Escuelas profesionales de mujeres en Ceres (Santa Fe) y Lincoln (Pcia. de Buenos aires)

Escuelas profesionales y de tejeduría en Abra Pampa (Jujuy); Santa Rosa (La Pampa); Posadas (Misiones); Presidente Roque Sáenz Peña (Chaco);San Francisco Córdoba; Nogoyá (Entre Ríos); San Lorenzo (Santa Fe); Ayacucho (Buenos Aires)[52]

El decreto 9078 del 31 de marzo de 1948, fundamentaba la uniformización de toda la enseñanza impartida desde la Dirección General de Educación Técnica de la Secretaría de Educación de la Nación, en la necesidad de que las reformas se adaptaran al Plan de Gobierno. Se señalaba también la necesidad de adecuar la enseñanza profesional a las necesidades actuales y futuras de la industria nacional y al "pujante desarrollo de la técnica moderna", con la preparación de artesanos y expertos con amplio conocimiento de su oficio y una adecuada preparación humanística.[53] Las asignaturas contempladas para la formación de técnicos(ajustadores, torneros, ebanistas, fresadores, matriceros, herreros de obras y artístico, fundidos, modelistas, dibujantes carpinteros de ribera, de obra y de aviación), comprendían Matemáticas, Castellano, Historia y Geografía nacional, religión o moral, educación física, dibujo en la distintas especialidades higiene y seguridad industrial, físicas y químicas especializadas, tecnologías de máquinas y herramientas.

En 1952 se produjo una nueva reforma de las escuelas industriales dependientes de la Dirección General de Enseñanza Técnica del Ministerio de Educación de la Nación. Las reformas principales fueron:

- un ciclo básico común a todas las especialidades reemplazó a los de capacitación y perfeccionamiento que había establecido el decreto 9078/48 y a los alumnos egresados de tal ciclo se les otorgara un certificado de *experto* en los estudios cursados.
- Se aumentaron a 12 las horas de taller, práctica o trabajos en la especialidad, fijados en los tres años del ciclo superior.
- se implantó un curso complementario(técnico) de un año de duración para los egresados de las Escuelas Industriales Regionales, del ciclo del bachillerato y magisterio y de las escuelas de comercio, después del cual podrán ingresar al ciclo superior de las Escuelas Industriales de la Nación, pero no podrán aspirar al título de *experto*, ni eximirse de las prácticas de taller.
- se implantó un curso complementario, humanístico, de un año de duración para los egresados de los cursos nocturno aprobados por decreto No. 15.692/50, cuyo cursado les permitirá ingresar también al ciclo superior de la escuelas industriales, aunque, tampoco, aspirar al título de *expertos.*

Las reformas que hemos destacado muestran una clara tendencia a vincular los distintos circuitos que se han ido constituyendo, tratando de establecer lazos entre las ramas tradicionales y la educación para el trabajo, aunque también compensando la formación estrictamente técnica de algunas modalidades con conocimientos humanísticos.[54]

También dependientes de la Dirección General de Educación Técnica, las *Misiones Monotécnicas y de Extensión Cultural,* fueron creadas en número de 25 por el decreto 20.628, del 17 de julio de 1947.[55] Estaban destinadas a llevar cursos para formación de mano de obra calificada al interior del país, desarrollando las artesanías locales y la cultura de la población. Dependían del Departamento de Justicia de Instrucción Pública y se instalarían por dos años en cada población. Entre otras materias, su plan de estudios incluía idioma nacional, geografía física y económica regional, historia argentina, instrucción cívica, economía política y social. Cada misión estaría integrada por un director con título de egresado de las Escuelas Técnicas de oficio o grado superior a ellas, en la especialidad que ejercería en la Misión; un maestro general con título de Maestro Normal egresado de las escuelas normales nacionales, regionales o rurales; un ayudante de taller y un ordenanza. El sistema estaba dirigido a quienes habían aprobado el 4º grado de primaria o rendían un examen de equivalencia, tenían 14 años de edad cumplidos, presentaban certificados médicos de buena salud y vacunación completa y una solicitud en la cual el padre tutor o encargado se responsabilizaba de daños que el menor pudiera causar al equipamiento escolar. La enseñanza sería gratuita y se proveería a los alumnos del instrumental, los libros y los útiles. Además, a aquellos que no faltasen más de 5 veces sin justificación, la Misión les asignaría 25$ M/n por mes en carácter de beca.

El Presupuesto de la Nación para el año 1948, aprobado por la ley 13.072, preveía la creación de 50 misiones monotécnicas y de extensión cultural de residencia transitoria. Dado que el decreto 20.628 del 17 de julio de 1947 [56] ya había dispuesto la creación de 25 de aquellos establecimientos, se procedía ahora a completar los 25 restantes. El decreto 8.954 del 27 de marzo de 1948, estableció que, dada la importancia de esa modalidad educativa, la Secretaria de Educación crearía un Departamento Técnico Administrativo encargado de todos los asuntos relacionados con la Misiones Monotécnicas y de Extensión Cultural y con las Misiones de Cultura Rural y Doméstica. Para ello, se otorgaba un crédito de 3.600.000m/n. Firmaban el decreto Perón, Belisario Gache Pirán, Ramón A. Cereijo y Oscar Ivanisevich.[57] El presupuesto de las Misiones Monotécnicas y de Extensión Cultural y Misiones de Cultura Rural y Doméstica, se distribuía de la siguiente manera:

- personal 150.202$
- gastos de funcionamiento 1.222.348 $ y gastos de instalación 2.032.348$. En este último rubro entra la compra de maquinarias, motores, herramientas, muebles, materiales y útiles de enseñanza, construcción de edificios, compra de automotores,etc.

En cuanto a las Misiones Monotécnicas y de Expansión

Cultural de Residencia Transitoria, los gastos en personal reciben un aporte patronal que es de 79.950 $, a través de aportes a cajas de jubilaciones frente a una inversión estatal de 1.417.450$.[58]

En un folleto de propaganda publicado por el Ministerio a comienzos de la década de 1950, se compara la situación de los alumnos egresados de las escuelas primarias en las zonas rurales, que no tenían otro destino que volver a las mismas tareas que sus padres, con el importante contingente de artesanos capacitados en pequeñas poblaciones, especialmente aquellas situadas en regiones alejadas de centros urbanos,

"con ambientes geográficos ricos en posibilidades materiales que sólo esperaban la acción del Estado para transformarse en centros de expansión económica y cultural"[59]

Además de la considerable expansión de la educación técnica dependiente de la Secretaria (luego Ministerio) de educación, existió una innovación de enorme significancia en la estructura del sistema: la tendencia, desde 1943, a vincular la educación con el trabajo desde otros organismos, en particular la Secretaria de Trabajo y Previsión, y a constituirla en una rama paralela o en un nuevo circuito, distinto del tradicional. Perón diría en 1952, haciendo un balance de los programas de educación técnica realizados:

"Estamos elevando la cultura social de nuestro país. Nuestros obreros son tan formidables que cuando egresan de esos cursos de capacitación, hay que ver cómo se expresan, cómo piensan, cómo reflexionan y van sacando sus propias conclusiones y elaborando sus ideas"[60]

En el mismo artículo, Mundo Peronista dice haber concurrido, inspirado por las palabras del General, a conversar con un "auténtico obrero peronista", el linotipista Manuel P. Rolón Campos, quien trabajaba en la Editorial Alea. Campos, hombre correcto y joven, paraguayo y amante de la Argentina como su segunda Patria, pondera las escuelas de capacitación y perfeccionamiento industrial, en las cuales cursa de noche 3er. año de la especialidad de linotipista y recibe también clases de cultura general y legislación obrera. Campos recibió una beca de manos de Evita y aspira a ingresar a la Universidad Obrera Nacional al terminar sus actuales cursos. Transmite Mundo Peronista las palabras del obrero que dice:

> "¡Quien es el obrero, el descamisado humilde que no le deba algo a Evita !¡Por eso y por el inmenso amor que Evita puso en todas sus cosas su recuerdo será imperecedero y eterno nuestro homenaje!"[61]

Educación y trabajo

En diversas partes de este texto, hemos tocado lateralmente el problema de la relación entre educación y trabajo. Antes de avanzar en la descripción del subsistema organizado por el peronismo, referiremos el clima de demanda de la época, abonando las referencias que hicimos en el segundo capítulo. Tomando como ejemplo el año 1945, encontramos que los periódicos reflejan una demanda fuerte. El 16 de marzo *La Prensa* informa que solamente en la ciudad de Rosario se inscribieron ese año 360 estudiantes en las dos escuelas técnicas que allí funcionaban, pero que por falta de asientos quedarían 220 excluidos. Ante esa situación los presidentes de las Asociaciones cooperadoras respectivas se dirigieron al Presidente de la República y al Ministro de Instrucción Publica para pedirles la creación de nuevas divisiones. *"La Prensa" elogia la orientación de la juventud hacia la educación técnica, señalando que se trata de un momento adecuado para ello porque el país posee fuentes de trabajo bien remuneradas, dado el desarrollo que adquirió la industria nacional. Aprovecha el periódico para quejarse porque no se ha cumplido con la exención del impuesto al aprendizaje a aquellos industriales que lo proporcionan en sus fábricas. "La Prensa" repite en varios artículos de la sección "Actualidad" entre 1945 y 1947 una posición mediadora entre el interés patronal de utilización del trabajo de menores y los derechos educativos del menor,* que protege la nueva legislación.[62]

El 3 de junio de 1944 fue reglamentado el trabajo de menores y el aprendizaje industrial creándose por el decreto 14530/44 la *Comisión Nacional de Orientación y Aprendizaje Profesional (CNAOP),* dentro de la Secretaría de Trabajo y Previsión, que fue ratificada y complementada por la ley 12921/45. Esta última otorgaba carácter autárquico a la CNAOP y establecía su dependencia del PEN a través de la Secretaria de Trabajo y Previsión. Se creó, además, la Dirección General de Aprendizaje y Orientación Profesional, órgano directivo de la CNAOP. El art 52° establece que la CNAOP fomentará la extensión del sistema, por medio de las regionales de la Secretaría de Trabajo y Previsión instaladas en el interior del país y teniendo en cuenta las necesidades de las industrias locales y de la región. De acuerdo a la periodización hecha por Balduzzi, [63]los primeros cursos para obreros comienzan en 1944, en 1946 se abre la primera escuela fábrica y entre 1947 y 1948 se produce el lanzamiento masivo del sistema, se le agregan escuelas técnico-industriales de 2° ciclo y el Congreso de la Nación aprueba la legislación correspondiente. Es en 1951 cuando la CNAOP pasa a depender del Ministerio de Justicia e Instrucción Pública y en 1952 se pone en marcha la Universidad Obrera Nacional.

De acuerdo a la clasificación de Pablo Pineau, las leyes y decretos que constituyen el subsistema pueden ordenarse en tres grupos:
• los destinados a la creación del primer nivel de la Comisión Nacional de Aprendizaje y Orientación Profesional (CNAOP), decretos No. 15438/44;6648/45; 9964/46;[64]
• los referidos a la Dirección General de Enseñanza Técnica (DGET), decretos 17854/44, 2701/45, 9078/48 y 19379/48, todos ellos convertidos en ley por la 12921 del 21 de diciembre de 1946;
• la ley 13229/48, sobre la duración del segundo nivel de la CNAOP; y la UON (13229/48). Agregaremos las leyes de protección del menor, que afectan sus condiciones laborales, entre otros, el 32.412/45 [65] que reglamenta los salarios y el 7251/49 [66] que establece la exigencia del examen médico y la libreta sanitaria para los menores de 14 a 18 años que soliciten trabajo y la ley No. 13.524/49, que establece que la Comisión Nacional de Aprendizaje y Orientación Profesional entregará a los menores una Libreta de trabajo y aprendizaje, que acreditará su identidad, los estudios cursados y les servirá también para eximirse de impuestos, a ellos y a sus representantes legales.[67] Según la ley 12.921 [68], al Estado le corresponde hacerse cargo de "la vigilancia, contralor y dirección del trabajo y aprendizaje de los menores de 14 a 18 años de edad", a quienes divide a su vez en tres grupos:

• *aprendices*: los que, previa autorización de la CNAOP complementen su trabajo con la asistencia a cursos. de capacitación;
• *menores ayudantes obreros:* los que trabajen, previa autorización de la CNAOP sin asistir a un sistema organizado de aprendizaje;
• *menores instruídos*: aquellos que hayan terminado una carrera profesional o un curso de aprendizaje. Aunque se los considerará como a obreros adultos a los fines de sus deberes u derechos, se hará una excepción prohibiéndose su trabajo nocturno y en industrias insalubres y que afecten la moralidad.

En el artículo 3º. la ley establece preferencia para dar ingreso a los cursos de capacitación a quienes hayan terminado el ciclo primario y el artículo 4º. establece que considerado *aprendizaje* el que sea producto de todo régimen de trabajo que asegure al menor la enseñanza de oficio o trabajo determinado previamente; que los trabajos que realice el menor tengan una previa graduación y metodización que respondan al desarrollo de los procesos técnicos y a la vez a su edad y fuerza física; que la enseñanza técnica que se imparta en los cursos sea un complemento de un trabajo en el cual este inserto el alumno; que se incluyan a la vez elementos para su formación cultural, moral y cívica.

En el capítulo II, titulado "De los cursos", y referido a los aprendices de 14 a 18 años que trabajan 4 horas, se establece que las plantas industriales

> "organizarán cursos para la formación técnica de sus aprendices, lo que podrán hacer también, asociándose o coordinando sus esfuerzos dos o más establecimientos afines u organizando escuelas por intermedio de las asociaciones patronales que representen; los planes de estudios de dichas escuelas deberán ser aprobados por la CNAOP"[69]

El mismo capítulo determina que la CNAOP creará escuelas para los jóvenes que no puedan concurrir a las anteriores y que contarán con laboratorios y talleres, dando un carácter más general a los estudios cuando en las fábricas este sea demasiado parcelado o especializado. También se establece que la CNAOP organizará cursos complementarios y obligatorios para los aprendices que no cuenten en el establecimiento laboral con estudios organizados. Esos cursos serán de 10 hs. semanales entre 1 y 3 años, y se dictarán en las fabricas o talleres, en los locales de las asociaciones patronales, en escuelas dependientes del Consejo Nacional de Educación o del Ministerio de Justicia e Instrucción Pública. Los planes de estudio complementarios comprenderán:

- Cultura general: nociones de idioma nacional, historia y geografía argentinas;
- Nociones de tecnología del oficio y dibujo
- Nociones de legislación obrera y reglamentos de trabajo.
- Cultura cívica y moral.

La ley establece también que se organizarán cursos similares para obreros adultos que deseen perfeccionar su cultura general y sus conocimientos técnicos o artesanales, de acuerdo a las demandas que se hagan llegar a la CNAOP. El art. 16 de la ley que estamos sintetizando, establece que en las escuelas de medio turno nacionales, provinciales, publicas o privadas, podrán funcionar cursos de preaprendizaje, para los alumnos asistentes a escuelas primarias, de 4° grado en adelante. Enseñarán conocimientos teóricos generales, trabajos industriales y orientarán vocacionalmente.

El capítulo III se refiere a las *Escuelas-fábrica y colonias-escuela* y dice que la CNAOP podrá instalar por cuenta propia o en coordinación con ministerios e instituciones tales establecimientos, dirigidos a menores inadaptados, huérfanos, deficientes o abandonados. Tendrán un régimen mixto de enseñanza y producción y una organización integral que permita la atención médica, pedagógica, moral y profesional del menor.

La modalidad de vinculación entre educación y trabajo instalada desde la CNAOP y luego desde la UON, es parte de un discurso en el cual se ha gestado el término *aprendiz*, que resulta clave en la legislación italiana de la década de 1930. El aprendiz, es al mismo tiempo un trabajador y un alumno, alguien que debe cumplir con normas de la producción y a quien se le debe educar. En un largo artículo sobre el tema, que reproduce la revista Derecho del Trabajo,[70] el profesor de la Universidad de Florencia Giorgio de Semo distingue entre aprendiz, practicante, alumno, muchacho y voluntario, y entre aprendizaje y período de prueba.

Considera que la *relación de aprendizaje* tiene características contractuales especiales entre las cuales destaca la obligación de adscribir al aprendiz a la categoría de trabajador, lo cual hace que el *dador* deba retribuirle lo que le corresponde y no puede tomar la forma de retribución a destajo.

Agustín Monteagudo, ingeniero en construcciones mecánicas y en industria textil, estudió en la Escuela Fábrica No.1 Teniente General Perón, ubicada en Lavalle 43, Avellaneda. Entrevistado para nuestro proyecto, recuerda que la formula para la educación de los aprendices, que instala Perón, apoyado por Cecilio Conditti, una especie de comodín de Perón en la Secretaría de Trabajo y Previsión", fue *educación + aprendizaje= capacitación.*

> "Se hace entonces una prueba piloto, en la primer escuela fábrica, la Fray Luis Beltrán, ubicada en Entre Ríos e Independencia, donde ahora está el CONET"(...)"en las escuelas se instalaban las máquinas más modernas, por ejemplo el torno Harrison." (...) "a la mañana era mayor la concurrencia, por ejemplo de operarios calificados." (...) A Perón le apasionaban los tornos. En una oportunidad iba a venir a mi escuela. El jefe del taller quería que estuvieran todas las máquinas funcionando y no alcanzaba la cantidad de alumnos, porque las escuelas se construían con más capacidad que los alumnos que tenían en ese momento para atender las máquinas. Entonces el jefe del taller me dice que atienda la primer máquina y después que pase Perón que vaya a atender la última. Yo prendo la primera y me pongo a trabajar; viene Perón, mira y me felicita por la pieza que estaba haciendo. Sigue la recorrida, yo pongo la máquina en automático y salgo corriendo para prender la última. Era una maquina muy grande y al empezar a funcionar hizo una gran ruido, entonces, cuando Perón oye ese ruido viene derecho a ver qué era. Se detiene y me va a felicitar de vuelta, cuando me reconoce; '¡Pero Ud es el que estaba atendiendo la primera máquina. Sí, le digo. Entonces me da la mano y un abrazo por atender dos máquinas a la vez. Fue muy emocionante."[71]

Según el mismo informante, el texto y los materiales eran gratuitos, así como los cuadernillos en blanco para llevar apuntes, pero la diferencia con las viejas escuelas de Artes y oficios creadas por los conservadores, era que en aquellas se convertía a cada analfabeto en un alfabeto y nada más, mien-

tras que en las escuelas fábricas, además lo transformaban en
un hombre con raciocinio porque sabía por qué hacia su tarea y
tenía conciencia de que el trabajo enaltece al hombre y es útil a
la comunidad. La disciplina y la exigencia de estudio eran muy
fuertes, más que en las escuelas comunes. El rendimiento de los
alumnos era también muy alto y según el ingeniero Monteagudo,
los egresados requeridos por las empresas por su alto nivel de
especialización, que no poseían los graduados de las carreras
universitarias tradicionales. Este último hecho es el que habría
decidido la creación de la Universidad Obrera, en una reunión
realizada en Olivos entre Perón, Conditti y un ingeniero austríaco que Perón conoció en Italia y lo invitó a venir a la
Argentina, siendo desde entonces su asesor científico. Agrega el
entrevistado:

> "De ahí nació la idea y no del ingeniero Perazzo, como
> dicen los gorilas, que fue para crear un ciclo superior al
> Otto Krause. Perazzo era vicerrector y si la idea hubiese
> sido de él no hubiese aceptado ese cargo sino el de rector.
> La estructura era que el rector y los decanos eran
> hombres del movimiento obrero organizado, y el vice-
> rector y los vice decanos, técnicos de elevado prestigio,
> como Perazzo."[72]

La Universidad Obrera Nacional fue creada el 26 de agosto
de 1948, por la ley 1.229 del Congreso de la Nación, siendo sus
redactores finales —dado que se inició en la Cámara de Senadores— el diputado Ayala López Torres y dos representantes de
la CNAOP, su director general técnico, el ingeniero Monteverde
y el subdirector, ingeniero Alvarez.[73] El funcionamiento fue
reglamentado por el decreto del Poder Ejecutivo del 7 de octubre
de 1952. Se inauguró el 17 de marzo de 1953. Sus finalidades
principales son elevar a nivel profesional la formación de
quienes han concluido el ciclo de la CNAOP, asesorar proyectos
y realizar investigaciones vinculados con la promoción industrial. Es requisito para ingresar tener el título de *técnico de
fábrica* de la CNAOP o ser egresado de las Escuelas Industriales
de la Nación. Pero tenían prioridad los obreros que demostra-
ran tal condición con su libreta de trabajo los menores y
certificado los adultos.[74] [75]

La orientación de la UON estaba claramente dirigida desde
sus objetivos hacia la promoción industrial y se conformaba

como institución que articulaba a los diferentes sectores comprometidos en tal tarea, con la finalidad de formar integralmente profesionales de orígen obrero. [76] El Rector era nombrado por el PEN, pero debía ser egresado de la Escuela sindical superior de la Confederación General del Trabajo y seria asesorado por un Consejo formado por representantes de industriales y de obreros.

El debate parlamentario en torno al proyecto de creación de la UON, marca dos posiciones: el peronismo, representado básicamente por el diputado Bustos Fierro y el diputado Torres Ayala basó la defensa en las necesidades derivadas del proyecto industrializador y de la educación del pueblo. La oposición, encabezada en este caso por el diputado Gabriel Del Mazo, sostuvo que la creación de la UON era antidemocrática pues daría como resultado una educación estrecha para obreros y una educación de mayor nivel para los sectores que pudieran acceder a la universidad tradicional. Según Dussel, el argumento central de Del Mazo es que la UON no puede considerarse universidad porque no transmite conocimientos universales, por lo cual carecería de legitimidad.[77] La posición de Del Mazo contrasta con las aspiraciones del movimiento obrero, que, años antes, intentó crear una universidad propia, antecesora de la UON, la Universidad Obrera Argentina.

Marcela Mollis[78] sintetiza las diversas explicaciones que se han dado a la creación de la UON, que en general coinciden con las que se adjudicaron a la CNAOP:
• se debió a la necesidad de incorporar a la masas inmigrante del interior al proceso de industrialización derivado de la sustitución de importaciones, que incremento el proletariado urbano y los votantes peronistas;
• constituyó una forma más de manipulación demagógica de las grandes masas para incorporarla sin conflictos al proyecto industrialista de la oligarquía;
• no respondió a las exigencias económicas de la política industrialista sino al conjunto de necesidades derivadas de la superestructura política peronista;
• fue respuesta a las demandas del sector gremial.

Mollis realiza una operación indispensable para comprender el sentido de la UON: la ubica en la historia de la relación estudiantes —obreros que, desde el movimiento reformista latinoamericano—ha sido una tradición. Recuerda la experiencia de la Universidad Popular González Prada, que en Perú fundaran Victor Raúl Haya de la Torre y José Carlos Mariátegui, la unidad obrero estudiantil perseguida por Julio Antonio Mella. Pero al mismo tiempo señala la coexistencia de tal perspectiva reformista con otra más intelectualista, que manifestaba hacia los sectores populares una suerte de paternalismo pragmático. La extensión universitaria sería la mejor expresión de esta última posición, que llevó "la cultura de los 'militantes del humanismo' a los sectores trabajadores"[79]. Mollis ubica la creación de la CNAOP como sucesiva de la fundación del Servicio Nacional de Aprendizaje para la Capacitación Industrial (SENAI), creado en Brasil en 1942, a lo cual, entre las mas importantes experiencias latinoamericanas, debe agregarse la creación del sistema de educación técnica posterior a la revolución mexicana, en particular la creación del Instituto Politécnico Nacional.

En cuanto a la estructura curricular de la UON, se diferenciaba de la Universidad tradicional por sus rasgos más escolares: la asistencia a clase era obligatoria, había exámenes finales eliminatorios y no podían rendirse exámenes libres. Los horarios eran vespertinos, existía un número limitado de alumnos por comisión y se trabajaba bajo la modalidad de seminario o teórico-practico. La vinculación con el medio industrial era permanente. Las especialidades en las cuales se otorgaba el titulo de *ingeniero*, eran: Construcción de Obras, Hormigón Armado, Obras Sanitarias, Construcciones Mecánicas, Automotores, Transportes y Mecánica ferroviaria, Instalaciones Eléctricas, Construcciones Electromecánicas, Construcciones Aeronáuticas, Industrias Textiles, Industrias Químicas, Construcciones Navales, Mecánica Rural y Telecomunicaciones.

El plan original contemplaba 5 años de estudios, cinco materias por año, con excepción del 3° con seis materias y un total de 24 horas semanales. Las únicas materias que eran ajenas a la especialidad y comunes a todas las orientaciones eran: Elementos de legislación, Legislación del trabajo, Economía y Financiación de empresas, Tecnología de fabricación y organización industrial y Administración y contabilidad industrial.[80]

Otro rasgo distintivo que es necesario marcar es la organización académica de la UON[81]. Su carácter regional resultaba una novedad y era un intento de articular las necesidades locales con los planes nacionales de desarrollo industrial. El ingeniero Mazzetti, en el articulo ya citado, destaca la relación integral entre el trabajo y los estudios, la "práctica integral" como el rasgo distintivo de mayor peso. Desde una posición pragmática y antiespeculativa, el director de la regional Buenos Aires de la UTN expresa que es insuficiente poseer solamente conocimientos teóricos, tanto como lo es el empirismo logrado a través de penosos años de aprendizaje. Según él, la industria moderna requiere

> "poner la teoría en marcha y estar en contacto directo con el elemento vivo, con los trabajadores y las máquinas en movimiento. De ahí surge la necesidad imperiosa de poseer un especialista que, conociendo aspectos teóricos tanto o igual que el 'doctor en ingeniería', conozca a la par del obrero lo que es el taller, lo que es la máquina, pero no solamente a través de gráficos o prospectos de las casas fabricantes, sino por haber vivido su uso diario y por haber escuchado el rítmico andar de su marcha, de ese ruido de acero,..."[82]

Tanto los alumnos como el personal de la UTN, eran concebidos por el gobierno peronista como aspecto de ese sujeto complejo denominado "pueblo peronista". Cecilio Conditti, quien fue rector de la UON, dirigente de la Asociación Obrera Textil (AOT) y también estuvo vinculado a la dirección del fútbol profesional como dirigente del club Chacarita Juniors, en un discurso que improvisó en el teatro Enrique Santos Discépolo[83] marcaba el origen de una diferente concepción entre los conservadores y el peronismo cuando

> "En aquellos, el coronel Perón se hizo cargo del Departamento Nacional del Trabajo —que sólo era un inútil organismo estatal— y pocos días después, merced a su iniciativa, fue convertido en la gloriosa Secretaria de Trabajo y Previsión. Y pudimos comprobar que, mientras el otrora Departamento Nacional de Trabajo sólo defendía los intereses del capitalismo en nuestra Patria, la Secretaria de Trabajo y Previsión, por la decisión inquebrantable de su creador, el Cnel. Perón, se constituyó en Tribunal de Justicia del Trabajo, para nosotros, los hombres del pueblo, los que habíamos vivido sin derecho a nada."

Más adelante agregó:

> "Y así, señores, que, cumplida la primer etapa
> revolucionaria, comienza el Sr. Presidente de la República
> a organizar la cultura; y, en estos momentos, habla aquí
> un representante de la clase trabajadora del país, que se
> halla al frente de una Universidad Obrera Nacional.
> Pero señores ¿en qué época de nuestra historia un
> trabajador manual ha podido manejar una casa de
> estudios tan honorable, tan revolucionaria y tan
> argentina como la nuestra? Señores, yo no hablo por mí,
> lo hago expresando el hondo y fervoroso reconocimiento
> de los hombres de mi clase, de los humildes, de los que
> trabajan silenciosa pero activamente por el
> engrandecimiento de nuestra Patria, que antes nunca
> tuvieron nada beneficioso."[84]

El sujeto que se constituía en el discurso de la UON era el trabajador dignificado, y se ponían condiciones para que esa dignificación fuera legitimada. El Estado respondía a reivindicaciones largamente demandadas con un doble gesto de otorgarle una nueva identidad al trabajador —por lo tanto un nuevo lugar en la cultura política nacional— y al mismo tiempo exigirle una identificación total con el Estado-Partido. La interpelación del Estado a los trabajadores anulaba su constitución como sujetos de la sociedad civil y los incluía como parte del Estado peronista, al mismo tiempo que se esperaba que produjera innovaciones en el campo de su especialidad técnica. Hasta 1955, regía el siguiente *Compromiso de Honor del personal de la Universidad Obrera Nacional:*

> 1º Ser dirigentes del Estado y predicar ante sus
> subordinados con la palabra y el ejemplo.
> 2º Anteponer el interés colectivo al interés personal,
> procurando el perfeccionamiento de las instituciones.
> 3º Conocer, comprender, sentir, practicar y difundir la
> Doctrina Nacional.
> 4º Sentir orgullo en servir al Pueblo y a sus organizaciones
> y tener por honor el ser pagados por ese mismo Pueblo.
> 5º Jerarquizar sus cargos por el único medio digno: el
> trabajo.
> 6º Reconocer un solo interés y obedecer a una sola
> autoridad: el Estado.

7° Dar todo y llegar inclusive al sacrificio, buscando como recompensa la satisfacción del deber cumplido.

8° Adoctrinar permanentemente a quienes les rodean, por el empleo de la persuasión y no de la imposición disciplinaria de las ideas.

10° Prácticas diariamente un examen de conciencia que les indiquen cuánto hicieron, cuánto pudieron haber hecho y cuánto les reta por hacer, en beneficio de su Patria.[85]

La relación que el peronismo estableció entre sistema escolar y educación laboral, es uno de los temas que presenta más dificultades para ser abordado. Es quizá el mejor ejemplo del proceso que sufren los acontecimientos en sucesivas resignificaciones producidas por su participación simbólica en el devenir histórico que les sucede. La relación positiva entre educación y trabajo fue considerada por los peronistas como la característica distintiva, como la obra de mayor envergadura o como el significado del proyecto pedagógico peronista tradicional. Pese a ello, hasta hace pocos años solamente se contaba con dos artículos que profundizaban el tema. Ellos eran los trabajos de Wiñar y Tedesco[86], los cuales coincidían en realizar un análisis sociológico clásico, acentuando en mayor o menor medida como causas del incremento de la educación para el trabajo, las diversas demandas de mano de obra producidas por el desarrollo industrial; o bien se acentuó la necesidad de la capacitación especializada para la nueva industria, o la adaptación de los migrantes del interior a las condiciones de la empresa industrial, o la necesidad de aplacarlos mediante la creación de un canal educativo para el ascenso social, ante las limitaciones de un sistema escolar discriminador. También se ha planteado que la existencia de un circuito que posibilitaba el acceso de los sectores obreros a la educación para el trabajo, era una nueva forma de discriminación. Wiñar destaca como causa, el populismo gubernamental que, desde una política de expansión económica, habría desplegado una política de promoción de los sectores populares que, en tanto nuevos productores y consumidores eran condición para el proceso de industrialización. El autor hace una observación muy significativa cuando considera que una educación técnica es mejor aceptada por los sectores populares, pues responde mejor a sus expectativas y demandas que la educación clásica. Sin embargo, la conclusión fuerte de

Wiñar es que las escuelas de la CNAOP no respondieron directamente a demandas empresariales u obreras, sino que fueron el producto de programas de la burocracia educativa y política que, con intención "demagógica", trataron de encontrar consenso para el proyecto de industrialización de los sectores dominantes. En cuanto a la UON, Wiñar acentúa más las demandas obreras de continuación de estudios de sus hijos. Dussel esquematiza como sigue la propuesta de Wiñar:

> "la intención limitacionista y manipuladora o demagógica de la propuesta oficial, fue transformada por la demanda de padres y alumnos trabajadores, quienes pugnaron por su ampliación"[87]

Tedesco, por su parte, muestra la necesidad de ampliar las vías de ascenso social tradicionales de la clase media e introduce una innovación a su clásico planteo, que resaltaba el carácter político y no económico del proyecto educativo oligárquico y el rechazo de los sectores medios respecto a la educación laboral, informando de la existencia de necesidades laborales concretas provenientes de distintos sectores económicos.

La discusión sobre la mayor o menor especialización de la mano de obra requerida por el proceso de sustitución de importaciones, incide también en la consideración de la necesidad de capacitación técnica específica o bien de adaptación de orden político-cultural a las condiciones de trabajo, por parte de la nueva población obrera. En general, las posiciones de Wiñar y Tedesco coinciden con los críticos del nacionalismo popular latinoamericano que, con distintas argumentaciones, reducen la vinculación entre educación y trabajo que se produce en los períodos de aquel signo político, a las formas de ejercicio de la dominación por parte de clases dominantes que tienen intereses modernizantes.

Una nueva serie de trabajos de investigadores jóvenes, publicados en los últimos años o realizados como informes, tesis y monografías e inéditos (varios de los cuales hemos citado), muestran la preocupación que siente por el tema la nueva generación de historiadores de la educación, quienes abren nuevas brechas en una discusión que parecía cerrada. Sintetizando las cuestiones a examinar en los trabajos a los cuales nos referimos, se destaca:

—una discusión sobre los destinatarios de la educación laboral, planteada por Juan Balduzzi como la intención por parte del gobierno de constituir un "colectivo" nuevo, los *aprendices*, y continuada por Pablo Pineau al preguntarse por el carácter de nuevo sujeto pedagógico de aquel "colectivo" que señala Balduzzi. La cuestión no es meramente terminológica porque ambos autores superan la reducción clasista y economicista de los trabajos anteriores y avanzan hacia el descubrimiento de las nuevas articulaciones constitutivas de esos sujetos que pueblan la "Nueva Argentina".

—una discusión sobre la relación entre la población de las escuelas de la CNAOP y de la UON; al respecto, algunos trabajos de Inés Dussel[88] proporcionan información que permite poner seriamente en duda el origen obrero de la población de la UON y por lo tanto la continuidad del alumnado de las escuelas-fábricas y esta última. En 1955 había 50.000 inscriptos en el subsistema CNAOP y solamente 1887 en la UON. Ser obrero era un requisito legalmente exigido para ingresar a las escuelas-fábrica y el curriculum estaba dirigido directamente a los intereses de los trabajadores (derecho laboral, cultura del gremialismo, conocimientos tecnológicos), pero la información proporcionada por informantes clave entrevistados por la autora, muestra que, si bien la presencia obrera fue significativa, pero no lo fue excluyente de otros sectores sociales.

—Dussel introduce la noción de multideterminación para el análisis de la UON e identifica al menos cuatro sujetos que influyeron en la conformación de la institución en sus primeros años: el Estado, los ingenieros que pugnaban por la especialización de la ingeniería, los sindicalistas y los alumnos. Desde el discurso estatal, se dividía a los profesionales del campo que mencionamos entre los ingenieros del "decir" y los ingenieros del "hacer". En el discurso peronista el saber decir de los intelectuales tradicionales se oponía la vinculación de aquellos profesionales con las urgencias concretas del nuevo desarrollo industrial. Esa operación discursiva estaba sin duda asociada al enfrentamiento de los ingenieros de la UBA al peronismo.

—Dussel agrega una observación que, a nuestro entender, es el aporte más novedoso de su trabajo. Dice:

> "las luchas entre grupos disciplinarios al interior del campo de la ingeniería no fueron sólo en torno a quién

era el grupo dominante o el dominado dentro de la disciplina. Aunque la UBA pareció triunfar con la Revolución Libertadora, la tendencia ha sido el predominio de la especialización. Pero también estaba en discusión que clase de dirigente u organizador de la producción debía ser el ingeniero, esto es que articulación establecía la ingeniería con otros ámbitos, por ejemplo el Estado o las clases sociales"[89]

Según la autora, para los ingenieros tradicionales el interlocutor principal era el Estado, en tanto para quienes propugnaban la especialización, lo eran los empresarios. Dussel establece una correlación entre los dos grupos y la división peronismo/antiperonismo: mientras que los ingenieros tradicionales fueron antiperonistas, luchando junto a sus compañeros de las universidades nacionales, los ingenieros graduados en la UON se aliaron al peronismo. En cuanto a los estudiantes, la autora informa que los que cursaban estudios en la UBA sentían que la UON degradaba la ingeniería, en tanto los de la Universidad Obrera, defendían un proyecto de inserción en la producción.

• finalmente, Pablo Pineau, en un trabajo reciente, ha avanzado en nuevas hipótesis sumamente esclarecedoras. A riesgo de esquematizar la argumentación que el mencionado investigador está desarrollando, mencionaremos algunas de sus nuevas interpretaciones:

• se apoya la *deconstrucción* del concepto "educación popular" como punto de partida para aproximarse al tema

• argumenta que el modelo de la Secretaria de Trabajo y Previsión se aproxima a una síntesis entre la Instrucción Pública y las Sociedades populares de educación rescatando elementos democráticos de ambas propuestas,

> "ya que parte de establecer la necesidad de una educación diferenciada para sectores sociales diferenciados en vistas a su promoción social, con la participación de los mismos para tal fin, como sostenían las sociedades populares de educación y la obligación del Estado de garantizar la educación a los sujetos interpelados, como sostenía el modelo de la Instrucción Publica."[90]

—compara[91] el circuito CNAOP-UON con el circuito de la Dirección General de Enseñanza Técnica, y el proyecto del

Instituto Politécnico Otto Krause, contemporáneos. La CNAOP y la DGET fueron creadas con un mes de diferencia. En tanto el primer circuito se dirigía especialmente a una población obrera, nueva, y creaba nuevos establecimientos, DGET debía reorganizar los estatales de capacitación ya existentes, tales como la escuelas profesionales, las de Artes y Oficios, etc. El Otto Krause era propuesto como canal de continuación de los estudios en este último sistema cursado, aunque tal proyecto nunca llegó a realizarse.

—La observación de mayor trascendencia de Pineau, es que durante la década de 1930 apareció un grupo de intelectuales, en su mayoría ingenieros, que estaba influido por dos vertientes: el espiritualismo gentiliano y la corriente industrialista nacional. Entre ellos se destacó Juan José Gómez Araujo, quien fuera ingeniero civil egresado de la UBA, inspector jefe de enseñanza industrial, profesor de la Universidad de La Plata, director general de la CNAOP y fundador de la Escuela de Aprendices Ferroviarios de Tafí viejo y de la Escuela Técnico-industrial 'Emilio Civit' de Maipú, Mendoza, entre otros importantes cargos.

Pineau argumenta que la justificación última de la enseñanza técnica no proviene de principios económico-industrialistas, sino "de consideraciones metafísicas sobre el hombre y el trabajo", que tienen la obra de Araujo. El alumno no es interpelado como 'mano de obra' a desarrollar sino "como espíritu a desenvolverse por medio del trabajo', lo cual producirá las nuevas articulaciones características de este proyecto.[92]

Esta hipótesis de Pineau pone seriamente en cuestión la nuestra sobre la profunda división que separaría a la educación para el trabajo de la educación clásica. También cuestiona nuestra suposición sobre la condensación del espiritualismo en los canales de las estructuras ministeriales educativas y de las concepciones pragmáticas en la Secretaría de Trabajo y Previsión.

En ocasión de celebrarse el primer aniversario de la creación de la Universidad Obrera Nacional, el 8 de octubre de 1953 (coincidente con el aniversario del nacimiento del presidente Perón), fueron pronunciados varios discursos cuyo tono fortalece la argumentación de Pineau. El Sr. Hugo S. Deheza, decano de la Facultad Regional de Santa Fe, de la UON, pronunció una disertación por LT 9, radio Santa Fe, en la cual destacó que la concepción que presidió la creación de la UON fue al perfeccionamiento de la masa trabajadora con un concepto claro de patriotismo, fortaleciendo la riqueza espiritual y material de la Nueva Argentina. Mas adelante destacó, del Capítulo III de la Constitución Justicialista (es decir la Constitución Nacional reformada en 1949), que en lo referente a los derechos del trabajador señala como meta *el mejoramiento de los valores del espíritu,* para lo cual es necesario elevar la cultura, la aptitud profesional, etc.. Las disertaciones del alumno Orlando H. Lazzarín de la regional Mendoza de la UON, del Ing. Luis Premat, y del decano de la Facultad regional y a la vez delegado de la CGT, Sr. Ignacio Gómez, fueron en el sentido de elogiar la obra de Perón y destacar que el obrero pasaba, gracias a la nueva formación que estaba recibiendo de hombre-máquina a hombre que piensa y desarrolla su espíritu.[93]

Citas y Notas

1. Junto a Ivanisevich, renunciaron en tal oportunidad el Secretario General del ministerio, Carlos Fratini y el Secretario General de Enseñanza Primaria, J. E. Pietrani. Asumieron provisoriamente, en los tres cargos mencionados, respectivamente, Gache Pirán, Eduardo Martínez y Carlos Ambrosio Ascorti. El 23/6/50 se hizo cargo de la titularidad del ministerio Armando Mendez San Martín. Ministerio de Justicia y Educación. *Boletín,* No 117/50, p. 461, No.118/50, p. 50, N° 120/50, p. 595.

2. En este trabajo solamente enfocaremos la problemática de la cultura política y la educación desde una mirada nacional. En siguientes tomos de la serie, se encarará la historia de la educación de las provincias y territorios nacionales, en el período peronista. No obstante, es necesario recordar que en la Pcia. de Buenos Aires, durante la primera etapa de la gobernación del coronel Domingo Mercante (1946-1952), se realizó una de las experiencias educativas más importantes

del período. Sus inspiradores fueron Emilio F. Mignone, quien fué Director General de Enseñanza, Avanza y en cierta medida, Arturo Sampay. Respecto a las diferencias entre la orientación de la reforma de la Provicnia de Bs.As. y la politica educativa nacional, Mignone dice:

(...) (en la Provincia) "no se cerraban periódicos, no había violencia, el jefe de la oposición era Oscar Alende, que era muy antiperonista, pero todo se debatía ahí en la legislatura. Nosotros no cometíamos los excesos que afectaban a la clase media y a los maestros en otras jurisdicciones. Le voy a nombrar un caso concreto, cuando en 1950 Oscar Ivanisevich inventa el texto de lectura "Florecer", que era de lectura obligatoria, produjo una fuerte reacción en la clase media. Hacer obligatorio ese libro era provocar una reacción inutil. Era una de esas mezclas de ingenuidad y locura que tenía Ivanisevich. Y nos mandó una nota pidiéndonos que usáramos el libro también en la provincia de Buenos Aires. Entonces yo hice un dictamen, donde expliqué que el libro "Florecer" era un libro orientado por una metodología de global que entonces estaba bastante de moda. Nosotros teníamos una política que era la de respetar la libertad de elección de los docentes y, sobre todo en materia metodológica, eso funcionaba hasta el momento. Entre un método global impuesto y mal aplicado y un método más tradicional bien aplicado, hay que quedarse con el método tradicional... En el fondo lo que queríamos era no aplicar el libro, pues un maestro que quería utilizar un método global y utilizar en su grado el texto "Florecer" tenía libertad de hacerlo. Pudo haber maestros más peronistas, que eran muy pocos, que lo pudieron haber utilizado; y le mandamos la nota respectiva a Ivanisevich, diciendo que no pondríamos como obligatorio el texto "Florecer". Todo eso nos creaba una cierta imagen de peronistas medio vergonzantes. Era un peronismo más lavado, menos irritativo, demasiado pluralista, demasiado conceptual, demasiado tolerante con la oposición, lo cual yo creo que gana la composición social de la provincia de Buenos Aires, porque en aquella época la provincia de Buenos Aires no tenía el peso que tiene hoy... era lo más razonable para gobernar y que no nos traia la reacción violenta de las maestras...

(...) Yo era un abogado de 25 años. Debajo mío estaba el jefe de inspectores y antes de eso, los puestos técnicos en la provincia de Buenos Aires eran los inspectores. Había que hacer los programas, entonces se ponía de comisión a los inspectores. Había que elegir textos, se ponía en comisión a los inspectores. En cambio yo innové en eso. Nombré cinco asesores míos, y, si había que hacer un proyecto de Ley y no llamaba a los inspectores, sino que lo hacían los asesores con mi participación. Entonces eso le quitaba poder a esa camada es decir... por lo tanto de alguna manera era odiado, aparte era flaco, joven, abogado, católico, yo era odiado por ser respetuoso, sumamente respetuoso, pero hice una jugada. Se jubiló un inspector general,

entonces yo modifiqué el sistema de concursos de los inspectores,
porque el sistema de concursos establecía que además de los
antecedentes de ellos tenían que dar una clase pública que se preparaba
con tres dias de anticipación. En el primer jurado que presidí,
presentaron unos discursos de memoria espantosos. Aprendían de
memoria un machete y claro... entonces cambié el reglamento
estableciendo un sistema de coloquio, con un jurado de cinco personas.
Delante del inspector se elegía un tema, pero durante dos horas se
intercambiaba, es decir una cosa más dinámica, no de memoria sino
una cosa de preguntar y de "qué opina de esto". En el primer concurso
se presenta Hansen, el famoso pedagogo de la provincia de Buenos
Aires que despues trabajó en la UNESCO... Jorge Hansen.

Era un hombre muy respetado que era director de una escuela rural
en Necochea, pero que desde allí había aprendido esperanto, leía
lecturas pedagógicas etc., y era hijo de dinamarqueses, de una colonia
dinamarquesa. Era protestante y se presenta y da un examen brillante.
Entonces yo le digo a Avanza, vamos a hacer un golpe de Estado, vamos
a poner a este tipo como inspector general. Hansen no aceptó, se asustó,
me dijo a mí. Después fué inspector muchos años, fué inspector general
con Alende y utilizaba al personal de aquella época. Luego Hansen me
dijo,' yo creí que usted me ponía para usarme', es por eso que no aceptó,
era razonable (...) *pero además era protestante, porque yo quería quitar
un poco esa idea de que es un hereje. Un tipo que impresionaba por su
limpidez.(Puiggros,A; Carli, S. Entrevista a Emilio Femín Mignone
Buenos Aires, febrero 1993.)*
3. Frigerio, Graciela. "L'Education sour le peronisme", en *Ecole e
societé, Tesis de Doctorado, Universidad de Paris V, Paris, circa 1980*
4. Presidencia de la Nación. Secretaria Técnica. *Plan de gobierno 1947-
1951*. tomo X, Buenos Aires, 1946, p. 117-119
5. Según Luzuriaga(*La enseñanza primaria y secundaria argentina
comparada*. Instituto de Estudios Pedagógicas), en 1942
• sobre 10.000 habitantes el porcentaje de escolaridad era: Argentina,
54,5%; EEUU, 51,8%; Nueva Zelandia, 47,7%; Inglaterra, 41,7% y
Bélgica 41,7%.
• el numero de escuelas públicas era; Argentina, 49,8; Suecia, 48,9;
EEUU, 46,7; Inglaterra, 41; Suecia, 33.
• en la Argentina, 132,2 por mil habitantes eran alumnos de primaria.
cit por Arizaga, J. P."Aplicación del plan de gobierno". *op cit*
6. La información completa que proporciona Arizaga es:
1937 1er grado...773.117
1938 2° grado...357.762
1939 3er.grado...267.825
1940 4° grado...200.414
1941 5° grado...132.831
1942 6° grado...107.565

7. Arizaga, J. P. " Aplicación del Plan..."*op cit,* p.52
8. Bravo, Héctor Felix, *Bases constitucionales de la educación argentina.* Paidós, Bs.As., 1972 p.110.
9. Constitución Nacional, en Enciclopedia Escolar y de Cultura General, Ed. Atlántida, Bs.As.,1950. Como dato al margen, mencionaremos que de esta enciclopedia se publicaron desde 1927 hasta 1949 65 ediciones de 5.000 ejemplares cada una, en tanto la edición 66 de 1950 fue de 20.000 ejemplares, según se informa en la contraportada del libro.
10. Sisca de Borthoud, S. *op cit*(apéndices)
11. *Boletín Oficial,* 22/10/47
12. *Boletín oficial* 10/3/1949
13. Sisca de Borthoud,S. *op cit*
14. Constitución de 1949, *op cit,*p. 654
15. ibidem,*op cit,* p.653
16. ibidem
17. Pereira Paiva, Vanilda, *Educaçao popular e educaçao de adultos,* Loyola, San Pablo, 1987;
18. Constitución de 1949, *op cit,* p.654
19. Este cuadro es una reconstrucción hecha por el proyecto APPEAL, que responde al año 1947, pero, salvo cambio de algunos funcionarios menores, refleja al conjunto del equipo que ocupó el Ministerio entre 1946 y 1949.
20. De acuerdo los art. 1,2 y 3 del Decreto No.117.828/42 la Inspección General de Enseñanza ejercía las funciones didácticas y disciplinarias en relación a la educación física en los establecimientos de enseñanza media, normal y especial. El 12/2/44 la resolución 3161, firmada por el Presidente Ramírez y el ministro Gustavo Martínez Zubiría deja sin efecto los anteriores artículos del decreto de 1942 dejando a la Inspección una tarea solo de asesoría a la Dirección General de Educación Física en materia del sistema de promoción, de programas, de ensayos pedagógicas, de sanciones disciplinarias, de pedidos de permisos o de cambio de tareas de los profesores,y proyectos sobre prácticas de la enseñanza. los fundamentos del decreto valorizan la educación física como una rama independiente.
21 Boletín del Ministerio de Educación, No.22, p 4293
22. ibidem. *Indice General.* p.3426
23. Ricardo Piccirilli nació en Azul, Pcia. de Buenos Aires, en 1900. Fue profesor y vicedirector de las escuelas normales nacionales de Lomas de Zamora y San Nicolas; profesor de la escuela industrial de la nación N°.3 desde 1941; inspector de enseñanza secundaria (1945). Ha sido secretario del segundo congreso internacional de historia de América, de Bs. As. (1938). Entre sus obras figuran: Rivadavia, precursor de los estudios históricos en el país; Un jurisconsulto francés en Buenos Aires; Rivadavia y su tiempo, etc.

24. Leopoldo Marechal nació en Buenos Aires el 11 de junio de 1900. Cursó estudios en la escuela normal de profesores "Mariano Moreno", fue maestro, profesor de la Dirección de servicio social de la Municipalidad de Buenos Aires, profesor de castellano en la Escuela Nacional de Bellas Artes desde 1940; director de cultura estética en 1944, presidente del Consejo General de educación de Santa Fe e Inspector técnico general de escuelas de la capital (1944-46); dictó en 1946 la Cátedra de estética en la facultad de Humanidades y Ciencias de la Educación de La Plata; en 1947 fue nombrado presidente de la Comisión Nacional de la Tradición y el Folklore. Ocupó la presidencia de la Asociación argentina de escritores (1938-39). Fue Director General de Enseñanza Superior y Artística y perteneció también a los Cursos de cultura católica católica. Participó activamente en el movimiento literario de las revistas Proa y Martín Fierro. Es autor de obras como "Adán Buenosayres" y "El banquete de Severo Arcángelo", "Megafón o la Guerra". Murió en 1970.

25. Luis Ochoa, nació en Vitoria, España, en 1878; muerto en Buenos Aires en 1957. Llegó al país en su juventud y desempeño la cátedra de música en el colegio del Salvador. Desde entonces ejerció una labor permanente en la docencia musical, como inspector de música del Consejo nacional de educación, profesor de solfeo en el conservatorio nacional de música y declamación y en el colegio nacional Mariano Moreno, director interino del conservatoria Manuel de Falla, etc. Perteneció al directorio del teatro Colón en 1937, y fue director general y artístico del mismo en 1945. También fue designado organista de la orquesta sinfónica del Estado en 1949. Consagrado a la enseñanza, compuso muy pocas obras.

26. Manuel Villada Achaval nació en Cosquín, Córdoba, en 1900, y murió en 1959. Militante del partido conservador, se inicio en cargos públicos como secretario general en el período de gobierno del ingeniero Elio Olmos; desempeñó las mismas funciones en el período del gobernador Pedro Frías, cargo que abandonó para asumir el de jefe de policía de la ciudad de Córdoba, renunció a esa jefatura en 1936 en desacuerdo con disposiciones del gobierno relacionadas con las reuniones publicas. Durante la presidencia del Gral. Justo, fue subsecretario de instrucción publica, siendo ministro Jorge de la Torre, y permaneció en el cargo cuando asumió las tareas de ministro de esa cartera Gustavo Martínez Zuviria.

27. Enrique Pierángelo era dietólogo. Prestó servicios en el Instituto municipal de la nutrición, fue secretario general del Instituto nacional de la nutrición, director general del mismo, etc. Fue profesor titular de clínica de la nutrición en la facultad de ciencias médicas de Bs. As.

28. Juan Andrés Fraboschi. Latinista. Profesor titular de latín en la Facultad de Filosofía y Letras de la UBA. Publicó los siguientes trabajos, entre otros: Los elementos estéticos en la prosa de Julio

Cesar; La poesía didáctica y la lírica, Cátulo; La historia: Salustio, su imparcialidad; Cervantes, el hombre; José Manuel de Estrada, el ejemplo de una vida.

29. Ramón Miguel Albesa nació en Buenos Aires el 8 de mayo de 1896. Se doctoró en filosofía y letras en 1927. Fue profesor de latín y castellano en el Colegio Nacional de Buenos Aires desde 1926 y profesor de latín en la facultad de filosofía y letras de Buenos Aires desde la misma fecha. Fue profesor también de la facultad de humanidades y ciencias de la educación de La Plata y director propietario del colegio Sarmiento de Ramos Mejía (1917)-36.Pertenece al Instituto de estudios helénicos.

30. Héctor Quesada, nació en Buenos Aires, en 1875 y murió en 1954. Estudio en la facultad de derecho y ciencias sociales de Bs. As. Fue diputado a la legislatura de la provincia de Bs. As. (1905-17); interventor municipal en Córdoba (1930-31); director del Archivo General de la Nación desde 1931, hasta poco antes de su muerte. Miembro de la Comisión nacional de museos y de monumentos y lugares históricos (1941). Actúo como cronista de turf, bajo seudónimos.

31. Eduardo Acevedo Díaz nació en Dolores, prov. de Buenos Aires, en 1882. Estudio en la Facultad de derecho y ciencias sociales de Buenos Aires. Fue profesor suplente de derecho civil en la facultad donde curso sus estudios hasta 1918; profesor de geografía en el colegio nacional "Nicolás Avellaneda" de Buenos Aires. Obtuvo primer premio municipal de literatura (1932), primer premio de la comisión nacional de cultura (1939-41) por su obra Cancha Larga. Es autor entre otras, de las siguientes obras: La compraventa del trabajo; Ramón Hazaña (novela premiada, 1932); Argentina te llamas (publicada en folletín por el diario La Nación); Eternidad y Cancha Larga (novelas); La República Argentina; Nociones de geografía general y astronómica; La República Argentina y su valor como entidad geográfica y humana.

32. Arturo Burkart nació en Buenos Aires en 1906. Realizó sus estudios universitarios en la facultad de agronomía y veterinaria de la UBA. Fue iniciado en sus estudios botánicos por Lorenzo Parodi. Obtuvo el título de ingeniero agrónomo en 1928. Fue becado luego para hacer estudios de genética, fitotecnia y botánica en Alemania. Desde fines de 1936 es director del Instituto de botánica Darwinion que funciona en Acassuso. Realizó numerosos viajes de estudio por el país y es autor de diversas publicaciones sobre botánica, genética y agronomía. Mereció en 1928 por sus trabajos un premio de la Institución Mitre y en 1936 el Premio Holmberg de la Municipalidad de Buenos Aires. Cumplió funciones de asesoramiento en materia forrajícola en Venezuela y Paraguay.

33. Antonio P. Castro nació en Concordia , Entre Ríos, el 29 de junio de 1902. Recogió todo el material accesible para la historia de su ciudad natal y para la historia de la provincia y de sus hombres representativos.

Fue director del Palacio San José y Museo regional Urquiza, de
Concepción del Uruguay; presidio la comisión nacional de cultura
(1947-50) y dirige el Museo Histórico Sarmiento desde 1947. Pertenece
a la Junta de estudios históricos de San José de Flores, al Instituto
Sarmiento, a la Asociación Argentina de estudios históricos, al Centro
entrerriano Gral. Urquiza, etc.. Figuran entre sus trabajos de
investigación los siguientes: Ramírez a través de las publicaciones de
Zinny (1935); Las instrucciones de Artigas y su similitud con la de los
electores de Potosí en 1813 (1936); Crónicas históricas (1939); Vida y
obra de Urquiza - Sintesis cronológica (1943); El Palacio San José -
descripción (1944); Arcada, figura nacional (1944); Rasgos de la vida de
don Domingo F.Sarmiento (1946); Entretelones desconocidos del
Acuerdo de San Nicolás (1946).

34. Eduardo Agustín Riggi, nació en Bs. As. en 1904. Curso estudios
universitarios de geología en la Facultad de ciencias exactas, físicas y
naturales de la UBA, de donde egresó en 1932. Presto servicios como
geólogo en la Dirección General de minas, geología e hidrología del
ministerio de agricultura (1923-27), en la Dirección nacional de vialidad
(1927-33); fue ayudante de varias cátedras entre 1928 y
1936.Desempeño las funciones de asesor técnico de geología aplicada
y minería del ministerio de guerra desde 1934 y es asesor del servicio
hidrográfico de la armada; fue nombrado jefe de la división geología
agrícola del Instituto de suelos y agrotecnia; cumplió las funciones de
jefe de la sección geología del Museo argentino de ciencias naturales
(1933-45). En 1946 fue nombrado director del Museo argentino de
ciencias naturales y del Instituto nacional de investigaciones de las
ciencias naturales. Pertenece a numerosas instituciones científicas y
ha publicado diversas monografías técnicas e informes sobre sus
investigaciones.

35. Juan María Luciano Zocchi, nació en Olavarria, Pcia. de Buenos
aires en 1889. Periodista, autor teatral y critico de arte. Curso estudios
especiales de filosofía, lingüística, estética, crítica e historia del arte.
Dirigió los diarios La voz del Chaco, de Resistencia; El Diario y El Día,
de Paraná, y las revistas América y Mundo Agrario, de Rosario. Fue
profesor de historia del arte en la escuela nacional de danzas. Desempeño
los cargos de secretario del senado de la provincia de Santa Fe, jefe del
departamento de artes plásticas del ministerio de instrucción publica
(1944), director y reorganizador del Museo nacional de Bs. As. (1944-
46), nuevamente director (1947-55), presidente de la comisión de
identificación y tasación de obras de arte y miembro de la comisión de
monumentos y lugares históricos.

36. Carlos Ibarguren, nació en Salta en 1877 y murió en Buenos Aires
en 1956. Realizó sus estudios de derecho en la Facultad de derecho y
ciencias sociales de Bs. As., de donde egreso con medalla de oro (1898).
Inicio su carrera docente en 1900 como profesor del colegio nacional de

Bs. As.; fue profesor de la facultad de derecho y ciencias sociales de Bs. As. (1901-5); y en la de filosofía y letras; en 1911 fue designado profesor en la Universidad de La Plata y delegado al consejo superior de la UBA. En el curso de su carrera de funcionario, fue subsecretario de los ministerios de hacienda y agricultura de la Nación (1901-06); secretario de la Suprema corte de justicia (1906-12); miembro del Consejo nacional de Educación (1912-13), ministro de justicia e instrucción publica (1913-14), interventor nacional en Córdoba (1930). En el orden de las actividades culturales, fue presidente de la Academia nacional de letras, presidente de la Comisión nacional de cultura (1941-45), miembro de la comisión de cooperación intelectual, del instituto popular de conferencias, de la academia nacional de la historia y de las academias de filosofía y de derecho y ciencias sociales; perteneció al Instituto de la universidad de París en Buenos Aires, a la sociedad argentina de escritores, a la Institución Mitre, a la Sociedad argentina de historia, al Instituto histórico y geográfico del Uruguay (1925), al PEN Club, que presidio durante la celebración del congreso internacional de escritores en Bs. As. Fue también durante muchos años, desde 1931, abogado consultor del Banco de la Nación Argentina. Es autor de numerosas obras históricas y sobre temas jurídicos.

37. Joaquín S. de Anchorena nació en Buenos Aires en 1876. Estudio en la facultad de derecho y ciencias sociales de Buenos Aires. Fue decano de la facultad de agronomía y veterinaria de Bs.As., vicepresidente de la Academia nacional de agronomía y veterinaria desde 1943. También ha sido diputado nacional, intendente municipal de Buenos Aires, interventor nacional en la prov. de Entre Ríos, presidente de la comisión nacional organizadora de la participación argentina en las exposiciones internacionales de New York y San Francisco(1939), fue director de YPF y es miembro de numerosos compañias financieras, industriales y ganaderas.

38. Martín Noel, nació en Buenos Aires el 5 de agosto de 1888. Estudio en la Ecóle special d'architecture (título reconocido por la UBA) y en la escuela de Bellas Artes de París. Fue profesor adjunto de arquitectura en la facultad de ciencias exactas, físicas y naturales de Bs. As.; profesor adjunto de historia del arte en la facultad de filosofía y letras de la misma ciudad. En 1929 fue designado profesor de la universidad de Sevilla, en cuya facultad de letras dictó el primer curso de historia del arte colonial hispanoamericano. También dictó igual curso en el Instituto de investigaciones históricas de la Facultad de filosofía y letras de Bs. As. y en la Universidad de Montevideo (1930). En esta última presidió el curso de historia de la arquitectura en Sudamérica durante la dominación española (1939). Fue diputado nacional por la provincia de Buenos Aires(1938-42). Ha sido delegado del gobierno nacional a la exposición iberoamericana de Sevilla (1925-28) y al congreso americanista de Rio de Janeiro (1932). Miembro honorario y

correspondiente de diversas academias extranjeras. Obtuvo medalla de oro en la exposición del centenario, Buenos Aires, así como también otros premios.

39. Enrique César Urien nació en Bs. As. en 1883, y murió en 1961. Se graduó en la Facultad de derecho y ciencias sociales de Bs. As. en 1905. Todavía en su período estudiantil fue redactor del diario El Tiempo y después de su graduación se dedico a la docencia como profesor de historia y letras en la escuela superior de comercio Carlos Pellegrini. En política militó en las filas del partido conservador. Fue profesor de geografía económica en la facultad de ciencias económicas de Bs. As. desde 1919, director del Instituto de producción de la misma y profesor honoris causa desde su jubilación en 1937. También fue vicerrector y rector interino de la universidad (1934)1 Desempeño las funciones de director general de escuelas de la provincia de Buenos Aires (1912-14) y fue diputado a la legislatura provincial bonaerense (1914-17); comisionado municipal de Luján (1930); diputado nacional por la prov. de Bs. As. (1936-42). En 1933 ingreso como miembro de número en la academia nacional de ciencias económicas y presidió esa corporación desde 1941 a 1950. Presidio asimismo varias empresas industriales y comerciales.

40. Enrique Herreno Ducloux nació en Navarra, España, en enero de 1877. Curso los estudios primarios y secundarios en Santa Fe y obtuvo el grado de maestro normal. Fue luego periodista y secretario de la dirección de escuelas. En Rosario escribió en la prensa y dictó cátedras en la escuela normal. Desde 1896 se abrió camino en Bs. As.; se graduó en química en 1901. Dictó cátedra en la facultad de ciencias físico-matemáticas y presto servicios en el ministerio de agricultura. Fue secretario de la Sociedad científica argentina; escribió libros didácticos sobre química y física; militó en la Asociación Nacional del Profesorado. En la Facultad de Ciencias Exactas, físicas y naturales dictó en 1905 un curso sobre filosofía natural con el título de "Correlación de las ciencias naturales". En 1937 le fue otorgado el premio "Francisco P. Moreno" por el museo la Universidad de La Plata de la cual fue profesor. Fue asesor de los ministerios de Hacienda y de Guerra. Es autor de tres volúmenes de ensayos literarios y filosóficos, de textos de enseñanza, monografías y memorias sobre química general, mineralogía, hidrología, análisis y divulgación científica.

41. Adolfo Bioy nació en Buenos Aires en 1882. Estudio en la facultad de derecho y ciencias sociales de Bs.As. Siguió cursos universitarios en Berlín, Leipzig, Munich y en la Sorbona. Fue ministro de relaciones exteriores y culto de la Nación; ministro interino de justicia e instrucción publica (durante la presidencia de José F. Uriburu); representante letrado de la provincia de Buenos Aires ante la Suprema Corte de Justicia de la Nación; vicepresidente de la comisión administradora de la Flota Mercante del Estado; asesor legal del Banco Central de la

República Argentina desde su creación; presidente del Instituto de la Universidad de París en Buenos Aires. Fue presidente de la Sociedad Rural Argentina(1939-42) y director de su revista Anales; vicepresidente de la Academia de ciencias morales y políticas (1939-42). Integró el directorio de La Martona S.A. Distinciones: Comendador de la Legión de Honor de Francia, y de la Orden de la Rosa Blanca de Finlandia; Gran Cruz de la Orden de Boyacá, de Colombia, y otras distinciones extranjeras.

42. Ricardo Levene, nació en Buenos Aires en 1885. Estudio en la Facultad de Derecho y Ciencias Sociales de Buenos Aires. Fue profesor en el colegio nacional "Mariano Moreno" (1906-28); en la escuela normal "Estanislao Ceballos" (1908-25) y en la Escuela superior de guerra (1914-32); profesor titular de introducción a las ciencias jurídicas y sociales y presidente del Instituto de historia del derecho argentino en la facultad de derecho de Bs. As.; profesor titular de sociología y director del Instituto de Sociología en la Facultad de Filosofía y Letras; profesor titular de historia argentina y sociología en la facultad de humanidades y ciencias de la educación de La Plata: fundo esta última facultad, de la que ha sido decano en dos períodos, creando la biblioteca de humanidades. Durante sus presidencias de la Universidad de La Plata se creó la Facultad de Ciencias Médicas, la Escuela Argentina de Periodismo, la Escuela Superior de Ciencias Astronómicas, la Escuela de Agronomía y Veterinaria de 25 de Mayo. Su obra fundamental estuvo centrada en la historia argentina.

43. Carlos Bonorino Udaondo, nació en Buenos Aires, en 1884, y murió en noviembre de 1951.Se graduó como médico en 1908. Se formó junto a los doctores Roberto Wernicke y Gregorio Aráoz Alfaro y mantuvo altamente una tradición científica y docente. Se inicio su carrera propiamente en 1913, cuando se le designó suplente de semiología, cátedra de la que fue titular en 1927 y que dictó hasta 1935; fue miembro del consejo directivo de la facultad de ciencias médicas y decano de la misma en 1931. Se le designó luego profesor honorario en 1941. Actuó en el Hospital Nacional de Clínicas, en la comisión asesora de asilos y hospitales regionales, que presidio desde 1943 a 1944 y en la dirección del Instituto nacional de gastroenterología, lo mismo que en la Academia nacional de medicina. Fue profesor honorario de las universidades del Litoral y de Montevideo, de Santiago de Chile, de Sucre, Cochabamba y La Paz y perteneció a numerosas sociedades de gastroenterología del extranjero. Sus merecimientos han sido mundialmente reconocidos por las academias de México, Río de Janeiro, Lima, Madrid y Roma. Autor de varias obras médicas.

44. Enrique Martínez Paz, nació en Córdoba en 1882 y murió el 13 de enero de 1952, representante del pensamiento político liberal y de una concepción ética del derecho. Fue profesor de filosofía jurídica y de sociología en la Universidad de Córdoba y desempeño también la

cátedra de derecho civil comparado. Dirigió el instituto de estudios
americanistas y fue decano de la facultad de derecho. También fue
miembro y presidente del Tribunal supremo de Justicia. Viajó por
Europa y Estados Unidos para conocer la organización de los institutos
de investigación histórica y filosófica. Presidió la academia de la
historia de Córdoba y el instituto Dean Funes y fue miembro de la
Academia nacional de la historia, correspondiente de la Academia de
ciencias políticas de Filadelfia, del instituto de derecho comparado de
París y doctor honoris causa de las universidades de San Marcos de
Lima y de la de Río de Janeiro, etc. Inicio en el país los estudios
jurídicos filosóficos bajo la inspiración neokantiana. Es autor de una
copiosa bibliografía.

45. Julio Vicente Otaola nació en Bs. As. en 1901. Se graduó en la
escuela de arquitectura de la facultad de ciencias exactas, físicas y
naturales de Bs. As. Fue profesor en la Escuela de comercio de San
Isidro, profesor de construcciones especiales en la escuela industrial
Otto Krause, profesor de proyectos y dibujos en la escuela industrial de
la Nación (1945), docente libre (1932-38), profesor adjunto de urbanismo
en la facultad de ciencias exactas, físicas y naturales (1938-45),
profesor titular de arquitectura desde 1949. En 1949-52 fue rector de
la UBA. Desempeño funciones técnicas en la municipalidad de Buenos
Aires y fue comisionado municipal de la ciudad de Córdoba (1944-45).

46. Angel Guido, nació en Rosario, Santa Fe, en 1896. Estudió en la
facultad de ciencias exactas, físicas y naturales de Córdoba. Fue
profesor de arquitectura en la facultad de ciencias matemáticas, físico-
químicas y naturales de la Universidad Nacional del Litoral, desde
1921; profesor de historia de la Arquitectura de la misma facultad
desde 1924; profesor de historia del arte en la escuela normal de
maestras N° 2 de Rosario desde 1934; profesor adjunto de historia del
arte en la facultad de filosofía y letras de la UBA desde 1936. Fue
vicedecano de la facultad de ciencias matemáticas, físico-químicas y
naturales de la UNL (1935); rector de esa universidad; delegado a
varios congresos de carácter científico. Obtuvo primer premio en la
exposición panamericana de arquitectos de Río de Janeiro (1930) y
gran premio de honor, en participación, en la exposición del primer
congreso argentino de urbanismo. Se adjudicó por concurso las becas
de la Guggenheim Memorial Foundation, de New York (1932) y de la
Comisión Nacional de Cultura (1937). Escribió varios libros, y
colaboraciones en el diario La Prensa, de Bs.As., y La Capital, de
Rosario., y publicaciones en diversos periódicos y revistas del país y el
extranjero.

47. Julio Miguel Lafitte nació en Lobos, Pcia. de Buenos Aires, en 1903.
Curso estudios de escribanía en la Facultad de Derecho de La Plata, en
la cual fue jefe de trabajos prácticos, profesor suplente de legislación
notarial y profesor titular (1947). Tuvo a su cargo la cátedra de

instrucción cívica en el colegio nacional de la UNLP (1945-48), fue secretario general de la universidad (1947), decano de la facultad de derecho (1948), rector de la universidad (1949), director del Instituto de derecho notarial (1952). Fue convencional en la constituyente nacional de 1949. Concurrió a varios congresos del notariado. Obras: El problema del desarme, tesis; La personalidad moral del Gral. San Martín (1948). Prologó la edición universitaria de la Gaceta del gobierno de Lima independiente.

48. Horacio Raúl Descole nació el 6 de febrero de 1910 en Avellaneda. Obtuvo el titulo de farmacéutico en 1929, el de doctor en bioquímica y farmacia en 1932 y se dedico a la botánica. Fue profesor de varias cátedras en la Universidad de Buenos Aires y la de Tucumán, desde 1927 hasta 1947, subdirector, jefe de investigaciones y director de publicaciones del Instituto Miguel Lillo desde 1938, y director de la institución desde 1941; fue interventor de la Universidad (1946-48) y rector de la misma (1948-51). Fundó los Institutos de Geología y minería, de arquitectura y urbanismo, el instituto cinematográfico de periodismo, el departamento de educación física, el de genética, el de investigaciones azucareras, el de fisiología, la academia de música, la orquesta sinfónica, etc..Dio a la Universidad de Tucumán una nueva estructura con la organización departamental por institutos; inicio las obras de la Ciudad Universitaria para hacer factible el sistema educacional residencial. Fue jefe de la sección botánica del Museo de historia natural de la Universidad de Tucumán (1937), miembro de la comisión organizadora de la facultad de farmacia y bioquímica de la misma (1938), fundador y director del ateneo científico del Instituto Miguel Lillo (1948). dirigió varias revistas especializadas.

49. Carlos Ignacio Rivas, nació en Santa Fe, el 16 de noviembre de 1911. Se graduó en la Facultad de Medicina de Buenos Aires, y fue profesor de clínica quirúrgica en La Plata (1947-55), interventor y rector de la UNLP, subsecretario universitario. Es miembro de numerosas sociedades nacionales y extranjeras y ha concurrido a congresos realizados en el país y en el exterior. Es autor de varias publicaciones sobre temas médicos.

50. *Boletín del Ministerio de Educación,* Indice General 1949, No.3426

51. Sheridan, B. *op cit, p10-12*

52. Boletín del Ministerio de Educación, Año II, Nos. 13,14,125, en-mar, 1949

53. Subsecretaría de Informaciones, Presidencia de la Nación, *Boletín oficial,* Año LVI, No. 16.048, lunes 3 de mayo de 1948

54. *Decretos del PEN,*p.312-314

55. ibidem

56. Zuretti-Muñoz. *Política educacional,* La escuela itinerante, Bs.As., 1969

57. Boletín Oficial, *Crean 25 escuelas monotécnicas,* Dirección General

del Registro Nacional, Subsecretaría de Informaciones de la Presidencia de la Nación, Año LVI, No. 16.049, Buenos Aires, martes 4 de mayo de 1948, p. 1

58. Subsecretaria de Informaciones., Presidencia de la Nación, *Boletín Oficial*, Año LVI, no. 16.049, p.2 martes 4 de mayo de 1948

59. Ministerio de Justicia e Instrucción Publica. *Misiones monotécnicas y de extensión cultural, p. 280*

60. Perón, J.D. *Nuestros obreros son formidables*, en Revista Mundo Peronista, Año II, No. 31, 15 de octubre de 1952

61. ibidem

62. La Prensa. 16/3/45, p.8 ;20/11/45, p.8;8/12/45, p. 8;29/11/47, p.5, incluído en Colodro, Fernández, Moragues, *op cit*

63. Balduzzi, Juan. Peronismo, saber y poder, en Puiggros A., José S., Balduzzi, J. *Hacia una pedagogía de la imaginación para América Latina*. Contrapunto. Bs.As. 1989

64. Revista *Derecho del trabajo*, Editorial La Ley, Año 1946, T.VI Editorial La Ley, 1952.

65. ibidem, Tomo.VI, p.600

66. Ibidem, p.600 y Tomo IX, p.223

67. ibidem, Tomo p. IX, 384

68. Zuretti-Muñoz. *Política educacional*, La escuela itinerante, Buenos Aires, 1969.

69. Sheridan, Bernardo. *La educación argentina (1943-1973)* (inédito), p.7

70. Giorgio de Semo. *La relación de aprendizaje*, Revista Derecho del trabajo, Año 1946, T. VI, La Ley, Buenos Aires, 1952, p.385

71. Balduzzi, Juan *Entrevista al ingeniero Monteagudo*. Archivo SIAPPEAL. Bs.As. 4 de diciembre de 1985

72. ibidem

73. Cámara de Diputados de la Nación, *Diario de sesiones*, julio de 1948, p. 1974

74. ibidem

75. Mollis, Marcela. *La historia de la Universidad Tecnológica Nacional: una universidad para hombres y mujeres que trabajan*. en Revista "Realidad económica", No.99,2o bimestre Buenos Aires,1991

76. Mazzetti, César (decano de la Facultad Regional de Buenos Aires). *La orientación didáctica en la UON*, en publicación de la UON, (en archivo APPEAL)

77. Dussel, Inés. *El movimiento estudiantil en el surgimiento de la Universidad Tecnológica Nacional:los casos de ingeniería de la UBA y la UTN (1945-1966)*, Informe final de investigación. Beca UBA. 1990 p. 16

78. Mollis, Marcela. *op cit*

79. ibidem. p.98

80. ibidem. y CNAOP. *Plan de Estudios de la UON*. Buenos Aires, 1953, en archivo de APPEAL.

81. La Prensa(editorial), *La universidad obrera y el regionalismo,*reproducido por la Revista de la UON.(en archivo de APPEAL)

82. Mazzetti,C. *op cit*, p.9

83. Conditti, Cecilio. *Nuestra Universidad es ya un orgullo nacional.* Revista de la UTN, (en archivo APPEAL)

84. ibidem

85. *Compromiso de Honor,* en Revista de la UON, en archivo APPEAL, FFyL.

86. Wiñar, David.*Poder político y educación: el peronismo y la CNAOP.* ITDT.Bs.As.,1979

   Weinberg, Gregorio.*El descontento y la promesa.* Universidad de Belgrano. Bs.As.,1985

   Tedesco, Juan Carlos.*La educación en la Argentina(1933-1955)* Bs.As. CEAL,1980

87. Dussel,I. *op cit* p. 8

88. Dussel, Inés.*El movimiento estudiantil en el surgimiento de la Universidad Tecnológica Nacional: los casos de ingeniería de la UBA y la UTN (1945-1966)* Informe final de investigación.Beca de investigación para estudiantes. UBA, 1990

89. Dussel,I. *op cit* ,p.86

90. Pineau, Pablo. *La creación del sistema de capacitación técnica oficial como campo problemático: los planteos de Juan José Gómez Araujo.* Informe final del seminario de doctorado "Educación y peronismo(1943-1955 y 1973-1975) a cargo de la Dra. Adriana Puiggrós. Secretaria de investigación y Postgrado. FFyL, UBA. 1992, p. 8,9.

91 Pineau, P. "La creación..." *op cit.*

92. Pineau P.,"La creación..."*op cit ,p.13*

93. UON.*Actos conmemorativos en las facultades regionales del interior,* 1953,p.25-28. (fotocopia)

Iglesia y educación

Las tendencias de la Iglesia en la época

El período estudiado, es la primera etapa del peronismo, incluyendo sus momentos fundadores y de condensación, 1943-1946; y el desarrollo de su primer gobierno, con su etapa más eficaz en lo económico-social, políticamente coronada con la Constitución del '49 y dramáticamente signada por la muerte de Eva Perón. Durante este lapso, las fuerzas político-intelectuales representativas de la Iglesia Católica, coronaban un profundo movimiento de ascenso gestado desde la realización en Buenos Aires del Congreso Eucarístico Internacional en octubre de 1934.

Esta formidable manifestación de fe católica y de organización política nacional e internacional de la Iglesia de Roma, supuso un punto de inflexión en la presencia de la institución en la vida política y cultural del país. Para algunos católicos este viraje tenía un punto preciso :

"A mediados de 1922, siendo presidente de la República Marcelo T. de Alvear, comienzan los primeros atisbos del renacimiento intelectual del catolicismo, en medio del agotamiento del positivismo y del auge de otras corrientes, neokantismo, bergsonismo, etc. Muchas generaciones argentinas se formaron bajo el influjo del normalismo laico, el enciclopedismo científico y el individualismo jurídico y se hacía imprescindible una rectificación del rumbo".[1]

Las corrientes políticas y culturales del catolicismo argentino que se manifiestan en el naciente peronismo no pueden entenderse sin referencia al Congreso Eucarístico, que se quiso ver —desde todas las tendencias de la Iglesia— como un verdadero *tour de force* frente a las corrientes liberales, laicistas o simplemente modernas hasta entonces vigentes en la Argentina post-Caseros.

En el país, que había puesto fin con el golpe de 1930 al proceso de incorporación de las masas a la vida política democrático-parlamentaria, y en América Latina,(en donde la Revolución Mexicana había golpeado duramente a la Iglesia Católica durante la recientemente concluída guerra de los cristeros), la realización del Congreso Eucarístico supuso para el Vaticano un movimiento de política internacional de primera magnitud. Por ello,

> "En el Congreso Eucarístico, el Papa se hizo representar por Su Eminencia el Cardenal Secretario de Estado, Monseñor Pacelli, futuro papa. Era la primera vez que un cardenal secretario de Estado, se trasladaba fuera de Italia".[2]

Y al mismo tiempo, en clave nacional,

> "Aparte de su intrínseca significación de acto religioso, el Congreso permitió que el gobierno de Justo comprendiera la importancia de obtener cierto respaldo católico a su política de 'fraude y privilegio, como tan gráficamente la resume José Luis Romero. De ahí que la oración del presidente de la República consagrando el país al Santísimo Corazón de Jesús anticipara el fuerte tinte clerical que su gobierno habría de adoptar en adelante. Además,'desde los días del Congreso Eucarístico, se fue acentuando la influencia de los grupos católicos. Durante la guerra europea hubo verdadero acuerdo entre grupos de la derecha católica y grupos de militares nacionalistas' (Alfredo Galletti)".[3]

Toda la plana mayor de la intelectualidad católica trabajó en los preparativos del Congreso. En la Comisión de Caballeros se alineaban Tomás Casares, Atilio Dell'Oro Maini y Gustavo Martínez Zuviría.[4] En la Comisión de Recepción también se requirió de los servicios del Dell'Oro Maini, junto a los de Carlos Ibarguren. También era multidemandado Gustavo Martínez Zuviría para presidir la estratégica Comisión de Prensa y Publicidad, en la que otro escritor de gran suceso —Manuel Gálvez— afilaba su pluma. En tanto, Ricardo Zorraquín Becú era vocal de la Comisión Directiva de la Sección Nacional de Jóvenes, Juan Carlos Goyeneche obraba como vocal de la Comisión Organizadora, sección universitaria; en el plano pedagógico, el educador José Ignacio Olmedo prestaba su colaboración desde el Consejo Superior de la Educación Católica.[5]

Hacía apenas dieciseis años que había terminado la Primera Guerra Mundial y los grandes imperios (alemán, austríaco y ruso) se habían derrumbado, junto al alzamiento de fortísimas corrientes totalitarias.

> "Tradicionalmente, el Vaticano había apoyado a las potencias centrales (Alemania, el Imperio Austro-Húngaro y sus aliados), lideradas por los príncipes católicos, para contener a la amenaza laicista de Francia, el protestantismo inglés, la ortodoxia rusa, y por ello las respaldó, ora abierta, ora sutilmente, durante la Primera Guerra Mundial y en las tratativas de paz de 1917".[6]

La Revolución Rusa alzaba su bandera de desafío social en Europa. La Roma Católica había sido tomada por el fascismo pagano de Mussolini luego de su Marcha en 1922, copando no sólo el Aventino sino todo el Estado italiano. Se exhibía triunfante un modelo que admiraban en Europa y también en la Argentina, no solamente el desconocido cabo bohemio Adolfo Hitler y sus plebeyos seguidores, sino también sectores conservadores y liberales desencantados. Y, por cierto, reconocidos intelectuales oligárquicos. Como Lugones que poseía la condición de ser, entre otras calidades, un hombre de "La Nación".

Mussolini ejecutaba, en 1929, la reconciliación del Estado italiano con el Papa. El Vaticano, forzado por los acontecimientos, se asomaba al mundo moderno. En la Argentina, después del advenimiento de la democracia de masas con el radicalismo en el poder en 1916, la vigencia de la Reforma Universitaria en

1918 y el estallido de la Semana Trágica en 1919, las ideologías reaccionarias se encontraban en pleno auge al calor de la lugoniana *Hora de la Espada*. El renacimiento católico caminaba a la par de esta *vuelta al mundo,* que se impulsaba a través de proyectos como la fundación de la Acción Católica en diciembre de 1928.[7]

Al estallido del golpe de 1943, los sectores ideológicos en que se estructuraba el mundo católico argentino se podían caracterizar en tres grupos : el tradicionalismo conservador, sectores minoritarios del liberalismo católico (herencia de Fray Mamerto Esquiú y José Manuel Estrada), y el creciente y plurifacético nacionalismo.

Es, sin duda, el nacionalismo el que aporta, con mayor o menor contaminación de ideologías modernistas agnósticas o paganas, la dinámica más movilizadora previa al 43. En los partidos mayoritarios, radicales y conservadores, el catolicismo es un artículo de fe apartado de las discusiones cotidianas, porque la práctica política no está orientada por la teología. Obviamente, todas las variantes de la izquierda argentina de la época (anarquistas, socialistas, comunistas), constituyen decididos adversarios de la Iglesia. Pero a ellos se suma el partido Demócrata Progresista, emergido del radicalismo, y furioso adversario de éste; aliado de los nacionalistas en el derrocamiento de Irigoyen, pero ferozmente adverso a la presencia de la Iglesia en el Estado. La famosa polémica entre el senador demoprogresista Lisandro de la Torre y monseñor Gustavo Francheschi, así lo asentaba.

Los católicos tradicionalistas permanecían en los marcos institucionales, pero los nacionalistas ganaban la calle —de manera enérgica y agresiva contra la democracia parlamentaria— y establecían aulas para inculcar las nuevas-viejas ideas.

Clasificar a los nacionalistas ha sido en la historiografía y en la política argentina una tarea ímproba, por el número de grupos y tendencias, la discontinuidad de las mismas, su capacidad camaleónica para metamorfosearse en sub-líneas, fundar publicaciones, abrir centros de estudio y constituir grupos de acción directa. Un intento analítico propone que

> " A partir de las fuentes ideológicas que conforman su pensamiento, se pueden distinguir cinco grupos principales. Tres de ellos pueden agruparse a su vez dentro de la clásica definición de nacionalismo de 'elite'

y son: *el nacionalismo clásico o republicano* —
representado en esta etapa por el grupo de "La Nueva
República" *,el nacionalismo tradicionalista católico* —
integrado por el grupo Criterio —y *el nacionalismo
filofascista*— ejemplificado en los grupos de choque
como la Legión Cívica y la Legión de Mayo—. Los otros
dos pueden englobarse dentro de lo que se denomina
nacionalismo 'popular'. Escasamente representados en
ésta época, pueden caracterizarse uno, como de matriz
laico-democrática —el primer (Ricardo) Rojas y (el general
Enrique) Mosconi—; el otro como de base *católico-popular,*
ejemplificado en (Manuel) Gálvez ".[8]

Los autores citados son concientes de las dificultades que
entraña esta clasificación, aún cuando la prefieran a la de otros
estudiosos del tema como Navarro Gerasi y Zuleta Alvarez. De
cualquier forma en que se intente agrupar a los nacionalistas
antes de 1943 (y, sin duda también después), y aunque se
subraye de manera específica el carácter más militantemente
católico de alguno de sus deltas, todo el nacionalismo queda
endosado al fuerte tributo, fundacional (para decirlo en su
discurso), que abonan a la doctrina, a la militancia y a la
práctica católicas.

Pero a los tradicionalistas, a los moderados católicos liberales
de presencia poco perfilada en los partidos radical y conservador,
a los nacionalistas de todo pelaje se sumará, la corriente
católica democrática, lentamente primero, con empuje creciente
luego de la definición de la Segunda Guerra Mundial y de la
instauración del peronismo. De ella surgirán instituciones
como el Partido Demócrata Cristiano (PDC) y la Liga de
Estudiantes Humanistas (LEH)[9]. En la década del '30, no eran
la flor más abundante en el jardín católico y así lo reconoce un
historiador de la Democracia Cristiana argentina, quien distingue entre los sectores católicos de esa época que denomina
"activos" a dos grupos :

"el mayoritario *nacionalista* y el minoritario *democrático,*
contemporáneo del anterior, proponía renovar los hábitos
de gobierno de la democracia argentina a través de la
formación de nuevos dirigentes, con una mayor capacidad
técnica. En política sus objetivos eran la plena vigencia
de la Constitución y lograr algunas reformas en materia
parlamentaria. Deseaba mejorar las condiciones de vida

y de trabajo de la clase obrera desarraigada, a través de la legislación social y no todavía de la política económica, aplicando los criterios de la Doctrina Social de la Iglesia. Sostenía que la vigencia del cristianismo, que fue el gran objetivo de esa generación, no podía lograrse por imposición política, sino por un apostolado con consecuencias precisas en el orden temporal".[10]

Se enfrentaban contra una corriente poderosa cuya auto-descripción más vigorosa ha sido esculpida en una cita ya clásica en esta materia. En el panfleto "La Revolución que anunciamos", la prosa de Marcelo Sánchez Sorondo describía a esos *católicos activos nacionalistas mayoritarios* (al decir de Parera) :

"Así, nuestra convicción comenzó siendo religiosa. Después, fuimosla extendiendo con intemperancia, *con la intemperancia de la verdad* (subrayado de los autores), también a la política. Y fuimos en política,por su lado estético partidarios de la monarquía, y por su lado, digamos cinegético —movido— fascistas, acérrimos fascistas (...) Que quede, pues, constancia, hubo en Buenos Aires quienes debieron sus convicciones políticas a sus convicciones religiosas; hay un grupo de hombres con todos los síntomas visibles e invisibles de una generación que sólo por católicos llegaron al fascismo, que por su inteligencia católica comprendieron toda la grandeza secular que proclama el fascismo".[11]

Obviamente podrían argumentar los *católicos activos mi-noritarios democráticos* que ellos también habían llegado a sus propias convicciones políticas a partir de su propia interpretación de la fe religiosa. Y, sin duda, no hubo necesidad de comulgar con la Doctrina de la Iglesia Católica para ser fascista, sino a veces todo lo contrario, ejecutar una operación articulatoria de Maurras y Nietzsche. Pero, el testimonio de Sánchez Sorondo brindado con el valor de una confesión desafiante, y el reconocimiento de la minoridad de los democráticos, consigna Parera, ilustran el peso desigual de ambas grandes tendencias y la fuerte densidad reaccionaria que enlazaba monarquía, fascismo, y militarismo, en la fuerza intelectual y política más dinámica de la Iglesia Católica en la Argentina.

Sin embargo, las instituciones antecesoras de los grupos católicos democráticos reconocen orígenes comunes con las de los nacionalistas, en ese tiempo del renacimiento católico argentino que fue la década de los '30.

En 1917, año significativo del siglo, fue fundado en Buenos Aires el Ateneo Social de la Juventud, (antecesor del más moderno Ateneo de la Juventud), entre otros por los siempre presentes Tomás Casares y Atilio Dell'Oro Maini. Ellos sumados a César Pico, fundaron la revista "Signo" y el 21 de agosto de 1922 establecieron los Cursos de Cultura Católica (CCC).[12] El órgano de expresión de los CCC fué la revista "Criterio", a la que el incansable Dell'Oro Maini iba a fundar en 1928. En 1930, asumía la dirección casi hasta su muerte, monseñor Franceschi.[13]

Allí se efectivizó una cohabitación ideológica que incluyó al propio Franceschi, si seguimos la valorización que del persistente director de la revista realizó el citado historiador de la Democracia Cristiana. Para él, Franceschi "introduce el pensamiento de Jacques Maritain" en la Argentina; un mérito intelectual nada desdeñable. El filósofo francés, cumbre del neotomismo contemporáneo, se constituyó en un ferviente defensor de las perspectivas del régimen democrático como forma política insustituible para las sociedades modernas, en abierto rechazo de las perspectivas totalitarias, entre las que incluyó con un frontal rechazo al nazi-fascismo, amén por cierto del comunismo. En cambio, para otras perspectivas liberal-progresistas —en un estudio ya clásico sobre la época— la caracterización más significativa de la orientación de "Criterio", bastoneado por Franceschi habría sido "el fuerte tono antiliberal de su prédica".[14]

¿Dos Franceschi? Más seguramente uno solo, con la carga a cuestas de sus contradicciones y la empeñosa e ¿inconciente? intentona de una construcción discursiva autónoma en el marco de la Gran Argentina que se piensa a sí misma como gran país en búsqueda de su destino histórico. Esta bifronte articulación de perspectivas filosóficas competitivas es típica de los movimientos católicos en la época.

El ultra-tradicionalismo crítico de *Tradición, Familia y Propiedad,* observa agudamente —aunque con otra intencionalidad— el recorte que de la obra del significativo intelectual César Pico, ha hecho el publicista nacionalista Máximo Et-

checopar. En su libro, *Esquema de la Argentina,* Etchecopar
anota que

> "solo entre todos ellos ("nuestros católicos",N. de los A.),
> advirtió antes que nadie en el país, la originalidad
> trascendente de Ortega (...) Procuró transmitir a otros lo
> que él —solo él— había escuchado de labios de Ortega y
> que tenía el valor de un descubrimiento (...) En su
> cátedra de Sociología de la Universidad Nacional de La
> Plata, enseña desde hace un lustro esa asignatura a la
> luz del pensamiento orteguiano. Todo lo cual asume
> especial significación y alcance —y diré, así, gracia— si
> se piensa que Pico —acaso la cabeza filosófica mejor
> dotada de nuestro país conoce acabadamente el
> pensamiento de Santo Tomás ".

El comentario de los redactores de la TPF es típico :

> " Preferir a Ortega, autor anticatólico y relativista, por
> sobre Santo Tomás he ahí el motivo del elogio. Y que el
> que tal cosa hacía no era otro que César Pico, cuya
> influencia a través del *Convivio* (en los Cursos de Cultura
> Católica), habría de pesar decisivamente sobre los
> nacionalistas de la línea católica".

La condena hagiográfica es lo único que cabe esperar del
fundamentalismo de la TPF. (Resultará pertinente una investigación específica que explique éstas y otras vinculaciones).
Como la presente que permitía la exégesis del Ortega liberal-
conservador y partidario de la República Española, por cuenta
de un apologista de la reacción europea. Quizás uno de los
puntos de conexión, se descubra aquí a partir del elitismo de
Ortega y su rechazo de la *rebelión de las masas.* En todo caso,
el tema constituye un interesante observatorio de las conexio-
nes entre conservadores, liberal-conservadores y nacionalistas
a la hora de entender el rechazo de la democracia política
parlamentaria por parte de la derecha argentina.

Es Franceschi, como líder intelectual católico quién va a
afirmar en su revista durante 1933 —el año de la toma del poder
por Hitler en Alemania— que

> "yendo hasta la raíz del mal, se ha podido ver que ni el
> parlamentarismo, ni el liberalismo general de nuestras

instituciones permitirán una defensa eficaz contra el comunismo, *el espíritu judaico* (subrayado de los A.), la desorganización marxista y la ruina general de la economía ".[15]

Un año después, cuando se efectúa el Congreso Eucarístico, Franceschi elogiará entusiasmado la adhesión ostensible de Justo al evento, mientras que otros sectores católicos nacionalistas verán en esta repentina conversión del Presidente del fraude patriótico, un acto político ante un oficialismo huérfano de opinión, y conciente de la movilización de sectores que pueden eventualmente servirle de base de apoyo.

Nada de esto queda consignado o explicado en la interpretación histórica que responde al sentido común demócrata-cristiano. Para ésta visión Franceschi fue reconocido como ese "sacerdote de *tendencia socialista* (subrayado de los A.), que atronaba el espacio en favor de los obreros" y exaltado como el hombre que detenta una identidad con "los trabajos de Jacques Maritain, fundamentalmente, a través de 'Humanismo Integral'".[16]

Para esta interpretación, Franceschi "fue un apasionado paladín de la Democracia Cristiana". Y, sin solución de continuidad existiría una raíz común con su colega monseñor Miguel de Andrea, el sacerdote a quién el Vaticano negó la posibilidad de constituirse en arzobispo de Buenos Aires, cuando el presidente Alvear (en ejercicio todavía del Patronato), lo propuso para el máximo cargo de la Iglesia Católica en la Argentina. De Andrea desarrolló una intensa tarea social cuyo signo más destacado lo constituyó la creación de la Federación de Empleadas Católicas y sus crecientes vínculos con sectores liberales, su impulso al cristianismo de inspiración social y su empeño en la defensa de la democracia política como forma de gobierno frente a las perspectivas anti-liberales.[17]

De Andrea, el obispo de Temnos, una designación "in partibus infidelium", es decir, honorífica para compensar su postergación definitiva a la máxima dignidad eclesial porteña, se convertirá en el jerarca católico disidente frente al posicionamiento entusiasta del resto de sus colegas de jerarquía junto al peronismo en 1945.

En el complejo campo de disputa entre los polos de la cultura católica, se presenta una circunstancia significativa cuando,

por invitación de los Cursos de Cultura Católica,se produce la
visita de Jacques Maritain a Buenos Aires.[18]

En la conferencia que pronuncia el 6 de octubre de 1936, se
destaca una observación premonitoria :

> "Me dicen que uno de los fenómenos importantes en la
> vida política argentina es la presión que ejercen las
> capas nuevas de la población en su deseo de tener un
> lugar al sol y con su correspondiente ideología; tal
> fenómeno anuncia sin duda días difíciles; pero con
> paciencia estas pruebas pueden ser fecundas y no pueden
> ser fecundas sino con paciencia".[19]

Nueve años después, en otro octubre, "las capas nuevas de la
población" van a tomar esas calles que transitó el filósofo
tomista para defender sus conquistas sociales. (El auditorio de
Maritain estará dividido en el '45: los nacionalistas coincidirán
con Raúl Scalabrini Ortiz en juzgar "ese 17" como la emergencia
del *subsuelo de la patria sublevada,* mientras que los democráticos contemplarán con desagrado al *aluvión zoológico*).

En 1935, Maritain convoca a la obra política que considera
primaria :

> "crear cuadros intelectuales, o sea, los cuadros políticos
> que tienen concepción honda, seria, auténtica, de la
> filosofía social y política, porque la política consiste ante
> todo en el conocimiento de la realidad política, lo cual es
> muy distinto de los juegos de electoralismo".[20]

Y, muy directamente, clava una pica en Flandes en contra de
las concepciones totalitarias de fuerte desarrollo, en plena
Guerra Civil Española :

> "No desconozco la importancia política de un poder
> fuerte; pero hacer de eso lo principal de la obra política,
> la única esperanza, sobre todo cuando se es cristiano y se
> tiene en el terreno político mismo la misión de un trabajo
> vitalmente, intrínsecamente cristiano, es miserable y
> engañoso. Y además si se trata de adueñarse del poder
> por la violencia, *por un golpe de Estado de estilo
> fascista,*(subrayado de los A.) entonces se va directamente
> a la guerra civil: y si es católico, con tal proceder se corre

el riesgo de hacer blasfemar el nombre de Cristo entre los hombres".[21]

Estas palabras de Maritain y otras, como las suscriptas un año antes (1934) en Europa en el manifiesto "Por el bien común", se incorporan a la lucha política católica :

> " Frente a la actual situación, el cristianismo no debe servir como fuerza auxiliar a ninguno de los partidos en lucha. Las fuerzas espirituales no han de ceder bajo el peso de los elementos sociológicos, sino que han de dominarlos o arrastrarlos o —si los hombres no quieren aceptarlos— por lo menos marcar el rumbo verdadero".[22]

Pese a las definiciones de Maritain y su indudable prestigio intelectual, los católicos *activos democráticos* no crecen cuantitativamente en esos años. Y se produce un fuerte debate:

> " Como todo aquello destinado a perdurar, hizo surgir entre quienes lo habían conocido, dos posiciones, una que alimentó la producción de obras de filosofía política y social, destinadas a criticar la posición ideológica de Maritain y demostrar la 'utopía' que pretendía. Otra, que asimiló positivamente sus palabras y que veía en el maestro neotomista, al pensador que fijaba claramente cuáles debían ser la posición y acción del cristiano en el campo cívico".[23]

Los cristianos *democráticos* realizan algunas tímidas acciones de desarrollo de sus fuerzas. En 1939, es fundada la Unión Demócrata Cristiana por Moisés Gilardón y Dante Lizasoin. Claro que su propósito liminar, aparte de luchar "contra el indiferentismo político" es hacerlo también "contra la infiltración extranjera", para constituir un nuevo partido político.

En la siempre auspiciosa (para las iniciativas católicas) Córdoba, se producen otros dos intentos en 1940. Ignacio Pérez Varela, Guillermo Terrera, y Juan José Torres Bas establecen la Unión Federalista Demócrata Cristiana de breve existencia. Y luego, se funda la Unión Democrática Cristiana (UDC), en cuyo registro forman, una figura decisiva en la futura historia democristiana, Horacio J. Sueldo, y también Norberto Agrelo, Alberto Vélez, Teodosio Pizarro, Horacio Peña, y nuevamente J.J. Torres Bas.

Según el ya citado Parera, la inspiración del nucleamiento estaba claramente definida en las posiciones delimitadas por Norberto Agrelo (muerto prematuramente en setiembre de 1946).

El citado dirigente, orientador de la UDC, afirmaba al habilitarse el primer local de la agrupación que

> "lo que nos proponemos es una verdadera revolución",

la que, sin embargo, estaba limitada en sus métodos y objetivos dado que,

> "cualquiera sean las circunstancias de la vida cívica que requieran nuestra participación nos comprometemos a actuar sólo en defensa de la persona humana y del bien común, al amparo y servicio de la Constitución Nacional".[24]

¡La Constitución Nacional! Libro blasfemo a los sentidos y razón de los nacionalistas. Estos prematuros y sinceros *unión-democráticos,* se colocaban en rumbo de colisión frente a los nacionalistas. La guerra y los totalitarismos europeos los separaban y el golpe del '43 los colocó en bandos profundamente enfrentados. Solamente el Perón posterior a los '50 los iba a reconciliar temporalmente, en la que vivieron como épica de la *revolución libertadora,* una defensa convergente de sus comunes y notoriamente fuertes lazos religiosos.

El desarrollo de los acontecimientos internacionales se desenvuelve en sentido contrario a las aspiraciones políticas de la corriente *democrática* pues, al decir de los tradicionalistas

> "triunfante el Ejército Nacional de España, el fervor religioso que fuera la nota dominante de la Guerra comienza a ser revestido de aspiraciones políticas, en consonancia con los éxitos de la poderosa Alemania nazi y la Italia fascista. Ese fue el tiempo en que en el nacionalismo católico, de un modo paulatino, y avanzando a su vez por alas, inició una segunda época de su existencia. En este período se funde con un nacionalismo político e influye decisivamente sobre éste".[25]

El peso de los nacionalistas creció desde esta victoria de Franco y el avance arrollador del nazi-fascismo. El estallido de la Segunda Guerra Mundial, los despliegues de Hitler en Europa, la entrada en acción de Japón contra los Estados Unidos y, sobre todo, el ataque nazi a la Unión Soviética, valorado como una nueva Cruzada, exaltaron su dinámica política.

Desde la perspectiva político-ideológica nacionalista, el golpe de 1943 había llegado tarde. Ya el curso de la suerte en los campos de batalla había cambiado decisivamente —Stalingrado de por medio— y el momento para el cual se habían venido preparando esmeradamente desde hacía dos décadas (la toma del poder en la Argentina), acaecía cuando los ejércitos germano-románicos perdían definitivamente la ofensiva en todos los frentes.

A partir de junio de 1943, las posiciones de los dos sectores integrantes del campo católico se verán desgarradas de manera despiadada, en una similar situación a la atravesada por las fuerzas partidarias divididas prontamente por la política ejecutada desde el poder.

Mientras los nacionalistas ocupaban numerosos cargos públicos desde el inicio del nuevo gobierno [26], los católicos democráticos se colocaban en la vereda de enfrente. De este sector habían surgido en los años previos declaraciones para oponerse a los abusos del fascismo en Etiopía y los "excesos" del falangismo en España; las anexiones por la fuerza de Checoeslovaquia y Austria a la Alemania nazi; el ataque a Polonia, por parte de Hitler y Stalin; el racismo, los totalitarismos y los atropellos a la libertad. [27]

De allí que fuera difícil que éstos se consideraran como partidarios de un régimen al que habían visto, durante 1944, tratar de convertirse, "de una manera inhábil", en una versión criolla del Estado Francés del mariscal Petain y así

> "la oposición de los católicos democráticos, con reclamo de libertad de opinión y de elecciones libres, fué pública *yviolenta* (subrayado de los A.)".[28]

Y, como lo reconoce el citado Parera retrospectivamente,

> " esta posición era compartida por la mayoría de las clases medias, con vocación política (...) pero no reflejaba las necesidades de los nuevos grupos de trabajadores urbanos crecidos notablemente durante la guerra, ni

prometía renovación alguna de los equipos políticos desacreditados durante la década anterior".[29]

En esa circunstancia, se produce un manifiesto de los sectores democristianos[30] que en diciembre de 1945, en pleno enfrentamiento comicial, afirmaban en contra del peronismo que se empujaba al país a la guerra civil; denunciaban limitación de libertades, detenciones y torturas, ataques a la comunidad judía, crecientes gastos militares, parcialidad del gobierno en la campaña electoral a favor de la candidatura de Perón, y denunciaban la situación existente en la Argentina como similar a la atmósfera que condujo a "la ruina de Alemania, Italia y España".

En el parteaguas del año '45, los demo-cristianos realizan febriles intentos organizativos. En Rosario, la Unión Demócrata Cristiana se convierte en la Acción Social Democrática en donde militará Juan T. Lewis, considerado como el dirigente máximo en la fundación posterior del Partido Demócrata Cristiano (PDC). En Capital Federal y Buenos Aires, se establecen Fraternidad y los Pregoneros Social Cristianos. En el primero se alinean Manuel V. Ordóñez y Ambrosio Romero Carranza; en los segundos, se alistan Horacio Nazar, Iván Vila Echagüe y Oscar Puiggrós. Luego surge también en la Capital el Movimiento Social Democrático, integrado por Lucas Ayarragaray, Salvador Busacca, Jaime Potenze, Jorge Luis García Venturini, Emilio Máspero y Alfredo Di Pacce. Los dos últimos formarán el Movimiento de Avanzada Social Cristiano y destacarán entre los máximos exponentes de un nunca demasiado vigoroso desarrollo gremial de la tendencia.

En ese proceso de fundación en la lucha política, se perfila una claramente diferenciada postura entre los núcleos nacionalistas y los democráticos frente al tema educativo, singularmente la implantación de la educación religiosa por parte del gobierno militar. Así lo consigna un significativo manifiesto suscripto por universitarios católicos que se movilizan en el espacio de esta corriente.[31]

> "Nos adherimos a la fórmula Tamborini-Mosca (...) La plataforma del partido Radical, establece que la enseñanza propenderá 'a la formación moral e intelectual de la niñez argentina dentro de los principios de la democracia y de la Constitución y con la más absoluta

libertad de conciencia. Estamos de acuerdo con ello. Deploramos en cambio, que se programa mantenga también la laicidad que establecía la plataforma de 1937, aunque atemperada ahora por la libertad de enseñanza. Somos partidarios de esta última en cuanto medio para la consecución del humanismo integral (...) No obstante esa inclusión nos consideramos en el deber de votar como lo haremos. Peor que una equivocada solución a cuestión determinada es la perversidad integral del sistema. Y el sistema que propicia el coronel Perón, es el totalitarismo. A través de él busca legalizarse una revolución que (...) *ha encendido la lucha de clases* (subrayado de los A.) (...) De nada vale invocar a Dios y a las encíclicas pontificias, si con ello se pretende instrumentar las conciencias y la Iglesia, al servicio del Estado, como por otra parte, lo han procurado todos los despotismos".[32]

Para los democristianos resulta claro que una parte no puede reemplazar a lo que estiman como el todo : el sistema político democrático y las prácticas que rechazan del gobierno militar. No cambian la vigencia de la enseñanza religiosa por la introducción de la lucha de clases, un dato éste último que de ser cierto no hubiera podido escapar a la diligente visión de los nacionalistas, para quienes todo el proceso iniciado en 1943 formaba parte de un *nuevo orden,* proceso *preventivo* de una revolución social, es decir claramente *contra-revolucionario.*

Los poderes que los democráticos atribuían a Perón estaban evidentemente inflacionados por su pasión política, pero los nacionalistas no advirtieron el carácter instrumental que tomaba para Perón y el nuevo bloque que se gestaba, la introducción de la enseñanza religiosa. Supusieron que el peronismo encarnaba su programa católico integral. Conspirando con armas en la mano exhibieron después su desencanto por la *traición* [33] y fueron juzgados severamente por los democráticos.

Los cargos planteados por los democráticos a los nacionalistas, ya habían sido expuestos directa o indirectamente por los primeros en forma de programa. Será monseñor De Andrea quien expondrá ejemplarmente la propuesta católica liberal-social. En el denso año del '45, inmediatamente antes de que comenzara la dura campaña electoral que culminaría con el triunfo de Perón, De Andrea pronunciará una homilía política

de la Constitución para exhibirla como la vía adecuada para
realizar la justicia social:

> " Es hora de proclamar bien alto que la Constitución
> sigue siendo la sagrada y única garantía de las conquistas
> del pueblo, en el terreno de la justicia social, porque es la
> única que puede protegerlas, contra las vicisitudes de la
> política y los vaivenes de los intereses y las pasiones
> humanas (...) La Constitución sólo pide ser honestamente
> aplicada para producir sus frutos de bienestar y de
> justicia y es lamentable que haya quienes pretenden
> argumentar, con los abusos y transgresiones de que ha
> sido objeto, como una demostración de su ineficacia y
> una razón para suprimirla".[34]

Las cartas estaban jugadas frente a las elecciones de 1946 y
los sectores católicos se manifestaron con gran entusiasmo
frente a la opción Perón o Tamborini. Sin embargo, las posiciones
electorales conquistadas por los dos grupos no fueron significativas en el juego parlamentario o en las gobernaciones en
juego. A los nacionalistas les fue mejor en las candidaturas y,
obviamente, en los resultados. Por ejemplo, Ernesto Palacio
Joaquín Díaz de Vivar y el padre Leonardo Castellani, éste por
la Alianza Libertadora Nacionalista, fueron aspirantes a diputados por la Capital Federal, aunque sólo los dos primeros
resultaron electos. En cambio, los católicos democráticos apoyaron, pero sin recompensa, a la Unión Democrática. Su organización era muy débil, su capacidad de presión reducida, sus
candidatos, pocos. Sus electos, entonces, ninguno.

Esa puja desigual entre los dos bandos, se había resuelto por
arriba en la Jerarquía. Los obispos emitieron para los comicios
de febrero de 1946 una pastoral acerca del deber del voto de los
católicos. Así como la Corte Suprema de Justicia en 1930 y en
1943 había expedido dos penosas acordadas creando y sosteniendo la impúdica doctrina de los gobiernos *de facto* —es decir,
que los gobiernos se constituyen legítimamente a partir de la
fuerza que los funda y a partir de allí generan derecho—, el
Episcopado en 1931 y en 1945, en dos circunstancias políticas
diferentes dejó sin posibilidades al *otro contendiente*. Las razones esgrimidas en ambos casos fueron prácticamente iguales,
contra la Alianza Civil de la fórmula Lisandro de la Torre-
Nicolás Repetto en el '31, y frente a la Unión Democrática de

Tamborini-Mosca en el'46: no es posible votar por partidos que pugnen por el divorcio, la separación de la Iglesia y del Estado, el laicismo escolar, la supresión en la Constitución del juramento y de los derechos religiosos. La diferencia estaba hecha: el gobierno que respaldaba la candidatura de Perón había implantado la enseñanza religiosa y el laicismo era una prenda de unidad de la oposición liberal-izquierdista.

La justicia social no figuró, ni el '31 ni en el'45 como un tema a la orden del día en las admoniciones de la Jerarquía. Pero de eso, Perón se había encargado solo, casi sin maestros.

Luego de la inesperada (para la oposición política y los sectores medios, pero no para el embajador inglés Sir David Kelly)[35], victoria de Perón, comenzó el impetuoso desarrollo de su primer gobierno. En los primeros momentos del mismo se verificó la legalización de las decretos dictados por el gobierno militar del 43-46. Allí se produjo del debate acerca de la enseñanza religiosa que (ver más adelante) ratificó el decreto del presidente Urquiza. En esa circunstancia de 1947, los nacionalistas y los católicos democráticos compartieron, así fuera desde puntos de lucha separados, los mismos objetivos.

El éxito económico y social del programa justicialista fortaleció al gobierno, pero no flexibilizó a la oposición política, cuestionadora del impresionante desarrollo de las conquistas laborales, de la reorganizada distribución del producto, y del nuevo lugar del sujeto trabajador en la escena pública. Si el final del ciclo de bonanza para la Argentina que se constituyó en la Segunda Guerra Mundial llegaba a su fin con la culminación del primer gobierno peronista en 1952, existían razones internas específicas que alentaron la persistencia de una oposición política que tomó el camino del golpe militar en septiembre de 1951. Los rotundos resultados electorales de ese año, que ratificaron y consolidaron la hegemonía electoral del peronismo, no anularon las contradicciones que se sostenían con los sectores oligárquicos y medios. Las restricciones a la libertad de expresión, la reforma constitucional de 1949 con su consagración de la reelección consecutiva (y por voto directo) del Presidente de la República, jugaron como otros elementos que afectaban, en el campo de estudio analizado aquí, sobre todo a los católicos democráticos. Para los nacionalistas, algunas cosas marchaban bien, pero no todas. Muchos de sus sectores integrantes se habían enfrentado con la decisión de Perón de

ratificar las Actas de Chapultepec y el Tratado de Río de
Janeiro, que constituyeron la aceptación de la política norteamericana para el hemisferio. Esta declinación de posiciones,
no fue solamente del gobierno peronista, sino de una tradición
anti-norteamericana de la política exterior argentina, tozuda-
mente sostenida por gobiernos conservadores y radicales. Pero
los tiempos estaban cambiando en la escena internacional y
entre Estados Unidos y la Argentina, de allí que

> "el año 1950 sería testigo de una transformación mucho
> más importante a largo plazo en el tono de las relaciones
> entre los dos países. Por primera vez el valor de las
> importaciones de Estados Unidos excedió el de las
> compras a Gran Bretaña. Además el monto de las
> inversiones norteamericanas en la Argentina sobrepasó
> el total de las inversiones británicas".[36]

Los nacionalistas (por lo menos, sectores significativos de
ellos) renegaron del giro *realista* del peronismo. Pero no era éste
el centro del debate para la jerarquía católica. Mientras la
enseñanza religiosa estaba en su lugar, una nueva esfera de
poder era constituída por el peronismo a partir del liderazgo y
la acción avasallante de Eva Perón y el crecimiento de la
pujanza sindical.

La dura reacción de "Criterio" ante un discurso del Secretario
de Trabajo y Previsión, Freyre, así lo revela. El funcionario
había declarado que

> "este organismo (por su dependencia,N. de los A.),
> revolucionó las costumbres del trabajo argentino pues
> dejó de hablarse de *ayuda social con sentido cristiano, de
> caridad,* (subr. de los A.) para traducir en dos palabras
> simplemente toda la esencia del movimiento : justicia
> social".

La ácida respuesta de monseñor Franceschi fue recordar
que

> "nosotros los católicos argentinos no hemos olvidado la
> justicia social. Hace más de cuarenta años hemos
> trabajado para el establecimiento del descanso dominical
> (...) Propiciamos el salario familiar (...) La caridad es una
> virtud y un espíritu y no una simple práctica; es un amor

y no una dádiva material (...) y la caridad exige ante todo
el respeto por las normas de justicia".[37]

El desarrollo de la política de asistencia social a partir de la
Fundación Eva Perón, de inmediatos y espectaculares resultados
en todo el país[38], disolvió el lugar de la beneficencia y las obras
de caridad ocupado por la Iglesia Católica. Y su inspiradora lo
definía, como a toda la política social del peronismo en una cita
típica :

> "No es filantropía, ni es caridad, ni es limosna ... es
> estrictamente justicia (...) La limosna y la beneficencia
> son para mí ostentación de riqueza y poder para humillar
> a los humildes (...) Yo no hago otra cosa que devolver a
> los pobres lo que todos los demás les debemos, porque se
> lo habíamos quitado injustamente".[39]

Como este accionar llegó vinculado a la incorporación de la
mujer a la vida política por la extensión del sufragio impulsada
por Evita, el desarrollo de la Fundación, una entidad formalmente privada, pero en la realidad otra extensión del Estado-
Partido, comenzó a perturbar a los obispos. También como se
observará más adelante, el desarrollo de una institución como
la Unión de Estudiantes Secundarios (UES), que generará
vitriólicas reacciones de padres, maestros, de la Iglesia y no solo
de sus sectores anti-peronistas. Cuando el peronismo dejaba de
ser la expresión de la doctrina forjada durante años por sus
cenáculos, como creían ingenuamente los nacionalistas, el
peronismo ingresaba en la categoría del paganismo totalitario.
El rechazo a la legalidad y legitimidad del gobierno peronista,
simbolizado por el intento golpista del '51, exacerbó las tendencias centrípetas del peronismo. Este se vio a sí mismo como
el *movimiento nacional* y, por consiguiente, como la *doctrina
nacional*. Después del '51, es la doctrina peronista la que se
enseña en las escuelas militares. Y es la Iglesia, la que va
entendiendo que el lugar de la hegemonía ideológica, no le ha
sido reconocido por el peronismo, sino que el joven partido
gobernante se lo auto atribuye centralmente en detrimento de
los derechos que cree tener para ese rol la secular institución.
La previsora diplomacia vaticana había oteado el horizonte y

" los límites del apoyo eclesiástico pudo advertirlos Eva
Perón durante su viaje europeo de 1947: la recepción que

halló en el Vaticano fue más cortés que cordial y el Papa
se abstuvo de otorgarle las distinciones que acaso había
esperado recibir. Desde entonces el régimen y la Iglesia
comenzaron a tomar distancia".[40]

Si en ese año, justamente el de la ratificación de la enseñanza
religiosa en las escuelas públicas, se manifestaban estos roces,
puede entenderse por qué tres años más tarde, las relaciones
entre el Vaticano y el gobierno peronistas —aunque en sordi-
na— se comiencen a poner tirantes.

Una carta de Perón al padre Hernán Benítez, confesor de
Evita, brinda un sólido testimonio de la polarización creciente:

> "He observado de parte del Vaticano una conducta poco
> clara e indiscreta. Usted sabe que mi gobierno está allí
> *en cuarentena,* según nuestras noticias. Pero esto no es
> todo: según nos informó el embajador Arpezani a su
> regreso de Roma, el Papa (Pío XII, N. de los A.)
> personalmente le había manifestado que nuestro gobierno
> era de corte totalitario. El propio ministro Paz escuchó,
> asombrado como yo, no por la afirmación sino por la
> indiscreción. Yo soy hombre tranquilo y humilde, pero el
> Presidente de la República no. Por eso hicimos llegar al
> Vaticano nuestro desagrado. Pero, según parece, éste no
> llegó sino a monseñor Montini (futuro Papa Paulo VI, N.
> de los A.) y sin recibir nosotros ninguna satisfacción. Yo
> olvido todo, pero el Presidente de la Nación no puede ni
> debe olvidar".[41]

Mientras Perón comenzaba a anotar sus cuentas con el
Vaticano, los demócratas-cristianos están en pleno proceso de
constitución partidaria, un fenómeno que no dejó de advertir
para entenderlo como una clara competencia política. En 1950
se constituyó en Córdoba el Ateneo Social Cristiano, en el que
formaban filas José Antonio Allende (futuro presidente provisorio del Senado, cuando Isabel Perón arriba a la Presidencia
en 1974), y Teodosio *Tocho* Pizarro, quien llegará a ser diputado
nacional en 1963. En 1953, cuando todavía no ha explotado
públicamente el conflicto Gobierno-Iglesia, se desarrolla otra
significativa reunión en Rosario y en ese mismo año, el activo
grupo cordobés encabezado por Horacio Sueldo funda secreta-
mente el Partido Republicano por una Democracia Cristiana. Si
el estallido del conflicto se manifiesta en noviembre de 1954, es

importante indicar que en la fundación del PDC se produce en julio de ese año en " un salón y dos casas de familia, una de ellas de Juan T. Lewis" [42]. Este finalmente, junto a Salvador Busacca, Carlos Juan Llambí, Manuel V.Ordoñez y Juan José Torres Bas, formaron la Junta Promotora del Partido Demócrata Cristiano. Pero su primer manifiesto público lo realizará en julio del año siguiente, luego del golpe frustrado de la Marina de Guerra. Proclamaban, entre otras afirmaciones doctrinarias que

> "estamos resueltamente por el régimen de libertad económica y decididamente en contra de esa excrecencia (...) que ha dado en llamarse capitalismo moderno (...) Ni libertad para morirse de hambre, ni justicia que beneficie a una parte sola del pueblo". [43]

Es en ese contexto, en que se verifica el inicio a escala nacional del conflicto con la Iglesia. Esta lucha carece todavía de una explicación satisfactoria, pero a la luz de los conflictos soterrados pero también de los más evidentes sorprende la pregunta "¿ A que se debía esta *súbita* (subr.de los A.) explosión de ira anticlerical? " que se fórmula Halperín Donghi. La propia respuesta del historiador incluye parte de las propias explicaciones de Perón —la acción de sacerdotes en la vida gremial— en una descripción de los hechos. [44]

En noviembre de 1954, se desata públicamente un conflicto que, en vertiginosa escalada conducirá a la supresión por el gobierno peronista de la conquista más preciada que la Iglesia Católica había logrado en su transcurso: la enseñanza religiosa. Las insólitas alternativas del debate en el Congreso Nacional en 1955 de la derogación de la ley dictada en sentido opuesto por ese mismo cuerpo 8 años atrás, están consignadas más adelante.

Pero el desplazamiento de la enseñanza religiosa era quitar a la Iglesia aquello que nunca había poseído hasta el peronismo. La ofensiva peronista se dirigió a otros significativos aspectos de la relación entre Iglesia y sociedad civil :

> "2-12-54. Supresión de la Dirección General y de la Inspección General de Enseñanza Religiosa.
> 14-12-54. Ley del Divorcio Absoluto.
> 21-12-54. Ley sobre reuniones públicas.
> 30-12-54. Ley de Profilaxis ('atendiendo a una imperiosa

necesidad pública'), dice el texto del Poder Ejecutivo.

20-3-55 . Decreto de Supresión de festividades Religiosas.

6-5-55   Reformas al Reglamento de la Honorable Cámara de Diputados, nueva fórmula de juramento de los legisladores, sólo por la Constitución.

13-5-55. Ley de Supresión de la Enseñanza Religiosa y ley de Derogación de la Exención de Impuestos (... a las instituciones religiosas, a sus templos, conventos, colegios, a los bienes que posean y a los actos que realicen).

19-5-55. Ley de Separación de la Iglesia y el Estado ".[45]

Este programa de laicismo absoluto que podía resumir el programa de la Alianza Civil de socialistas y demo-progresistas en el año '31, fue enfrentado por una oposición católica cuya interpretación sobre el conflicto siguió siendo de una estrechez abrumadora, como lo prueba la descripción de Marta Lonardi:

> "La inmoralidad mostró su desviación más grande cuando las jovencitas de la rama femenina de la UES fueron usadas por el ministro de Educación y Cultura como elementos de solaz y esparcimiento del dictador. Se hizo famoso aquel paseo por las calles de la ciudad en compañía de sus jóvenes admiradoras. La Iglesia Católica le salió al cruce y estalló el conflicto que tan caro costaría al dictador (...) Fue el principio del fin. La lucha por la libertad se elevó al tono heroico de cruzada, por encima de banderas políticas".[46]

Es una interpretación que, morigerada en los términos, comparte el citado confesor de Eva Perón, uno de los más significativos respaldos eclesiásticos del peronismo, cuando reconoce que " es verdad que (Perón) en la UES distrajo un tiempo precioso, descuidando deberes fundamentales " y también admitiendo que " en la UES Méndez (San Martín, el ministro de Educación, N. de los A.), no le perdía pisada ".[47] Casi el mismo criterio explicativo de la hija y apologista del jefe del golpe anti-peronista y del catolicismo más anti-peronista.[48]

Cuando un tradicionalista como Benítez califica al Secretario de Asuntos Técnicos, Raúl Mendé, inspirador de la Escuela

Superior Peronista, nada menos que de ser el " Rosemberg justicialista" [49], la intensidad del conflicto está ya brindada. La Iglesia no toleró ni los intentos de avance sobre la Constitución y leyes históricas del peronismo, ni tampoco el retroceso sobre su conquista clave: la educación religiosa. Y así lo dijeron agresivamente sus líderes :

> "El 11 de mayo de 1955, el Senado derogó la enseñanza religiosa, y el día 13, la Cámara de Diputados convirtió en ley la supresión de la ley 12.978, que fue promesa y bandera con que el Partido Peronista solicitó los votos del electorado; siendo por cierto que la aplicación de la misma en la práctica fue confirmada como un plebiscito casi unánime de las familias argentinas, y por la asistencia media de más del 90 por ciento de los alumnos de las clases de Religión (...) Dejar constancia que el Episcopado Argentino y nuestro pueblo no recibieron la enseñanza como un don gracioso, sino como una recuperación del libre ejercicio a un derecho inalienable de las familias argentinas y de Iglesia Católica la educación cristiana de sus hijos, que el Estado no tiene derecho a suprimir, cuando quiera y como quiera, sin evidente injusticia y perjuicio grave en la formación espiritual de las conciencias ".[50]

Pero antes de terminar, la enseñanza religiosa había comenzado.

El conflicto por la educación religiosa

Las reformas orgánicas del área de educación del gobierno nacional que se fueron realizando entre 1943 y 1949, estuvieron marcadas por el tema de la enseñanza religiosa y el cambio de posición de poder de la Iglesia en un terreno, la educación pública, que le había estado vedado durante muchas décadas. Habían enfrentado su avance los sectores laicos pero también la propia ciudadanía mayoritariamente de creencia católica, autora de la ley 1420 de educación común. La educación pública había resultado así, durante casi sesenta años, un lugar reservado para la relación entre la sociedad civil y el Estado a través de un sistema de relativa autonomía, el escolar. Esa autonomía, (aunque avasallada porque la mayor parte del tiempo se imponían desde los organismos centrales los consejeros escolares de distrito), persistía en la vigencia de la laicidad. Este último hecho transformaba al Consejo Nacional de Educación en tierra liberada de la estructural unidad entre Iglesia y Estado inscripta en la Constitución liberal de 1853. Pese a que la Iglesia Católica formaba parte orgánica del Estado, aquella disociación en el terreno de la educación publica limitaba su poder, forzando la interpretación de un Carta Magna que, al conservar la unidad entre Iglesia y los poderes públicos, no se había decidido a crear una Nación definitivamente moderna.

El gobierno surgido del golpe de junio de 1943 representaba una trama ideológica en la cual no había lugar para seguir soportando la enseñanza laica. De acuerdo al testimonio de Emilio F. Mignone debe distinguirse entre la mentalidad medieval del grupo ideológico que acompanó el golpe y los discursos del Coronel Perón, que son laicos. Según Mignone,

> "Ramírez, Farrell, siempre empezaban invocando a Dios, terminaban invocando a Dios. Farrell sobre todo improvisaba unos discursos espantosos, la gente se reía, 'voy a hablar con la aguda franqueza del soldado' decía, por ejemplo" (..).[51]

Meta ansiada por el sector más reaccionario, la cartera de Justicia e Instrucción Pública estuvo sucesivamente a cargo de Horacio Calderón (durante dos días a raíz de la caída de Rawson); Elvio C. Anaya[52], Gustavo Martínez Zubiría (Hugo Wast)[53][54] y Honorio Silgueira (ministros de Pedro P. Ramírez). Fueron ministros del ramo de Justicia e Instrucción Pública del presidente Farrell, el falangista Alberto Baldrich[55] con Silenzi de Stagni como subsecretario; Etcheverry Boneo, Antonio J. Benítez y José María Astigueta. Merece destacarse la personalidad de Martínez Zubiría, un declarado nacionalista católico, militarista y antisemita, que exacerbó las tendencias fascistas en el gobierno; durante su gestión se instauró la enseñanza religiosa en todas las escuelas del país, por primera vez desde el dictado de la ley 1420, mediante el decreto 18.411. Se emitió el 31 de diciembre de 1943, fue modificado por el 32.343 del 28/11/44; convertido en ley No. 12.978 el 29/4/1947 y ésta a su vez derogada por la ley No. 14.401 del 13/5/1955. La limitada reacción de la ciudadanía frente al decreto mencionado prueba que el momento era apto para el avance de las concepciones integristas, no solamente por la posición nacionalista católica dominante encaramada en el poder, sino por concepciones presentes en la cultura política que si no dominaban, al menos tenían un lugar preponderante en la sociedad. Es de especial importancia destacar que los discursos que se producían en el Ejército de ninguna manera eran ajenos a los que circulaban en las venas de la sociedad civil, como tampoco lo era el discurso de la Iglesia Católica.

La revisión de periódicos de la época, asi como las entrevistas a informantes clave que estamos realizando [56], se suman a los recuerdos de los autores de este trabajo. A mediados de los 40', la vida privada de la sociedad argentina estaba dirigida por la Iglesia Católica que, solamente como cesión voluntaria de derechos que consideraba naturalmente propios, admitía que pequeños sectores de la población se ubicaran dentro de la tradición, la doctrina y la liturgia israelita o protestante. El ateísmo era menos tolerado, y cuando, el 15 de octubre de 1950, la Escuela Científica Basilio organizó, al grito de "Jesucristo no es Dios" un recordado acto en el Luna Park, la interrupción producida por grupos católicos dejaría en claro que la Iglesia distaba de tolerar a aquellas organizaciones religiosas que pretendieran competir su hegemonía[57].

La asunción por parte del Estado del registro de nacimientos, matrimonios y defunciones, no restó a la Iglesia el poder sobre las coyunturas fundamentales del ensamble familiar. Bautismo, comunión, casamiento, extremaución, pompas fúnebres organizadas mediante el ritual eclesiástico, no solamente ordenaban la vida de la gente y constituían hitos fundamentales de su organización discursiva, sino que también proporcionaban fuentes de trabajo a modistos, confiteros, curas, funebreros, peinadores, choferes, rentadores de salones y periodistas especializados en crónica sociales. La población argentina, no manifestaba fanatismo ni exhibía una religiosidad de la magnitud mostrada por pueblos como el mexicano o el colombiano pero sostenía, activamente o por ausencia de toda seria oposición al respecto, el enorme poder de la Iglesia Católica. Al mismo tiempo, la complejización de las relaciones sociales y políticas chocó con un insuficiente desarrollo moderno de la sociedad civil, probablemente contenido por la Iglesia argentina, decididamente conservadora. La represión a la modernización de las costumbres y a la legalización de tal proceso tenía larga data y el acontecimiento más contundente al respecto había sido la insuficiencia de la reforma roquista, que no llegó a separar la Iglesia del Estado, ni a instaurar el divorcio, a diferencia de las reformas liberales mexicana (1857) y uruguaya (1917).

Probablemente, la pregunta central que se plantea es el significado del discurso católico para los diversos sectores de la población argentina, que podría proponerse hipotéticamente como un espectro que abarca desde una íntima vinculación entre la palabra de la Iglesia, la liturgia y la religiosidad, hasta la consideración del catolicismo como una forma de control social, posición muy extendida en el pensamiento político de la derecha argentina. La respuesta a esta cuestión es de central importancia para analizar luego la posición de la Iglesia en la educación durante el peronismo, pero en éste escrito no podremos avanzar más allá de algunas hipótesis porque son insuficientes las investigaciones sobre la cultura de la época.

Como bien recuerda Cecilia Pittelli [58], el decreto 18.411/43 se aplicaba a todas las jurisdicciones del país, puesto que fue promulgado por un gobierno de facto. Su alcance llegaba, pues, hasta a aquellas provincias en las cuales su Constitución establecía la enseñanza laica. La religión quedaba incorporada a los planes de estudio a partir de una medida sin precedentes en el orden nacional desde 1884, pero con numerosos antecedentes provinciales. [59]

La misma autora analiza el pensamiento del Presidente del Consejo Nacional de Educación, Dr. José Ignacio Olmedo, ya mencionado en capítulos anteriores como exponente de las ideas pedagógicas dominantes en el gobierno. Olmedo consideraba que eran centrales las siguientes: *Argentinidad, Catolicidad, Enseñanza Premilitar, Formación de la voluntad y el carácter, Depuración del Magisterio, Anticomunismo.* Agrega Pittelli que, en resúmen, el interventor en el Consejo Nacional de Educación sostenía la existencia de dos clases de argentinos: los verdaderos y los falsos; los verdaderos eran los católicos y tradicionalistas y solamente ellos podían poseer la plenitud de los derechos políticos; la educación religiosa forma, entonces, a los verdaderos argentinos. Respalda Pitelli esta síntesis con una extensa cita, de la cual extractamos este párrafo:

"Verdaderos argentinos son no solo los nacidos en esta tierra,sino los amantes de las tradiciones, y, por ende, de la religión de nuestros mayores (...) no son verdaderos argentinos cuantos renuncian al patrimonio histórico, embaucados por doctrinas exóticas de disolución social, a cuyo triunfo contribuyen" (...)[60]

Pittelli refiere también al Secretario General del Consejo Nacional de Educación, el Dr. Jorge Joaquín Llambías[61], quién sostiene que la escuela laica que pretende ser neutral y postula la indiferencia ante Dios, es una escuela muerta y que la instrucción sin Dios resulta ser contra Dios.[62]

Claro está que cuando el fascista y aristocratizante Jordán Bruno Genta[63] fué nombrado interventor en la Universidad Nacional del Litoral, el 28 de julio de 1943, el estudiantado y los profesores, los sectores liberales y la izquierda adoptaron una inevitable posición de enfrentamiento, que sería una marca indeleble tanto en sus relaciones con el gobierno de facto, como con el gobierno peronista que conservaría en su seno muchos de los personajes y de las políticas implicados en aquel acto. Entre los 150 profesores que solicitaron el cese de la intervención estaba Bernardo Houssay; la movilización estudiantil se produjo de inmediato. Pero el 2 de noviembre fueron intervenidas todas las universidades, colocándose en sus direcciones a Lisardo Novillo Saravia, vicepresidente de la Junta Arquidiocesana de la Acción Católica en Córdoba; Rómulo Etcheverry Boneo[64] en reemplazo de Genta en el Litoral y Tomas D. Casares en Buenos Aires. El 5 de noviembre se declaró ilegal a la Federación Universitaria Argentina y se clausuraron los centros de estudiantes adheridos a ella.[65]

Un hecho que destaca Rosa Nacimento[66] ejemplifica la mentalidad dominante en los ámbitos educativos del gobierno: el Colegio Nacional de Buenos Aires "reviviendo viejas nostalgias coloniales", vuelve a llamarse "Colegio Universitario de San Carlos". Otro ejemplo —presentado por Julio Orione para mostrar como "la exclusión del otro se convierte en eje del pensamiento"—es la celebración que realiza la revista "Criterio" el 2 de septiembre de 1943, de la censura impuesta por la Inspección General de Enseñanza contra "El Crimen de la Guerra" de Juan B.Alberdi. Al mismo tiempo el autor del artículo reclamaba medidas semejantes contra "El Matadero", de Esteban Echeverría y "El Casamiento de Laucha", de Roberto J. Payró.[6768]

El sábado 1º.de enero de 1944, el diario "Los Principios" de Córdoba festejaba la implantación de la enseñanza religiosa como materia ordinaria de los respectivos planes de estudio de las escuelas primarias postprimarias, secundarias y especiales dependientes del Ministerio de Justicia e Instrucción Publica, es decir el decreto 18411 del 31/12/43, con las siguientes palabras:

> "Se trata de un hecho auspicioso para la vida del país.
> "Los Principios", que desde la hora inicial de su fundación, ha defendido con tesón sin decaimiento y con entusiasmo, sin desmayos este aspecto de la instrucción de la juventud, porque considera que forma la base moral de la República, la aplaude sin reservas.(...) Dios estará, pues, presidiendo de una manera más efectiva todavía, todas las actividades de nuestra República, que ha recibido de El especiales bendiciones"[69]

"Los Principios" sostiene que la mayoría del pueblo argentino verá satisfecha una antigua aspiración.

El decreto, firmado por el presidente Ramírez y todos los ministros, dice entre sus considerandos que la revolución triunfante el 4 de junio pretende restituir los verdaderos fundamentos de la Constitución Nacional, que ha sido violada por "prácticas inexcusables" y por doctrinas que la adulteran. Ennumera el periódico católico cordobés todos los documentos constituyentes argentinos que establecieron taxativamente que la religión del Estado era la católica: el Estatuto Provisional de 1815; el Reglamento de 1817; las Constituciones de 1819 y 1826. Luego afirma que la Constitución de 1853 es más firme al respecto, porque en su preámbulo invoca los auxilios de Dios, como fuente de toda razón y justicia y en su artículo 2º. declara la obligación del Estado de sostener el culto católico apostólico romano; en el artículo 76 establece que no pueden ser presidente y vice presidente quienes no profesen la religión católica, en tanto el juramento que se les impone es "Sobre los Santos Evangelios" y finalmente en el art.67, inc.15, se obliga al Congreso, junto con la salvaguarda de las fronteras de la Patria, a convertir a los indios.

Según la argumentación de "Los Principios", la ley 1420 no

es anticatólica; de serlo, sería anticonstitucional. Tal ley, a diferencia de la francesa de educación común, establece que la religión católica se enseñará fuera de las horas de clase, *pero dentro de los locales escolares,* es decir que sostiene un argumento que sería utilizado en los debates subsiguientes: se trataba simplemente de una mala ubicación de la enseñanza de la religión en el curriculum. El decreto en cuestión corregiría una equivocada interpretación de la ley, que sería una de las tantas aberraciones que han conducido a la corrupción administrativa y a la deformación del alma del pueblo. Agrega el citado periódico:

> "No hay que engañarse: al niño, sin el conocimiento de la religión, no se le educa en la neutralidad, sino en el ateísmo, que comienza por ser sistemático repudio del nombre de Dios y acaba siendo negación de su existencia y de sus leyes, único fundamento válido de toda moral privada y pública y, para nosotros los argentinos, la destrucción de uno de los más fuertes vínculos de la unidad nacional."[70]

El comentario de "Los Principios", coincide con el espíritu del texto del decreto de 1943 que, entre otros objetivos, plantea:

> "la restauración espiritual de la escuela argentina", por medio de un cambio de dirección, con el objeto de atacar las deficiencias formativas propias de la escuela laica: 'el tipo de niño sin Dios', que más tarde sería 'el hombre sin dios' de un pueblo indiferente e incrédulo en materia religiosa."[71]

"Criterio" también aprobó la medida, considerándola una forma de adaptar la ley 1420 al espíritu y la letra de la Constitución, en tanto el Episcopado emitió una Pastoral aplaudiendo la medida el 11 de febrero de 1944.

El decreto excluía solamente a aquellos educandos cuyos padres manifestaran su expresa oposición por pertenecer a otra religión, debiendo entonces recibir clases de Instrucción Moral. En su art. 2º., establecía que los docentes que tuvieran a cargo la enseñanza de la religión serían designados por el gobierno, "debiendo recaer los nombramientos en personas autorizadas por la autoridad eclesiástica", las cuales también tendrían que prestar su aprobación a los programas de religión.[72] El art 4º.

establece que el decreto regirá también para los establecimientos de enseñanza media y especial dependientes de las universidades nacionales. El art. 5° crea la Dirección de Instrucción Religiosa y la Inspección General de Instrucción Religiosa, cuyas funciones se reglamentarían en otro momento. El art. 6° establece que los gastos ocasionados por el cumplimiento del decreto serían incluídos como ítem especial en el Presupuesto General de Gastos de la Nación. En el año 1944 se suceden una serie de decretos que imponen la enseñanza religiosa en los diferentes sectores del sistema educativo nacional: el Consejo Nacional de Educación; las escuelas provinciales de Santiago del Estero, La Rioja, Corrientes, Buenos Aires, Catamarca, San Juan, Córdoba y Jujuy.[73] En Santa Fe se produce un hecho que tendría repercusión nacional: el interventor federal ordenó la cesantía de 21 directores y maestros de escuela que firmaron una declaración a favor de la educación laica, gratuita y obligatoria. La intervención afirmó también que la Asociación del Magisterio desarrollaba actividades subversivas.[74]

Las declaraciones de Monseñor Gustavo Franceschi contrastan con las de los representantes del liberalismo católico y marcan dos estrategias político-educativas distintas. De acuerdo con la síntesis de Lubertino Beltrán, Franceschi considera que la enseñanza religiosa

> "no es una asignatura más, sino el elemento clave para informar y dar sentido a la vida. Asimilarla a la enseñanza de otras materias sería incurrir en el peor de los errores. Un ejemplo de ello lo da el fracaso de la instrucción religiosa introducida en las escuelas del Estado por el fascismo en Italia, debido entre otras causas a la supresión de todas las instituciones católicas que formaban a la juventud, dándole una perspectiva vital al catolicismo."[75]

Frase para recordar: los sectores dominantes de la Iglesia jamás canjearían su espacio político por la autorización para proceder a la extensión ideológica del catolicismo, bajo el paraguas de un Estado-Partido del cual formaba parte como una de las fuerzas articuladas a un discurso mucho más amplio que el nacionalista católico. *Tal la causa fundamental de su ruptura con Perón,* como luego veremos. Por su parte, el liberalismo católico reacciona violentamente contra el nacionalismo y reclama que se combata contra "la concepción del catolicismo como partido" y no como "la religión de la verdad".[76]

Las manifestaciones públicas de oposición al decreto se incrementan. Desde un espacio de convergencia de liberales oligárquicos católicos y laicos, el diario "La Prensa" reclama a comienzos de 1945 contra la política del Consejo Nacional de Educación. Señala la publicación en un artículo ya citado[77], que las causas reales de las cesantías masivas producidas en el Consejo Nacional de Educación en 1943 por Olmedo —y que fueron el centro del conflicto entre el magisterio y el gobierno durante los siguientes tres años— se debieron a la posición laica y solidaria "con los países que luchan por la democracia, la libertad y la cultura" de los docentes.

Durante el año 1946 se realizaron numerosas actividades en defensa de la educación laica, actuando, entre otras asociaciones, la Comisión Popular en Defensa de la Ley 1420 y la Junta Organizadora del Congreso Argentino de Educación Laica, patrocinada por la anterior. En una declaración emitida en noviembre de 1946, reproducida por el diario "La Prensa"[78], la Junta dice que no están en discusión las ideas religiosas de los habitantes del país, pues ellas pertenecen a la conciencia individual y constituye su libre ejercicio un derecho garantizado por la Constitución. Debido al respeto a la libertad de conciencia, agrega la declaración, la Argentina asimiló a los inmigrantes y se libró de guerras religiosas. Durante todo el año la Comisión realizó numerosos actos, como por ejemplo los del domingo 10 de noviembre de 1946: a las 10 hs, en Rivadavia esquina Carhué hablarían los Sres. José Mas, Manuel Armengol y el psiquiatra militante comunista José Thenon; a las 18hs. en Plaza Flores, hubo discursos a favor de la educación laica, pronunciados por el educador radical, de conocido pasado anarquista Julio R. Barcos y el Sr. Mario Flores y el Dr. Alvaro M. Martínez[79]. El 29 de noviembre la comisión ejecutiva de la Campaña elevaba una carta al gobierno denunciando que, pese a las declaraciones del presidente respecto a la plena vigencia de las garantías constitucionales y de la pacíficas intenciones con las cuales la agrupación había programado una serie de actos públicos, la Jefatura de Policía les había derogado el permiso para su realización, al mismo tiempo que lo concedía a la Acción Católica, "agrupación política ésta, sin personería, que ejercita ostensiblemente una beligerancia provocadora, como sucedió en la Plaza Flores el día 10 del corriente"(...)[80]

Unos días antes, la Confederación Argentina de Maestros y Profesores Católicos dirigió una nota al presidente de la Cámara de Diputados, en la que formulaba diversas consideraciones en favor de la enseñanza religiosa en las escuelas. "La Prensa" informa sin comentario alguno.[81]

El Congreso Argentino de Educación Laica se realizaría el 19, 20, y 21 de diciembre con el siguiente temario:

> Definición de laicismo; El espíritu laico; El Estado laico; fundamentos filosóficos y sociales del laicismo; La libertad de conciencia; Filosofía de la tolerancia; La fraternidad humana; Escuela laica y escuela dogmática; Política, religión y soberanía nacional; Los principios de la escuela laica y liberal de la ley 1420; Bases de la educación laica; Hacia una educación moral por la educación laica; Métodos de lucha en pro de la educación laica. [82]

Detengámonos en la posición de Perón al comienzo de su campaña.

Según el testimonio de Mignone, Perón no participaba realmente de las presiones ultracatólicas, y la decisión de incluir en su campaña la promesa de sostener la enseñanza religiosa en las escuelas públicas fué tomada por él al fragor de la lucha política. Relata Mignone:

> (...) "Pero que ocurre, viene el 17 de octubre, Perón se lanza a la campaña electoral, se forma la Unión Democrática y la Unión Democrática dice, nosotros vamos a reestablecer la laicidad de la enseñanza. Entonces la Iglesia en aquella época sacaba todos los años frente a las elecciones un documento donde decía que no había que votar los partidos que promovían la separación de la Iglesia del Estado. Doctrina que ahora la Iglesia ha cambiado después del Concilio (...). Entonces Perón empieza a agrupar gente, empieza a agrupar cosas. Perón se da cuenta de una cosa que la enseñanza religiosa en las escuelas públicas no era impopular, la gente cree que esto es impopular y no lo es. Hay un proceso más profundo de secularización en la sociedad, la sociedad es más secular hoy que lo que era en el año '50 o en el año '46" (...)

Continúa Mignone:

(...) "Yo fuí testigo de un episodio dentro de esta línea
muy curioso en Luján. Llega Perón a Luján en su
campaña electoral, a la estación del ferrocarril que
queda como a unas veinte cuadras de la basílica, sale
caminando hacia el centro de la ciudad y se agrupa una
cantidad de gente de pueblo, que sorprende a los radicales;
la gente de medio pelo y de clase media a las cuales yo
pertenezco en Luján, estaban allí y los que estábamos
mirando ese espectáculo un poco indignados (...) En
Luján había un sacerdote muy curioso que se llamaba
Pedro Varela, lazarista, era argentino que había sido
discípulo de José Manuel Estrada y que participó con él
en las movilizaciones contra la ley 1420 y Varela era
viejo; había estado muy joven con Estrada y cuando la
lucha de Estrada fracasó, entró en el seminario a los
treinta años. Se ordenó de sacerdote a los treinta y seis
años y lo mandaron a Luján. Se quedó como cuarenta
años en Luján, murió muy viejo.[83] Los discursos de
Estrada son espectacular (...) ¿Qué hace Pedro Varela,
aquel día? Se va corriendo a la Basílica y larga a volar las
campanas; entonces entra Perón con las campanas
tañendo en medio de la indignación de la clase media y
de los radicales y de la clase alta, eran católicas pero les
parecía...Va la gente, con Perón y Quijano a la cabeza,
Varela lo recibe, me acuerdo, tomó a Perón del brazo y lo
arrastró al camarín de la Virgen, que es un altar que está
detrás. Allí lo hace arrodillar y prometer que va a
mantener la enseñanza religiosa. Había que ver la
gente, uno cuando veía esta posición frente a la religión
de Perón, algunos decían 'pero es un tirano', Pero la
enorme mayoría de la gente que simpatizaba con el
movimiento cerraba los ojos porque creía... porque todos
los diarios estaban en contra, todas las radios estaban en
contra de Perón. Todos los sectores y todos los partidos
estaban en contra ¿Quién va a ganarle a todos los
partidos políticos?...¿Quién va a ganar a todas las clases
acomodadas? ¿Quién va a ganar con un movimiento
improvisado? Y entonces Perón sumó a la Iglesia con eso
y él se comprometió, ahí en Luján. Por supuesto, todos
los periódicos de Luján tronaban contra Varela, la
intromisión de la Iglesia en la cosa política".(...)[84]

Durante la campaña presidencial del verano del 46, Perón declaró su preferencia por la educación católica. Tal como refiere Lubertino Beltrán,

> "La unidad indisoluble de Estado e Iglesia —fórmula del falangismo español— fue proclamada por Perón, el 28 de junio de 1944, en un discurso ante las Vanguardias Obreras Católicas:'La República Argentina es producto de la colonización y la conquista hispánica que dejó hermanada a nuestra tierra en una sola voluntad de la Cruz y la Espada. Y en los momentos actuales parece que vuelve a formarse esa conjunción de fuerzas espirituales y de poder que representan a los dos más grandes atributos de la humanidad: el Evangelio y la Espada."[85]

Marzo del 47 fue un mes activo: ambos bandos, católicos y liberales realizaron numerosos actos para presionar a los parlamentarios, que debían tratar en breve la ratificación del decreto 18.411/43. La Acción Católica Argentina organizó el 5 de marzo a las 18.30, día en el cual ambas cámaras reanudarían sus tareas, una concentración de todos sus afiliados e instituciones adheridas. Según informó el diario "La Nación"[86], el punto de encuentro sería la calle Rivadavia, frente a la Catedral, para marchar luego hacia la Plaza Congreso. Media hora después, frente al Palacio Legislativo, se concentrarían los socios y simpatizantes de la Unión Popular Demócrata Cristiana, cuya delegación hará entrega de un memorial al presidente de la Cámara de Diputados, solicitando la aprobación del proyecto de ley de enseñanza religiosa.

El mismo día el Comité Ejecutivo Nacional del Partido Socialista aprobó una declaración en la cual destacó "que la libertad de conciencia y la laicidad son bienes de la civilización y en los tiempos modernos son condiciones fundamentales de la democracia". Agregó que

> "la clase trabajadora y el pueblo, en la medida en que sean guardianes conscientes y celosos del progreso material, mental y moral del país, seguirán respetando la libertad religiosa, pero lucharán por reestablecer la línea liberal y progresista que hizo grande a la Argentina, por el aporte y la cooperación de todos los hombres del mundo como una nación a la vanguardia del pensamiento y de la práctica de la tolerancia".[87]

El documento termina invitando al acto organizado por la Acción Laica Argentina a realizarse el mismo miércoles 5 de marzo, en Plaza Once, a las 18.30. Los oradores serían conocidos dirigentes liberales, socialistas y comunistas, tales como Julio González Iramain, Rodolfo Ghioldi; el pastor evangelista Julio M. Sabanes, el Dr. Hilmar D. Digiorgio, el Sr. Fabián Onsari y el estudiante universitario Alberto Pedroncini.[88]

Por su parte, el Centro Estudiantil Mariano Moreno emitió un comunicado señalando que el establecimiento de la enseñanza religiosa "fomentara la división y el odio racial entre los propios compañeros" e invitando al acto en Plaza Once. El Comité Central de la Unión Sindical Argentina (restos de la central anarco-sindicalista, después que la mayoría de sus militantes se incorporaran al peronismo), hizo saber públicamente que sus sindicatos adheridos debían manifestarse en defensa de la ley Avellaneda, representando en ella al laicismo.[89]

El proyecto de ley en cuestión se trataría en la Cámara de Diputados, si la mayoría (peronista) lograba imponerlo sobre tablas. Las elucubraciones públicas iban en torno a la asistencia o inasistencia de los diputados del gobierno, porque era necesario contar con el voto favorable de los dos tercios de los presentes para producir el tan aguardado debate. El presidente de la República, por su parte, había solicitado que el asunto se tratara a la brevedad posible. "La Nación" opinaba que, sin embargo, el tratamiento dependía, más que de la presencia de los diputados peronistas, de los de la oposición, porque cuantos más concurrieran, mayor sería el número que necesitaría el oficialismo.[90]

El jueves 6 de mayo, "La Nación" informaba que la sesión en diputados fue inesperadamente breve y que una resolución sobre honores póstumos impidió el tratamiento de la cuestión de la enseñanza religiosa; el jueves 13 se habló sobre el premio nacional de historia, otorgado en 1946 y se inició el debate sobre la ley. En la madrugada del viernes 14 continuaba el tratamiento. El sábado 15 de marzo de 1947, "La Nación" informaba en su primera página que había sido transformada en ley de la nación la obligatoriedad de la enseñanza religiosa en las escuelas.[91] A favor de la ley fueron emitidos 86 votos y en contra, 40.

El 15 de marzo, "La Prensa" informaba [92] que Acción Laica Argentina había enviado una nota al presidente de la Nación solicitándole el veto de la ley, que estaba ahora en manos de la

Cámara de Senadores. Decía la nota que la imposición del dogma católico en las escuelas públicas del país, venía a destruir las conquistas alcanzadas durante 60 años por la escuela laica, con la vigencia de la ley 1420 y significaba, entre otros perjuicios, la destrucción de los principios esenciales de la libertad democrática y la igualdad republicana que inspiran y dan forma a nuestras instituciones, así como a las más nobles costumbres del pueblo argentino. Lo más notable de esta publicación, es el hecho de que "La Prensa" le otorgara un espacio claramente a esta posición que, aunque ya decididamente perdida, había sido sostenida por sectores importantes del liberalismo oligárquico.

El 17 de abril de 1947, el Congreso de la Nación sancionó la ley No. 12.978, ratificando el decreto 18.411/43. En el respectivo reglamentario de la ley, se atribuyeron funciones a la Dirección General de Instrucción Religiosa. Debía estar constituída por un Director General, y cuatro vocales de religión católica, designados por el Poder Ejecutivo y un quinto designado entre una terna propuesta por el Episcopado. Los vocales eran ad-honorem y las funciones de la dirección: asesorar al P.E., hacer de lazo con las autoridades eclesiásticas, controlar los programas y elegir los textos. El decreto 7.706 del 15/3/48[93], establece los programas que habían sido presentados por la Dirección General de Instrucción Religiosa y contaban con la aprobación del Episcopado.

Un análisis de los debates producidos en la Cámara de Diputados el 6 y 7/3/47 y el 13/5/55, aportará información para interpretar el proceso de articulación de múltiples elementos ideológicos, políticos y culturales que tiene como momentos culminantes la aprobación de la ley de enseñanza religiosa en 1947 y su supresión en 1955.

Joaquín Díaz de Vivar[94] fue miembro informante por la mayoría peronista en el tratamiento de la homologación del decreto 18.411/43, en 1947. Su fundamentación a favor de la aprobación de la ley consistió en ligar la argentinidad con el hispanismo, el catolicismo y el mundo occidental y establecer un antagonismo entre ese grupo conceptual y la laicidad-descastización. Díaz de Vivar representa una convicción profundamente arraigada en sectores del gobierno peronista. Como se ha visto en los primeros capítulos de este trabajo, tal convicción es constituyente del discurso pedagógico dominante entre los funcionarios de más alto nivel del área educativa.

Existían, sin embargo, otras fundamentaciones, de corte más político y circunstancial, la posición que Ciria considera como parte del "carácter básicamente *reactivo* de muchas políticas del peronismo en el poder"[95]. Ciertamente, el gobierno muestra un interés especial en la aprobación de la ley, que se manifiesta en la concurrencia del presidente Perón al recinto parlamentario para pedir a los diputados el voto favorable, así como en la imposición disciplinaria de dicho voto a todos los diputados peronistas, en caso de que no se alcanzare mayoría, autorizándoseles para actuar en libertad de conciencia solamente en el caso contrario. Ciria refuerza su afirmación, transcribiendo la respuesta del diputado peronista Bustos Fierro, al radical unionista Silvano Santander, Bustos Fierro dice asistir

> "al curioso espectáculo de un hombre desposeído del don sobrenatural de la fe (el propio Bustos Fierro), esté como legislador de la Nación defendiendo la enseñanza del cristianismo y de la religión católica en las escuelas del Estado, y de que otro hombre, también legislador de la Nación (Emilio Ravignani, de la UCR), que acaba de decir estas candentes palabras:'no cederemos a nadie nuestra sinceridad en las creencias católicas', haya en definitiva propugnado un régimen jurídico, mediante el cual la enseñanza pública haya de desenvolverse sin Dios".[96]

La observación de Ciria destruye la explicación simplista de la imposición de la enseñanza religiosa como un simple avance ideológico de los sectores ultramontanos, que tan bien representaba Díaz de Vivar, tanto como la identificación de católicos con opinantes favorables a la enseñanza religiosa.

Fortalece nuestra necesidad de analizar articulaciones específicas en los discursos a favor y en contra de la enseñanza religiosa en diversas oportunidades en la sociedad argentina, antes que de establecer correspondencias que deriven en modelos ideológico-político-culturales. Como bien ha sostenido siempre la argumentación en pro de la enseñanza católica, de Sarmiento en adelante muchos de los laicistas pertenecían a tal credo. Las formas específicas que adquiere el catolicismo en la Argentina, como culto, como creencia, como instrumento de la política, como lazo con la tradición familiar y social, requieren de un especial estudio.

Pittelli [97] subraya la existencia de otro tipo de justificación favorable a la ley, que expone el diputado Montiel. Se trata ahora de la apelación a la presencia del clero en los actos fundadores de la Nación, tales como el proceso del 22 al 25 de mayo de 1810, la redacción de los documentos del 9 de julio de 1816 y entre los constituyentes de 1853- religión y espíritu revolucionario y progresista, no están reñidos según esta argumentación. Comenta Pittelli al respecto:

> "El oficialismo, desde la historia universal o nacional, hace un esfuerzo por insertar en el decurso histórico la religión católica como baluarte de permanente estabilidad para la civilización, como elemento unificador, progresista y pacificador en la vida de los pueblos y en el propio desarrollo de la Argentina, donde el protagonismo de la institución Iglesia y de sus mejores sacerdotes habrían sido pilar fundamental para la construcción de la identidad nacional."[98]

En el mismo sentido serían intervenciones como la del diputado Ayerbe quién, coincidiendo con una afirmación ya citada de "Los Principios", perdona la vida a la ley 1420, sentenciando que, en realidad, su déficit es la exclusión de la obligatoriedad de la enseñanza religiosa en la escuela.

Podemos marcar, con los elementos anteriores, al menos tres posiciones favorables a la ley en discusión: la esencialista pro-hispánica; la liberal católica, y la que busca usar el catolicismo como elemento de integración orgánica de un nuevo bloque histórico.

El concepto *unidad* es un punto nodal de los discursos que justifican la inclusión de la enseñanza religiosa. Un buen ejemplo es la disertación que pronunció el ministro Gache Pirán ante la Cámara de Diputados de la Nación el 14 de marzo de 1947, al debatirse el proyecto de ley del Poder Ejecutivo Nacional sobre continuidad de la enseñanza religiosa en las escuelas públicas. Dijo el ministro:

> (...)" Los dos fundamentales pilares de la opinión que vengo a traer a esta Honorable Cámara: el cumplimiento de un mandato popular (...) y la firme resolución de la que ejecución de la ley se cumplirá (...) con la garantía más

> absoluta de la tolerancia (...) es la necesidad reclamada
> por los argentinos, de mantener su unidad espiritual, la
> que impone la ratificación de este decreto (...) el ciudadano
> que quiere que su hijo aprenda religión logra su
> aspiración, y el que no lo desea es respetado en su
> resolución."[99]

La imposición de la enseñanza religiosa surge así como un
significante cuyo análisis pone nuevamente de relieve, entre
muchos otros factores, la insuficiencia de los elementos políticos coyunturales y de los enunciados liberales y marxistas para
constituir un bloque que trascendiera el período gubernamental
y avanzara hacia la constitución de un movimiento nacionalista
popular de amplios alcances.

En cuanto a la oposición, las intervenciones más relevantes
son las del radical Gabriel Del Mazo y del educador cordobés
Antonio Sobral (UCR), Cipriano Reyes (Partido Laborista),
Raúl Dellepiane (ex militante de FORJA hasta la ruptura de
esa agrupación con la UCR) y Silvano Santander (UCR), entre
otros. El resumen de la réplica de la oposición es el siguiente:

• (Santander) Defensa de la ley 1420, sosteniendo su carácter
democrático y el valor que tuvo la laicidad para la integración
de los inmigrantes europeos. Tal argumento que no aportaba
sino al respeto al pasado, sin superar el problema de la necesidad
de una *amalgama* para la unidad orgánica, problema planteado
desde fines del XIX por cuantos se preocuparon por el tema del
Estado-Nación. Debe recordarse que el liberalismo no tuvo
respuestas plenas a esa cuestión que, en la mayor parte de sus
expresiones teóricas y políticas, lo resolvió utilizando como
amalgama político-cultural la religión o su sustituto, la moral.

• (Dellepiane) Rechazo del catolicismo y del hispanismo como
base de nuestra auténtica cultura, por su carácter de inquisi-
dores; acusación a la Iglesia argentina por su apoyo a la
matanza de Tupac-Amaru.

• (Cipriano Reyes) Defensa de la escuela laica como un espacio
que preserva la autonomía ideológica del movimiento obrero
respecto a la intromisión del Estado-Iglesia. Esta última puede
catequizar dentro o fuera de los templos, pero no en la escuela

pública. Apoyo a la lucha de los docentes por su libertad de
conciencia.

• La intervención de Antonio Sobral [100] es sin duda la que
opone a la iniciativa oficial una argumentación más sólida y una
alternativa referida a la cuestión de la unidad nacional. El
director de famosa experiencia pedagógica de la Escuela Normal Superior de Córdoba[101] rechaza la religión como instrumento político y su carácter de "policía de las ideas", que no
favorece a la cultura. Pensando en la educación de las futuras
generaciones y en el papel unificador que adjudica a la escuela,
advierte que sin el principio de neutralidad religiosa, el aula se
convertirá en un lugar de réprobos y elegidos, y culmina
afirmando: "Escuela que no unifica, desnaturaliza la obra
pacificadora de la educación". En consonancia con ideas pedagógicas que elaboraron Sobral y Taborda, aparece una posibilidad de unidad social como producto del respeto por la diferencia
—y por lo tanto de la articulación de elementos culturales
disímiles— planteo lamentablemente poco frecuente en la Argentina.

El 20 de marzo la dirigencia católica realizó varios actos
festejando la aprobación de la ley y el día de San José. Por la
mañana hubo una misa muy concurrida en la Catedral y en la
tarde se realizó un mitín en la plaza de Mayo, al cual concurrieron
las autoridades civiles, militares y eclesiásticas. Hablaron
María Hortensia Echesortu de Roulelón, el Dr. Juan Casciolo y
el cardenal Antonio Caggiano. Luego, en una columna encabezada por las autoridades, el público se dirigió hacia Plaza San
Martín, para rendir homenaje al Libertador.[102]
Favorecidos doblemente por la ley de enseñanza religiosa y
la ley de subvenciones escolares, el agradecimiento al gobierno
de los docentes católicos parecía infinito en los primeros años
del gobierno peronista. En marzo de 1948 emitieron una declaración a través de la Asamblea Nacional de Docentes Católicos.
A esa reunión concurrieron delegados de las federaciones de
Azul, Bahía Blanca, Córdoba, Entre Ríos, La Plata, Mendoza,
Misiones, Rosario, San Juan, Santiago del Estero y Tucumán,
habiendo adherido Santa Fe y Jujuy y delegaciones diocesanas
a la Confederación Argentina de Maestros y Profesores Católicos. En la declaración, los concurrentes expresan que es

anhelo y fe común del magisterio que representa para gloria de
Dios y para bien de la Patria:

> 1. Presentar un saludo respetuoso y cordial al gobierno
> de la Nación y hacerle llegar su íntimo agradecimiento
> por haber integrado el plan de educativo de la Patria con
> la enseñanza de la religión católica, apostólica y romana,
> que tiene su fundamento en la fe inconmovible de los que
> nos dieron patria; y porque implica el respeto de los
> poderes públicos a la voluntad mayoritaria argentina,
> que quiere para sus hijos la educación integral que
> emana de los dogmas y moral católicos y que le fuera
> arrebatada con las leyes impuestas en 1884;
> 2. Que es firme determinación de esa Confederación
> "prestar su más amplia y decidida colaboración al
> gobernante, en todos los problemas que atañen a la
> formación moral y física del educando y a los que atañen
> al orden social";

La ennumeración que sigue a continuación pone en evidencia
que la aprobación de la ley de enseñanza religiosa no agotó los
conflictos mantenidos entre el gobierno y los docentes católicos;
que los problemas de organización del campo técnico-profesional
ocupaban un lugar muy importante; que los docentes católicos
estaban tanto dispuestos a dar su apoyo al gobierno, como a
exigirle a cambio reivindicaciones gremiales y, finalmente, que
tenían la aspiración a encaramarse en la dirección de la docencia
nacional, de la cual se erigían en voceros. Continúa el documento:

> "3. Que es menester la pronta sanción del Estatuto del
> Magisterio para que los ascensos y los nombramientos
> no se hagan en forma arbitraria, sino en mérito a una
> estricta justicia profesional y de méritos personales,
> "4. Que es deseo fundamental de todo el magisterio del
> país, ya sean docentes nacionales, provinciales o
> particulares, tengan la misma remuneración, sin
> perjuicio de las mejoras que se hagan acreedores los
> educadores que se desempeñan en regiones geográficas
> determinadas;
> "5. Que se sancione una ley de jubilación donde se
> computen todos los años de servicios prestados, ya en el
> orden nacional, provincial, municipal o particular

En artículos siguientes, el documento solicita que se apruebe una ley de jubilaciones civiles, que contemple todas las situaciones de los maestros en actividad, de aquellos que fueron jubilados de oficio, de los que se retiraron por propia voluntad y de los jubilados con anterioridad a un proyecto al respecto, en revisión entonces en el Senado; que se estableciera una escala de sueldos en relación a la función específica del docente y del índice de vida del momento. Finalmente, no puede dejar de destacarse que el documento aplaude la incorporación del latín en los nuevos planes de estudio y que ve con simpatía y "verdadera unción patriótica" —actitud que no durará mucho tiempo— la iniciativa del presidente de la Nación de promover actividades innovadoras de la acción de la escuela destinadas a captar al niño, tales como los clubes, bibliotecas, cinematógrafos, ateneos, cooperadoras, asociación de ex-alumnos, certámenes, etc.

En la reunión de clausura de la Asamblea antes mencionada —que se realizó en el Instituto de Cultura Religiosa Superior en la calle Rodríguez Peña 1062 de la Capital Federal—, informó sobre lo resuelto el Secretario General de la Confederación, prof. José C.A.Di Tomás. Se resolvió que las federaciones provinciales o diocesanas de la Argentina, para hacer real la unidad nacional de la Confederación de Maestros y Profesores Católicos, aprobaran como patronos al Sagrado Corazón de Jesús, a la Santísima Virgen de Luján y a San Juan Bosco. Recomendaron también el uso diario del distintivo propio como manifestación del vínculo profesional, la suscripción del boletín institucional; el uso diario de la oración de consagración y el uso de la nota de inscripción, ficha y carnet propuestos por la comisión central. *Como puede observarse, los rituales del culto católico se articulaban con rituales de institucionalización laica, intentando organizar un discurso capaz de captar al conjunto de la docencia.*[103]

Lubertino Beltrán observa que, con la conquista de la enseñanza religiosa, la Iglesia inicia un cambio de estrategia que en el futuro la impulsará a luchar más por el monto del subsidio estatal para una red educativa propia, que a poner todo su esfuerzo en apropiarse del sistema educativo estatal. Ese proceso estuvo ligado a la ruptura de Perón con el nacionalismo y el consiguiente impulso que tomó el liberalismo católico, que sustentaba posiciones contrarias al monopolio estatal. No obstante, también debe incluirse como factor que interviene en el avance de las posiciones privatistas católicas, el hecho de la ocupación cada vez mayor del espacio educativo por parte del Estado-Partido. Retomando una hipótesis que hemos expuesto en el capítulo anterior, la Iglesia recibe el beneficio de la legalización de la enseñanza de la religión y la participación formal en organismos del sistema educativo estatal, pero al mismo tiempo, el Estado controla sus actividades educativas, le impone normas de relación laboral con los docentes, se entromete en sus escuelas. Creemos que es necesario atender los dos aspectos. Es posible suponer que el clero, a partir de su experiencia con el peronismo, es decir, de vivir aquello que temía Monseñor Fransceschi y más aún los liberales, entendieron que el poder del Estado es demasiado efímero frente al eterno poder de la Iglesia.

Desde entonces la estrategia eclesiástica consistió en utilizar las prebendas del Estado para solventar un sistema educativo propio, sin por ello renunciar a toda perspectiva de dominio de la educación pública.

La crisis de un idilio

Como hemos visto más arriba, en el momento de mayor correspondencia entre el gobierno de Perón y la Iglesia, los docentes avanzaban anteponiendo sus reivindicaciones. Este hecho es importante porque marca ya un principio de dislocación que pone en evidencia el carácter articulatorio y no continuo de la relación entre los distintos sectores componentes del bloque en el poder. Las palabras ya mencionadas de Bustos Fierro en la Cámara de Diputados van en el mismo sentido y adquieren su dimensión completa, si se les agrega las que el mismo diputado pronunciaría años después, cuando en 1955 le tocará estar a cargo de la defensa de la posición contraria, es decir la derogación de la ley de enseñanza religiosa, en nombre del mismo gobierno. Dice Ciria al respecto:

> "Bustos Fierro, uno de los sobrevivientes de 1947, vuelve a intervenir en los debates de 1955. Reitera que la ley 12.978 fue sancionada 'sin ningún compromiso político inmediato, sin ningún problema electoral cercano. Cuestiona las agoreras 'profecías desmentidas' de 1947 sobre una alianza permanente entre la cruz y la espada."[104]

Si bien en este trabajo solamente nos proponemos abrir algunas líneas de investigación sobre el primer gobierno peronista, es necesario penetrar brevemente en el período siguiente para poder comprender algunas tendencias que ya se empiezan a vislumbrar, y analizar en sus justos términos la relación entre Iglesia, Peronismo y Educación. La aprobación de la supresión de la enseñanza religiosa en 1955, por parte da los diputados peronistas, no le resultó tan fácil al gobierno como su ratificación, lo cual habla claramente de la convicción de los dirigentes justicialistas acerca de la intimidad necesaria en las relaciones entre la Iglesia y el Estado. Mignone recuerda que:

> (...)"Era un problema para Méndez San Martín convencer a los diputados. Entonces hacen una presión enorme porque no tenían mayoría para aprobarla con los radicales en contra... entonces algunos no van, hubo una cantidad de diputados que no fueron para no votar, y entonces de allí nombran como opositor del asunto a Joaquín Díaz de Vivar que era un correntino muy vanidoso, , que hace un discurso. Yo saqué un artículo criticándolo; su discurso era totalmente erróneo, porque para mí la justificación de la enseñanza religiosa en las escuelas públicas proviene, desde el punto de vista de la Iglesia, en que los padres para producir una situación de igualdad pidan al Estado que a los hijos se les enseñe religión en las escuelas públicas, es decir que sea una petición de los padres, porque ellos son católicos o ellos son judíos o ellos son protestantes, como ocurre en Holanda, en Bélgica" (...) [105]

En 1955, Bustos Fierro, vocero del gobierno, ataca especialmente la actividad política que la Iglesia desarrolla haciendo una referencia directa al proselitismo demócrata cristiano y subrayando que la ley de 1947 era contraria a que la Iglesia penetrara las organizaciones populares no católicas. Refiriéndose al mismo debate —que por cierto presenta insólitas combinaciones políticas e ideológicas— Ciria menciona al diputado radical Rodolfo Weidman quien defiende la ley 1420, pero critica la resolución del Ministerio de Educación del 16/11/54, que autoriza la actividad de consejeros espirituales en las escuelas, que son colaboradores de la Fundación Eva Perón.

El reclamo de Bustos Fierro declara que existe un terreno en el cual la Iglesia no debió competir. El de Weidman, muestra que el Estado ocupa funciones que son tradicionalmente de la Iglesia. Ambos, que la hipótesis del pacto entre la Iglesia y Perón en 1946-47, si bien no es muy probable como hecho circunstancial, no es suficiente como explicación estructural de las relaciones entre ambos. Agregaremos otros factores disonantes con la idea de una complementación profunda entre el peronismo y el catolicismo militante desde el 46, idea desde la cual no se consigue explicar el derrumbe del gobierno, si no es recurriendo a teorías sobre el narcisismo del líder o la muerte de Evita, factores sin duda presentes, pero subordinados a otros mucho más significativos. Los elementos que queremos agregar al análisis son los siguientes:

• hemos sostenido anteriormente, que la docencia argentina era en su mayoría católica, al igual que el conjunto de la comunidad educativa; en ese sentido, es interesante el testimonio de Mignone, en relación a la elección de los docentes:

> (...)" En la primaria enseñaban (religión) los maestros que querían, los maestros que no querían, no enseñaban, de acuerdo con su propia desición personal. Pero entre maestras mujeres de clase media de la provincia de Buenos Aires, el 80% enseñaba religión, sin mayor problema. En las secundarias había profesores, dependía de los profesores pero, sólo en lugares más politizados que podían estar en el centro de Buenos Aires o en los barrios judíos en donde había una gran cantidad de alumnado que debía salir de las aulas en la hora de religión, se creaba una imagen de división."[106]

• al mismo tiempo es necesario diferenciar entre creencia católica, la profesión del culto y la militancia en las organizaciones civiles de la Iglesia;
• sin embargo, es nuestra hipótesis [107] que muchos maestros y profesores incluían enunciados del discurso católico en el discurso en la clase, mediante palabras, invocaciones, uso de símbolos o alusiones directas a la Doctrina Cristiana. En otras palabras, *el catolicismo nunca dejó de formar parte del discurso normalista,* aunque formalmente, solamente se pudiera enseñar fuera de las horas de clase, durante la vigencia de la ley 1420;
• la ley de 1947 y su reglamentación posterior, tienen una doble función:

—le dan un espacio formal a la Iglesia dentro del sistema
educativo y por lo tanto mayores posibilidades de transitar
legalmente por los pasillos ministeriales y las escuelas, sobre
los cuales, repetimos, jamás dejó de ejercer una influencia
ideológica importante;

—limitan el espacio de la enseñanza de la religión o moral a dos
horas semanales, lo mismo que gimnasia y música, otorgan al
Estado el monopolio del nombramiento de los docentes que
enseñaran religión; aunque estos fueren necesariamente
aprobados y propuestos por el clero, se imponía una negociación;
cabe, por lo tanto, preguntarse ¿ es la legalización necesariamente
la conquista de un mayor espacio de poder o es la construcción
de nuevas reglas para la lucha política entre los poderes
públicos y la Iglesia ?

Al mismo tiempo, un discurso insólito, novedoso, tan aterra-
dor para liberales como para católicos, empieza a ocupar cada
vez más espacio en los discursos escolares. El lugar que habitan
los enunciados nacionalistas populares, estatistas-peronistas,
no es cualquiera, sino precisamente el de la ritualización tan
disputada entre liberales normalistas y católicos. La presencia
de imágenes de Perón y Evita en las paredes de las escuelas, en
los libros de texto, en los dibujos de los cuadernos; de proclamas,
poemas, homenajes y el sentimiento de devoción dirigido hacia
los líderes del Movimiento Peronista, amenazaban con desplazar
a sus semejantes del discurso católico, que habían ocupado un
mayor espacio en la escuela, desde la *Década Infame*.

Los enunciados estatistas-peronistas realizaban una operación aún más irritativa para católicos y liberales: el peronismo
escolar no era revisionista y rendía homenaje a Sarmiento y
Mitre colocándolos a la misma altura que a Perón y a Evita, a
quienes tal compañía legitimaba. San Martín, en el Año del
Libertador (1950), cobijaría a todos bajo la sombra de su
indisputada figura. En ese juego de imágenes en el cual la
dirigencia de un nuevo bloque histórico intentaba atrapar la
historia y subordinarla, el poder eclesiástico perdía terreno.

A partir del Congreso de Filosofía de 1949, Perón fue muy
claro: había terminado el tiempo de resolver los problemas
inmediatos y era necesario trabajar ahora para crear una
organización que trascendiera a los hombres, terminar de
difundir la doctrina que identificaba la experiencia argentina,
y construir una filosofía que pusiera un basamento cultural y

diera trascendencia al nuevo Movimiento. La organización seria el vehículo para la transmisión de la doctrina, pero la filosofía debían construirla los filósofos: acerca de las limitaciones del pensamiento moderno (del marxismo y del liberalismo argentinos; del fascismo derrotado, del vetusto recurso de la latinidad y la hispanidad) para proporcionarle al peronismo conceptos fundantes, nos hemos extendido en capítulos anteriores. Pero el peronismo pondría también en marcha los canales orgánicos, el nuevo sistema circulatorio de la Doctrina, los nuevos mecanismos de relación entre el Estado y la sociedad civil. Perón había postergado su lanzamiento hasta el Segundo Plan Quinquenal y, efectivamente, a partir de ese programa se profundizó la organización de instancias político-educacionales que funcionarían como espacio de combinación entre el Estado, el Partido Peronista y sectores de la sociedad civil.

Juan Balduzzi [108], para quien también la estrategia peronista tiene como punto nodal la unidad, sostiene que la armonía de la fuerzas productoras debía ser el resultado de dos tácticas: una político-social y otra político-pedagógica. La primera consistiría en un programa social redistributivo, de justicia social; la segunda se expresaba como una intensa obra de divulgación por parte del Estado, "encaminada a infundir en la conciencia del pueblo argentino el convencimiento de que a nadie le es lícito eludir los expresados deberes" (sociales). Balduzzi se refiere en su trabajo a la tarea político-educacional llevada a cabo a través de la Secretaría de Trabajo y Previsión, que ya hemos examinado en el capítulo anterior, investigando la relación entre educación y trabajo.

Según Norma Michi [109], Perón eligió combinar mecanismos estatales y partidarios en la penetración de áreas de menor resistencia del aparato burocrático, por ser los programas educativos extra-escolares recientemente creados (en medios de comunicación y deportes), ya que en ellos el peronismo tenía una posición francamente hegemónica.

De especial importancia para las relaciones con la Iglesia fueron este tipo de acciones educativas masivas, algunas de ellas paralelas al sistema educativo tradicional y otras que lo comprometían seriamente. Rubén Cucuzza ennumera las siguientes:

"a) accionar barrial de las unidades básicas;
b) promoción de escuelas sindicales y partidarias;

c) accionar de la Fundación Eva Perón;
d) actos de masas;
e) utilización de medios de comunicación de masas;
f) difusión del deporte;
g) organización sindical del estudiantado;
h) utilización de consignas breves del tipo refranero popular   en las acciones de propaganda;
i) creación de símbolos de identidad (escudo, marchas, monumentos, afiches, medallas, etc.);
j) creación de categorías conceptuales (descamisados; cebollitas; líder; conductor; abanderada de los humildes; etc.)"[110]

Tomando los ítems centrales de la anterior ennumeración, ubicaremos a las unidades básicas (UB) en el sistema político-pedagógico partidario, comenzado a crear en 1950 y compuesto por la Escuela Superior Peronista, la Escuela Peronista Regional o provincial y finalmente las propias UB. De acuerdo al citado trabajo de Michi, Perón pretendía que las UB fueran verdaderos centros de inculcación de modos de comportamiento y de comprensión de la realidad, de normas y valores políticos y morales, de costumbres de la vida cotidiana. Las mujeres, los hombres, los viejos, los jóvenes, en fin, la familia argentina, debía aprender en el sistema político-pedagógico del Estado-Partido. Para ello, harían falta conferencistas capaces de atraer a todos ellos.[111]

Las funciones que Perón atribuye a las UB dejan abiertas dos cuestiones: la primera es la clara superposición entre un terreno que la Iglesia considera propio —aún más propio que el espacio escolar—; la segunda, la necesidad que crea el programa propuesto por el Estado-Partido, de contar con educadores capaces de responderle. Ellos no podían ser adherentes a la Iglesia ni al normalismo y nos encontramos frente a una cuestión fundamental que no ha sido estudiada: la proveniencia, la capacitación previa, las razones de la adhesión peronista, de quienes ocuparon esos lugares. Tanto en las UB, y las Escuelas Superior y Provinciales, como en los cursos realizados en los sindicatos, circuló un tipo de intelectuales que es necesario caracterizar. Su influencia en la conformación político-cultural del sindicalismo peronista y de la masa peronista en general, fue muy importante. Sin contar aún con la investigación suficiente como para proponer algo más que algunas hipótesis preliminares, sospechamos que una de las variables que componía el perfil de muchos de aquellos educadores, era pertenecer a sectores populares, haberse graduado en circuitos de menor calificación en el sistema educativo, tales como los institutos terciarios de formación de profesores, en universidades del interior, o bien ser autodidactas. Tenían también un lugar importante los nacionalistas y los diversos grupos católicos, lugar que variaba de acuerdo a sus relaciones con Perón, pues en este espacio estaban subordinados a la hegemonía del Estado-Partido.

Circulaban también algunos filósofos existencialistas, discípulos o seguidores de Carlos Astrada y socialistas convertidos al peronismo, con menor éxito.

En cuanto al problema anterior, es decir la superposición de las zonas sociales que el peronismo penetraba y las que la Iglesia consideraba propias, el escándalo de la Unión de Estudiantes Secundarios es probablemente el significante más destacado. En un trabajo de Mariana Alonso Bra [112], se sostiene que

> "Si bien la ética –en diferentes y múltiples sentidos–, recorre fuertemente todos los discursos de la época (ética cristiana - ética peronista - ética liberal - ética católica - ética justicialista), pareciera encontrar en la UES un lugar privilegiado, donde lo ético se extrema en moralismo; la UES se transforma en sinónimo de inmoralidad y desviación de la juventud." [113]

La autora mencionada critica la interpretación de Peter Waldman [114], quien sostiene la siguiente teoría. Una crisis de moralidad habría caracterizado el último gobierno peronista. La estrategia política dominante se habría reducido a consolidar estructuras que permitieran a Perón permanecer en el poder. Parte de esa estrategia sería la provocación de un trastocamiento de valores, como maniobra de distracción. Waldman se refiere directamente a la ley de divorcio, a la legalización de la prostitución y el ataque a la enseñanza religiosa. Aunque no menciona explícitamente a la UES, la organización queda dentro de ese marco. Alonso Bra responde a la argumentación, sin lugar a dudas deficiente, de Waldman, de la siguiente manera:

> "Resulta difícil reducir a una 'estrategia de distracción'
> 'provocada' por Perón la lectura moral que desde
> diferentes sectores sociales se hace del peronismo en
> general y de la que participa la UES. Un intento de
> respuesta, quizá más fértil, sería ubicar al interior de los
> discursos, peronistas-antiperonistas, los diferentes
> contenidos y sentidos, que van definiendo lo 'moral-
> inmoral', en el marco de la lucha por la hegemonía
> política, político-cultural y política-pedagógica."[115]

Sostiene luego la autora que la ética cristiana tiene centralidad en el discurso peronista, especialmente en enunciados
tales como la justicia social y distributiva, los deberes sociales
y la unidad. Esta última afirmación de la autora tiene validez
en relación la política social del peronismo. En todo caso, la
UES, así como las actividades deportivas como los "Campeonatos
Evita", la construcción de la "Ciudad Infantil", en la instalación
en el expropiado predio de la familia Pereyra Iraola, del "Parque
de la Ancianidad", festivales populares y muchas otras, no eran
nuevas en el país. Lo novedoso consistía en su magnitud, en su
carácter oficial, en que ya no era el cura del barrio Lorenzo
Massa, quién arremangándose la sotana organizaba un equipo
de fútbol (y fundaba así San Lorenzo de Almagro), el que
auspiciaba actividades para las mujeres de todas la edades de
la diócesis, sino que los festivales parroquiales corrían peligro
de quedar algo deslucidos frente a la magnitud de las actividades
realizadas por el Estado-Partido a través del aparato oficial. La
relación entre Perón y la juventud, a través de la Unión de
Estudiantes Secundarios, no se contradecía con la trama
ideológica del social-cristianismo, pero ni era ese un factor de
mayor peso: lo determinante para que la Iglesia rompiera con
Perón fue que su hegemonía en la sociedad civil argentina se vio
seriamente amenazada. Alonso Bra transcribe la siguiente
opinión del evangélico Santiago Cauclini:

> "Existe cierta dificultad en definir los motivos reales (de
> la ruptura con la Iglesia), aunque es evidente que, en
> gran parte, Perón se sintió molesto porque la Iglesia
> comenzó a mostrar su disgusto cuando el régimen quiso
> apoderarse de la niñez y de la juventud, de tal manera
> que *la alejaba de la Iglesia*, por sus *métodos o principios
> morales puestos en juego* (...). Debo confesar que nosotros
> los evangélicos también sentimos los efectos de la

> *desviación de la niñez de las iglesias a los clubes*
> *deportivos.(...)* que llegó a extremos inadmisibles para
> cualquier iglesia cristiana, por la *ruptura de normas*
> *morales a que dió lugar."*[116]

La Unión de Estudiantes Secundarios se creó en 1952, siendo
ministro de educación Armando Méndez San Martín. Aunque
existieran presiones políticas para asociar a los jóvenes a la
organización, la afiliación no fue obligatoria. Pese a ello, en
1953, la UES contaba con 25.000 afiliados y concurrían a sus
campos deportivos decenas de miles de estudiantes de las escuelas
secundarias. La vinculación de la UES con las escuelas provocó
la resistencia de los docentes y directivos. Detrás del resguardo
de la moralidad de sus alumnos, aparecía nuevamente el gesto
ya ritual de resguardo del poder normalista en su campo
técnico-profesional. Si la lucha por la autonomía relativa y la
elección democrática de las autoridades del Consejo Nacional
de Educación, por la creación de un Consejo Nacional de
Educación Secundaria, por el Estatuto del Docente y el apoyo a
la autonomía universitarias, eran rasgos democráticos del
movimiento docente, ahora se trataba de una reacción corporativa. Sin negar los excesos del personalismo peronista ni el
rechazo que producía el autoritarismo (implicado en la política
hegemónica que intentaba la imposición de las reglas de un
Estado moderno), la intromisión de la política del Estado-
Partido molestaba a los docentes por sus expresiones cotidianas: la introducción de las actividades extra-escolares en horarios
escolares sin previa consulta, la aparición de sistemas de
jerarquías distintos al escolar que se combinaban con él y
adquirían poderes propios, como por ejemplo la escala *afiliado,*
delegado de curso, delegado general de escuela. Alonso Bra
transcribe la siguiente cita:

> "La UES fue una organización que perturbó
> profundamente la escuela. Sus autoridades y delegados
> en los colegios toda vez que no encontraron una decidida
> y enérgica actitud de las autoridades escolares,
> impusieron criterios, transgredieron normas y
> reglamentos (...) Generalmente se consideraban una
> autoridad más dentro de la escuela, tomándose
> atribuciones y tratando de eludir deberes.(...) los
> educadores, sufrieron durante todo el período de la

> dictadura evidente desmedro, falta de consideración y
> desautorizaciones repetidas, lo que significó considerable
> mengua de su dignidad y prestigio ante los jóvenes (...)
> De ellos resultó una insólita inversión de las jerarquías
> y una singular y totalmente anormal relación entre
> maestro y alumno."[117]

Según ha investigado Alonso Bra, la UES estaba prevista
como una institución del Estado con un importante grado de
autonomía respecto al gobierno, de acuerdo a su Estatuto
Provisorio de 1952. Sus órganos eran una Asamblea General,
con capacidad para elegir autoridades de la Comisión Directiva;
una Asamblea Constituyente, convocable por la 4/5 partes de
los afiliados que debería tratar la organización definitiva de la
institución. Alonso Bra señala la existencia de tensiones entre
los estudiantes y el gobierno representado por el equipo de
Méndez San Martín, en el proceso de organización definitiva de
la UES, que queda frustrado. Si bien en los años que restan al
peronismo en el poder, en la UES primará la elección de los
delegados y autoridades con criterios verticalistas partidarios,
es necesario analizarla desde otro punto de vista. Como bien
señala Alonso Bra, la creación de la UES posibilita el reconocimiento de un nuevo sujeto: el estudiante secundario. En otro
tomo de esta serie [118], Rafael Gagliano ha explicado que a fines
de los 30' se termina de consolidar un proceso de anterior
gestación que tuvo a la juventud como su víctima propiciatoria
del pensamiento oficial. Las administraciones de Uriburu,
Justo y Fresco alentaron la constitución de legiones cívicas y
ligas nacionalistas con las cuales intentaron penetrar la vida
civil.   El nacionalismo católico, como hemos visto ideología
dominante en la Iglesia en la época, no era ajeno a esta
estrategia. Repetimos un dato proporcionado por Gagliano:
solamente la Legión Cívica Argentina llegó a tener 50.000
miembros en la Capital Federal y 150.000 en el resto del país.
La contracara de este proceso de sujetamiento de la juventud
era, siguiendo el análisis de Gagliano, su imagen delictiva, la
identificación que encuentra en el penalista y Ministro de
Justicia e Instrucción Pública (1938-1940) del presidente Roberto M. Ortiz, Jorge Coll, funcionario al cual ya nos hemos
referido. Para Coll, el adolescente era un delincuente potencial.
El funcionario recibió el apoyo del magisterio nacional porque
era un docente de carrera. En tanto los docentes defendían a

capa y espada sus espacios de autonomía —el Consejo Nacional de Educación y las universidades—, la idea de una organización autónoma de la juventud, vinculada con el Estado de manera semejante, provocaba su rechazo. Nuestra hipótesis es que la UES no fue simplemente un instrumento del gobierno, más allá de algunos intereses menores siempre presentes, sino un intento de responder con espacios culturales y educativos modernos a las demandas de las capas jóvenes, al mismo tiempo que un intento de incorporar sus voluntades a la política hegemónica.

Ni corrupta, ni delincuente, la juventud ocupaba en la idea de la UES un lugar que es necesario estudiar como significante de un complejo proceso de modernización y ascenso no solamente de los sectores tradicionalmente llamados *populares*, sino de otros cortes sociales, tales como los jóvenes, las mujeres y los *cabecitas negras*. El análisis de la luchas generacionales y genéricas, debe combinarse con el examen de las luchas entre clases y el enorme espectro de distinciones socio-culturales que son constitutivas de la sociedad argentina.

Citas y Notas

1. Parera, Ricardo Gregorio, *Democracia Cristiana en la Argentina, los hechos y las ideas,* Editorial Nahuel, Buenos Aires, agosto 1967, pag.47.
2. Gandolfo, Mercedes, *La Iglesia factor de poder en la Argentina,* (prólogo de Luis Franco), Ediciones Nuestro Tiempo, Montevideo, 1969, p.115.
3. Canton, Darío; Moreno, José L. y Ciria, Alberto, HISTORIA ARGENTINA, (volumen 6), *La democracia constitucional y su crisis,* Paidós, Buenos Aires, 1980, pp.176-177.
4. Gustavo Martínez Zubiría, nació en Córdoba en 1883. Se graduó en la facultad de derecho y ciencias sociales de Santa Fe en 1907 y desempeño una cátedra en esa facultad; fue diputado nacional; interventor nacional en la provincia de Catamarca (1941); ministro de justicia e instrucción publica de la nación (1943-44), en cuya oportunidad logro la implantación de la enseñanza religiosa en las escuelas. Fue presidente de la Comisión de Prensa del Congreso Eucarístico de 1934, de la Comisión nacional de cultura y director de la biblioteca nacional

(1931-55). Bajo el seudónimo de Higo Wast tuvo una amplia producción literaria. Fue nombrado ministro de Educación el 14 de octubre de 1943.
5. Comisión de Estudio de la Sociedad Argentina de Defensa de la Tradición, Familia y Propiedad,(Cosme Beccar Varela (h), Carlos F. Ibarguren (h), Miguel Beccar Varela, Ernesto P. Burini), *El Nacionalismo,una incógnita en constante evolución,* Ediciones Tradición, Familia y Propiedad, Buenos Aires, 2da. edición, agosto de 1970, p.41.
6. Oviedo, Víctor,*La revolución en la Iglesia,* Punto Crítico, Buenos Aires, 1971, p. 18.
7. La Acción Católica, definida como "la organización del laicado en el apostolado jerárquico de la Iglesia", tuvo un amplio desarrollo luego de su creación siguiendo el modelo implantado en Italia por el Vaticano y desarrollado en muchos países con el mismo criterio. Aunque defendiendo las tesis tradicionalistas de la Iglesia, su constitución misma implicaba el reconocimiento de los tiempos modernos: el laicado asumía un papel participativo que no dejaría de crecer, singularmente luego del Concilio Vaticano II en la década del 60. La Acción Católica Argentina (ACA), estaba organizada de acuerdo a un principio territorial, a partir de las diócesis y arquidiócesis. En ellas, regía una clara división genérica y generacional. Cuatro ramas (de Hombres, de Mujeres, de los Jóvenes y de las Jóvenes), tenían como base la parroquia. De allí crecían a las mencionadas diócesis y luego la organización nacional. El Obispo o Arzobispo, designaba un asesor (sacerdote), la Conferencia de Obispos al asesor nacional. En el Consejo Diocesano se designaba al asesor de cada centro (parroquial). Estos sacerdotes designaban de manera directa o indirecta a las autoridades laicas, con lo que su autonomía quedaba drásticamente reducida. Una quinta rama, de los Profesionales (Asociación de Profesionales de la Acción Católica -APAC- que incluía a los efectivamente en ejercicio de las profesiones liberales, estudiantes universitarios y los secundarios, fue creada posteriormente al influjo de la experiencia francesa de *especialización*.
La ACA " cobrará gran auge en la década siguiente (la de los '30) y primeros de la posterior; de unos ochenta mil socios cotizantes en 1940 pasa a noventa y ocho mil en 1943, además de otros varios miles de adherentes, según constancias de la propia institución (...)En sus filas se formarán muchos jóvenes que ingresan en la política 'grande' después de 1943 " (en Canton, Darío; Moreno, José Luis; Ciria, Alberto, *HISTORIA ARGENTINA,La democracia constitucional y su crisis,* Paidós, Buenos Aires, 1980, p.177.
8. Barbero, María Inés y Devoto, Francisco,*Los nacionalistas,* Centro Editor de América Latina,(Biblioteca Política Argentina ,9), Buenos Aires, 1983, pp.10-11.

9. El Partido Demócrata Cristiano (PDC), la Liga de Estudiantes Humanistas (LEH), —ésta sustantivamente en la Universidad de Buenos Aires y las diversas ramas de la Acción Católica Argentina (ACA), van a vincularse y entremezclarse en el desarrollo de su actividad en los finales de los años '40 y los '50. Muchos de sus militantes desempeñarán ese rol en las tres o dos de esas instituciones, las que no perderán empero su independencia y perfil propio. Los demo-cristianos, en verdad, tuvieron mucho cuidado en no confundir su organización con la ACA y ésta fue subrayando, sobre todo desde mediados de los '50 su rol pastoral.

Esta línea de acción fue muy clara también para los nacionalistas quienes tuvieron que aceptar esta línea apostólica, pastoral de la ACA. Pero incluso,la relación entre el PDC y la LEH mantuvo una indepencia que iba a sentar la base, a finales de los y sobre todo en los '60 de una perspectiva progresista cristiana que desembocaría mayoritariamente en las diversas ramas del peronismo, sobre todo en sus sectores radicalizados, pero también en la *nueva izquierda* marxista.

10. Parera, op. cit.,p.48.

11. En Gandolfo, op.cit.,p.120.

12. La nómina de integrantes de la directiva de Cursos de Cultura Católica, presidida por monseñor Tomás Solari,secretario general del arzobispado de Buenos Aires, incluía en 1922, como comisionados — entre otros— a : Mario Amadeo, Ignacio B. Anzoátegui, Santiago de Estrada, Héctor A. Llambías, Leopoldo Marechal, Jorge Mayol, Samuel W. Medrano, Manuel V. Ordoñez,y César E. Pico. En su cuerpo docente destacaban los sacerdotes Octavio Nicolás Derisi, Gustavo Franceschi, Manuel Moledo, Juan Sepich y los laicos Nimio de Anquín y Francisco Vallsechi.

13. Gustavo Franceschi (1881-1957) fue el director de *Criterio*,la revista católica de mayor influencia en el período considerado.
Fue prelado doméstico del Papa Pío XII, miembro fundador de la Academia Argentina de Letras, profesor de Sociología en el Seminario Conciliar de Buenos Aires. Entre sus obras figuran:
Totalitarismos (I y II), Comunismo, Nacionalsocialismo y Fascismo; El Pontificado Romano; Visión Espiritual de la Guerra; Para el Tiempo Presente; Los manantiales de nuestra fe; La alocución de Pío XII sobre la democracia; La Democracia y la Iglesia; Democracia Cristiana. Fue también director del Museo Oceanográfico de Mar del Plata.

14. Ciria, Alberto, *Partidos y poder en la Argentina Moderna (1930-1946),* Ediciones de la flor, Buenos Aires, 3ra. edición definitiva, junio de 1975, p.219.

15. ibidem, p.229.

16. Parera, op. cit., p.57.

17. El jurista Ambrosio Romero Carranza, uno de los fundadores de la Democracia Cristiana, hará la apología de De Andrea, señalando que

combatió contra el anarquismo, el comunismo,el fascismo y el nazismo y también contra el "totalitarismo" peronista. (Citado por Ciria, op. cit., p.237).

18. Sin embargo, Maritain recibirá fuertes críticas de los sectores nacionalistas. Será el propio César Pico, animador de los Cursos de Cultura Católica quién en 1937 le enviará una carta pública al filósofo francés cuestionando ciertas tesis de filosofía política. Y también escriben en su contra Gregorio Maldonado y tradicionalista Julio Menvielle. Rafael Pividal y Manuel Ordoñez defienden a Maritain. (En Parera, op. cit., p.71).

19. Parera, op. cit., p. 51.

20. Ibidem, p.50.

21. Ibidem, p.51.

22. Ibidem, p.50. Este texto fue firmado por un numerosos y calificado conjunto de intelectuales cristianos franceses: entre Etienne Gilson, Gabriel Marcel (expresión del existencialismo católico), Olivier Lacombe, Jean Lacroix, Emmanuel Mounier (líder del movimiento personalista) y Maurice Vaussard, entre otros.

23. Ibidem, pag.52.

24. Ibidem, p.54 .

25. Comisión de Estudio de la Sociedad Argentina de Defensa de la Tradición, Familia y Propiedad, Beccar Varela, Cosme et al, *El nacionalismo,una incógnita en constante evolución,* Colección Tradición, Familia y Propiedad, Buenos Aires, 1970, p. 46.

26. Gustavo Martínez Zuviría fue nombrado ministro de Justicia e Instrucción Pública; Jordán Bruno Genta fue interventor en la Universidad Nacional del Litoral; Federico Ibarguren, comisionado municipal en Tucumán; Mario Amadeo, Director de Política del Ministerio de Relaciones Exteriores; Héctor A. Llambías, interventor en la Facultad de Filosofía y Letras de la Universidad Nacional de Mendoza; Alberto Baldrich, interventor federal en Tucumán; Bonifacio del Carril, secretario del Ministerio del Interior, general Luis César Perlinger; José Ignacio Olmedo, fue interventor del Consejo Nacional de Educación; Tomás Casares, interventor en la Universidad Nacional de Buenos Aires; Leopoldo Marechal,director general de Cultura del Ministerio de Justicia e Instrucción Pública. Ocuparon cargos diversos en distintas provincias: Alfredo Villegas Oromí y Máximo Etchecopar (Salta); Adolfo Silenzi de Stagni, Héctor Bernardo y Ramón Doll (Tucumán).(Citado en Comisión de Estudio de la Sociedad Argentina de Defensa de la Tradición, Familia y Propiedad, op.cit.)

27. Parera, op. cit., p.54.

28. Ibidem, p. 59.

29. Ibidem, pp 59-60 .

30. *Declaración por la Justicia Civil,* en Parera, op. cit., pp.60-62.

31. La *Declaración por la Justicia Social,* se debió a la redacción de

Augusto J. Durelli, doctor en Ciencias Políticas egresado de la Universidad Católica de París, colaborador de la revista *Sur,* autor de libros como *El nacionalismo frente al cristianismo, Liberation de la liberte, Del universo de la universidad al universo del hombre.*
32. Ibidem, pp.64-65.
33. Los primeros distanciamientos de los nacionalistas con Perón se comienzan a producir cuando se produce la forzada ruptura de relaciones con el Eje y la posterior declaración tardía de guerra a Alemania y al Japón el 27 de marzo de 1945. Varios prominentes nacionalistas reaccionaron agriamente contra la medida : Mario Amadeo renunció a su cargo de secretario de la embajada argentina en Chile; Federico Ibarguren ,interventor federal en Tucumán mandó colocar la bandera a media asta y Santiago de Estrada, clausuró las puertas de la Universidad Nacional.
34. Andrea, Miguel de ,Mons.,*Libertad Sindical* (Discurso pronunciado en la concentración realizada el "Día de la Enfermera" el 21 de noviembre de 1945), Editorial Difusión, Buenos Aires, 3 de diciembre de 1945.
35. "Tenía yo la completa convicción de que Perón iba a ganar, convicción que prácticamente nadie compartía, a excepción de Hinkson, el sagaz corresponsal de "Times" y el siempre bien informado Nuncio Papal, monseñor Fietta". Kelly, Sir David, *El poder detrás del trono,* Editorial Coyoacán, Buenos Aires, 1962, p.73.
36. Page, op. cit., p.273.
37. Criterio (Editorial, Gustavo Franceschi), Buenos Aires, edición del 30 de enero de 1947.
38. La enumeración de obras realizadas por la "Fundación Eva Perón" que se consigna a continuación (extraída de Ferioli, Néstor, *La Fundación Eva Perón,* Centro Editor de América Latina- Biblioteca Política Argentina (293), Buenos Aires, 1990, anexo 1, pp. 59-62), ilustra abrumadoramente acerca de la eficacia de la política social justicialista : Obras y Actividades de la "Fundación Eva Perón"
1947.Primer contingente de niños parte el 16 de enero de vacaciones a la Colonia de Embalse Río Tercero (Córdoba).
1948. Inauguración del club escolar de Villa Lugano (Cap. Fed.); Escuela N°. 37 de Monte Chingolo (Prov. de Buenos Aires);Hogar de Tránsito N°.1 "Evita" en Carlos Calvo 102 (Cap. Fed.);Sala 3ra. de Pediatría del Hospital Penna; donación de libros a la biblioteca de la Confederación General del Trabajo; donación de instrumental al Hospital Durand (Cap. Fed.); hogar de tránsito N°.2 en Lafinur 2988(Cap. Fed.); hogar de tránsito N°.3 en Austria 2561 (Cap.Fed.); hogar de ancianos "Coronel Perón", en Burzaco,Prov. de Buenos Aires; hogar-escuela "Evita" en Tucumán.
1949. Primer campeonato infantil de fútbol "Evita"; complejo de viviendas en Santiago del Estero; complejo de viviendas en Resistencia

(Chaco); ciudad infantil "Amanda Allen" en Cap. Fed.; donación del patio y un mástil a la Escuela "Florencio Balcarce" de la provincia de Buenos Aires; complejo de viviendas "Juan Perón" en el barrio de Saavedra en la Cap. Fed.; hogar de la empleada "José de San Martín", en Avda. de Mayo 869, Cap. Fed.

*1950.*Hogar Escuela "Evita" de Recuperación, en Termas de Reyes,Jujuy; Hogar Escuela "Coronel Mercante" en la ciudad de Jujuy ;hogar escuela " 17 de octubre" en Catamarca; policlínico para niños " Presidente Perón" en Catamarca; primeras pensiones a la vejez; inauguración de la Escuela de Enfermeras; inauguración del nuevo edificio de la CGT en Azopardo e Independencia (Cap. Fed.); concesión del Hotel Internacional de Ezeiza, Prov. de Bs. As.; pabellón modelo para enfermos infecciosos de Haedo (Prov. de Bs. As.); hogar escuela "Presidente Perón" en Corrientes; hogar escuela "Presidente Perón" en Salta; 150 escuelas del Plan Mil Escuelas.

*1951.*Policlínico "Presidente Perón", Avellaneda (Bs.As.); inauguración de las primeras proveedurías en Cap. Fed.; primera partida del tren sanitario "Eva Perón"; ciudad estudiantil "Presidente Perón" en Cap. Fed.; policlínico regional de Jujuy.

*1952.*Plan agrario "Eva Perón" ; complejo de viviendas " 1 de marzo", en Saavedra (Cap.Fed.);policlínico "Evita",Lanús (Bs.As.); hospital de clínica y cirugía torácica en Ramos Mejía (Bs Resistencia (Chaco); hogar escuela "Fundación Eva Perón", Neuquén; hogar escuela " 22 de agosto", Mercedes (San Luis); hogar de ancianos en Santa Fé .
39. En Page, op.cit., p.276 .
40. Halperín Donghi, Tulio,*Historia Argentina. La democracia de masas,* Paidós, Buenos Aires, setiembre 1972, p.66 . Es también coincidente la observación de Joseph Page quien afirma, en su biografía de Perón, que la audiencia con Pío XII produjo en Evita "la más grande desilusión de su viaje " por Europa.
41. en Cichero, Marta, *Cartas peligrosas,* Planeta Espejo de la Argentina, Buenos Aires, 1992, pp. 48-50.
42. Juan T. Lewis, doctor en Medicina, profesor y director del Instituto de Fisiología de la Facultad de Medicina de la Universidad Nacional del Litoral; miembro honorario de la Academia de Medicina. Escribió numerosos trabajos de la especialidad, singularmente el *Tratado de Fisiología Humana,* escrito en colaboración con Bernardo Houssay. Activista en la promoción y fundación de la DC como partido político fue convencional constituyente nacional en 1957.(En PARERA, op. cit., p.80).
43. En Ghirardi, Enrique, *La Democracia Cristiana*, Centro Editor de América Latina- Biblioteca Política Argentina (5), Buenos Aires, 1983, p.87.
44. Halperín Donghi, Tulio, op. cit., pp. 80-81.
45. En Cichero, Marta, op. cit., p.52.

46. Lonardi, Marta, *La revolución del 55 y mi padre,* Buenos Aires, Ediciones Cuenca del Plata, 1980, pp.43-44.

47. Ibidem, p.40.

48. "El servicio de espionaje del ministerio de Educación, que entonces apenas era conocido, comenzó a desarrollar una actividad intensa: se tomaron teléfonos de prelados, de sacerdotes y funcionarios públicos; se estableció vigilancia a los mismos; se apostaron espías en las curias y oficinas oficiales que tuvieran alguna relación con el culto; se distribuyeron observadores en los colegios religiosos para que delataran cuanto pudiera ser equívocamente interpretado".(en Marsal S., Pablo, *Perón y la Iglesia,* Ediciones Rex, Buenos Aires, 1955, p.35.

49. Ibidem, p.41.

50. Declaración del Episcopado Católico Argentino del 13 de julio de 1955, en Furlong, Guillermo, SJ, *La Tradición Religiosa en la Escuela Argentina,* Ediciones Theoría, Buenos Aires, 1957, pp.116-117.

51. AP,SC.*op cit*

52. Elbio C. Anaya fue militar y con el grado de coronel fue uno de los represores de los huelguistas llamados "Bandoleros" de la Patagonia y adjuntos del teniente coronel Varela.(Libertino Beltrán María J. *Perón y la Iglesia(1943-1955).* CEAL. Bs.As. 1987

53. Según el testimonio de Emilio Fermín Mignone(AP,SC *op cit*), Martínez Zubiría " había sido el fundador del Partido Demócrata Progresista junto con Lisandro de la Torre. Desde esa línea él ya había publicado sus famosos libros "El Kahal" y "El Oro" esas dos novelas antisemitas y era un hombre que vivía así muy introvertido, muy aislado, se pasaba la vida escribiendo novelas, best-seller espectaculares, de doscientos mil ejemplares. La más famosa es "Flor de Durazno", salió como folletín, fue película y eran millones de ejemplares y él escribía. Uriburu lo nombró en la dirección de la biblioteca nacional. Se instaló con sus doce hijos en el edificio de la biblioteca, el director vivía allí. Fue evolucionando hacia una línea cada vez más fácil, más reaccionaria y desde el punto de vista religioso, más integrista, pero integrista a través del Estado.(...) los hombres de la línea de Martínez Zuburia, eran muy torpes desde el punto de vista político en el sentido de que...ellos creían que tomando el Estado y dictando un decreto 'a partir de hoy se enseña la enseñanza religiosa en las escuelas del Estado' todo el país pasaba a ser católico, es decir eran nominalistas en el fondo no eran realistas como dicen otros, eran nominalistas, creían en la virtualidad de las leyes. A todo esto, Perón estaba aparte de eso, tan estaba aparte y tan el discurso de Perón era distinto"(...)

54. Entre los valiosos recuerdos que nos transmitió el Dr. Mignone en la entrevista citada (AP, SC *op cit)*, relató cómo, siendo católico militante, de niño, "yo era muy lector de "La Vanguardia" y de "La Hora". De chico siempre fuí muy lector de toda la prensa, de toda la prensa pero sobre todo la prensa de izquierda, porque cerca de mi casa había una

biblioteca que se llamaba Ameghino. Yo iba a sacar libros y a leer, y en esa biblioteca, compraban todos esos diarios, todos esos periódicos, entonces me sentaba ahí y leía toda la semana".

55. Cuando Farrell rompe con el Eje "hay una reacción de los nacionalistas, muy fuerte, por ejemplo a los nacionalistas les habían dado ciertas provincias para que las manejasen. Les habían dado la provincia de Tucumán donde era gobernador Baldrich, Alberto Baldrich, que de viejo ya vino a ser Ministro de Educación de la provincia, ya de viejo y rengo. Alberto Baldrich era un tipo joven hijo de un militar, el General Alonso Baldrich, gobernador de Tucumán. El lleva la crema del nacionalismo católico, al filósofo cordobés Nimio de Anquín como Director general de escuelas. Compran todos los servicios públicos de Tucumán, la usina eléctrica, ferrocarril, hacen un gran desfile de tranvías con unas banderas argentinas con unos carteles que decían estos tranvías ahora son argentinos y al mismo tiempo ponen unos guardias en la casa de gobierno que cada vez que salía Baldrich tocaban el clarín. Los domingos salía Baldrich con sus tres Ministros con sus grandes misales que se utilizaban en aquella época, ahora que dicen las misas en español ya no se necesitan misales antes era en latín, necesitaban la traducción y salían los tres con su misal, cruzaban la plaza solemnemente, como en la Edad Media e iban a escuchar misa a la Iglesia Catedral. Cuando se produce la ruptura de relaciones con el Eje ¿que pasa?, se indignan; Federico Irbarburen, hijo del viejo Ibarburen era intendente, en señal de Luto pone banderas negras en toda la ciudad. Santiago de Estrada, el padre de este Santiago de Estrada, que era interventor de la Universidad, cierra la Universidad en señal de duelo. El único que no actuó así, que era Ministro, era Antonio J. Benitez, que no venía del nacionalismo sino que era peronista, de Rosario, que había sido llevado por Baldrich porque Benitez era rosarino y en aquella época había sido camarista en Rosario. Entonces desde la Capital le mandan la orden a Baldrich de ponerlos presos a todos; Baldrich dice que él antes de nacionalista es militarista, y que como ese es un gobierno militar, él acata la desición del gobierno militar. Se queda como gobernador y manda preso a Santiago de Estrada y a todos aquí, a Villa Devoto, y los tiene Ramírez presos como quince días. Además hacen otra cosa, eran mentalidades así, utópicas ¿no?, ponen un gran retrato de Ramírez y le disparan y están presos públicamente ¿no?, y en dos o tres provincias pasan cosas parecidas. (...) Cuando sube Farrell, Perón cambia de movimiento nuevamente. Entonces cae Martín Zuviría y en compensación lo nombran a Baldrich, Ministro de Educación que sigue la misma línea pero ya con una mentalidad nacionalista católica. Baldrich no era católico pero creía que el nacionalismo.(...) Esto lo presencie yo por eso lo puedo contar. Hizo una gran manifestación de estudiantes secundarios que fueron obligados a ir a la Plaza de Mayo y dijo un

discurso: 'hay tal resolución, tal decreto' por lo tanto a partir de ahí la educación argentina es greco, romana, católica e hispana. *El sistema educativo quedo tal cual* pero él creía en su delirío nominalista de que porque él había dictado esos decretos... y lo dijo adelante de como veinte mil estudiantes secundarios ...

56. Como parte de este proyecto, investigadores y estudiantes de la cátedra de Heal y APPEAL-ICE, FFyL están realizando 50 entrevistas a informantes clave, tomados entre miembros de la comunidad educativa del período 1945-1955, que se incluyen en la sección entrevistas del Archivo APPEAL. El conjunto del material, será utilizado en el tomo de esta serie, dedicado también al período del 1º y 2º gobierno peronistas.

57. Page,J.,*op cit* p. 282

58. Pittelli, Cecilia. *El peronismo y la enseñanza Religiosa Obligatoria en la Escuela Públicas.1943-1955,* trabajo realizado en el programa "Debates Parlamentarios sobre Educación durante el primer gobierno peronista:1946-1955" que dirige el Prof.Rubén Cucuzza en el Departamento de Educación de la Universidad Nacional de Luján, Liján,1992.(mimeo)

59. Pcia.de Buenos Aires, gobernación de Manuel A.Fresco, reglamento del 6/10/36. Catamarca, intervención de Mario P.Ceballos, decreto 407 del 7/3/36.

60. La Nación, 26/4/44, p.6, cit por Pittelli,*op cit*

61. *Llambias, Héctor.* Ensayista político conservador católico, que militó junto a Marcelo Sánchez Sorondo, José María Estrada, Mario Amadeo, Castellani, Federico Ibarguren y otros.

62. La Nación 29/4/44, p.4, citado por Pittelli, *op cit*

63. Genta, Jordán Bruno. Divulgador de las teorías del corporativismo católico. Influyó sobre sectores militares, especialmente sobre sectores de la Fuerza Aérea hasta su muerte en 1975. Propugnaba la construcción de una Nación Cristocéntrica y Corporativa, basada en el reinado Social de Cristo y en la defensa de la cultura nacional. Escribió "Guerra Contrarevolucionaria". Ed. Dictio, Bs. As. 1979.

64. Etcheverry Boneo. Abogado, especialidad: Derecho civil; Doctor en Jurisprudencia. Profesor Universitario.

65. Nacimento, Rosa. El sistema educativo argentino:breve historia desde 1930., en Hillert F.; Paso,L.; Cucuzza R.; Nacimento R.; Zimmerman,L.;*El sistema educativo argentino. Antecedentes, formación y crisis.,* Cartago.Bs.As. 1985, cuarta parte.

66. ibidem

67. Orione, Julio. *Cultura e intolerancia.* Revista Todo es Historia. Buenos Aires, No. 262, abril 1989, p. 18

68. Desde 1944 era delegado por la Iglesia ante el gobierno de la Nación, el Arzobispo de La Plata, Mons.Juan P.Chimento , quien fué reemplazado a raíz de su fallecimiento por Mons.Anuncio Serafini, obispo de Mercedes en 1947.

69. Diario "Los Principios"Año L,No.16.886, sábado 1°. de enero de 1944, p.1
70. ibidem
71. ibidem,p. 37
72. ibidem
73. Ver boletines oficiales desde el 15/1/44 hasta el 21/12/44 ;monografía de Susana Sisca de Berthoud *La enseñanza Media en la época de Perón(1946-1955)*, realizada en el Instituto Latinoamericano de Investigaciones comparadas Oriente-Occidente, Universidad del Salvador/CONICET y varios trabajos en "Historia de la Educación en las Provincias y Territorios Nacionales",*op cit*
74. cit por Pittelli, *op cit*
75. Lubertino Beltrán, *op cit., p.40*
76. ibidem,p.40
77. La Prensa. Cesantías de maestros nacionales, *op cit*
78. La Prensa. *Instrucción Publica.El congreso Argentino de Educación laica se reunirá en diciembre,* 3 de noviembre de 1946, p. 13, incluído en Colodro, Fernández, Moragues,_*op cit*
79. La Prensa, *Instrucción Publica, En defensa de la ley 1420. Buenos Aires, Jueves 7 de noviembre de 1946, p. 9 incluído en Colodro, Fernández, Moragues, op cit*
80. La Prensa, *Instrucción Publica. Campaña popular en defensa de la ley de educación común 1420.* 29 de noviembre de 1946, pg.1, incluído en Colodro, Fernández, Moraguez, *op cit*
81. La Prensa. *Instrucción Publica. Pedido de una entidad de docentes católicos.* 27 de noviembre de 1946, p.18,incluído en Colodro, Fernández, Moraguez, *op cit*
82. La Prensa. *Instrucción Publica. Campaña popular en defensa de la ley de Educación común, 17 de noviembre de 1946, p. 22, incluído en Colodro, Fernández, Moragues, op cit*
83. Mignone afirma que: "(Verela) Era una persona muy singular, gran parte de su vida la dedicó a la exaltación de la memoria de Estrada, todos los monumentos que hay sobre Manuel Estrada, hasta los que están en el Congreso, los consiguió él. Era un tipo muy criollo para hablar, yo me acuerdo que nombraba a las calle de aquí con los nombres anteriores a 1910, calle Cuyo decía, cosas así. Era amigote de Irigoyen, entraba a la casa de las hijas sin anunciarse con la hija de Irigoyen. Don Hipólito que le decía a él que lo admiraba a Estrada(...) Irigoyen admiraba a Estrada porque Irigoyen había sido autonomista en la época del autonomismo de los setenta y cuando Roca. Lo que llama Perez Aznar "La Generación del '70" no la del '80 sino la del '70, Estrada estaba en la generación del '70, era un tipo que tenía una enorme cantidad de amigos e influencias y ayudó a infinitas gentes a conseguir trabajo a conseguir empleos porque era una especie de máquina de dar recomendaciones, ayudaba gente. Pero además tenía la idea de que

había que actuar en política y era un hombre muy exaltado, muy querido en Luján, muy querido porque ayudaba a mucha gente, muy extraño era, muy curioso en sus expresiones, su forma de decir. Yo lo traté muchísimo. Como Estrada era un gran orador quería que los que lo frecuentábamos fuéramos oradores, nos hacia hacer cursos de oratoria, no podíamos levantar la mano así porque Estrada decía que él nunca levantaba la mano cuando hablaba más arriba de la nariz, cosas por el estilo.

84. AP,SC op cit
85. Lubertino Beltrán,M.J. *op cit ,p. 36*
86. La Nación, *Ambas cámaras reanudan esta tarde sus tareas,* 5/5/47 p.1, incluído en Colodro, Fernández, Moragues, *op cit*
87. ibidem
88. ibidem
89. ibidem
90. ibidem
91. La Nación, 6,13,14 y 15/ 3 /47, p.1 incluído en Colodro, Fernández, Moragues, *op cit*
92. La Prensa. *Pídese el veto de la futura ley de enseñanza católica.* 15/ 3/47, 2a. sección p. 1, incluido en Colodro, Fernández, Moragues, *op cit*
93. Aparecido en el Boletín oficial el 10/10/48, y ver también,Bethoud, *op cit*
94. Joaquín Díaz de Vivar nació en Corrientes el 4 de junio de 1907. Fue abogado, diputado provincial, y diputado nacional en los períodos 1946-1948 y 1948-1952 y convencional constituyente en 1949. Fue profesor adjunto de derecho político en la UBA y autor de, entre otros, "Ideas para una biología política de la democracia"(1937) y "Orígenes de la argentinidad. Sus corrientes históricas"(1947),leído en la Real academia de historia y jurisprudencia de Madrid.(AS)
95. Ciria, Alberto. *Política y cultura popular:la Argentina peronista 1946-1955.* Ediciones de la Flor.Buenos Aires, 1983, p.225; ver también Pittelli,C. *op cit*
96. ibidem
97. Pittelli, C. *op cit*
98. ibidem
99. Gache Pirán, Belisario, "Discurso, en Boletín del Ministerio de Justicia e Instrucción Pública, Año X,No.83-85, Bs.As.,1947, p.605-609 cit por Sisca de Berthoud, S.*op cit*
100. Cámara de diputados, Diario de Sesiones,Año 1946, Tomo X,p. 606-617; Etcheverry, Delia. *Los artesanos de la escuela activa.* Galatea Nueva visión. Buenos Aires, 1958. Cap V
101. Esta escuela fué fundada como experiencia de avanzada respecto a la vieja formación normalista, durante la administración radical yrigoyenista de Amadeo Sabattini, en la Pcia. de Córdoba. Antonio Sobral fue nombrado Comisionado director, Luz Vieira Méndez

vicedirectora y el Dr. Saúl Taborda director técnico del Instituto Pedagógico. ver Etcheverry,D.*op cit.* y Roitemburd, Silvia. El nacionalismo católico cordobés, en Ossana E., Puiggrós A.(coordinadores), *Historia de la Educación en las Provincias y Territorios Nacionales (1885-1945),* Tomo IV de la Historia de la Educación en la Argentina, Galerna, Buenos Aires, 1993.

102.   La Nación, *Hubo una manifestación religiosa,* 20/3/47, p. 3, incluido en Colodro, Fernández, Moragues, *op cit*

103.   La Nación, *Hizo una declaración la Asamblea Nacional de Docentes Católicos, 19/3/48, p. 7, incluído en Colodro, Fernández, Moragues, op cit*

104.   Ciria,A. *op cit ,p. 227*

105.   AP,SC *op cit*

106.   AP,SC *op cit*

107.   En las entrevistas que hemos mencionado más arriba, se incluye el tema de la enseñanza de la religión por parte de los maestros, fuera de las horas obligatorias, del uso de rituales católicos, de símbolos y de enunciados del discurso católico por parte de los docentes, en los actos escolares, etc.

108.   Balduzzi, Juan. Peronismo, saber y poder, *op cit*

109.   Michi, Norma. *Educar al soberano, breve descripción del sistema de educación del Movimiento Peronista .1950- 1955.* Seminario de historia de la Educación Argentina, FLACSO, 1990.

110.   Cucuzza, Rubén.*Relevamiento de discursos para el estudio de la historia de la educación durante los primeros gobiernos peronistas (1943-1955).* Universidad Nacional de Luján, Departamento de Educación, Cátedra de Historia Social de la Educación. Proyecto para PIa/CONICET, 1988

111.   Discursos de Perón en el Partido Peronista Femenino, del 29/8//53; del 8/10/53; Clase inaugural en la Escuela superior Peronista, el 1/6/53, citados por Michi,N.*op. cit, p.12*

112.   Alonso Bra, Mariana. *Proyecto de investigación: Unión de Estudiantes Secundarios,* trabajo presentado al seminario Metodología de la investigación en Historia de la Educación, cátedra HEAL, FFyL, UBA, 1992. La autora da cuenta de la desaparición de la documentación de la UES, la dificultad para conseguir información y casi inexistencia de otra fuente más allá de las entrevistas a informantes clave, por lo cual realiza una prueba piloto para presentar su proyecto de investigación.

113.   Alonso Bra,M. *op cit, p. 9*

114.   Waldman, P. *Op cit*

115.   Alonso Bra, M.*op cit*

116.   Cauclini, Santiago. *Los evangélicos en el tiempo de Perón. Mundo hispano. Buenos Aires, 1972,p. 294, cit por Alonso Bra,M. op cit,p.16*

117. Ues-Iapi, *Resúmen sobre el proceso judicial de la Comisión Nacional de Investigaciones. Informe sobre la UES.Integración, Buenos Aires, 1958, cit. por Alonso Bra, M. op cit, p.20*

118. Gagliano, Rafael."*Aportes para la construcción de una historia crítica de la adolescencia en la Argentina",en Carli, S.;Gagliano, R.;Puiggrós,A. Rodríguez,L.Ziperovich R. Escuela, democracia y orden (1916-1943), Historia de la Educación en la Argentina, Galerna,Buenos Aires, 1992, Tomo III.*

Líneas finales

Esperamos haber contribuído a la apertura de líneas de análisis sobre la cultura política y la educación en el peronismo. Tenemos una prueba de ello: a nosotros se nos fueron abriendo interrogantes que no hemos podido cerrar. Tal vez la sensación de incompletud que nos queda sea mejor que la conclusión de un nuevo edificio de verdades.

Como ya hemos mencionado en la introducción, después de este tomo se publicarán otros dos en esta misma serie que ya están en proceso de elaboración, y contienen trabajos de diversos autores también sobre la educación en el peronismo.

Al terminar queremos transmitirle al lector nuestra convicción de que el peronismo operó en la trama social argentina inéditas diferencias y nuevas articulaciones, constituyendo en cierta manera el final de una época y ansiando ser el comienzo de otra.

Durante la década de los '30 se fueron acumulando en la sociedad un cúmulo de contradicciones de diversas índole. Su condensación a comienzos de los '40 en torno al problema de la redefinición del Estado-Nación, retomó la posibilidad nunca desechada de poder consumar ese imaginario social de la Argentina como potencia independiente. Entre las diversas opciones para retomar aquel recurrente objetivo de la cultura política nacional desde los años '80 del pasado siglo en adelante, triunfó la propuesta diseñada por el movimiento que encabezó Juan Perón. Pero la articulación entre el concepto de nación y el sujeto pueblo produjo un cambio en la naturaleza del antagonismo principal y un reordenamiento del conjunto de los sujetos en el escenario de las luchas por la hegemonía. Al tiempo, la escena internacional se modificaba drásticamente : el lugar de la Argentina en ella nunca más sería en el siglo, el de un país ubicado en los primeros lugares.

Antes de la pedagogía hablamos de la guerra y concluimos refiriéndonos a la Iglesia Católica. La forma de inclusión de la Argentina en la Segunda Guerra Mundial, en realidad su abstención, constituyó la manera dramática de plantearse su reubicación en el cambiante escenario internacional. La vieja inclusión argentina en el mercado y la política mundiales había cambiado en los años '40 sin brindar una fórmula satisfactoria de reemplazo. Pero, cuando el más brillante de los militares del GOU encabezó un complejo movimiento de salida de las fuerzas armadas del poder, lo hizo inaugurando un capítulo de justicia social que, independizándose de las aspiraciones elitistas de muchos de sus camaradas, operó un cambio en la composición del bloque histórico en el poder, partiendo a la sociedad en nuevos antagonismos.

El punto de mayor despliegue del Estado-Nación moderno en la Argentina ha sido en esta década peronista. En ese marco podría plantearse la hipótesis de que el desarrollo del sistema educativo moderno fue comenzado por Sarmiento y culminado por Perón. Paradójicamente, el elemento central del sujeto pedagógico complejo diseñado por el peronismo era, sobre todo *cabecita negra,* y recordaba las proféticas palabras del Facundo, cuando el sanjuanino advertía acerca del temible retorno de esas masas a las cuales él había combatido. A partir de 1955, interrumpido por excepcionales momentos, la política cultural y educativa dominante, tuvo por objetivo la dislocación y jibarización del sistema de educación pública, estrategia que acaba de tener su máximo exponente con (otra paradoja), el proyecto neo-liberal del gobierno peronista instalado en 1989. Si bien el campo de la educación justicialista del primer período estuvo poblado por significantes cuyo análisis pone al descubierto no solamente concepciones retrógradas, dominó en el mismo, el cruce entre las ideas fuerzas que proclamaban a los niños como los únicos privilegiados, al trabajo como valor organizador de la educación y a la cultura del pueblo como cultura del Estado, por primera vez en la historia argentina.

Indice

HISTORIA DE LA EDUCACION EN LA ARGENTINA
I

Adriana Puiggrós
Sujetos, Disciplina
y Curriculum

en los orígenes

del sistema educativo argentino

Editorial Galerna

Una incisiva radiografía de la práctica escolar argentina y de su relación con la cultura política que, desarrolladas desde fines del siglo pasado dejaron sus huellas en la realidad actual, caracterizan esta importante obra de Adriana Puiggrós.

Las tendencias pedagógicas dominantes y las corrientes alternativas que han sido ocultadas por la historia oficial, sus influencias europeas y norteamericanas de la época, constituyen el marco en el cual se despliega un novedoso relato histórico, de interés para docentes, educadores, estudiantes y lectores preocupados por los problemas de la cultura política y la educación argentinas.

Editorial Galerna

Adriana Puiggrós (dirección)

Carli, S. / De Luca, A. / Gandulfo, A.

Gagliano, R. / Iglesias, R. / Marengo, R.

Rodríguez, L. / Terigi, F.

Sociedad civil y Estado

en los orígenes

del sistema educativo argentino

Editorial Galerna

Los autores de este volumen han realizado profundas investigaciones sobre los problemas del período fundador de nuestro sistema educativo, cuyo análisis permite comprender las más cruciales cuestiones que afectan a la educación y a la cultura política argentina. Abarca desde la puesta en vigencia de la Ley 1.420 hasta el ascenso del yrigoyenismo al poder, período de enconadas luchas en torno a la relación entre educación y Nación, y donde se debatían concepciones antagónicas sobre el sujeto pedagógico.

Algunos de los temas que abarca este tomo, son abordados por primera vez en una historia de la educación argentina; otros son encarados desde nuevas y polémicas perspectivas. La relación entre infancia y sociedad, la educación de adultos, las luchas por el poder en las estructuras político-administrativas, los debates entre católicos y liberales y la relación entre nacionalismo e inmigración, son tratados por los autores volcando gran cantidad de información inédita y abriendo hipótesis que estimulan la discusión.

Editorial Galerna

HISTORIA DE LA EDUCACION EN LA ARGENTINA
III

Adriana Puiggrós (dirección)

Carli, S. / Gagliano, R. / Puiggrós, A.

Rodríguez, L. / Ziperovich, R.

Escuela, Democracia
y Orden

(1916-1943)

Editorial Galerna

Este tercer volumen de **Historia de la Educación en la Argentina** abarca desde el momento del ascenso del yrigoyenismo al poder, hasta los años anteriores al peronismo. Los autores encaran los acontecimientos educacionales ocurridos durante los tres gobiernos radicales analizando sus políticas y concepciones constantes y sus diferencias, e investigan las políticas educativas desarrolladas durante la "década infame". Nacionalismo, espiritualismo y trabajo constituyen tres ejes principales de las polémicas pedagógicas reconstruidas en este tomo.

Los autores abren nuevamente la polémica sobre la Escuela Activa, registran el asedio permanente de pedagogías conservadoras y autoritarias contra las corrientes democráticas y alternativas, concluyen dejando planteado el escenario pedagógico en el cual se gestará la educación peronista. Niños, adolescentes, adultos, inmigrantes, obreros y otros, son analizados como sujetos de los programas, los reglamentos disciplinarios y los rituales escolares. Las luchas por la organización del campo técnico-profesional docente y la relación de ese sector con el Estado, el sistema escolar y la sociedad civil constituyen una línea de interés que recorre este libro. La combinación entre análisis de fuentes inéditas, testimonios y crítica a las hipótesis tradicionales confieren especial interés a esta investigación.

Editorial Galerna

Adriana Puiggrós (dirección)

Artieda, T./Carli, S./Fontana, E./Garces, L.

Mendoza, E./Ossanna, E./Pinkasz, D.

Roitemburd, S./Suayter, M./Teobaldo, M.

La Educación en las Provincias y Territorios Nacionales (1885-1945)

Editorial Galerna

El Tomo IV de la **Historia de la Educación en la Argentina** es el producto de un arduo trabajo de investigación desarrollado por historiadores y pedagogos de diez provincias simultáneamente. Esta es la primera oportunidad en la cual se encara la historia de nuestra educación desde el punto de vista del interior del país, con las particulares perspectivas provinciales y regionales.

Los textos han sido trabajados mediante reconstrucciones de prácticas escolares, de historias de vida, de relatos lugareños. Recorridos de los maestros pioneros en los Territorios Nacionales, huellas del normalismo en la tarea de nacionalización de los inmigrantes, luchas entre educadores democráticos y presiones autoritarias, llenan las páginas de este libro.

Surge de esta Historia de la Educación en las Provincias y Territorios Nacionales el inédito trasfondo de muchos problemas educativos que hoy, ante los nuevos problemas creados por las políticas de "ajuste" neoliberal del sistema educativo, aparecen como viejos problemas irresueltos a los cuales es necesario prestar atención.

Este volumen abarca las provincias y territorios de **Buenos Aires, Córdoba, Chaco, Entre Ríos, Mendoza, Misiones, Río Negro, San Juan, Santa Fe y Tucumán.** El tomo VII tratará sobre las restantes provincias.

Editorial Galerna

Se terminó de imprimir en
Talleres Gráficos D.E.L. S.R.L..
E. Fernández 271/75, Tel.: 4222-2121
Avellaneda, Buenos Aires.
en el mes de Julio de 2006.